Musik
&
Ästhetik

Sonderband

Herausgegeben von Claus-Steffen Mahnkopf

Claus-Steffen Mahnkopf (Hg.)

Richard Wagner
Konstrukteur der Moderne

Klett-Cotta

Klett-Cotta
© J. G. Cotta'sche Buchhandlung Nachfolger GmbH, gegr. 1659,
Stuttgart 1999
Alle Rechte vorbehalten
Fotomechanische Wiedergabe nur mit Genehmigung des Verlags
Printed in Germany
Schutzumschlaggestaltung: Philippa Walz
Satz: CSF · ComputerSatz GmbH in Freiburg
Notenbeispiele: Notengraphik Werner Eickhoff
Gedruckt auf säure- und holzfreiem Werkdruckpapier
und in Fadenheftung gebunden
von Gutmann + Co., Talheim

Die Deutsche Bibliothek – CIP-Einheitsaufnahme
Richard Wagner. Konstrukteur der Moderne /
hg. von Claus-Steffen Mahnkopf.
– Stuttgart : Klett-Cotta, 1999
ISBN 3-608-91979-1
NE: Mahnkopf, Claus-Steffen [Hg.]

Inhalt

Vorbemerkung

> »Es gibt Augenblicke, in denen man sagen
> möchte, daß der menschliche Geist wenig
> geschaffen hat, das sich mit Wagner messen kann.
> Aber Vorsicht: Er hat nichts anderes gemacht, als
> die unergründliche Fremdheit von Musik selbst
> zum Ausdruck zu bringen.«[1] (George Steiner)

Es gibt wohl keinen Komponisten, über den so viel gesprochen und geschrieben wurde und weiterhin wird, ohne daß die Musik, das Werk, die einzelnen Opern und Dramen im Vordergrund stehen, ohne daß musikalischer Sachverstand überhaupt als notwendig betrachtet wird. Die immanente Vermittlung zwischen Musik und Deutung, zwischen kompositorischer Struktur und ›geistigem‹ Gehalt, zwischen technischen Einzelheiten der Faktur und der kulturgeschichtlichen Stellung, das ausnehmend schwierige und langwierige Geschäft des Durchgangs durch die ›Unendlichkeit des Stoffes‹ blieb und bleibt seltene Ausnahme. So wurde zur Tradition – die als Rezeptionsgeschichte nun ihr Eigenleben führt –, daß das Werk, die Musik Richard Wagners zum geheimnisvollen ›Jenseits‹ wurde, als ob sie, weil über sie immer schon, im Positiven wie im Negativen, Einverständnis bestünde, dem analytischen Blick entzogen bleiben könnte. Daß die musikwissenschaftliche Forschung gleichfalls die musikalischen Analysen scheut und die Verhandlung des ›geistigen Überbaus‹ der Versenkung in die Partituren vorzieht, ohne sich offenbar über die methodischen Verluste im klaren zu sein, hat auf nämliche Weise die Motivation der Autoren beflügelt, in langer Vorlaufzeit diesen Band gemeinsam zu konzipieren und zu verfassen.

Dieser Band bricht mit solchen Traditionen, indem er sich, der Konzeption von *Musik & Ästhetik* gemäß, um eine Vermittlung durch die Extreme hindurch bemüht. Er nimmt die Musik selbst – mit kompositorischen Analysen, Deutungen der musikalischen Struktur und des künstlerischen Sinnes beim reifen und späten Wagner – genauso ernst wie die Eigenlogik der philosophischen und wissenschaftlichen Untersuchung. Musikalische Analyse, Phänomenologie des musikalischen Sinnes und Deutung des Gehalts einerseits, kulturwissenschaftliche Reflexion und theoretische Begriffsarbeit andererseits bedingen sich und nähern sich auf diese Weise Wagner als einem »Konstrukteur der Moderne«, der sowohl innermusikalisch die Moderne wenn nicht einläutete, so doch kräftig vorantrieb, als auch das, was Moderne in einem gesellschaftlichen, philosophischen und kulturgeschichtlichen Sinne meint, verkörperte und in sich reflektierte – und die unverminderte

---

1   In: Süddeutsche Zeitung vom 1. 9. 1998.

Rezeption beweist, daß der Gehalt des Wagnerschen Werks keinesfalls ein bloß Historisches ist, sondern ungebrochen Gegenwärtigkeit in Anspruch nimmt.

Daß dabei die theoretischen und analytischen Teile sich thematische Beschränkungen auferlegen mußten, ergibt sich zwangsläufig aus der Komplexität des Gegenstands: Die Themen, die sich um Wagner ranken, sind zu zahlreich und zu vielfältig, als daß man Vollständigkeit auch nur ins Auge fassen könnte. So verbleiben nach Abschluß dieses Projekts einige Desiderate, die es gerne eingelöst hätte, nicht zuletzt eine psychoanalytische Durchdringung von Wagners musikalischer Sprache. Im Bewußtsein solcher Desiderate verhält sich dieser Band zurückhaltend gegenüber Wagner als Objekt der Ideologiegeschichte, also der Tatsache, daß sich während der immer auch desaströsen, hochnotpeinlichen und vor keiner Abgefeimtheit zurückschreckenden Rezeptionsgeschichte ein ›Überbau‹ über das Werk gelegt hat, der dieses nicht selten bis zur Unkenntlichkeit überwölbt. Der schlingenreiche Weg vom Zürcher Terroristenexil zu Hitlers Wahnfriedbesuchen etwa bedarf, um angemessen bewertet zu werden, eines Bewußtseins der exorbitanten Schwierigkeiten und Komplexitäten, die die *Materie Richard Wagner* dem Kritiker aufbürdet – einer Kompliziertheit, die allem voran Sensibilität und Klugheit fordert und von einem einzelnen Unternehmen allein nicht gelöst werden kann.

Die wenn nicht Korrektur, so doch Kritik der Rezeption, die dieser Band mit musikalischen Analysen, die den Blick ins Innere der Musik freigeben, und mit theoretischen Entwürfen, die quer stehen zu den emphatischen Das-ist-das-Höchste und Das-ist-das-Widerlichste, anbietet, mag einem solchen Bewußtsein zuarbeiten.

Das vorliegende Buch erscheint als erster Sonderband von *Musik & Ästhetik*.

Claus-Steffen Mahnkopf
Rom, Januar 1999

I

Ausdruck und mehr

Harmonische Tiefenperspektiven beim reifen Wagner

Eckehard Kiem

Einleitung

»Es wird keine Perspektive der Form durch die Disposition sowohl der Einzelereignisse wie der wechselnden tonalen Ebenen hergestellt.« »Wagners Modulationsscheu versagt [seiner] Harmonik ihre beste Möglichkeit, die der formalen Tiefenorganisation.« Die Rede ist von den Tendenzen und Grenzen Wagnerscher Harmonik, wie sie sich im Kapitel IV (»Klang«) von Theodor W. Adornos Wagner-Monographie beschrieben finden.[1] Zu Beginn des Kapitels arbeitet er zunächst die Dimension des »Klangs« als das für ihn zentrale Element heraus, in dem das Subjekt »passiv sich dem Archaischen – dem Triebgrund – überläßt; dem Element, das gerade vermöge seiner Emanzipation den unerfüllbar gewordenen Anspruch preisgibt, den Zeitverlauf als sinnvoll zu gestalten«.[2] Es folgen die Stichworte »impressionistische Tendenzen« und »totale Leittönigkeit« sowie eine kritische Beleuchtung von Ernst Kurths Beschreibung der Grundzüge Wagnerscher Harmonik. Über die zweideutige Rolle der Dissonanz (»Lenzes Gebot, süße Not«) und die »Lust der Qual«, die erstmals bei Wagner thematisiert worden sei, kehrt Adorno zurück zur »allgegenwärtigen Dissonanz« und ihrem scheinbaren Widerspruch zu einer »Konzeption des Ganzen«, in der die »Vormacht der Tonalität unangefochten« bleibt. An dieser Stelle nun formuliert er die These, Wagners Musik habe trotz ihrer »Neuerungen« zum einen das »geltende musikalische Idiom nie im Ernst verlassen«, zum anderen ziehe »der Mangel an eigentlicher thematischer Konstruktion auch die harmonische in Mitleidenschaft«. »Allenthalben zwar gibt es Riemannsche Funktionen, aber keine ›funktionale Harmonik‹ im Sinne von Schönbergs Theorie. Es wird keine Perspektive der Form durch die Disposition sowohl der Einzelereignisse wie der wechselnden tonalen Ebenen hergestellt«. Dies führe zum »Verlust der formalen Tiefenorganisation«[3] seiner Werke.

Die Aussage, Wagner habe das geltende Idiom der Tonalität nie im Ernst verlassen (als Feststellung banal, als indirekter Vorwurf geradezu absurd – als ob eine solche Möglichkeit für Wagner jemals überhaupt nur denkbar gewe-

---

1 Theodor W. Adorno, *Versuch über Wagner*, in: *Die musikalischen Monographien* (= Gesammelte Schriften, Bd. 13), Frankfurt a. M. 1997, S. 65.

2 A. a. O., S. 60. Zur ›Klang‹-Problematik in Adornos Wagner-Sicht vgl. Richard Klein, *Solidarität mit Metaphysik? Ein Versuch über die musikphilosophische Problematik der Wagner-Kritik Theodor W. Adornos*, Würzburg 1991, Kapitel V.

3 Die vorigen Zitate finden sich bei Adorno, *Versuch über Wagner* (Anm. 1), S. 64 ff.

sen wäre) und die Konstatierung der fehlenden harmonischen Tiefenperspektive stehen gedanklich-logisch auf unterschiedlichen Ebenen, auch wenn Adorno merkwürdigerweise suggeriert, das eine sei die zwingende Konsequenz des anderen. Im ersten Fall ist die Rede von den »Neuerungen der Wagnerschen Harmonik« (nach Adorno: Primat des Klanglichen, impressionistische Tendenzen, neue Rolle der Dissonanz, Enharmonik), verbunden mit der Aussage: »Ihr [Wagners Neuerungen] Einfluß auf die Organisation seines eigenen Werkes war, trotz der Lorenzschen Lobreden auf den tonartlichen Plan ganzer Akte und Werke, erstaunlich gering«. Die Frage, welche Konsequenzen aus den beschriebenen Tendenzen für die Organisation ganzer Akte und Werke angeblich hätten gezogen werden müssen (wenn schon nicht diejenigen, die Wagner glaubte, daraus ziehen zu müssen), wird hingegen nirgends weiter verfolgt; auf eine Antwort dürfte man indessen sehr gespannt sein! Statt dessen stellt Adorno im zweiten Fall die apodiktische Behauptung der fehlenden »Perspektive der Form durch die Disposition sowohl der Einzelereignisse wie der wechselnden tonalen Ebenen« auf. Thematisiert ist hier nichts weniger als das Moment von Einheit und Geschlossenheit der Form und damit eines der zentralen ästhetischen Kriterien, an denen sich abendländische Kunst seit der Renaissance messen lassen muß, und man ist kaum geneigt zu glauben, ihm könne entgangen sein, daß er mit seiner Einlassung dem dilettantischen Vorurteil des ›Am-Text-Entlangkomponierens‹ indirekt Vorschub leistet. Der von ihm mit Nachdruck behaupteten Brüchigkeit und Widersprüchlichkeit der Wagnerschen Konzeption auf anderen Ebenen[4] wird dabei umstandslos auch die Ebene der Harmonik unterworfen, man möchte sagen geopfert. Ihr wird nur in Einzelaspekten Avanciertheit zuerkannt, und sie muß unter der Last der Adornoschen Gesamtkonzeption notwendigerweise in ihrer Besonderheit im wesentlichen verfehlt werden.[5]

Versucht man, sich der von Adorno allzu schnell beantworteten Frage nach den Möglichkeiten harmonischer und tonaler Tiefenperspektive in der hochentwickelten Musiksprache des mittleren und späten Wagner zu stellen, so könnten hierfür als Untersuchungsgrundlage die folgenden Aspekte von Nutzen sein:

1) tonale Disposition im Großen (bezogen auf Szenen und Akte; Rahmen- und Spannungstonarten ganzer Werke),
2) charakteristische harmonische und tonale Progressionen, wie sie über-

---

4 »Untrennbar von den übrigen Elementen seines Komponierens hat die Harmonik insgesamt teil an den Widersprüchen von Wagners Stil« (a. a. O., S. 65 f.). Den Kategorien des Widersprüchlichen und Brüchigen, wie sie als zentrale in seinem späteren Mahler-Buch unter durchaus anderen Vorzeichen wiederkehren, kann im Zusammenhang mit Wagners Stil offensichtlich nichts Positives abgewonnen werden. Jedenfalls stehen sie hier wohl kaum für Fortschrittliches im Sinne von notwendigem Scheitern.
5 Zur eingehenderen Kritik des Harmonik-Kapitels in Adornos *Versuch über Wagner* siehe auch Kapitel II.

greifend verwandte Formteile über größere Zeitverläufe hinweg aufeinander beziehen,

3) Beziehungen zwischen bestimmten Themen, Motiven und Ausdruckssphären und den harmonischen und tonalen Stufen ihres Auftretens,

4) mehrfach auftretende charakteristische harmonische Einzelphänomene und ihre konstruktive Einbindung in größere Zusammenhänge,

5) harmonische Frequenz – Spannung zwischen Teilen starker harmonischer Bewegung und solchen harmonischer Stabilität,

6) Klangspannungsfelder und ihre Disposition im Ganzen.

Den ersten Punkt betreffend, sollte man sich – unbeeindruckt von Adornos pauschalem Verdikt – nicht scheuen, auf die Vorarbeiten von Alfred Lorenz[6] zurückzugreifen. Man mag an seinen Strukturuntersuchungen der reifen Wagner-Opern zurecht einen gewissen Zwang zur Einengung und Systematisierung kritisiert haben; und man darf in der Tat bezweifeln, ob der Reichtum der musikalischen Formtypen in den Werken zwischen *Rheingold* und *Parsifal* mit den Lorenzschen Kategorien wie Bar, Bogen und dergleichen wirklich erschöpfend beschrieben werden kann. Auch wird man in Einzelfällen bei der Abgrenzung von Szenen oder kleineren Formteilen zu unterschiedlichen Ergebnissen kommen, seine Idee der »Potenzierung« der Formtypen kontrovers diskutieren oder den manchmal etwas positivistischen Gebrauch seiner Formkriterien kritisieren müssen. (So ist z. B. für seine formalen Bestimmungsversuche – neben Aspekten der Tonartendisposition – vor allem die motivische Ebene von zentraler Bedeutung. Das Auftreten eines Motives oder einer Motivfolge wird dabei als ›Fakt‹ konstatiert. Motiv ist gleich Motiv, und sein Auftreten an einer bestimmten Stelle ist für Lorenz ein primäres Formindiz, unabhängig davon, in welchem Zusammenhang dies geschieht, unabhängig davon, in welchem ›Zustand‹ sich diese Motive befinden. Ausschlaggebend für ihn ist in erster Linie der Aspekt der Identität, weitgehend unberücksichtigt bleiben Fragen der Veränderung, der Umfärbung, der Überlagerung, der Brechung und dergleichen – Elemente indessen, die für das Erlebnis von Sinn und Funktion der jeweiligen Formteile im fortschreitenden Differenzierungsprozeß der Wagnerschen Leitmotivtechnik von zunehmender Bedeutung sind.)

Hinsichtlich der hier anstehenden Frage der tonalen Disposition im Großen gibt es jedoch keinerlei Veranlassung, die diesbezüglichen Lorenzschen Befunde in Frage zu stellen. Zwar kann man in manchen Fällen einzelne seiner Untersuchungskriterien – wie etwa den Geltungsbereich oder den Stellenwert einer Tonart – in ihrer Bedeutung für die formale Interpretation

---

6 Alfred Lorenz, *Das Geheimnis der Form bei Richard Wagner*, Bd. 1: *Der musikalische Aufbau des Bühnenfestspiels »Der Ring des Nibelungen«*; Bd. 2: *Der musikalische Aufbau von Richard Wagners »Tristan und Isolde«*; Bd. 3: *Der musikalische Aufbau von Richard Wagners »Die Meistersinger von Nürnberg«*; Bd. 4: *Der musikalische Aufbau von Richard Wagners »Parsifal«*, alle Tutzing 1966².

problematisieren; man wird hingegen kaum darüber diskutieren wollen, daß z. B. das *Rheingold* mit einer großen Szene in Es-Dur beginnt, die *Götterdämmerung* dagegen mit der großen Nornenszene in es-moll, diese beiden Teile des *Rings* jedoch in der ›Walhall-Tonart‹ Des-Dur schließen, während etwa der gesamte III. Akt des *Siegfried* geprägt ist durch die Spannung zwischen der Tages- und Schwerttonart C-Dur und dem E-Dur des »Ewig war ich – ewig bin ich« der Brünnhilde, womit natürlich an das E-Dur der *Walküre* angeschlossen wird, wie es den gesamten Schluß des III. Aktes beherrscht, und vieles mehr.

Wagners Umgang mit Tonarten folgt dabei (natürlich) zunächst inhaltlich-dramatischen Notwendigkeiten. Die Sensibilität für Tonarten als Mittel der Charakterisierung bestimmter Personen, Sphären und Ausdrucksbereiche, die Sicherheit im Einsatz feinster tonartlicher Farbvaleurs als Reflex psychischer Konstellationen, kurz: das Gespür für Tonarten und deren ›Bedeutung‹, kann beim reifen Wagner allerorts bewundert werden. Die von Adorno eingeklagte harmonische und tonale »Perspektive der Form«, ihre »formale Tiefenorganisation«, verlangt freilich mehr. Ausgehend von ihrer dramatisch bedingten Rolle als wesentlichem Ausdrucksträger, müßten Harmonik und tonale Disposition hier im weitesten Sinne formbildende Eigenschaften ausprägen, wie sie auf der rein musikalisch-autonomen Ebene ›sinnvolle‹ Zusammenhänge herzustellen in der Lage sind – sinnvoll etwa in der Ausgewogenheit von Identität und Kontrast, dem Erlebnis zielgerichteter Entwicklung, dem Prinzip von Setzung und Entfaltung oder dem Fruchtbarmachen und Ausbalancieren einer einmal angelegten Spannung.

Ist Form als tonale sinnvoll in *diesem* Sinne und lassen sich die obengenannten Prinzipien (mit wechselnden Gewichtungen) an einem Bachschen Suitensatz ebenso beschreiben wie an einem klassischen Sonatensatz oder einem Intermezzo von Brahms, so gestalten sich diesbezügliche Untersuchungen beim späten Wagner zunehmend schwierig – ein Grund vielleicht für das bezeichnende Phänomen, daß über Wagner zwar unendlich viel geschrieben wird, sich darunter jedoch kaum brauchbare Untersuchungen seiner Musik im engeren Sinne finden. So einig man sich in der Einschätzung seiner zentralen musikgeschichtlichen Bedeutung ist, so gerne und unbedenklich ist man bereit, seine Musik (man möchte sagen unbesehen) auf einmal etablierte Schlagworte zu reduzieren. Es hat sich eingebürgert, über Wagner – wie über keinen anderen Komponisten – mit Vorliebe aus der Vogelperspektive zu reden, den Diskurs im stillen Einverständnis (fast) aller auf eine Art von Metaebene zu verlagern, auf deren Höhen der Reichtum und die Besonderheiten seiner Musik dann gerne verkürzt werden auf Begriffe wie »Chromatisierung«, »Rückung«, »Alteration«, »Enharmonik« etc. Der

Musik des späten Wagner als einem der letzten Glücksfälle der Tonalität[7] (mit allen oben beschriebenen Implikationen) wird indessen nur gerecht, wer bereit ist, sich ihrer Differenziertheit und Komplexität so zu stellen, wie etwa der eines Gedichtes von Mallarmé.[8]

I. Setzung und Entfaltung – Das Parsifalvorspiel

Im Gegensatz zum lichten A-Dur des *Lohengrin* (Vorspiel, Gralserzählung) umgibt die Parsifaltonart As-Dur von Beginn an eine geheimnisvolle Aura aus Wärme, mildem Glanz und dunkler expressiver Intensität.

Etwas von diesem As-Dur-Charakter (wenn auch mit jeweils anderen Nuancen) findet sich bereits in Beethovens Klaviersonaten Op. 26 und Op. 110, dem II. Satz der *Pathétique* oder den drei Schubertschen *Moments musicaux* in gleicher Tonart. (Sogar Bachs As-Dur-Fuge im II. Band des *Wohltemperierten Klaviers* ist dieser Ausdruckswelt mit ihrem chromatisch abfallenden Kontrasubjekt, ihrem überraschenden Themeneinsatz in es-moll und ihrer ausgiebigen und für ein Durstück bemerkenswerten Schlußausweichung in die dunkle Region des Neapolitaners erstaunlich nahe). Als Grundtonart des Liebesduettes im II. Akt des *Tristan* repräsentiert As-Dur gleichsam den Tiefpunkt der Versenkung und das innere Zentrum des gesamten Stückes – auch hier charakterisiert durch seine Verbindung lyrischer Intensität und Milde mit der Sphäre von Nacht und Tod. Trotz aller partieller Verwandtschaft, das As-Dur des Parsifalbeginns hat etwas Eigenes und Unverwechselbares: samtig und tiefgründig, dabei gleichzeitig ernst und schmerzlich, natürlich nicht zuletzt bedingt durch das synkopen- und vorhaltdurchsetzte Liebesmahlspruchmotiv, dessen Instrumentierung nun der ohnehin bereits komplexen und geheimnisvollen Ausdruckswelt dieses Anfangs eine weitere Nuance hinzufügt. Die Einklangsmischung von Violoncello in der Tenorlage, tiefen Violinen, hohem Fagott, tiefer Klarinette und Englischhorn in der Mittellage erzeugt eine Klanglegierung, deren Einzelbestandteile kaum noch zu identifizieren sind, die fast vollständig und ›rückstandslos‹ aufgehen in einem Gesamtklang, dessen weiche Hüllkurve einen unsichtbaren Kern zu verbergen scheint. Die Potenzierung der Schwingungsüberlagerungen (als Ergebnis der für die gesamte Parsifalpartitur typischen Häufung von Achtfußverdopplung) setzt eine Art von Strahlungsenergie frei; bei aller Gedecktheit und Weichheit lebt der Klang von einem nicht näher bestimmbaren Kraftzentrum, ist durchdrungen von einem inneren Leuchten.

Dem As-Dur des Beginns tritt in A_1, dem ersten Spannungsbogen[9] (T 1-19), als Ausweichklang zweimal ein c-moll entgegen. Es verstärkt den ernsten und

---

7 Natürlich soll hier keinesfalls dem reaktionären Vorurteil Vorschub geleistet werden, mit dem Ende der Tonalität sei das Ende der Musik eingeläutet worden.

8 Kein Romanist, der vor seiner Interpretation nicht gewissenhaft zumindest die grammatikalische, lexikalische, rhythmische und lautliche Struktur seines Textes untersuchte; im Gegenteil: Täte er dies nicht, liefe er Gefahr, einer unseriösen Arbeitsweise bezichtigt zu werden. Ganz anders in der Musik: Während einerseits jeder meint, über Musik reden und schreiben zu können, wird andererseits jeder, der seinen Gegenstand einer gründlichen und professionellen Untersuchung unterzieht, gerne der ›Erbsenzählerei‹ geziehen.

9 Lorenz' Interpretation des Parsifalvorspiels als einer großen Barform (Stollen 19 – Stollen 19 – Abgesang 108!) sollte man sich nicht anschließen. Die Disproportion zwischen den beiden Stollen einerseits und dem Abgesang andererseits scheint ebenso problematisch wie die Unbedenklichkeit, mit der sich Lorenz über die motivisch-thematische Heterogenität ›seines‹ Abgesangs hinwegsetzt. Zudem legt die tonale und motivische Anlage (siehe unten) eine dreiteilige Deutung dringend nahe: A (T 1-38) – B (T 39-79) – A' (T 80-113). Der obigen Analyse liegt diese Forminterpretation zugrunde mit der Unterteilung in A_1 (19), A_2 (19) – B (21), B' (20) – A' (34).

schmerzlich-ambivalenten Charakter der Ausgangstonart, stellt jedoch als Tonikagegenklang eine milde, weil diatonisch vermittelte Spannungsstufe dar (Bsp. 1).

Bsp. 1

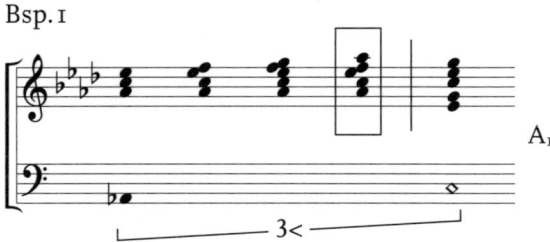

Dient c-moll im ersten Formteil als Spannungsklang, der durchgängig gestreift (T 3, T 11) und bald wieder verlassen wird (so daß man kaum geneigt ist, von Modulation zu sprechen), so greift der zweite Bogen (A₂, T 20-38) dieses c-moll als neue Grundtonart wieder auf (Bsp. 2).

Bsp. 2

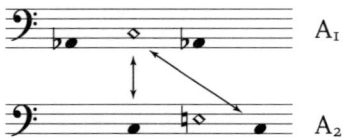

Sequenzartig und doch mit charakteristischen Varianten im Vergleich zum Beginn erreicht er an seinem Umschlagspunkt als Spannungstonart überraschenderweise e-moll. Als nicht leitereigene mediantische Terz-›Verwandtschaft‹ (die Bezeichnung ›Unverwandtschaft‹ käme dem Höreindruck näher!) führt dieses e-moll für einen Augenblick der As-Dur/c-moll-Sphäre des Anfangs eine neue Farbe zu: Großterzvermittelt wie diese bewirkt die Verbindung c-moll/e-moll hier allerdings nicht nur die Überhöhung des Umschlagerlebnisses im Zentrum des Liebesmahlspruchmotivs: Herb und bleich, fremd und distanziert rührt dieses e-moll zum ersten Mal an abgründige und tief erschreckliche Ausdrucksbereiche, wie sie der *Parsifal* noch in unterschiedlichsten Schattierungen für den Hörer bereithält.

Seine spezifische Farbe verdankt das e-moll hier (neben der Spannung zur Ausgangsstufe c-moll) vor allem der ›unerhörten‹ Art seines Auftauchens im engeren harmonischen Zusammenhang (vgl. Bsp. 3). Ein As-Dur-Klang mit zugefügter Sexte löst sich – bis dahin der Sphäre von c-moll/Es-Dur angehörend – als vierfacher Leittonklang überraschend nach innen, verwandelt sich in einer Geste des In-sich-Zusammenfallens gleichsam in sein Gegenteil. Der Begriff der »Komplementärharmonik«, der geprägt ist an vergleichbaren Phänomenen etwa beim frühen Berg, taugt zwar recht gut zur Beschreibung des äußerlichen Vorgangs dieser Art von Akkordprogression. In seiner technizistischen Objektivität und Distanz reicht er jedoch kaum heran an die Ungeheuerlichkeit der damit verbundenen Ausdruckswirkung, einer Wirkung, die so nur denkbar ist in der Erlebnissphäre eines grundsätzlich *tonalen* Rahmens. Abgrund und Niemandsland hier in A_2, wird dieses e-moll erreicht durch die völlig unerwartete Weiterführung des *gleichen* Klanges, der in A_I an der entsprechenden Stelle des Spannungsbogens noch das vergleichsweise milde c-moll hervorbringt (Bsp. 3: T 9-11, T 28-30).

Bsp. 3

Beide Male wird man dem As-dur-Klang mit Sexte wohl nur noch bedingt subdominantische Funktion zusprechen können. Die oft über kadenzielle Funktionalität[10] hinausgehende Technik der Anreicherung der Akkorde durch Klangzusätze verhindert dabei jedoch nicht das Erlebnis der Tiefenwirkung ihrer Progression auf dem Hintergrund einer – wie stark auch immer fluktuierenden – Tonalität. Adornos Feststellung – »Allenthalben zwar gibt es Riemannsche Funktionalität, aber keine ›funktionale Harmonik‹ im Sinne Schönbergs Theorie« – erscheint in diesem Rahmen mehr als rätselhaft. Um sie auf die Füße zu stellen, sollte sie deshalb wohl besser lauten: Allenthalben zwar gibt es den für eine Tiefenwirkung unabdingbaren Tonalitätsrahmen, nicht aber durchgängig Riemannsche Funktionalität.

Der hier problematisierte Begriff der »Tiefenwirkung« impliziert dabei zwei grundsätzlich verschiedene Aspekte von ›Tiefe‹: einen ausdruckshaft-affektiven und einen strukturell-architektonischen. Zum einen Tiefe des Ausdrucks im Sinne von Intensität der Progressionswirkung auf dem Hintergrund der jeweiligen harmonisch-tonalen Umgebung; zum anderen form- und zusammenhangstiftende Disposition harmonisch-tonaler Elemente als Tiefenverankerung tragender Strukturbestandteile, als Mittel einheitsbilden-

---

10   Kadenzielle Funktionalität meint man indes der Wagnerschen Harmonik aus Bequemlichkeitsgründen allzu oft bereits absprechen zu müssen, wo sie einer gründlichen Analysebemühung durchaus noch erkennbar ist. So kann der oben beschriebene Umschlag in den e-moll-Klang (T 29-30) durchaus noch verstanden werden als enharmonische Modulation, in welcher der ursprüngliche As-Dur-Klang als alterierter H-Dur-Klang aufgefaßt wird: Dominante mit tiefalterierter Quinte, kleiner None und tiefalterierter Septime. Die Annahme der Existenz dominantischer Klänge mit tiefalterierter Septime ist dem Hörerlebnis nur bei folgender Auflösung in eine Molltonika nachvollziehbar (siehe etwa: Mozart, *c-moll-Fantasie* KV 475, T 12/13 oder *Tristan*, III. Akt, II. Szene, Auflösung des Tristanakkordes nach Isoldes Worten »Isolde kam, mit Tristan treu zu sterben!«). Gelangt man mit einer solchen Annahme ohne Zweifel an die Grenzen funktionsharmonischer Deutung, so spricht diese Tatsache allein noch nicht gegen den Erklärungsansatz als solchen.

der Konzeption der Gesamtanlage.[11] Daß Wagners Formkonzeption auch in diesem zweiten Sinne Tiefenwirkung entfaltet, läßt sich am weiteren Verlauf des *Parsifal*-Vorspiels geradezu beispielhaft zeigen.

Der B-Teil setzt mit dem ersten Auftreten des Glaubensmotivs wieder in der Ausgangstonart As-Dur ein (T 44), öffnet sich mit einer zweimaligen sequenzierenden Fortsetzung nach Ces-Dur und Eses-Dur und erreicht nach fünftaktiger Rückmodulation Es-Dur (T 51-55). Der harmonische Spannungsaufriß des Sequenzmodells in den Takten 44-51 zeigt eine aufsteigende Kleinterzstruktur von Durstufen, die nicht diatonisch vermittelt sind (Bsp. 4).

Bsp. 4

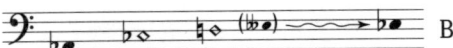

Dieser mediantischen Anlage der beiden Stollen, als deren Hintergrund eine zyklische Kleinterzmodulation sichtbar wird (und deren letzte mögliche Zwischenstufe bezeichnenderweise ausgespart bleibt), steht eine erweitert-diatonische Rückmodulation des Abgesangs gegenüber, der auf diese Weise die Entfernung und das Gewicht des vorausgehenden weit geöffneten Spannungsaufrisses sichtbar macht. Seine letzten Takte (T 53/54) werden zerdehnt, verlaufen sich rhythmisch ins Unbestimmte, wodurch das Gefühl einer gewissen Ambivalenz und Zwiespältigkeit fortbesteht – ein Gefühl, das im wesentlichen entsteht aus der Diskrepanz zwischen der allzu gewichtigen (dynamischen und modulatorischen) Innenfüllung dieser Bläsersequenz und der Kürze ihrer Phrasen.

Wie im Verhältnis zwischen A$_1$ und A$_2$ (vgl. Bsp. 2) führt der B'-Teil (T 60-79) den bisherigen Mittelteil weiter, indem er mit der neuen Ausgangstonart (Ces-Dur) auf die erste Spannungstonart des vorausgehenden Formteils zurückgreift und so die keimhaft angelegte Spannung entfaltet (Bsp. 5). Der gesamte Formteil besteht aus fünf frei aufeinander bezogenen Sequenzgliedern, deren diatonische Modulationsverläufe sich, ausgehend von Ces-Dur, alle im niederen Tonartenbereich des Quintenzirkels bewegen und einen archaisierenden modalen Einschlag haben.

Bsp. 5

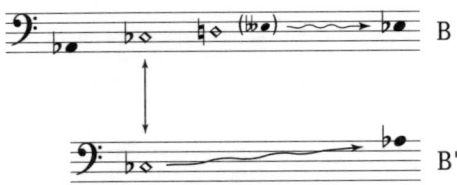

---

11 Es versteht sich von selbst, daß hierbei auch andere Kompositionsebenen wie Motivik, Thematik, Satzstruktur, Klangfarbe und dergleichen eine maßgebliche Rolle spielen.

Der letzte Formteil (ab T 80) führt in die Welt des Amfortas, thematisch bestimmt vom wieder aufgegriffenen Liebesmahlspruchmotiv des Eröffnungsteils, dessen zwiespältige Expressivität jetzt vollends ins Schmerzliche gewendet ist. Wagners Harmonik stößt hier in Bezirke vor, wie sie bei ihm seit dem *Tristan* nicht mehr begegnen. Gesteigerte Alterationstechnik und hochentwickelte enharmonische Modulationsverfahren als bestimmende Elemente einer Ausdruckssphäre von tragischer Ausweglosigkeit und leidenschaftlicher Intensität machen es auf den ersten Blick nahezu unmöglich, die Tonartendisposition dieses Formteils für sich und in bezug auf das Bisherige zu beschreiben (Bsp. 6).

Bsp. 6

[mögliche Grundtöne]

Wiederum ausgehend vom Umschlags- und ›Scharnierklang‹ der Takte 10 und 29 (die Sexte *f* liegt hier sehr tief und hat geradezu geräusch- und schattenhafte Qualität) moduliert der Schlußteil von As-Dur nach Ces-Dur, dessen mediantische Distanz trotz aller Plausibilität der Stimmführung durch die intermittierenden Klänge kaum vermittelt wird. (Bsp. 6: die angedeutete ›Erklärung‹ dieser Progression versteht sich als Diskussionsvorschlag.) Streng sequenzierend wird in T 90 d-moll erreicht (Bsp. 7). Die hier einsetzende harmonische Bewegung (T 90-96) gehört allerdings ebenso dem Bereich der Varianttonart D-Dur an (vgl. fis-moll und e-moll als Nebenstufen). Mit den Eckpunkten d-moll/fis-moll reevoziert diese Phrase demonstrativ den identischen Spannungsrahmen von A_2 (c-moll/e-moll).

Bsp. 7

vgl. c-moll/e-moll (A_2)

Als spektakuläres Beispiel für die ungebrochene Spannkraft und den langen Atem des ›alten‹ Wagner kann der hier (T 95) anhebende Schlußabschnitt gelten, der erst im ausgedehnten dominantischen Halbschluß zur Ruhe kommt, mit dem das Vorspiel sich zur 1. Szene öffnet: Ohne auch nur ein einziges Mal eine wirklich tonikale Ruhestufe zu berühren, wölbt die vorhaltsdurchsetzte Harmonik einen gewaltigen Spannungsbogen über neunzehn prall gefüllte Vierviertcltakte[12] (»Sehr langsam«). Mit dem Negativbegriff der »Tonartenverschleierung«, der sich hierfür eingebürgert hat, ist die harmonische Seite dieser tiefschönen Amfortas-Musik kaum hinreichend beschrieben. Es ist weniger das Phänomen der Verschleierung als das der Erweiterung und Vertiefung der Tonart, bedingt durch Intensivierung zwischenkadenzieller Kräfte, die einen Zustand erhöhter Leuchtkraft und das Erlebnis harmonischer Tiefgründigkeit bewirken. Das latente tonale Zentrum ist hier zunächst F-Dur (Bsp. 8).

Bsp. 8

Der nach der IV–II–V-Verbindung eintretende Varianttrugschluß (T 98) knüpft paarig an den Parallelvorgang in T 96 an und dient zugleich als Subdominante der nun bis zum Schluß bestimmenden Grundtonart As-Dur.[13] Nacheinander werden die für As-Dur mitbestimmenden Stufen c-moll (Tg), b-moll (Sp) und des-moll (Subdominantvariante) durch kleine Kadenzansätze auskomponiert, die allerdings nur angedeutet werden und so stets im übergeordneten Verbund der Tonika aufgehoben sind. Die tonale Disposition des gesamten Schlußteils A' (T 80-113) zeigt somit (bei aller Avanciertheit und Komplexität der harmonischen Verläufe) die erstaunlich klare und konsequente Anlage einer zyklischen Modulation im Abstand steigender kleiner Terzen, deren Ausgangs- und Zielpunkt die Grundtonart As-Dur bildet (Bsp. 10).

Bsp. 10

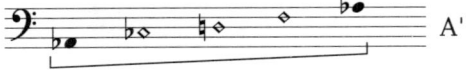

---

12 Bezeichnenderweise ist dies genau die Länge der beiden ersten Spannungsbögen: A₁ (T 1-19), A₂ (T 20-38).
13 Siehe Bsp. 9 auf den Sonderseiten.

Darüber hinaus wird auf diese Weise eingelöst, was der ›unentsorgte‹ Energieüberschuß der B-Teile erwarten läßt: Der in sich zurückkehrende Kleinterzzirkel des Schlußteils realisiert sich gerade auf jenen Stufen, die bereits der Mittelteil exponiert, jedoch im Sinne einer offenen Spannung noch nicht zu Ende führt (Bsp. 11).

Bsp. 11

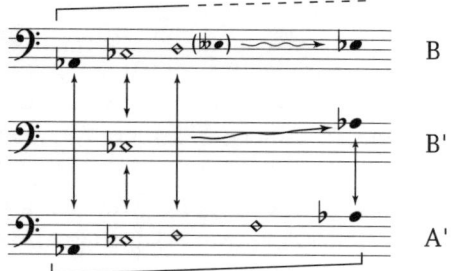

Es ist aufschlußreich zu sehen, wie für Wagner die äußerlich deutlich unterschiedenen Sphären von Glaubenswelt (B-Teil) und Amfortas' Leidenswelt (A'-Teil) durch die eng miteinander verwandte Anlage ihrer tonalen Disposition offensichtlich untergründig und inhaltlich aufeinander bezogen sind (Bsp. 12).

Bsp. 12

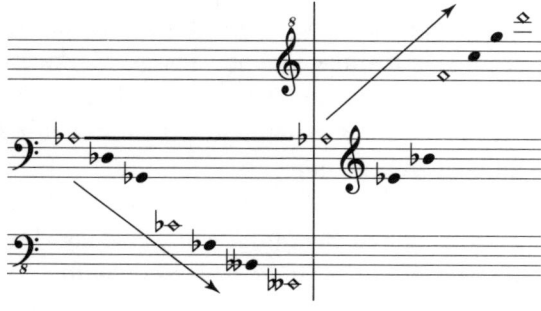

Der charakteristische Modulations- und Stufenreichtum einer Musik, die nicht zuletzt mit Hilfe der Harmonik Personen und Szenen bis in feinste psychologische und Ausdrucksverästelungen hinein verfolgt, erfordert als Gegengewicht eine ausgeprägte Fähigkeit zur Ausbalancierung und Kontrolle der eingesetzten Mittel, um der Gefahr des Zerfließens ins Amorphe entgegenzuarbeiten. Auch unter diesem Gesichtspunkt erweist sich ein Stück wie das *Parsifal*-Vorspiel als ein Formgebilde von erstaunlich gleichgewichtiger und kontingenter Tiefenstruktur. Die für die oben beschriebene tonale Gesamtanlage relevanten Spannungstonarten schwingen jeweils symmetrisch um die Achse der Grundtonart As-Dur.

II. Exkurs: Noch einmal Adorno

Es spricht für die tiefe Beziehung des Autors zu seinem Untersuchungsobjekt, daß der *Versuch über Wagner* bis heute immer wieder zur Auseinandersetzung reizt. Die Faszination der Adornoschen Haßliebe zu seinem Komponisten ist nur allzu verständlich, befördert sie doch Einblicke, deren Aktualität für den anhaltenden Wagner-Diskurs ungebrochen scheint. Wer sich als Musiker diesem Buch mit großem Respekt (und dem unvermeidlichen Minderwertigkeitskomplex aller Nicht-Philosophen) nähert, tut dies in der berechtigten Überzeugung, es mit einem Gegenstand zu tun zu haben, der es verdient, auf allen Ebenen gleichermaßen ernst genommen zu werden. Es liegt also nahe, sich dem durchgängig hohen Anspruch Adornos zu stellen und einen entsprechend hohen Maßstab auch an seine Aussagen über im engeren Sinne musikalische Tatbestände anzulegen. Wer dies bezüglich des IV. Kapitels seiner Wagnerschrift unternimmt, kann sich allerdings schon bald des Gefühls eines schmerzlichen Zwiespalts nicht erwehren. Der folgende Exkurs erhebt weder den Anspruch einer erschöpfenden kritischen Würdigung dieses Kapitels als solchem noch seiner Rolle im Gesamtzusammenhang. Er ist lediglich der Versuch, auf einige (gelinde gesagt) Merkwürdigkeiten aufmerksam zu machen, die mir in ihrer Summe allerdings nicht ohne Auswirkung auf das Erlebnis einer gewissen Willkür der Gedankenbewegung dieses *Klang*-Kapitels zu bleiben scheinen.

Seine Grundaussage erscheint am einfachsten zusammengefaßt im Zitat: »Untrennbar von den übrigen Elementen seines Komponierens hat die Harmonik teil an den Widersprüchen von Wagners Stil«.[14] Unschwer kann man das gesamte Kapitel als einen Versuch lesen, diese These zu illustrieren, indem verschiedene Aspekte Wagnerscher Behandlung von Harmonik und Tonalität untersucht werden. Zum Stichwort ›Enharmonik‹ etwa findet sich folgendes:

»Das enharmonische Element gewinnt bei ihm durchaus paradoxe Bedeutung. Man kann diese besser von seiner Vorgeschichte als vom entfalteten Verfahren des Tristan ablesen. [Warum eigentlich?] Es findet sich schon im Holländervorspiel, wo die Modulation von d-moll nach As-Dur herbeigeführt wird durch die Umdeutung eines zuvor auf a-moll bezogenen verminderten Septimakkordes. Der Lohengrin zeigt es in Elsas Vision voll aus-

---

14 Adorno, *Versuch über Wagner* (Anm. 1), S. 65 f.

gebildet mit jenen von Wagner als Paradigma zitierten acht Takten, die von As-Dur über Ces-Dur, h-moll, D-Dur, d-moll, F-Dur-moll nach As-Dur zurückmodulieren. Die Pointe ist die Umdeutung des ces in h. Die enharmonische Verwechslung hat dabei die Wirkung des Unerwarteten, des Imprévu im Berliozschen Sinne.«[15]

Als Beispiel für »paradoxe« Bedeutung von Enharmonik steht die Modulation aus dem *Holländer*-Vorspiel. Gemeint ist offensichtlich die Passage zwischen T 13 und T 24, die allerdings weniger als Modulation, denn als durchgängige Ausweichung anzusprechen ist. Der erreichte As-Dur-Klang ist dagegen eindeutig dominantisch, der fraglich verminderte Septakkord hier nicht auf a-moll bezogen, sondern als Doppeldominante auf die Ausgangstonart d-moll. Sieht man einmal ab von diesen drei begrifflichen Unschärfen auf engstem Raum, so stellt sich vor allem die Frage, was mit dem Ausdruck »paradox« in Zusammenhang mit einer solchen harmonischen Wendung wohl gemeint sein könnte. Wenn (was zu vermuten ist) hiermit das Erlebnis des Umschlags, des Farbwechsels oder der Richtungsänderung angesprochen sein sollte, das sich bei einigen Typen enharmonischer Modulation einstellt[16], so ließen sich hierfür unzählige andere Beispiele finden in Kompositionen zwischen Bach[17] und Reger, Beispiele, die von ähnlicher Wirkung sind, ohne daß dies jemandem »paradox« erschiene.

Bsp. 13

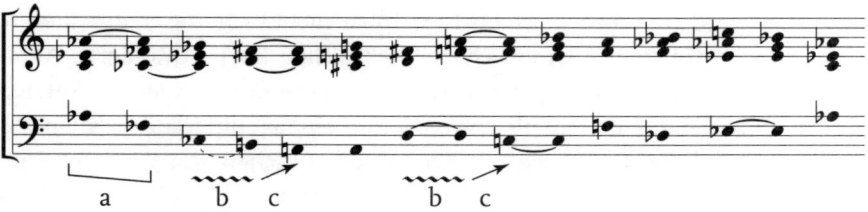

Das ›Imprévu im Berliozschen Sinne‹ der zitierten *Lohengrin*-Modulation ist keineswegs (wie von Adorno behauptet) die enharmonische Verwechslung des *ces* in *h*, da diese Partie der Modulation als erweitert-diatonische gehört wird (Bsp. 13). Die entscheidende Wirkung bezieht dieser harmonische Gang aus seinen drei Elementen Mediantik (a), Variantwechsel (b) und ungewöhnlich steigender leitereigener Terzverbindung (c). Die abschließende Wendung von F-Dur nach As-Dur ist ebenfalls erweitert-diatonisch vermittelt durch einen (übersprungenen) Variantwechsel zwischen F-Dur und f-moll.

Im folgenden lesen wir von einem »kraß und unvermittelt das Gefüge« durchbrechenden Überraschungseffekt im *Rienzi*, um danach zu erfahren:

15 A.a.O., S. 66 f.
16 Enharmonische Modulationen können – nach Maßgabe ihres ›Timings‹ oder ihrer harmonischen Mittel – von durchaus andersartiger Wirkung sein; die Kategorien der Vermittlung und des Übergangs sind ihnen keineswegs grundsätzlich fremd.
17 Vgl. z. B. *Chromatische Fantasie*.

»Durch Enharmonik jedoch wird er dann, wie in der Lohengrinstelle, in den Kompositionszusammenhang hineingezogen.«[18] Ist denn der Überraschungseffekt im *Rienzi* etwa jenseits eines wie auch immer gearteten Kompositionszusammenhangs überhaupt denkbar?

»Akkorde wie der auf den ersten Schlag des dritten Taktes des Meistersingervorspiels, der Tristanakkord, der Warnungsakkord der Rheintöchter in der Götterdämmerung lassen sich zurückdatieren aufs ›Alte‹, auf Begriffe wie Durchgang, Alteration, Vorhaltsbildung. Indem sie aber umschlagend das Zentrum des Vorgangs einnehmen, gewinnen sie die Gewalt des nie Gewesenen. Ganz verständlich werden sie erst aus dem fortgeschrittensten Material der gegenwärtigen Musik, welche die Stetigkeit des Wagnerschen Übergangs abgeschafft hat.«[19]

Dieser gleichsam offene Schluß des *Klang*-Kapitels schlägt die Brücke zur Moderne. Die »Gewalt des nie Gewesenen« bestimmter harmonischer Erscheinungen bei Wagner wird »ganz verständlich« aus dem Blickwinkel der Neuen Musik – ganz verständlich als was? Doch bestimmt nicht als das, was sie bei Wagner sind, nämlich Kristallisationspunkte einer geregelten und »alten« Dissonanztechnik, der sie entspringen und auf deren Hintergrund sie gerade erfahren werden als exponierte. Wenn in der Musik um 1910 einzelne ›harmonische‹ Tatbestände zu finden sind, die verabsolutieren und aus dem Entstehungszusammenhang herauslösen, was auf dem völlig anderen Hintergrund des Wagnerschen Sprachidioms zum erstenmal aufzufinden ist, so wird auf diese Weise etwas sichtbar nicht vom Wesen des älteren, sondern vom Geiste der Umbruchszeit des frühen 20. Jahrhunderts. Adornos Formulierung (»erst … ganz verständlich«) mit ihrer entgegengesetzten Gedankenbewegung ist ihm gleichwohl kaum einfach unterlaufen; vielmehr bestärkt sie seine Grundthese von den ›Widersprüchen von Wagners Stil‹, indem sie bewußt den Eindruck einer gewissen Zwiespältigkeit, einer Inkonsequenz oder einer uneingelösten Bringschuld suggeriert.

Unter dem Stichwort »Impressionistisches« lesen wir zu Wagners harmonischen Neuerungen, daß sie – im Gegensatz zu Ähnlichem bei Strauss – nicht einfach »klecksartig« Farbzusätze darstellen, im Gegenteil: Die neuen Akkorde »greifen zuweilen bei dem Älteren … den Grundriß selber an. Sie gewinnen konstruktive Kraft. Schon im einzelnen gehen sie als Dissonanzen über die impressionistischen hinaus.«[20] Der letzte Zitat-Satz scheint in der Art seiner Anknüpfung den vorausgehenden Gedanken nahtlos fortzuführen, ja zu erklären. Seine Aussage liegt indessen auf einer gänzlich anderen Ebene. Die Frage der Konsequenzen der neuen Klangtechnik für den »Grundriß« ist zunächst völlig unabhängig vom mehr oder weniger gesteigerten Dissonanzgrad seiner Einzelbestandteile. Andererseits ist es schwer

---

18 A.a.O., S.67.
19 A.a.O.
20 A.a.O., S.61.

vorstellbar, was mit ihrem Einfluß auf den »Grundriß«, mit ihrer »konstruktiven Kraft« gemeint sein könnte, wenn nicht das, was Adorno der Wagnerschen Konzeption an anderer Stelle platterdings und apodiktisch abspricht: die Möglichkeit »formale(r) Tiefenorganisation«.[21]

Als Einstieg in seine Ernst-Kurth-Kritik führt Adorno einige Beispiele besonders dissonanter Akkorde aus dem *Ring* und dem *Parsifal* auf, um danach fortzufahren: »Wichtiger indessen als das bloße Vorkommen solcher Klänge ist ihre Funktion. Sie wird von der üblichen, an den Begriffen des Leittons, der Chromatik und des harmoniefremden Akzidenz ausschließlich orientierten Deutung verfehlt.«[22] Wie um alles in der Welt hat man sich in dem hochkomplexen ästhetischen Zusammenhang eines Wagnerschen Musikdramas »bloßes Vorkommen« vorzustellen? Etwa als hiratischen Block eines isolierten Einzelphänomens ohne wie auch immer geartete »Funktion«? Ein solcher Gedanke mutet ähnlich abenteuerlich an wie der oben beschriebene des Hineinziehens bestimmter Momente der Faktur »in den Kompositionszusammenhang«. Nach Adorno wird Kurth der Funktion der neuen Klänge nicht gerecht, denn:

»Alle Energie ist bei der Dissonanz; an ihr gemessen werden die einzelnen Lösungen immer dünner, unverbindliches Dekor oder restaurative Beteuerung. Spannung wird zum totalen Prinzip gerade, indem die Negation der Negation, die volle Begleichung der Schuld einer jeden Dissonanz, wie in einem riesigen Kreditsystem, unendlich verschoben ist. Indem Kurth daran vorbeisieht; indem er die Dissonanzen unter die Konsonanz beugt, der sie widersprechen und die ihnen nur noch äußerlich gewachsen ist, schmuggelt er gerade im Wohlwollen gegen das ›moderne‹ dynamische Moment der Harmonik ein autoritär-traditionalistisches ein.«[23]

Das hat als Gedanke – wie vieles andere in diesem Kapitel – zunächst scheinbar Stringenz, sogar eine gewisse Faszinationskraft. Man steht allerdings wieder völlig mit leeren Händen da, wenn Adorno wenig später feststellt (und hier muß man ihm unbedingt Recht geben!): »Während aber die Dissonanz als Ausdrucksträger in den reifen Werken hervorgekehrt wird, bedarf ihr Ausdruckswert selber doch stets des Kontrasts zum Dreiklang; die Akkorde bewähren sich expressiv nicht als absolute, sondern nur in ihrer impliziten Differenz von der Konsonanz, an der sie sich messen, noch wo sie verschwiegen wird.«[24]

Im Zusammenhang mit der von Adorno behaupteten fehlenden »Perspektive der Form durch die Disposition sowohl der Einzelereignisse wie der wechselnden tonalen Ebenen« folgt die bereits zitierte Feststellung: »Die Wagnersche Modulationsscheu, dies sonderbar konservative Residuum, das doch wieder mit dem Leittonverfahren der bloßen Rückung so leicht sich

---

21 A.a.O., S. 65.
22 A.a.O., S. 61.
23 A.a.O., S. 62 f.
24 A.a.O., S. 64 f.

verbindet, versagt der Wagnerschen Harmonik ihre beste Möglichkeit, die der formalen Tiefenorganisation.«[25] Keine dieser drei Kernsätze kann aus der Sicht des Musikers unwidersprochen bleiben. Wagners in seinen Reformschriften formulierte Warnungen vor dramatisch nicht motiviertem Modulationsaktivismus sind bekannt. Daraus oder aus einigen Beispielen des Frühwerks den pauschalen Vorwurf der »Modulationsscheu« abzuleiten, ist kaum haltbar: Wagner moduliert überall da, wo die Szene es erfordert, sei es mit langem Atem, unmerklich und unendlich behutsam, sei es schnitt- und einbruchsartig, das Erlebnis des Umschlags als wesentliches hervorkehrend, sei es endgültig eine neue tonale Ebene etablierend oder aber in Form großer, oft zyklisch angelegter Harmoniebewegung bogenförmig zum Ausgangspunkt zurückkehrend. Der Reichtum der musikalischen Beleuchtung innerer und äußerer Handlungsverläufe ist ohne diese unendlich variablen und hochentwickelten Modulationsverfahren nicht denkbar.

Der Bezeichnung »Leittonverfahren der bloßen Rückung« kann unter Aspekten einer angemessenen Terminologie aus dem Bereich der harmonischen Analyse (in den Adorno sich hier ja absichtlich und offensichtlich zu Legitimationszwecken begibt) auch bei bestem Willen kein Sinn abgewonnen werden: »Bloße Rückung« als Akkordprogression ohne jegliche funktionale (diatonische oder enharmonische) Vermittlung[26] sowie das Erlebnis von Leittönigkeit schließen sich explizit aus! Anders gesagt: Das Leittönige einer Verbindung ist mehr als Halbtonfortschreitung einer oder mehrerer Stimmen; es ist unabdingbar verknüpft mit dem Moment von Funktionalität im weitesten Sinne – ein Moment, das wiederum der »bloßen Rückung« gerade fehlt. Fehlende »formale Tiefenorganisation« ist im übrigen (selbst wenn diese Feststellung in bezug auf Wagner zuträfe!) wiederum nichts, was sich aus den beiden vorausgehenden Punkten zwingend ergäbe: Auch einer (zugegeben merkwürdigen) Harmonik, deren Modulationsvorgänge rar und mehrheitlich rückungsartig aufträten, könnte durchaus unter Umständen die Qualität formaler Tiefenorganisation zuwachsen.[27]

Einlassungen wie die über Wagners »Modulatorik, die nie [!] von der Rückung ganz loskommt«[28], müssen den Leser dieses *Klang*-Kapitels angesichts der Partituren des reifen Wagner einfach ratlos zurücklassen. Sie werden auch nicht richtiger durch permanente Wiederholung und sind in ihrer Mischung aus Überheblichkeit und sachlicher Unschärfe schlicht ärgerlich. Ähnliches gilt leider auch für die Ausführungen, die das Stichwort

25 A. a. O., S. 65.
26 Bei den meisten in der analytischen Literatur als »Rückung« bezeichneten Beispielen handelt es sich allerdings um Vorgänge, deren enharmonische Vermittlung unerkannt bleibt und die aus diesem Grund ihre Bezeichnung nicht ›verdienen‹.
27 Ähnliches findet sich zumindest ansatzweise beim frühen Mahler oder bei Sibelius.
28 A. a. O., S. 65.

»Choral« einführen (im Anschluß an sein zentrales Diktum von den Widersprüchen in Wagners Stil).

»Dabei ist zunächst an die kaum in ihrer Tragweite gesehene Tatsache zu erinnern, daß seine reifen Werke noch in ihrer reichsten orchestralen Gestalt durchwegs auf einem fast schulmäßig innegehaltenen vierstimmigen harmonischen Satz basieren. Sehr häufig hat dieser die Gestalt: melodieführende Oberstimme – festgehaltener, wechselnd gedeuteter Baßton – harmonisch umschreibende oder chromatisch gleitende Mittelstimmen. Der vierstimmige harmonische Satz ist erklärbar aus dem dilettantisch-outsiderhaften Respekt vor dem regulären ›Choral‹ der Harmonielehre, aber vielleicht auch aus der Haltung des taktierenden Komponisten. Der Choral bietet das ausgeführte harmonische Schema der Zählzeiten, worin auf jeden Schlag ein Akkord entfällt. Ein Modell dafür sind die Wandererharmonien des Siegfried. Der metrischen Monotonie entspricht eine harmonische wenigstens insofern, als dies Satzschema kaum abgewandelt wird: die Harmonien und ihr Zusammenhang, nicht aber die harmonische Setzweise sind von Wagners emanzipatorischer Absicht durchdrungen, und oft könnte es scheinen, als wollte durch schulgerechten Satz der schulfeindlichen Akkorde der harmonische Revolutionär die Lehrer versöhnen, denen er entsprang. Der harmonische Satz wird geglättet durch die festgehaltenen Baßnoten: durchwegs gibt es weniger Baßtöne als harmonische Ereignisse. Daraus resultiert eine gewisse Schwerfälligkeit, das charakteristisch Dickflüssige des Verlaufs.«[29]

Wieder eine geradezu ins Moralische gehende Abmahnung Wagners (»dilettantisch-outsiderhafter Respekt«, »aus der Haltung des taktierenden Komponisten«): Ausdruck offener Rancune, wofür man auch dann nur mit Mühe Verständnis aufbrächte, wenn die von Adorno beigebrachten ›sachlichen‹ Belege größere Evidenz beanspruchen könnten. Zwar ist das im Zentrum des obigen Zitats aufgeführte Beispiel des Wanderermotivs in der Tat choralhaft (wie etwa auch das Zaubermotiv im *Ring* und das Engelsthema im *Parsifal*). Dagegen trifft die satztechnische Beschreibung zu diesem Stichwort (»melodieführende Oberstimme – festgehaltener, wechselnd gedeuteter Baßton – harmonisch umschreibende oder chromatisch gleitende Mittelstimmen«, oder: »Der harmonische Satz wird geglättet durch die festgehaltenen Baßnoten: durchwegs gibt es weniger Baßtöne als harmonische Ereignisse.«) in keiner Weise auf das Paradigma des Chorals zu und damit auch nicht auf die Wanderer-Motivik, die hierfür doch gerade als Beispiel dienen soll! Mit verwunderlicher Unschärfe werden die Phänomene »vierstimmige Satzstruktur«, »vierstimmiger Satz« (als verachtete Konservatoriumsdisziplin) und »Choral« (als eindeutig bestimmter musikalischer Typus) permanent parallel verwendet und gegeneinander ausgetauscht. Dazu gesellt sich noch die Beschreibung eines Sondermodells aus Oberstimme und durchgängigen Mittelstimmen über einem selten wechselnden Baß, das in diesem Zusammenhang nur durch die äußerliche Tatsache seiner Vierstimmigkeit gehört und eigentlich weder mit »vierstimmigem Satz« noch gar mit »Choral« in Zusammenhang gebracht werden kann. Kaum zu glauben, daß dem musika-

---

29 A.a.O., S.66.

lisch hochgebildeten Autor entgangen sein sollte, wie leichtfertig hier unterschiedlichste und sich widersprechende Tatbestände ineins gesetzt werden. Noch weniger allerdings kann man glauben, diese Begriffsverwirrung sei eine absichtliche. Oder sollte Adorno die Brüchigkeit und teilweise Widersprüchlichkeit der Gedankenführung seines *Klang*-Kapitels bewußt in Kauf genommen, gar bewußt eingesetzt haben zur Beförderung des Erlebnisses der Widersprüche in Wagners Stil? Man kann es nicht wahrhaben wollen!

III. Ring und Fluch

Die Verfluchung des Ringes durch Alberich bildet das dunkle dramatische Zentrum des *Rheingold*. Ihre dämonische Energie strahlt aus bis in den letzten Winkel der Tetralogie, und aller orchestraler Walhallglanz des *Rheingold*-Schlusses vermag nicht, das Gefühl der von ihr ausgehenden Bedrohung vom weiteren Verlauf der Entwicklung fernzuhalten. Selbst Wagners oft belächelte und gescholtene Sprache[30] erreicht in diesen Passagen einen selten zu beobachtenden Grad der Verdichtung.

»Wer ihn besitzt,
den sehre die Sorge,
und wer ihn nicht hat,
den nage der Neid! ...
Dem Tode verfallen,
feßle den Feigen die Furcht;
so lang' er lebt,
sterbe er lechzend dahin;
des Ringes Herr
als des Ringes Knecht.«

Ihre Alliterationen (deren Häufung anderenorts manchem etwas aufdringlich erscheinen mag) sind hier völlig ungekünstelt eingebunden, verstärken die Sogwirkung der Bilder und ziehen hinein in den abgründigen Strudel. Die Musik dieser Szene wird man kaum als ›schön‹ im herkömmlichen Sinne bezeichnen wollen; sie ist schmucklos und elementar in einem bis dahin kaum erlebten Maße. Auf die engen verwandtschaftlichen Verflechtungen ihrer Motive mit anderen wichtigen Motiven des *Rings* ist oft hingewiesen worden, weshalb wir uns hier auf das Fluchmotiv im engeren Sinne

---

30 Die auch unter Wagner-Anhängern gerne gepflegte ›Kenner‹-Attitüde, man könne seine Musik lieben und gleichzeitig seine Sprache verachten, scheint mir ein bezeichnendes Mißverständnis. Als ob man Wagners Gedanken über die Rolle der Sprache (z. B. in *Oper und Drama*) als Geschmacksfrage abtun könnte, als ob der *Tristan* oder der *Ring* durch eine Allerweltssprache gewinnen könnten, als ob die übliche Banalität der Opernlibrettosprache als überzeugendes Gegenargument sich verwenden ließe! Da Pontes Sprache im *Figaro*-Libretto beispielsweise ist nicht deshalb gut, weil sie etwa ›einfach‹ wäre (sie ist im Gegenteil ähnlich stilisiert und kunstvoll wie die Wagnersche – wenn auch völlig anders), sondern weil sie den nötigen Nährboden liefert, auf dem sich Mozarts grandiose Charakterisierungskunst am besten entfalten kann. Warum sollte dies im Falle Wagners nicht gelten?

beschränken können. Seine unmittelbare Fortsetzung (»Kein Froher soll seiner sich freun«) macht keinen Hehl daraus, woher es stammt: Es wird eingeführt als eine Art Umkehrung oder ›Kehrseite‹ des Ringmotives. Der Fluch als inhärente Qualität des Goldes ist musikalisch kaum lapidarer zu demonstrieren (Bsp. 14).

Bsp. 14

Es wäre reizvoll, sämtliche Verästelungen und Varianten der Musik dieser 63 Takte im weiteren Verlauf der Handlung zu verfolgen. Uns wird indessen vor allem interessieren, auf welche Weise sie durch Bisheriges vermittelt ist und wie sie eingebunden ist in den engeren Zusammenhang ihres ersten Auftretens. Der Aufriß der Szene zeigt eine geschlossene harmonische Gesamtanlage. H-moll (wenn auch als tonikaler Klang nicht ein einziges Mal auftretend) bildet den Rahmen, innerhalb dessen als auffallende Spannungspole *fis* und *c* einander konfrontiert sind.[31] Diese Spannung ist nicht neu; ihre Vorgeschichte läßt sich (wenn auch unter umgekehrten Vorzeichen zwischen Haupt- und Spannungstonart) bis in die zweite Hälfte der Rheintöchterszene zurückverfolgen. Den großflächigen Partien des strahlenden, fast grellen C-Dur (»Rheingold! Leuchtende Lust«) entwächst in anfangs sehr milder Beleuchtung das Ringmotiv. Die Regionen von A-Dur/fis-moll bzw. a-moll/ D-Dur andeutend, taucht es über dem Orgelpunkt *h* auf, gleichsam verschleiert, als Vision (Bsp. 16). Seine sofortige Rückbindung nach C-Dur (wenn auch nur für kurze Zeit) verstärkt dabei nachträglich das Erlebnis der Entrückung und des Traumhaften.

Bsp. 16

---

31 Vgl. Bsp. 15 auf den Sonderseiten.

Bsp. 17

In dem Maße, in dem sich Alberich das Rheingold innerlich und äußerlich anzueignen beginnt, gewinnt die Sphäre des *fis* als Gegenspannungspol an Bedeutung. Die entscheidende Szene der Besitzergreifung des Goldes wird eingeleitet durch das viermalige Auftreten des Ringmotivs (Bsp. 17). *c³* bis *a* markieren die Stationen seines Abstiegs im Tonraum. Diesem äußeren Vorgang des Absinkens im Tonraum entspricht der innere Vorgang des Absinkens seiner Botschaft in Alberichs Bewußtsein, vom gleichsam äußerlich anschaubaren Objekt im taghellen C-Dur zum fortan zentralen Agens tieferer Bewußtseinsschichten:

»Der Welt Erbe gewänn' ich zu eigen durch dich?
Erzwäng' ich nicht Liebe,
doch listig erzwäng ich mir Lust?«

Die faszinierende Wirkung der Entrückung und Verschleierung verdankt dieser Moment wesentlich dem allmählichen Zurückgleiten des Ringmotivs aus reinem C-Dur in die geheimnisvoll-zwiespältige Sphäre von a-moll/H-Dur, hier zunächst noch über dem Orgelpunkt *g*. In Alberichs erster Fluchszene (»Das Licht lösch ich Euch aus, ... schmiede den rächenden Ring«) ist der vorläufige Endpunk der Entwicklung des Ringmotivs erreicht: Die Absinkbewegung seines Fundamenttons erreicht erstmals *fis* (Kb), dem ein *c* (Vla, Pkn) bedeutungsvoll gegenübersteht, und es ist, als sei es erst hier, in der vollends ausgeprägten Ambivalenz dieser Tritonusspannung bei seiner eigentlichen Bestimmung angekommen (Bsp. 18).

Bsp. 18

Das *fis* als Fundamentton ist auf diese Weise in der ersten Szene des *Rheingolds* nicht nur End- und Wendepunkt einer zielgerichteten Entwicklung (Bsp. 19); es scheint ihm darüber hinaus eine Art von absoluter Konnotation zuzuwachsen: die des Tritonus- und Spannungstons ›an sich‹.

Bsp. 19

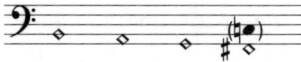

Während der Wandel des Ringmotivs in der Rheintöchterszene sich in mehreren zeitlich getrennten Stationen und immer wieder unterbrochen durch die handlungsbedingte Dazwischenkunft anderer Motive vollzieht, findet sich im Zentrum der bogenförmigen Loge-Erzählung (II. Szene) eine fast identische Entwicklung dieses Motives auf engstem Raum. Ausgehend von der Form seines allerersten Auftretens über *h* (vgl. Bsp. 15[32]) bildet *fis* auch hier den Grenzpunkt einer zielgerichteten Bewegung der Baßfundamente. Es ist an dieser Stelle Grundton eines dominantischen Klangfeldes. Bevor der Mittelteil der Loge-Erzählung mit dem Entsagungsmotiv in c-moll schließt, erklingt unmittelbar vorausgehend die Variante des Ringmotivs über *fis*, das an dieser Stelle allerdings weniger Grundton, sondern (wie schon in Bsp. 17) schattenhafter Klangzusatz ist (Bsp. 20[33]).

Die bisher angelegte Spannungspolarität zwischen *c* und *fis* kulminiert in Alberichs Ringverfluchung (IV. Szene, vgl. Bsp. 15). Getrieben von fieberhafter Ausdrucksintensität einerseits, ist diese Szene in ihren formalen Proportionen andererseits erstaunlich ausgewogen und wohlgeordnet. Ihre Gesamtlänge von 63 Takten gliedert sich in 24 + 39 und somit im Verhältnis des Goldenen Schnitts, wobei dessen größerer Teil die regelmäßigen Längenverhältnisse von 13 + 13 + 13 aufweist. Dem Fundamentton *fis* überlagert sich zunächst, in der Singstimme (»verflucht sei dieser Ring«), ein C-Dur-Feld, dessen Spannung sich in h-moll zwar als eine Mischung aus neapolitanischem Dreiklang und Vorhalt auf einen dominantischen Septnonakkord erklären läßt, dessen sperrig aufgefächerte Gestalt, so, wie sie nackt und kahl über dem klanglich entlegenen Paukenorgelpunkt plaziert ist, aber stets eine gewisse Tendenz zur Verselbständigung hat. Das folgende Erlebnis ihrer Eingliederung in die Dominante mindert kaum den Schrecken, den die zunächst unvermittelte Konfrontation dieser beiden harmonischen Ebenen auslöst.

Bevor die Szene auf dem *fis* schließt, entfaltet sich ein chromatisches Steigerungsmodell über *c*, das auf seinem Höhepunkt (»des Ringes Herr als

---

32 Siehe Sonderseiten.
33 Siehe Sonderseiten.

des Ringes Knecht«) in das Frohnmotiv einmündet, einer Art depressiver und zugespitzter Variante des Rheingoldrufes. Im Hintergrund dieser Akkordverbindung steht das Phänomen des doppeldominantischen übermäßigen Quintsextakkordes. Durch die Tritonussubstitution seiner beiden möglichen Grundtöne *c* und *fis* kristallisiert sich in ihnen auf engstem Raum noch einmal die tonale Grundspannung der gesamten Szene. Dabei erweist sich deren charakteristische Ausdrucksambivalenz nicht nur als überzeugende Umsetzung der inneren Kräfte dieser dramatischen Grenzsituation; ihre interne harmonische Struktur ist auch die zwingende Folge einer bereits mehrfach angelegten Polarisierung, die von Anfang an auf Alberichs Fluch zu zielen scheint.

Wagners Fähigkeit der Verklammerung verwandter Sphären und Ausdrucksbereiche über größere Distanzen hinweg bewährt sich so als wichtiges Mittel einer konsequenten und geschlossenen Formkonzeption, in welcher der harmonisch-tonalen Disposition (jenseits ihrer Funktion als unmittelbarer Ausdrucksträger des dramatischen Verlaufs) eine tragende Rolle zugewiesen ist.

Verfolgen wir diesen architektonischen Aspekt Wagnerscher Harmonik anhand der beiden verbleibenden Strukturelemente in Alberichs Fluchszene. »Ohne Wucher hüt' ihn sein Herr; doch den Würger *zieh'* er ihm zu!« Der hier (T 3154) erreichte Orgelpunkt *c* als Spannungspendant zum *fis* ist für dreizehn Takte Grundlage des harmonischen Geschehens, in dessen Zentrum (»Dem Tode verfallen ...«) ein chromatisches Steigerungsmodell entwickelt wird, das schließlich in die oben beschriebenen Frohn-Akkorde einmündet (Bsp. 21).

Bsp. 21

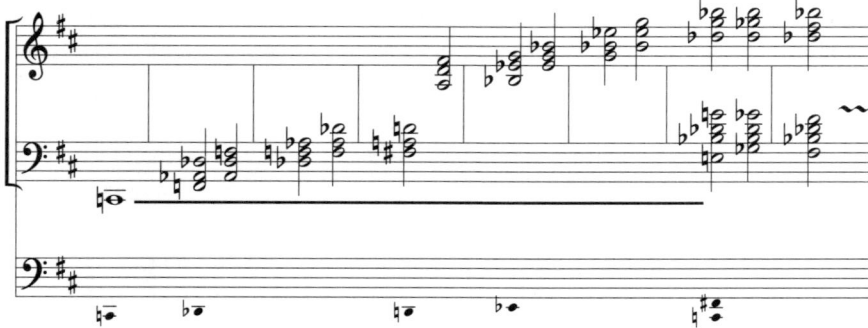

Beginnend auf *c* und endend in der ambivalenten *fis*–*c*-Verbindung könnte diese Passage als romantischer Steigerungstopos unbeachtet bleiben, wenn nicht im Mittelteil der orchestralen Verwandlungsmusik, die zur IV. Szene überleitet, ein fast identisches Modell anzutreffen wäre, dessen Entsprechungen wahrscheinlich dennoch kaum auffielen, wenn der zurückgelegte har-

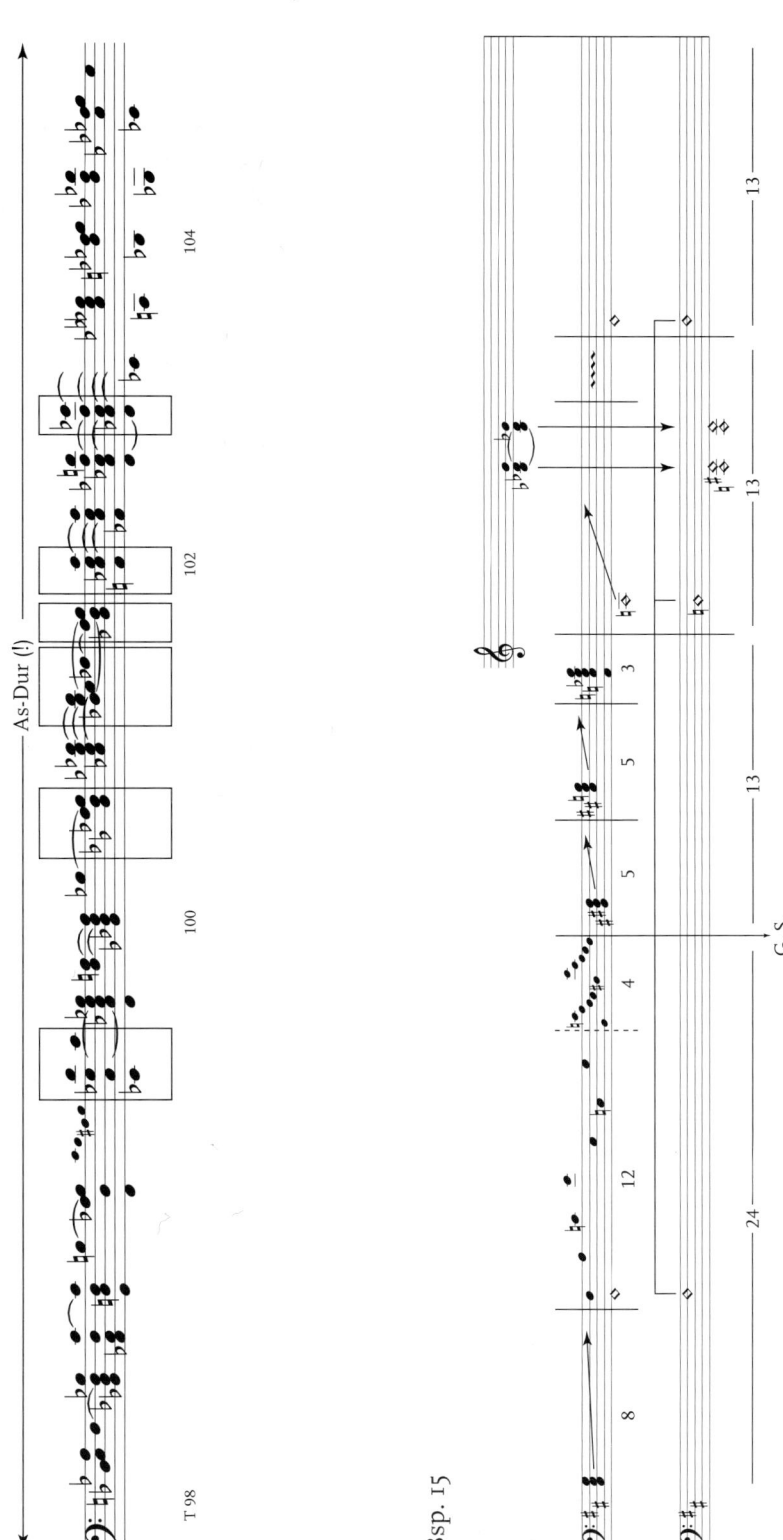

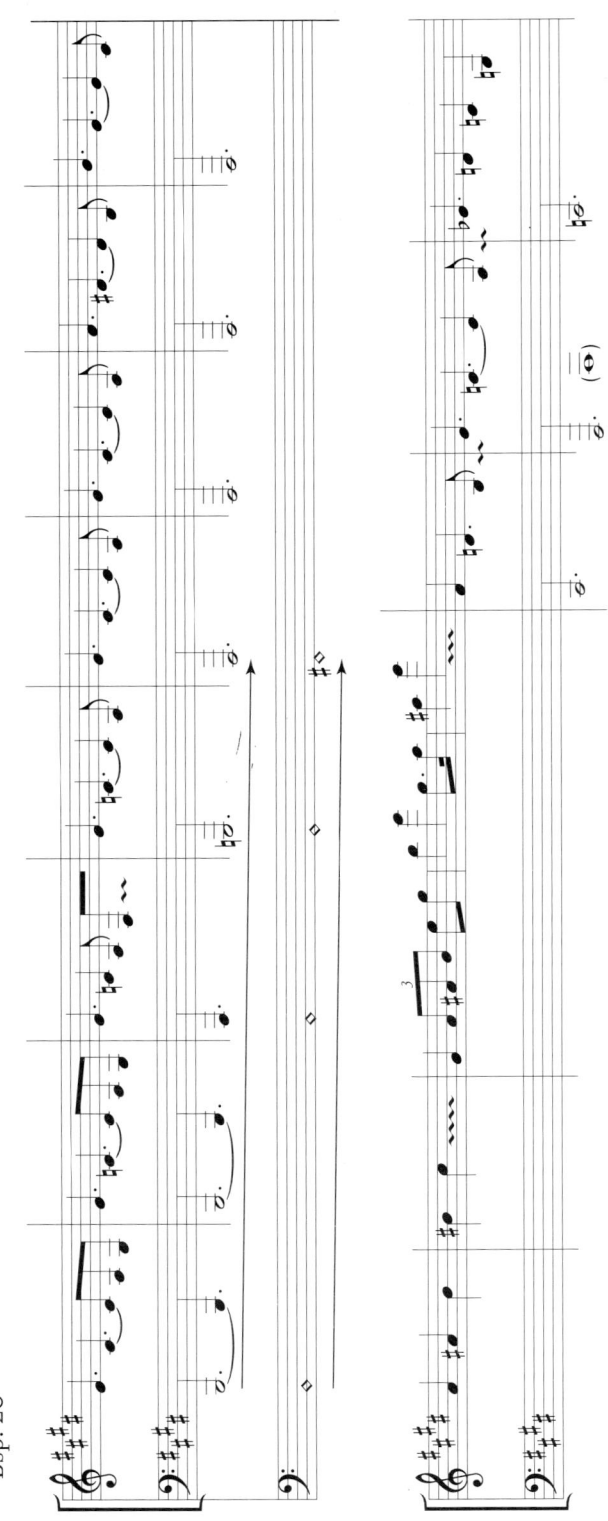

Bsp. 20

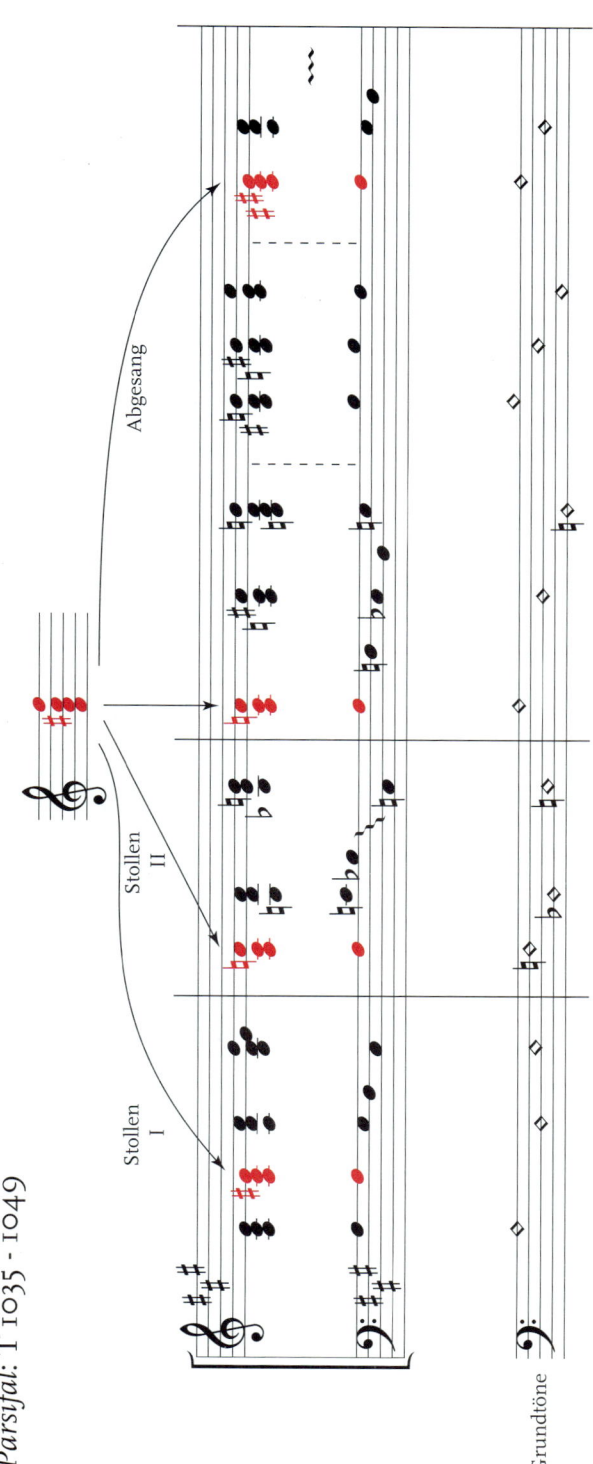

Bsp. 28

Parsifal: T 1035 - 1049

Stollen I

Stollen II

Abgesang

Grundtöne

Notenbeispiel 31

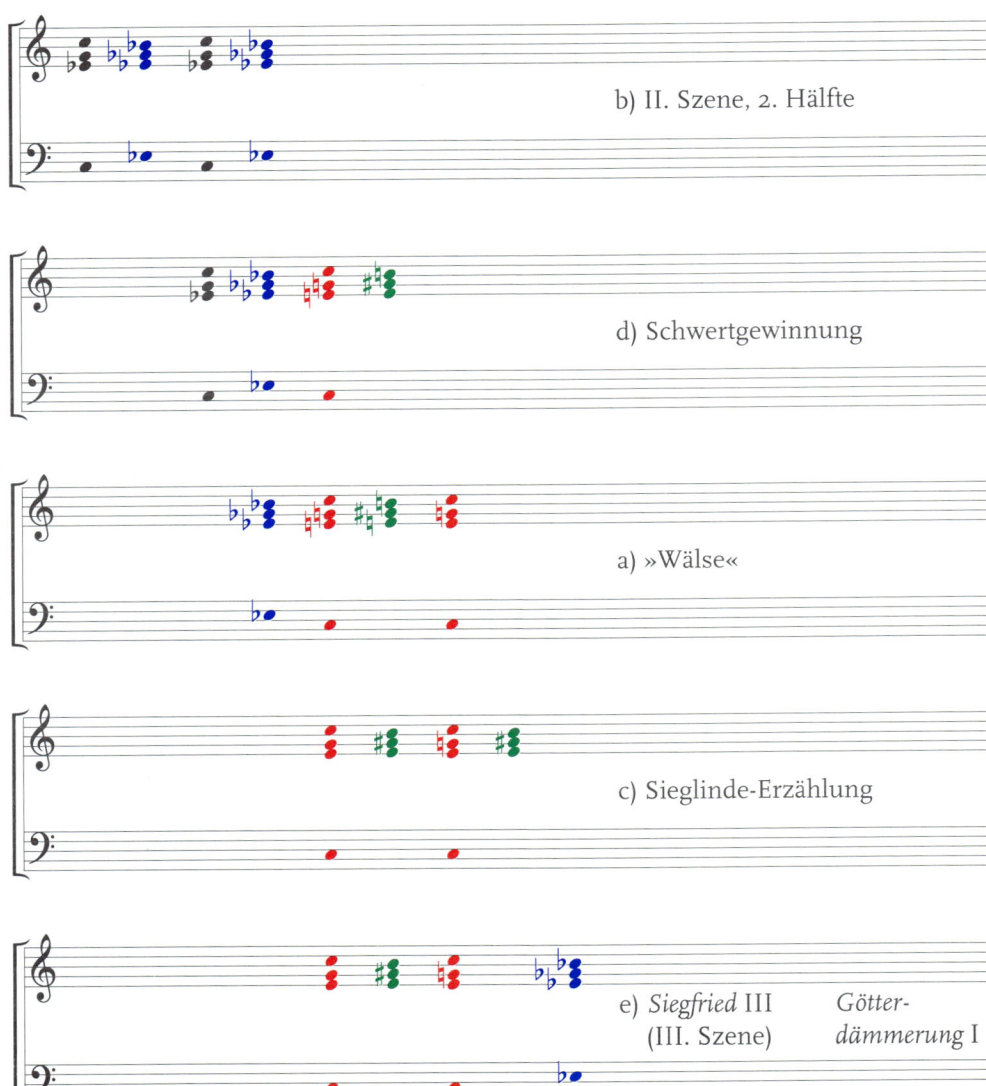

b) II. Szene, 2. Hälfte

d) Schwertgewinnung

a) »Wälse«

c) Sieglinde-Erzählung

e) *Siegfried* III   *Götter-*
(III. Szene)   *dämmerung* I

Klavierauszug aus *Parsifal*, III. Akt

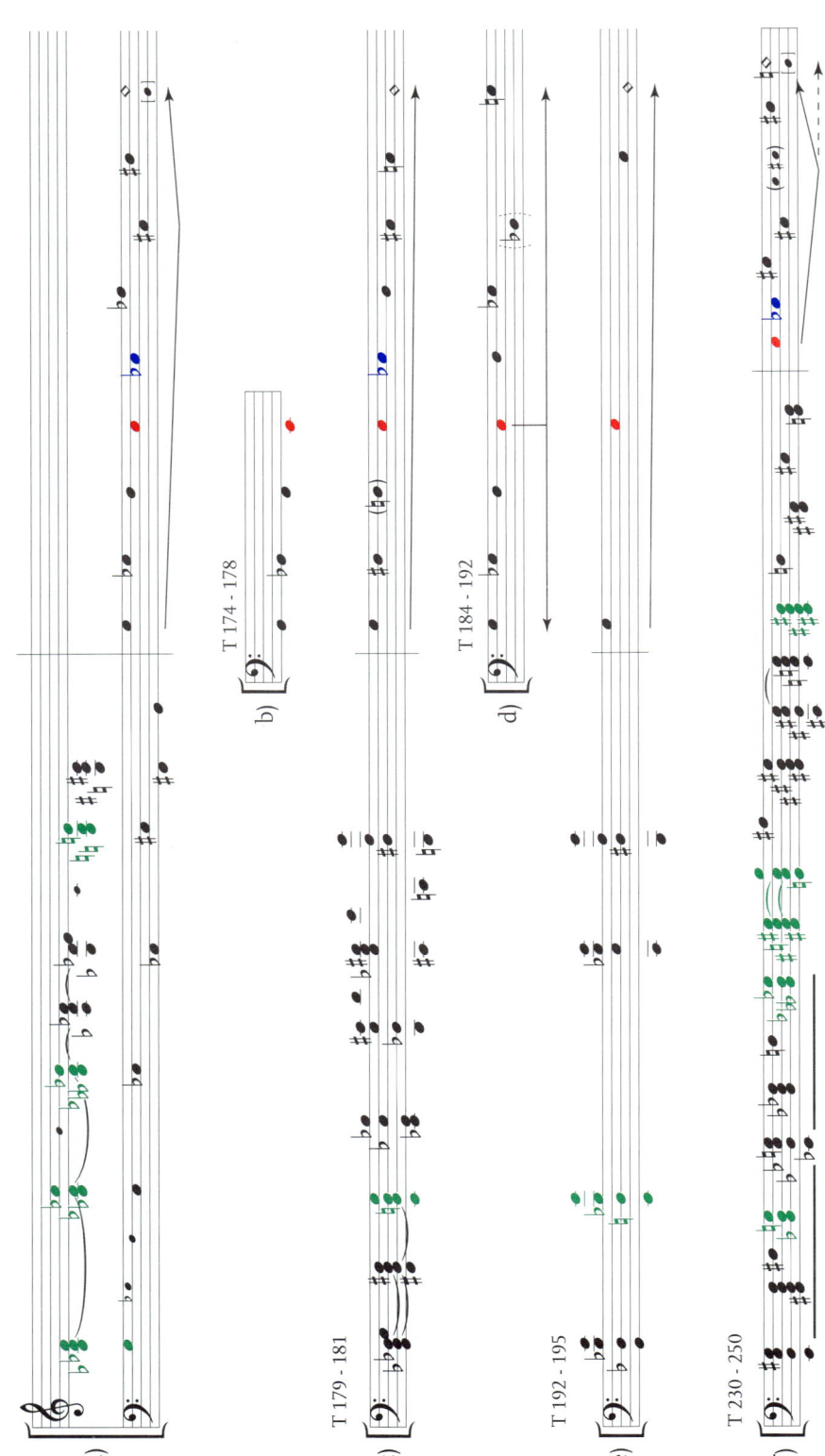

Bsp. 34

Notenbeispiele zu: Ausdruck und mehr

T 169 - 174

a)

T 174 - 178

b)

T 179 - 181

c)

T 184 - 192

d)

T 192 - 195

e)

T 230 - 250

f)

Bsp. 35

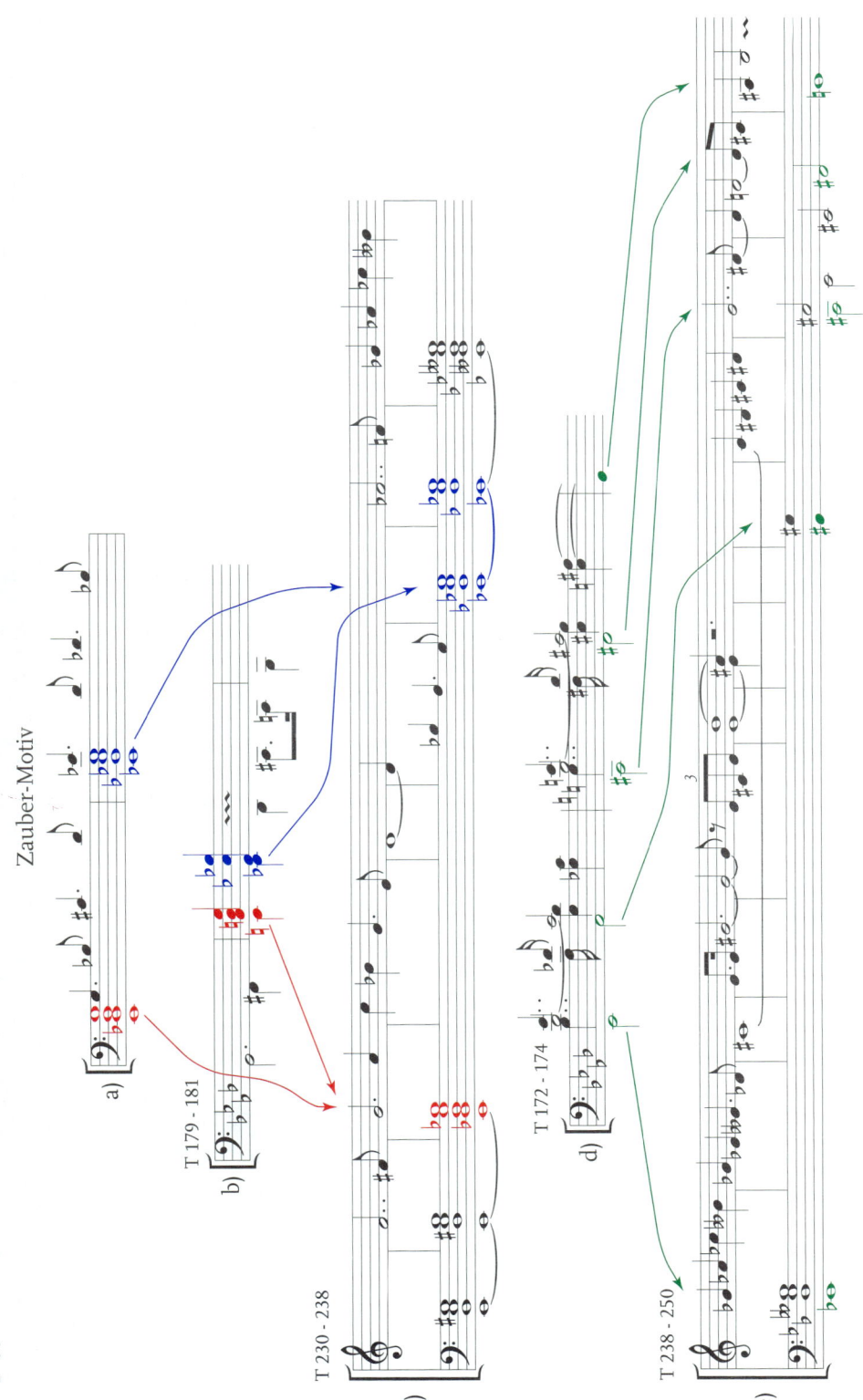

Partiturausschnitt aus *Parsifal*, III. Akt

monische Weg nicht ausgerechnet von *c* nach *fis* führte, um – seine Richtung ändernd – von hier aus überraschend über f-moll wieder nach C-Dur zurückzukehren, jener Tonart, mit der die Verwandlungsmusik beschlossen wird (Bsp. 22).

Bsp. 22

Bsp. 23

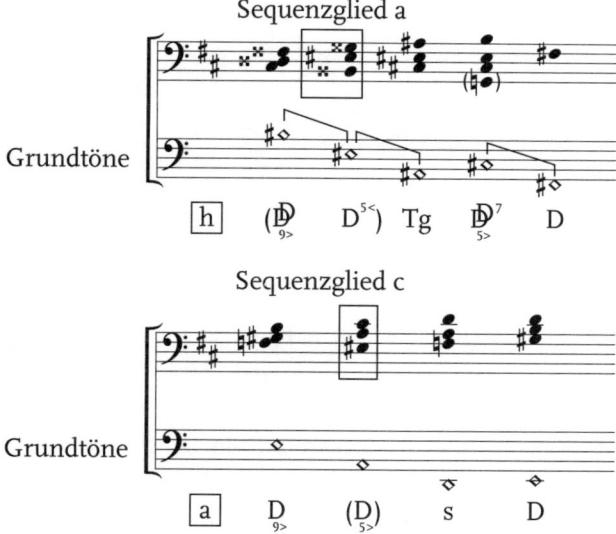

Einen letzten wesentlichen Bestandteil der Fluchszene bildet das sog. Nibelungenhaßmotiv (vgl. Bsp. 23). Die hier (»Bin ich nun frei?«) erstmals zu vernehmende Musik, die noch in den großen Hagen-Szenen der *Götterdämmerung* ihre unverwechselbare Aura verbreitet, lebt aus der dreifachen Spannung zwischen dem synkopisch stockenden Rhythmus ihrer Akkorde, der dämonischen Energie ihres Zweiunddreißigstel-Auftaktes und der unwirklichen Farbe der gestopften Hörner. Die fragliche Passage ist angelegt als variierte Sequenz mit den Zentren *h*, *e* und *a*, wobei die ersten beiden Glieder unterbrochen sind durch den eigentlichen Fluch. Ihre harmonische Aus-

drucksssphäre ist wesentlich geprägt durch den übermäßigen Dreiklang und
dessen ambivalenten Charakter. Seine bleiche Farbe paart sich mit einer
gewissen zähen Strebeenergie, die gleichwohl in ihrer Richtung uneindeutig
bleibt (Bsp. 23). Die einfachste Erklärung der vorliegenden Akkordverbindung ist die einer sukzessiven, meist chromatischen Verschiebung und
Spreizung zweier Töne über einem festgehaltenen Baßton. Auf diese Weise
entwickelt sich eine kleine Terz zur verminderten Quinte (Bsp. 23: Sequenzglied a), bzw. zur Quarte (Bsp. 24: Sequenzglied b und c), wobei der übermäßige Dreiklang als Durchgangsstation zwischen einem verminderten Dreiklang und einem Mollsextakkord fungiert. Wer sich hiermit nicht zufrieden
geben möchte, sei auf die harmonische Deutung in Bsp. 24 verwiesen.

Bsp. 24

(»Bin ich nun frei?«)

(»Nun halt ich, was mich erhebt«)

Der übermäßige Dreiklang erweist sich so in beiden Fällen als durchaus
funktional eingebunden. Die in den Sequenzgliedern a und b anzutreffenden
Übermäßigen sind klanglich identisch; ihr Auftreten erhält darüber hinaus
besondere Bedeutung angesichts einer der gesamten Fluchszene unmittelbar vorausgehenden Stelle: Wotans gleichermaßen beschwörenden wie eitlen
Einlassung »Nun halt ich, was mich erhebt, der Mächtigen mächtigster
Herr«. Die Musik hierzu (harmonisch wiederum geprägt durch das Mittel
des übermäßigen Dreiklangs) klingt merkwürdig hohl, geradezu unglaub-
würdig. Dabei zeigt sich, daß ihr Gang von F-Dur über D-Dur nach Fis-Dur
von eben dem Klang eingeleitet wird, der in der folgenden Fluchszene von
besonderer Bedeutung sein wird. Eingeführt als F-Dur-Klang mit hochalterierter Quinte wirkt seine Weiterführung als A-Dur-Klang mit vorhaltig über-
hängender kleinen Sexte der geweckten Progressionserwartung explizit entgegen, strahlt – im charakteristischen Gegensatz zu dem, was Wotans Textaussage hier suggerieren möchte und in dem Maße, in dem seine Einbin-

dung als unfunktional empfunden wird – etwas Zögerliches und wenig Kräftiges aus.

Diese strukturelle Verankerung wesentlicher Elemente der zentralen Fluchszene im vorausgehenden musikalischen Kontext ist indessen mehr als nur einheitsstiftendes Mittel: Die beiden letzten Beispiele zeigen die Spannweite von Wagners Formkonzeption, die gleichermaßen auf Geschlossenheit wie auf Dynamik zielt. Die Vorwegnahme des chromatischen Steigerungsmodells im Kern der Orchesterverwandlungsmusik (vgl. Bsp. 21 und 22) erweist sich im nachhinein als »Ahnung« des »wissenden Orchesters«. Die Beziehung zwischen Wotans und Alberichs Passagen des übermäßigen Dreiklangs hingegen sind weitaus komplexer. Mittel zur Herstellung formaler Geschlossenheit einerseits, ist dieses Wiederaufgreifen nahezu identischer Strukturelemente darüber hinaus die Voraussetzung, das Andersartige am Ähnlichen zu verdeutlichen und damit die Möglichkeit: gerade auf der musikimmanenten Ebene der drohenden (und immer wieder behaupteten) Statik und Unverbindlichkeit der Wagnerschen sinfonischen Konzeption zu entrinnen. Bezogen auf Alberichs Umgang mit dem übermäßigen Dreiklang aus Wotans Einlassung bedeutet dies: Der Beginn der Fluchszene ist unter anderem die musikalisch-syntaktische Reaktion auf die Abschlußpassage der vorausgehenden Szene; das Gefühl des Unangemessenen und des Aufgesetzten von deren Pathos rührt nicht zuletzt vom ›falschen‹ Umgang mit dem übermäßigen Dreiklang, dessen isomorphe Struktur zwar die technische Voraussetzung für den harmonischen Aufriß *f–d–fis* auf engstem Raum liefert, dessen wenig zielgerichtete Wirkung ihn aber gleichsam als Fremdkörper denunziert. Indem Alberichs unmittelbare Reaktion exakt den gleichen Klang aufgreift (siehe Bsp. 23), ihn jetzt indessen funktional einbindet in die Spannungsbogen ihrer harmonischen Progression, wird dieser hineingezogen in die Stringenz und ›Logik‹ der Fluchdynamik: Die Musik reagiert auf Wotans Botschaft, indem sie diese verarbeitet, neutralisiert und wenn schon nicht eliminiert, so doch im mehrfachen Sinne ›aufhebt‹.

IV. Von der Ungleichheit des Ähnlichen

Die letzte krisenhafte Zuspitzung des ›äußeren‹ dramatischen Handlungsverlaufes im III. Akt des *Parsifal* kulminiert in Amfortas' Konfrontation mit der ihn bedrängenden Gralsritterschaft. In der psychologischen Perspektive des Zuhörers gewinnt diese Szene die eigentümliche Bedeutung einer (nachträglichen) Entscheidung, deren innere Voraussetzungen sich für ihn bereits vorab in der Szene des Schwarzen Ritters geklärt haben: Mit der Rückkehr Parsifals zur Gralsburg und seiner letzten ›Wandlung‹[34] ist Amfortas' Erlösung vorgezeichnet; ihre letztendliche Realisierung scheint allerdings bis

---

34 Zur Deutung dieser Szene siehe das letzte Kapitel.

zum letzten Augenblick in Frage gestellt – eine eigentümliche Spannungs-
konstellation, die erst durch Parsifals Erscheinen in der Gralsburg endgültig
gelöst wird (»Nur eine Waffe taugt«). Wagner zwingt hier die dramatische
Handlung noch einmal gleichsam durch ein Nadelöhr, treibt sie zur äußersten Verdichtung, um den Lösungsvorgang geradezu körperlich erfahrbar zu
machen. Dabei bewährt sich sein untrügliches Gespür für musikalisches
›Timing‹: An die zweite große instrumentale Verwandlungsmusik schließt
sich eine größere Chorszene der Gralsritter, die anfangs durchaus epische
Züge trägt, sich jedoch in der dramatischen Aufforderung an Amfortas
»Zum letzten Mal sei des Amtes gemahnt« zuspitzt. Dessen längere Erwiderung wird von einem zweiten Choreinwurf unterbrochen, der im Vergleich
zum ersten stark verkürzt ist. Die nochmalige Erwiderung Amfortas' ist ein
kurzer verzweifelter und hochdramatischer Aufschrei, dessen »furchtbare
Ekstase«[35] unmittelbar vom erwarteten und definitiven Auftritt Parsifals abgelöst wird. Der Fokussierung auf diesen letzten dramatischen Wendepunkt
durch einen zielgerichteten Verkürzungsvorgang bezüglich der großrhyth-
mischen Zeitstruktur entspricht auf der Ebene der Harmonik eine Konzeption von höchster Dichte und Stringenz. Die motivische Hauptsubstanz
dieser kurzen Szene besteht aus einer gestrafften und dramatisierten Variante des Leidensmotivs, wie es von Amfortas' Auftritt aus dem ersten Akt
bekannt ist (Bsp. 25).

Bsp. 25

Sein harmonisches Markenzeichen ist der übermäßige Dreiklang, der bereits
in der ursprünglichen Form dieses Motivs äußerst herb und spröde erscheint. Der Kern unserer dreißigtaktigen Passage ist zunächst gebildet aus
einer dreigliedrigen harmonischen Sequenz, beginnend jeweils auf einem
übermäßigen Dreiklang (Bsp. 26).

---

35 Wagners Regieanweisung.

Bsp. 26

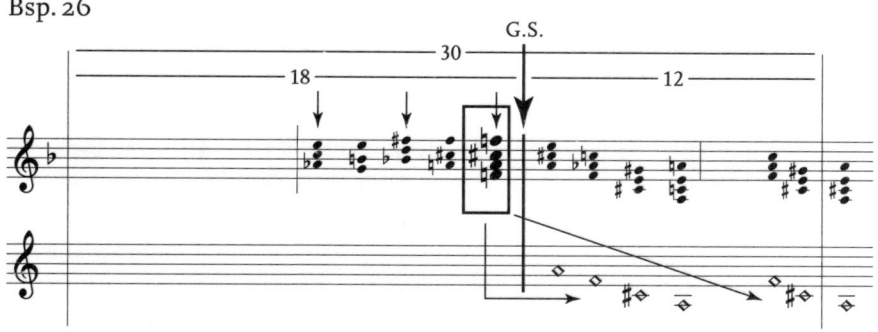

Im dritten Anlauf dehnt Wagner den Übermäßigen zunächst auf drei Takte, um in den folgenden vier (»Heraus die Waffen! Taucht eure Schwerter tief, tief bis ans Heft«) in eine zyklische Großterzprogression einzumünden, in welcher motivisch wie harmonisch die Sphäre Klingsors beschworen wird. Die Beziehung des übermäßigen Dreiklangs zur Musik Klingsors ist evident; als übergeordnetes Strukturelement regelt er die Stufendisposition der finsteren Moll-Medianten, wie sie zu Beginn des II. Aktes von größter Bedeutung sind – so z. B. im Vorspiel (T 1-7, T 39-41) oder in den dämonischen Passagen, in denen Klingsor die schlafende Kundry in seinen Dienst zwingt (»Dein Meister ruft dich Namenlose, Urteufelin, Höllenrose« und »Hierher! Hierher denn, Kundry, dein Meister ruft«). Grundlage all dieser abgründigen Mediantverbindungen ist der immergleiche übermäßige Dreiklang *h–g–es* (= *dis*). Wenn in Amfortas' ekstatischer Leidensszene das harmonische Mittel des übermäßigen Dreiklangs eine zentrale Rolle spielt und dessen ›Herkunft‹ aus dem Leidensmotiv einerseits und der Klingsorsphäre unmittelbar einleuchtet[36], so muß doch auffallen, daß in unserer Szene von allen vier (klanglich) möglichen Vertretern dieses Klangtyps mit *h–g–es* gerade derjenige ausgespart ist, dem zu Beginn des II. Aktes gleichsam eine Monopolstellung zukommt (Bsp. 27).

Bsp. 27

?   Klingsor

Die harmonische Gesamtanlage dieser ›Nadelöhr‹-Szene ist indes in mehrfacher Hinsicht aufschlußreich: Der als dritter und letzter eingeführte Klang *a–cis–f* wird als simultaner zunächst auf drei Takte gedehnt, projiziert sich sodann unmittelbar anschließend in die Sukzessivität, indem seine Intervall-

---

36 Die inhaltliche Beziehung dieser beiden Bereiche liegt auf der Hand.

struktur als Transpositionsbasis einer zyklischen Terzverbindung dient, schließt endlich bei Amfortas' Worten »von selbst dann leuchtet euch wohl der *Gral*« den Bogen zum Auftritt Parsifals als Grundlage einer eigentümlichen Variante des Gralsmotivs (F-Dur–cis-moll–A-Dur [vgl. Bsp. 26]). Damit jedoch nicht genug: Seine eigentliche Bedeutung als sinnstiftendes Element enthüllt sich erst in der folgenden Szene Parsifals. »Nur eine Waffe taugt: die Wunde schließt der Speer nur, der sie *schlug*«: der hier einsetzende barförmige Formteil (T 1035-1050) ist motivisch angelegt als Kombination aus Amfortas' Leidensmotiv mit dem Speermotiv. Das harmonische Exzerpt[37] verdeutlicht, wie der oben beschriebene Zentralklang *a–cis–f* den gesamten Formteil harmonisch dominiert, indem er in diesen fünfzehn Takten allein viermal (und jeweils an entscheidender Stelle der Form) erscheint.

Ebenso auffallend wie sein demonstratives Wiederauftreten ist jedoch sein Bedeutungswechsel, der sich an der Art und Weise seiner Integration in den harmonischen Zusammenhang festmachen läßt: Es zeigt sich, daß in der vorausgehenden Amfortas-Szene von einer kadenziellen Einbindung nicht die Rede sein kann (vgl. Bsp. 26). Im ersten Sequenzglied beispielsweise vermag *keine* der gängigen Erklärungen des Übermäßigen dazu zu verhelfen, die Akkordverbindung als funktional-kadenzielle plausibel zu machen: Weder ein C-Dur-Klang mit vorhaltiger kleiner Sexte *as* oder hochalterierter Quinte *gis*, noch ein E-Dur-Klang mit hochalterierter Quinte *his* führt ›sinnvollerweise‹ zum e-moll-Sextakkord! Sperrig und fremdkörperartig im Gesamtzusammenhang potenziert sich das Eigenleben seines spröden Klangcharakters und verstärkt den Eindruck des Isolierten, Unintegrierten dieses unter anderen Umständen zumeist harmlosen Akkordes.

Bsp. 29

Verwiesen sei in diesem Zusammenhang noch einmal auf eine bezeichnende Stelle aus der Begegnung zwischen Klingsor und Kundry (Bsp. 29). Diese bis an die Auflösung geregelter harmonisch-syntaktischer Strukturen reichende kahle Konfrontation dreier nahezu beziehungsloser übermäßiger Dreiklänge findet sich zu folgender Aussage Klingsors über seinen Widersacher Amfortas: »... sein Stamm verfiel mir, *unerlöst* [!] soll der Heiligen Hüter

---

37 Bsp. 28 auf den Sonderseiten.

mir schmachten ...«. Ohne das komplexe Verhältnis von harmonisch-struktureller Bezüglichkeit und quasi-semantischer Konnotation harmonischer Vorgänge bei Wagner auf eine platte Formel reduzieren zu wollen (etwa: >unfunktional = unerlöst< oder umgekehrt), muß es doch auffallen, daß erst mit dem Eintritt Parsifals in seine neue Funktion als Gralshüter und der damit verbundenen Erlösung Amfortas' der bis dato sperrige, unfunktionale Umgang mit diesem Klang einer neuen Qualität weicht, seine Integration in den kadenziellen Zusammenhang >endgültig< geleistet scheint. Dieses Erlebnis ist um so nachhaltiger, als hierzu demonstrativerweise viermal auf engstem Raum der gleiche Klang zu dienen hat – eben derjenige, der in der unmittelbar vorausgehenden Amfortas-Szene (vgl. Bsp. 26) als zentraler ausgewiesen ist.[38] Seinen strukturimmanenten Möglichkeiten gemäß fungiert er dabei gleichermaßen als alterierter A-Dur-Klang (bei seinem ersten und seinem letzten Auftreten als Zwischendominante auf die Subdominante, zu Beginn des Abgesangs als Doppeldominante in G-Dur) sowie als alterierter F-Dur-Klang (im II. Stollen als Zwischendominante auf die Subdominante in einer Ausweichung nach F-Dur), wobei er an den Nahtstellen der Form (I. Stollen/II. Stollen und II. Stollen/Abgesang) für die harmonischen Übergänge verantwortlich ist, die jeweils in Form einer schulmäßigen enharmonischen Modulation bewerkstelligt werden.

Die Wandlung vom uneingebundenen und sperrigen Einzelelement zu einem Klang, der dienend und ohne Widerstände im übergeordneten Funktionszusammenhang einer (wie auch immer erweiterten) Kadenzharmonik aufgeht, entspricht die Wandlung seines Ausdruckscharakters. Alle Sprödigkeit und Schärfe ist getilgt; der ihm selbstverständlich innewohnenden Strebeenergie wächst hier eine wunderbare Wärme und Leuchtkraft zu, wie sie anderswo diesem Gebilde kaum jemals abgewonnen wird.

Wenn am Ende von Isoldes Liebestod und vier Takte vor dem Schlußakkord des fünfstündigen *Tristan* der berühmte gleichnamige Akkord zum ersten und einzigen Mal einer (tonikalen) Lösung zugeführt wird, so geschieht dies in einem neuen harmonischen Umfeld (der verklärten Aura des gleißenden H-Dur) – und dennoch unter Zitierung des Tristanakkordes, so wie er als epochales Ereignis im zweiten Takt des Vorspiels erstmalig erklingt. Was im *Tristan* >jeder Esel< hört – die endliche Lösung einer kaum noch lösbar erscheinenden Spannung –, ist in der Schlußszene von Wagners grandiosem Alterswerk um vieles verdeckter und unaufdringlicher, sicher aber kaum weniger eindrücklich auskomponiert.

---

38 Zur genaueren Analyse vgl. das harmonische Exzerpt – Bsp. 28 – auf den Sonderseiten.

V. Perspektive

»Wälse! Wälse! Wo ist dein Schwert?« Der Wälseruf markiert Siegmunds seelischen Tiefpunkt im I. Akt der *Walküre*, der mit Recht als einer der gelungensten in Wagners Gesamtwerk gilt. Wie kaum anderswo verbindet sich hier Plastizität der motivisch-thematischen Erfindung mit seismographischer Sensibilität; die Musik reagiert mit unendlich feinem Gespür auf die kleinsten Änderungen in der psychologischen Entwicklung des Dramas; die Rolle des »wissenden Orchesters« erreicht einen Grad der Eindrücklichkeit, wie er auch im Spätwerk nicht übertroffen werden kann. Bei aller Spontaneität des Ausdrucks, mit der die Musik als unmittelbarer Reflex der äußeren und inneren Handlung erlebbar wird, gerät die Geschlossenheit der Form nie in Gefahr, dem Detail geopfert zu werden, sind die subtilen Valeurs und feinen emotionalen Verästelungen Teil einer Gesamtkonzeption, in der wie selbstverständlich auch die große pathetische Geste integriert ist. Diese ist naturgemäß besonders gefährdet, punktuelle Aufmerksamkeit auf sich zu ziehen und damit eine ausgeprägte Eigendynamik und formale Sprengkraft zu entwickeln, weshalb ihre Positionierung im Zusammenhang der Gesamtform besondere Sorgfalt erfordert.

Wagners Konzeption trägt diesem Tatbestand Rechnung, indem er die gesamte zweite Hälfte des Aktes in zwei dramatische Höhepunkte einbettet: Der Wälseruf Siegmunds, dessen plötzlich hereinbrechende Intensität etwas Fremdes, ja Bestürzendes hat, zumindest zunächst keine ›Lösung‹ findet, überlagert sich als Spannungsmoment dem gesamten folgenden Geschehen und findet sein Pendant erst in der ähnlich dramatischen Schwertgewinnungsszene am Ende des Aktes (»Heiligster Minne höchste Not ...«). Tragende Teile der Architektur, dienen diese beiden exponierten Momente als Pfeiler, zwischen denen sich über eine nicht unbeträchtliche zeitliche Distanz hinweg die schrittweise Annäherung der beiden Geschwister behutsam, aber zielgerichtet vollziehen kann.

Bei der Verankerung dieser architektonischen Stützpfeiler untereinander und im weiteren musikalischen Kontext ist neben gestischen, satztechnischen und klanglichen Momenten der Harmonik eine entscheidende Rolle zugewiesen. Beim Anfang der III. Szene handelt es sich um eine jener oben erwähnten Stellen, in denen die Bedeutung und die Sprachfähigkeit des Wagnerschen Orchesters aufs Äußerste gesteigert ist: Während Siegmund allein auf der nahezu dunklen Bühne zurückgeblieben ist und jegliches äußere Geschehen zum Erliegen kommt, unternimmt es das Orchester, dem Zuhörer einen Einblick in Siegmunds hochkomplexen und erregten (Un-) Bewußtseinszustand zu vermitteln, nachzuzeichnen, wie dessen Orientierungsversuche obsessiv um die immer gleichen Beziehungsfelder kreisen (Hunding, Schwert, Sieglinde), ohne deren inneren Zusammenhang und deren Bedeutung für sich bereits erkennen zu können. Nach achtundvierzig

Takten in a-moll, nur unterbrochen durch eine kurze Ausweichung nach F-Dur (»Ein Weib sah ich, wonnig und hehr«) und zunehmend aufgeladen durch den lastenden Orgelpunkt *a* des Hundingmotivs in den Hörnern, wendet sich die Musik in einer brüsken und unerwarteten enharmonischen Modulation über den Neapolitaner ins weit entlegene es-moll (Bsp. 30).

Bsp. 30

Wenn auch nur kurzfristig tonikal, wird dieses es-moll mit seiner eigentümlich dunklen Farbe dennoch als gewichtiger Tiefpunkt wahrgenommen, um so mehr, als die folgende harmonische Entwicklung über eine kurze Zwischenstation f-moll schnell ins Taghelle und Grelle von C-Dur hinaufführt (»... bricht mir hervor aus der Brust, was wütend das Herz noch *hegt?*«). Unterstützt vom schwerelosen Orchestersatz, der die Tiefenregion völlig ausspart (das Tremolo der vierfach geteilten Violinen wird vom Schwertmotiv der Trompete gleichsam durchschnitten), entfaltet dieses C-Dur als Tonart von Tag und Tat enorme Helligkeit und Strahlungsenergie. Diese wird jedoch von Wagner noch einmal gesteigert, indem in das C-Dur-Feld unvermittelt und mediantisch ein E-Dur einbricht (»Des Blinden Auge leuchtet ein *Blitz*«), dessen Wirkung man hier[39] als eine Art von ›Über-Dur‹ bezeichnen möchte.[40]

Der harmonische Aufriß es-moll/C-dur ist als Durchbruchsgestus nicht frei von der Gefahr einer gewissen Vordergründigkeit. Schon Beethovens Durchbruchstellen in C-Dur (etwa in der 5. Sinfonie oder im Trauermarsch der *Eroica*) haftet etwas Grelles, Diesseitiges, schlimmstenfalls Banales an. Unzweifelhaft, daß es Wagner hier gelingt, der Gefahr des Platten und Schalen gerade durch den unerwarteten mediantischen Lichteinfall zu entgehen, dessen Zusatzfarbe unserem C-Dur eine seltene ›romantische‹[41] Tiefenwirkung beschert.

---

39 Der Charakter von E-Dur als Grundtonart ist meist geprägt von Helligkeit und Wärme, so z. B. in Beethovens Klaviersonate Op.109, Schumanns *Mondnacht*, Dvoraks Streicherserenade, Bruckners 7. Sinfonie oder dem zweiten Satz aus Schuberts *Unvollendeter*. Er ist zwar immer licht, oft aber gepaart mit einer besonderen lyrischen Qualität und nur in den seltensten Fällen so direkten Glanz ausstrahlend wie an dieser Stelle.

40 Vgl. auch Bsp. 31a auf den Sonderseiten.

41 Man wird kaum Veranlassung haben, der Tonart C-Dur per se ›romantische‹ Qualität zuzusprechen. In den seltenen Fällen, in denen dies dennoch angebracht erscheint, steht ihre Wirkung oft in direktem

So auffallend die unmittelbare Konfrontation von C-Dur und E-Dur im Gefolge des harmonischen Tiefpunktes es-moll bleibt, so ein->leuchtend< ist sie hier als Trägerin einer typisch romantischen Farbmetaphorik. Wagner läßt es sich indessen nicht nehmen, diese >blitz<-artig aufleuchtende Konnotation des Schwertes nutzbar zu machen, indem er der ihr innewohnenden Spannung und Farbkraft Gelegenheit zur perspektivischen Entfaltung gibt. Der folgende Wiederauftritt der Sieglinde (»Schläfst du, Gast?«) hält sich zwar anfangs im Bereich G-Dur/e-moll, wendet sich aber gleich für einige Zeit nach C-Dur (»Eine Waffe laß mich dir weisen: o wenn du sie gewönnest! Den hehrsten Helden dürft ich dich heißen: dem Stärksten allein ward sie bestimmt.«). Hier noch vorbereitet durch ein kurzes e-moll, konfrontiert Wagner diesem C-Dur eine E-Dur-Fläche von neunundzwanzig Takten (»... ein Fremder trat da herein«). Zur Unterstützung von Wärme und Leuchtkraft dieser vom Walhallmotiv getragenen Musik wechseln alle vier Hörner ihre Transpositionsstufe von *f* nach *e* – eine Maßnahme, die zwar mit der Weiterentwicklung der Ventilhörner und deren klanglicher Ausgeglichenheit[42] überflüssig geworden ist, die aber zeigt, welche Bedeutung Wagner der >Reinheit< des E-Dur-Charakters offensichtlich zumißt. Man verläßt diese Tonart nur, um in einer >schulmäßigen< erweitert-diatonischen Modulation C-Dur zu erreichen (»... als ein Schwert in Händen er schwang; das stieß er nun in der Esche Stamm, bis zum Heft haftet' es *drin*«). Es erweist sich diese Modulation (so explizit auch immer in der Zieltonart über einem langen dominantischen Vorhaltsquartsextakkord abkadenziert werden mag) als ein Vorgang, der unmittelbar und demonstrativ zurückgenommen wird: F-Dur, d-moll, a-moll, e-moll, H-Dur, E-Dur (»dem sollte der Stahl geziemen, der aus dem Stamm es zög.«).[43] Lapidar und wirkungsvoll in gleichmäßigen Halben daherschreitend und jeglicher Motivik bar, betont diese sofortige Rückmodulation das Gewicht der spezifisch *harmonischen* Seite des Ereignisses: einerseits die *Gegenüberstellung* der beiden entfernten Tonarten, andererseits deren *Vermittlung*, die hier das Moment von Spannung und Distanz im Sinne von Entfaltung und Fruchtbarmachen zur Geltung bringt (Bsp. 32).

Solcherart harmonische Verfahrensweisen scheinen erhellend und gleichsam diskursiv auf inhaltliche Zusammenhänge zu verweisen; das hier beschriebene Moment der Vermittlung macht Sieglindes Erklärung am Schluß dieser Szene (E-Dur!) nahezu überflüssig: »Da wußt ich [!], wer der war, der mich gramvolle grüßt: ich weiß auch, wem allein im Stamm das Schwert

---

Zusammenhang mit einer intensiven, meist mediantischen Relativierung und Vertiefung ihrer Grundfarbe, z. B. in Schuberts Streichquintett oder dem III. Satz der C-Dur-Fantasie von Schumann.

42 Die Klangqualität der nicht in der Naturtonreihe enthaltenen und somit durch Änderung der Ventilstellung zu produzierenden Töne war offensichtlich in den vierziger und fünfziger Jahren noch von minderer Qualität, so daß ein solcher Transpositionswechsel unter diesen Umständen durchaus einleuchtete. Im *Tannhäuser* beispielsweise kombiniert Wagner durchgängig zwei Ventilhörner mit zwei Naturhörnern.

43 Vgl. Bsp. 31c auf den Sonderseiten.

Bsp. 32

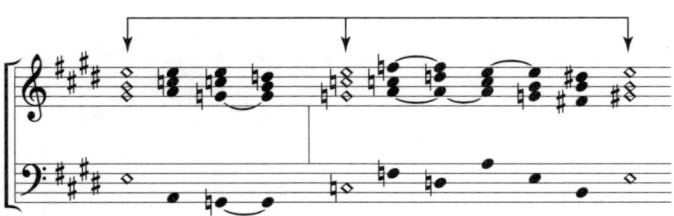

bestimmt«. Es sind die Bereiche von Schwert und Wanderer, die hier als nachträglich erzählte Vorgeschichte gerade diejenigen Tonarten entfalten, die im Moment ihres ersten Auftretens schlaglichtartig und wie eine Initialzündung einen überraschenden magischen Zauber verbreiten, dessen Herkunft und Bedingungen indes an dieser Stelle zunächst unbekannt bleiben müssen: perspektivische Entfaltung nicht nur als Mittel der Entfaltung von Form (und deren Geschlossenheit), sondern auch zur Entfaltung von ›Sinn‹!

Die zentrale harmonische Progression der Wälse-Szene ist – wie zu zeigen ist – das wichtigste Verbindungsglied zu ihrem Pendant, der Schwertgewinnungsszene. Wer verstehen möchte, warum der harmonische Dreischritt es-moll/C-Dur/E-Dur hier eine Erweiterung erfährt, sei noch kurz verwiesen auf die Anlage der II. Szene, besonders auf deren Schluß. Es zeigt sich, daß die nachfolgende Einbindung der C-Dur/E-Dur-Polarität (in der Sieglinde-Erzählung) ihre Entsprechung in der vorausgehenden Herausarbeitung des es-moll als der signifikanten Spannungstonart zum c-moll findet: Die latente Rivalität zwischen Siegmund und Hunding geht am Ende der II. Szene über in offene Konfrontation und gipfelt in Hundings Drohung mit Kampf und Tod. (»Mein Haus hütet, Wölfing, dich heut; für die Nacht nahm ich dich auf: mit starker Waffe doch wehre dich morgen; zum Kampfe kies ich den Tag: für Tote zahlst du mir Zoll.«) Das c-moll, als die über weite Strecken unangefochtene Grundtonart, weicht für die Dauer dieser Textpassage finsterem es-moll, um schließlich doch das letzte Wort zu behalten.[44] (»Fort aus dem Saal! Säume hier nicht! Den Nachttrunk rüste mir drin, und harre mein zur Ruh.«) Auffallend, daß selbst das folgende Orchesterzwischenspiel[45] in c-moll die Region des es-moll noch einmal zitiert: T 760 als verkürzte Dominante mit kleiner None, T 761 als Subdominante mit Sexte im Baß.[46]

Gerade diese am Schluß der II. Szene mehrfach zu beobachtende Eintrübung des c-moll nach es-moll ist es, die dem Beginn der Schwertgewinnungs-

---

44 Vgl. Bsp. 31b auf den Sonderseiten.
45 Eine jener oben erwähnten Szenen, in denen Wagners Psychologisierungskunst das hochkomplexe Beziehungsnetz der drei auf der Bühne Anwesenden allein dem Orchester anvertraut – Musik, die mit wenigen Noten eine Atmosphäre von atemberaubender Dichte erzeugt.
46 Man kann diese beiden Takte allerdings auch hören bezogen auf Ges-Dur: als Dominantklang mit Septime bzw. mit Septime und großer None.

Bsp. 33

szene als harmonisches Gerüst zu Grunde liegt (Bsp. 33). Das es-moll, das erreicht wird bei »... drängt zu Tat und *Tod* [!]«, markiert hier, wie bei seinem bisherigen Auftreten in der *Walküre*, den Ausdruckstiefpunkt, von dem aus sich die Harmonik nur unter Überwindung zäher Widerstände, aber deshalb um so unwiderstehlicher nach C-Dur/E-Dur hinaufarbeitet. Die Szene greift so das harmonische Kerngeschehen der Wälse-Passage wieder auf, erweitert es jedoch durch die Einbeziehung des für das bisherige Geschehen so wichtigen c-moll als Ausgangspunkt einer zunächst abwärts gerichteten Progression, dehnt die Proportionen des gesamten harmonischen Aufrisses und erscheint so als perspektivische Projektion und logische Synthese der vorausgehenden Schlüsselstellen des gesamten I. Aktes.[47]

Wer von hier aus die Idee der perspektivischen Projektion weiter verfolgen möchte, dem mag plausibel erscheinen, daß harmonische Konstellationen, wie die hier untersuchten, im *Ring* als zusammenhang- und sinnstiftende Mittel selbst über noch größere Strecken hinweg wirksam werden können. Im hierfür angefügten Beispiel dient der ursprünglich *harmonische* Zusammenhang von es-moll/C-Dur/E-Dur (hier mit umgekehrten Vorzeichen) als Grundlage *tonaler* Disposition zur Anknüpfung des I. Aktes der *Götterdämmerung* (Nornenszene) an den Schluß des III. Aktes *Siegfried*.

*

»Eine der wunderbarsten Stellen, die Wagner geschrieben hat, ist die vom gesamten Streichorchester (ohne Kontrabässe) im Einklang vorgetragene lange Melodie, die während der Entwaffnung Parsifals sein Gebet vorbereitet: Nach zwei mächtigen Aufschwüngen, die im Seufzermotiv – das zweitemal einen Halbton vertieft – gipfeln, wird das vorhaltige, abschwellende cis sieben Takte lang (!) ausgehalten, wobei das Parsifalmotiv in der Düsternis des schwarzen Ritters leise dreinschallt. Dann erst leitet diese wunderbare Linie in das Mitleidmotiv hinein, mit dem Parsifal betend zur Speeresspitze aufblickt. Es hat wohl noch kein Tonsetzer gewagt, einen Melodieton (Orgel-

---

47 Vgl. Bsp. 31 auf den Sonderseiten.

punkt ist etwas anderes!) so lange aushalten zu lassen.«[48] In Lorenz' Zähl-
weise als Teil der IV. Periode geführt (genauer: T 230-250), findet sich die
beschriebene Stelle im III. Akt des *Parsifal*: Der von Gurnemanz belehrte
Schwarze Ritter legt Helm und Waffen ab: »Schnell ab die Waffen! Kränke
nicht den Herrn, der heute, bar jeder Wehr, sein heilig Blut der sündigen Welt
zur Sühne *bot.*« Hier einsetzend übernimmt das Orchester für zwanzig Takte
die alleinige Führung in einem Geschehen, dessen innere Bedeutung durch
keinerlei äußere Handlung illustriert wird: Als Tiefpunkt der Versenkung, als
Bewußtseins-(Ab)grund, den es zu erreichen und zu durchschreiten gilt,
repräsentiert die Musik dieser Stelle die letzte Station auf Parsifals Weg der
Wandlung. Das von Lorenz angesprochene sieben Takte (»Sehr langsam«[!])
sich dehnende *cis* bildet dabei gleichermaßen den Ort einer ultimativen
Verdichtung, der durchlebt werden muß, ehe die angestaute Spannung im
Mitleidmotiv und in der Schwerelosigkeit des aufsteigenden G-Dur-Feldes
sich lösen kann. (»Erkennst du ihn? Er ist's, der einst den Schwan erlegt.«)

Die als »Verwandlungsszenen« bekannten Partien des I. und III. Aktes (bei
denen der äußere Prozeß der Verwandlung der Bühne auf den inneren
Prozeß einer Bewußtseinsentwicklung verweist) haben eine motivische
Struktur, die entweder aufgreift, was bereits exponiert ist, oder aber etwas
Neues exponiert, um es später wieder aufzugreifen. Um »Verwandlungsszenen« in einem ganz ähnlichen Sinne handelt es sich übrigens bereits im
Rheingold, indem hier der äußere Aspekt des Wandels der unterschiedlichen
räumlichen Ebenen (Wasser, Walhall, Nibelheim) der inneren Konstellation
eines krisenhaften Bewußtseinszustands entspricht. In der motivischen Anlage bedient sich die Musik dieser großen Orchesterübergänge bereits be-
kannter Gestalten, mit denen gearbeitet wird im Sinne von Ahnung und
Erinnerung, Antizipation von Zukünftigem und Aufarbeitung von Zurück-
liegendem – grundsätzlich also in der Form von assoziativer und diskursiver
Konfrontation eines ›Materials‹, dem bereits konnotative Qualität zugespro-
chen werden kann.

Ganz anders in der Verwandlungsmusik des Schwarzen Ritters: Während
die ›Bedeutung‹ (im doppelten Sinne) dieser Musik in keinem Augenblick in
Frage steht, tut man sich ausgesprochen schwer, ihre motivische Seite zu
bestimmen. Neben drei Takten Zitat des Parsifalmotivs in der Form seiner
›depressiven‹ Variante (T 242-244) und den drei Schlußtakten, gebildet aus
dem Mitleidmotiv, besteht der eigentliche Kern dieser Stelle (T 230-241) aus
einer Musik, die – so eindrücklich und unverwechselbar sie auch sein mag –
im gesamten Werk weder vorher noch nachher erklingt, als sollte auf diese
Weise das Singuläre ihrer Stellung betont werden. Lorenz hilft sich im
übrigen bei seiner Formbeschreibung aus der Verlegenheit, indem er, man-

---

48 Lorenz, *Der musikalische Aufbau von Wagners »Parsifal«* (Anm. 6), S. 151.

gels einer zur Verfügung stehenden Leitmotivbezeichnung, den wenig suggestiven Begriff »Große Melodie in allen Streichern« [49] einführt. Das Auftreten einer motivisch quasi exterritorialen Partie in einer Schlüsselposition des dramatischen Verlaufs ist in der Tat ein Unikum in Wagners Spätwerk. Bei der Frage nach der strukturellen ›Legitimation‹ einer derartigen Stelle ist man – wie leicht einzusehen ist – in noch stärkerem Maße als gewöhnlich auf die *harmonische* Seite ihrer Anlage verwiesen.

Der Auftritt des Schwarzen Ritters [50] wird eingeleitet durch dumpfe Paukenschläge (»schwer«) auf *g*; der erste Ton ihres stockenden Rhythmus tönt schaurig und wie aus einer anderen Welt in den verträumten impressionistischen Streicherklang der vorausgehenden Takte, dessen schwereloses Weben wie erschreckt abbricht. Unendlich subtil hat Wagner diesen Augenblick vorbereitet durch drei Piano-Paukenschläge am Ende des Vorspiels zum III. Akt (T 38/39). Einmal aufmerksam geworden auf diesen Zusammenhang, kann man jene drei Töne nicht mehr wahrnehmen, ohne damit die unverwechselbare Aura der Szene des Schwarzen Ritters zu antizipieren.

»Wer nahet dort dem heil'gen Quell?
In düstrem Waffenschmucke?
Das ist der Brüder keiner!
Heil dir, mein Gast!
Bist du verirrt, und soll ich dich weisen?
Entbietest du mir keinen Gruß?«

Immer wieder abbrechend und neu ansetzend kreist Gurnemanz' Anrede in einer merkwürdig hermetischen Anlage um den hartnäckig schweigenden Parsifal (? ? ! – ! ? ?). Die motivische Seite einmal außer acht lassend [51], erweist sich die Faktur dieser Szeneneröffnung harmonisch als eine Aneinanderreihung von halb- bzw. trugschlüssig geöffneten Phrasen [52], deren Geste unmittelbar als Fragetopos wahrgenommen wird. Im Kleinen ist die Harmonik [53] geprägt vom häufigen Auftreten des halbverminderten Septakkordes, dessen besondere Bedeutung für Wagners Spätwerk im allgemeinen und für den *Parsifal* im besonderen nicht weiter betont zu werden braucht (bei Lorenz als

---

49 A. a. O. Seine Zurückführung der Wendepunkte dieses weit gespannten Melodiebogens (T 232/233 und T 238) auf Kundrys Seufzermotiv scheint mir nicht zwingend: *g–gis–c–h* ist ausdrucksmäßig von *g–a–c–b* doch erheblich unterschieden.

50 Vgl. den Klavierauszug auf den Sonderseiten.

51 Permanent auseinander hervorgehend und sich gegenseitig anverwandelnd, sind fünf bis sechs Leitmotive oder deren Andeutung äußerst kunstvoll miteinander verwoben. Bei Lorenz finden sich hierfür die Bezeichnungen *Parsifal, Leiden, Öde, Ritt, Schmerzensfigur* und dergleichen (Lorenz, *Der musikalische Aufbau von Wagners »Parsifal«* [Anm. 6], S. 150).

52 Vgl. Bsp. 34a bis 34e auf den Sonderseiten.

53 Auf eine detaillierte harmonische Analyse muß an dieser Stelle verzichtet werden. Trotz immer wieder durchscheinender Momente von Funktionalität geht Wagner in der assoziativen, oft nur noch komplementärharmonisch legitimierten Klangverbindung hier sehr weit.

»mystischer Akkord« bezeichnet, ist er materialiter auch identisch mit dem Tristanakkord).

Auffallend ist die starke Verwandtschaft aller fünf Phrasen hinsichtlich ihres Baß-Stufengangs: *alle* auf g beginnend, *alle* abwärts gerichtet, ihre Schlüsse zwar nicht einfach identisch, jedoch (man möchte sagen: auf geheimnisvolle Art und Weise) miteinander verbunden. Phrase a (T169-174) endet nicht – wie es die vorausgehende Quintfallsequenz vermuten ließe – auf h, sondern kehrt trugschlüssig zum Ausgangston g zurück; Phrase c (T179-181) erreicht das oben umgangene h in einer zielgerichteten chromatischen Abwärtsbewegung[54]; der Schluß von Phrase d (T186-191) kann doppelt ›erklärt‹ werden: Einerseits wird die sich andeutende Quintfallprogression (vgl. Phrase a) bei *des* unterbrochen, bevor h erreichen könnte, andererseits erscheint statt dessen das g als kombinierter Anfangs- und Schlußton einer übergeordneten krebsgängigen Bewegung, die in e ihren Wendepunkt hat; Phrase e (T192-195) zeichnet nur die Hüllkurve von Phrase c nach, bedient sich aber des vorherigen Wendpunktes e und schließt konsequent auf h. Die einzige Ausnahme in dieser Folge der harmonischen Gänge mit ihren offenen Schlüssen auf h oder g bilden die Takte 174-178 (Phrase b): Die wie immer auf g beginnende Abwärtsbewegung wird hier bei e unterbrochen und verweist auf dessen besondere Stellung in diesem Kontext: Schlußpunkt in Phrase b, Wendepunkt in Phrase d, ist es in den Phrasen a und c im Zentrum des harmonischen Ganges dem *es* konfrontiert.

Bezieht man die eigentliche Wandlungsszene[55] (T230-250) in diese Art der Untersuchung ein, erhellt sich der strukturelle ›Sinn‹ der oben (in etwas mühsamer, aber unverzichtbarer Detailanalyse) sichtbar werdenden Anlage unmittelbar (vgl. Bsp. 34f): Zwischen der Auftrittsmusik des Schwarzen Ritters und dem eigentlichen Zentrum der Szene besteht eine Strukturbeziehung von äußerster Dichte.

1) *e* und *es* (in den eröffnenden harmonischen Gängen als polare Wende- oder Umschlagspunkte anzutreffen) erfahren eine perspektivische Dehnung und bilden in den Takten 230-240 die Ausgangsbasis des von Lorenz mit Recht bewunderten zweimaligen großen Melodiebogens.

2) Ergänzt man den mit e und es einsetzenden Fundamentgang von Bsp. 34f um den bei e abbrechenden von Bsp. 34b, so ist das Gesamtresultat nahezu identisch mit Bsp. 34a, dem Baßgang der eröffnenden Phrase.

3) Hieraus ergibt sich die direkte Übertragung der letzten fünf Fundamenttöne von Bsp. 34a (T172-174) auf Bsp. 34f. Bsp. 35d und 35e[56] zeigen, wie der ursprünglich in regelmäßigen Halben schreitenden Quintfallbaß

---

54 Auf die deutliche Beziehung der harmonischen Faktur dieser Takte 179-181 zu Kundrys Rittmotiv verweist bereits Lorenz, *Der musikalische Aufbau von Wagners »Parsifal«* (Anm. 6), S. 150.
55 Siehe Partitur auf den Sonderseiten.
56 Siehe Sonderseiten.

(mit folgendem Varianttrugschluß) in unregelmäßig augmentierter Gestalt als Gerüst die Harmonik diesseits und jenseits des oben beschriebenen ›Nadelöhrs‹ grundiert.

4) In der Beziehung zwischen Bsp. 34c und 34f ist der Grad struktureller Verwandtschaft noch einmal potenziert. Nicht nur die *e–es*-Polarität wird übernommen, selbst die darüber erscheinenden Einzelklänge sind identisch: halbverminderter über *e*, Durdreiklang über *es*. Das Moment der perspektivischen Vergrößerung ist hier besonders deutlich ausgeprägt (Bsp. 35b und 35c).

In der Beziehung zwischen den einleitenden Fragetopoi in Gurnemanz' Anrede und der großen zentralen Wandlungsmusik Parsifals zeigt sich so bis hierher ein komplexes gegenseitiges Abhängigkeitsverhältnis, das geprägt ist durch die Phänomene von Dehnung und Addition: Einerseits ist der Baßgang der Eröffnungsphrase die (vorweggenommene) Summe aus Wandlungsmusik plus zweiter Phrase (Bsp. 34f + 34b = 34a); andererseits ist die *erste* Hälfte der Wandlungsmusik (harmonisch) substantiell nichts anderes als der gedehnte Kern der dritten Phrase (Bsp. 35b und 35c), während die *zweite* Hälfte den Schluß der Eröffnungsphrase perspektivisch entfaltet.

Bleibt die doppelte Frage nach dem ›Sinn‹ solcher Verfahren.[57] Zunächst zum formalen Aspekt: Wagners Umgang mit Harmonik ist nichts weniger als vordergründig oder nur situationell ausdrucksbedingt, zeigt im Gegenteil eine reiche Palette von konstruktiven Verfahrensweisen, die zunächst zur formalen Absicherung in dem Maße dienen, in dem sie – unabhängig von der Stringenz des dramatischen Verlaufs – auch rein musikimmanent für sinnvolle Entfaltung und Geschlossenheit von Formverläufen mitverantwortlich zeichnen. Bedingt durch die besonderen Erfordernisse des Musikdramas, vor allem der Notwendigkeit zur Charakterisierung und Psychologisierung äußerer und innerer Handlungsverläufe, unterscheiden sich seine diesbezüglichen Anlageprinzipien zwar nicht in ihrer Funktion, wohl aber in ihrem Wesen von vergleichbaren Phänomenen etwa bei Beethoven, Brahms oder dem frühen Schönberg. Wagners Möglichkeiten liegen zwangsläufig jenseits einer im wesentlichen dynamisch-logisch-prozeßhaft angelegten Tendenz von Form, wozu natürlich nicht zuletzt seine spezielle Art motivischer Arbeit beiträgt. Der Charakter seiner Mittel zur Erzielung harmonisch-tonaler Konsistenz ist wesentlich undynamisch, keineswegs jedoch starr oder

---

57 Die an dieser Stelle auftauchende und scheinbar unvermeidliche Frage, ob derartige untergründige Prozesse der Strukturvereinheitlichung vom Komponisten bewußt gestaltet werden oder eher als Ergebnis zufälliger Entsprechung zu betrachten sind, ist nicht zuletzt Ausdruck eines sogenannten ›gesunden‹ Mißtrauens gegenüber all jenem, das als Bewußtseinsvorgang dem eigenen Vorstellungsbereich nicht unmittelbar zugänglich ist. Sie wird zusätzlich gespeist von einem (unausgesprochener Weise aus der Genieästhetik des 19. Jahrhunderts übernommenen) Bild des Komponierens als eines wesentlich unbewußt-medial-ingeniösen Aktes. In ihrer Konsequenz für den vorliegenden Untersuchungsgegenstand ist sie indes völlig irrelevant.

unflexibel, sondern gleichsam in sich kreisend und Neues aus sich heraus entwickelnd, weshalb man ihnen wohl am ehesten gerecht wird mit Begriffen wie perspektivische Dehnung und Verkürzung, Paraphrase oder Metamorphose. Im Falle unserer Parsifal-Szene heißt dies: Die harmonische Spannung zweier Akkorde wird entfaltet, indem sie aus ihrer ursprünglich unmittelbaren Nachbarschaft durch räumliche Dislozierung und zeitliche Dehnung zur Grundlage einer größeren formalen Einheit avancieren. Von hier aus ist es nur ein kleiner Schritt zum zweiten Aspekt von ›Sinn‹, wenn man sich bewußt macht, was es bedeutet, daß es sich bei diesen beiden Akkorden um die harmonische Konstellation von Kundrys Zaubermotiv handelt (Bsp. 35a, 35b und 35c). Was sich in der Art einer paraphrasierenden Ausweitung der gesamten Wandlungsszene überlagert, ist also im Kern nichts anderes als die harmonische Substanz jener wunderbar-perniziösen Zaubermischung aus Dämonie und Erotik[58] jenes Motivs, aus dessen Bann und Aura zu entfliehen sich die Musik in mehreren Wellen und Anläufen bemüht, indem sie ständig nach g auszuweichen versucht, nur um immer wieder auf ihren Ausgangspunkt zurückverwiesen zu werden, den gleichen mühsamen Abstieg ständig von vorne beginnen zu müssen.

Die im Beispiel 34a bis 34e untersuchten Passagen sind unter diesem Gesichtspunkt betrachtet weit mehr als nur strukturelle Vorbereitung der Wandlungsmusik; sie sind Bild des Leidens, des Irrens und des Ausgeliefertseins. Das Erlebnis ihrer Überwindung ist indessen zwingend abhängig von der dichten strukturellen Bezüglichkeit zwischen ihnen und dem Folgenden: Der gesamte Weg muß noch einmal (sogar in ausgeweiteter Form) durchschritten werden, ehe sich die angestaute Spannung in der nun erstmals ›endgültigen‹ Modulation nach G-Dur (im Mitleidmotiv der Takte 248-250) lösen kann. Nur an einem weitgehend Identischen lassen sich Änderungen von derartiger Subtilität erfahren. Der Musik wächst auf diese Weise etwas zu, das sie – jenseits ihrer Rolle als unmittelbarer Mitträgerin der dramatischen Handlung – in den Stand versetzt, in Bereiche vorzudringen, die der

---

58 Wie in kaum einem zweiten Motiv Wagners ist für mich in Kundrys Zaubermotiv die dämonische Qualität von Sinnlichkeit und Erotik verkörpert. Jeder Versuch, diese beschreibend an seinem ›Material‹ festzumachen, dringt allerdings kaum unter die Oberfläche. Am ehesten greifbar ist noch seine gestische Seite: ein laszives Dehnen und Sich-Zusammenziehen. Lorenz, der eher die düstere Seite des Motivs betont, spricht von »schlangenartigem Schleichen auf und ab«, das allerdings seine eigentümliche Wirkung nur auf dem Hintergrund einer Harmonik entfalten kann, deren merkwürdig ambivalente Atmosphäre von Spannung, Weichheit und Tiefgründigkeit schwer dingfest zu machen ist. Der Wechsel dissonierender und konsonanter Klänge führt hier gerade nicht zu dem bekannten Erlebnis von Spannung und Lösung, sondern läßt – in Umkehrung ihrer ›natürlichen‹ Funktion – die abwechselnd dazwischentretenden Durdreiklänge als Durchgangsklänge erscheinen, denen eine geheimnisvolle, sehr sinnliche Tiefe zuwächst. Verwiesen sei noch einmal auf Lorenz, dem man sich jedoch schwerlich anschließen kann, wenn er – ausgehend von der gleichen Beobachtung des Paradigmenwechsels zwischen Konsonanz und Dissonanz – zu dem Ergebnis kommt: »Da diese Dreiklänge aber stets sehr zweifelhafter Art sind, ... so wirken sie nicht lösend, sondern sammeln ein gefährliches Vibrieren blassen, kranken Zwielichtes an, das manchmal noch unheimlicher wirkt, wie die Dissonanz selbst.« (Lorenz, *Der musikalische Aufbau von Wagners »Parsifal«* [Anm. 6], S. 45 u. 47)

›sprachlichen‹ Begrifflichkeit unzugänglich bleiben, die also einer Sphäre angehören, in die hinabzusteigen die Musik gerade in der Lage ist aufgrund der ihr immanenten charakteristischen Spannung zwischen ihrer begrifflichen Unbestimmtheit und ihrer in einem gezielt strukturierten Zusammenhang sich konstituierenden Bedeutungsfähigkeit.

Leitmotivik im Spätstil

Zur *Götterdämmerung*

PETER FÖRTIG

»Oh, Mylord, wie unerträglich werden doch diese Leute in Helm und Tierfellen am vierten Abend!«[1] Der – nicht allzu ernst gemeinte – Stoßseufzer des im Grunde bewundernden Kritikers und kritischen Bewunderers Debussy gibt zu denken. Ist die *Götterdämmerung* wirklich der krönende Abschluß der *Ring*-Tetralogie, ein Meisterwerk, das in kompositorischer Faktur und prunkvoller Instrumentation die vorhergehenden drei Musikdramen noch einmal in sich schließt und zugleich übergipfelt? Oder ist im Lauf der langen Entstehungszeit des gesamten *Rings* die Erfindungskraft schließlich doch etwas erlahmt und an ihre Stelle nur eine gesteigerte handwerksmäßige Gewandtheit getreten? Schon in den Pressebesprechungen der Uraufführung wird zuweilen angedeutet, man habe es hier zweifellos mit einer »Wagner-Dämmerung« (Hanslick[2]) zu tun.

Vielleicht aber waren »Monsieur Croche«, der »Antidilettant« und seine Zeitgenossen recht dilettantische Zuhörer, welche, überreizt und abgestoßen von den Längen und der Kompliziertheit der kompositorischen Strukturen, nicht hören konnten, was im Wagnerschen Spätstil den Unterschied zu den früheren Musikdramen des *Rings* ausmacht. Dieser zeigt sich vor allem im Umgang mit den »Grundthemen« (Wagner), seien sie nun neu eingeführt oder schon im *Rheingold* aufgestellt. Zwar tritt der leitmotivische Charakter, der bei der Wiederkehr solcher Themen und Motive die spezifische Bedeutung für Gestalten, Vorgänge, Situationen unterstreicht, keineswegs zurück, die Dichte des symphonischen Gewebes jedoch, in welchem die thematischen Gebilde durch Reihung, kontrapunktische Entgegensetzung, rhythmische Abwandlung einen komplexen Zusammenhang stiften, ist größer geworden und für das Ohr schwerer zu durchdringen. So tritt zu dem früheren Reichtum an Erfindung eine stärkere Beachtung der Möglichkeiten thematischer Kombinationen, der polyphonen Stimmführung, wobei das große Orchester nicht selten eine Fülle differenzierter Farben einsetzt.

In der Harmonik herrscht zuweilen noch über weite Strecken die Diatonik der ›Naturmotive‹, Dreiklangsstrukturen und einfache Klangfolgen begegnen vor allem in den ›Erinnerungsmotiven‹, von denen das Werk durchwoben ist. Stärker bestimmend ist jedoch eine Steigerung der Intensität chro-

---

1   Claude Debussy, *Monsieur Croche. Sämtliche Schriften und Interviews*, Stuttgart 1974, S. 183.
2   Zit. nach: Programmheft, *Richard Wagner: Ring des Nibelungen* (Staatsoper Stuttgart 1977/78), S. 94; Zitat veröffentlicht in *Neue Presse Wien* nach der Uraufführung 1876.

matischer Harmonik, welche die Naturmotive zersetzt und verzerrt. Ihr Ursprung ist zweifellos nicht im ›Tristan-Stil‹ zu suchen, dem diese seltsame, unheimliche Schroffheit fremd ist. In auffallendem und überraschendem Gegensatz zu dieser avancierten, neuartigen Alterationschromatik steht das frühimpressionistische Kolorit einer Harmonik aparter Klangreize in der Rheintöchter-Szene des dritten Aufzugs.

Die von Alfred Lorenz[3] versuchte Einteilung des gesamten Nibelungenrings in (»von Wagner geforderte«) Perioden ist, was den Handlungsablauf und die Abgrenzungen der dramatischen Inhalte voneinander betrifft, größtenteils einleuchtend. Weniger plausibel erscheint oft die Darstellung von Wagners thematischer Arbeit in mehr oder weniger geschlossenen Formen (Barform, Bogen- oder Rondoform in einfacher Folge oder durch »Potenzierung« miteinander verschränkt) und die Angabe einer Grundtonart, die jede einzelne dieser Perioden beherrschen soll, sich aber bisweilen weder aus der vom Komponisten gewählten Vorzeichnung noch aus dem Verlauf komplizierter modulatorischer Gänge erkennen läßt, ist problematisch. Bei der Gliederung des II. Aufzugs der *Götterdämmerung* zählt Lorenz beispielsweise 14 Perioden, von denen die kürzeste 29 Takte, die längste 317 Takte umfaßt; hinzu kommen noch ein »Übergang« sowie ein »Nachspiel und Übergang« von insgesamt 72 Takten, so daß die Dauer einer Periode in zwei Fällen nahezu einer ganzen Szene entspricht, während in anderen Fällen ein Begrüßungsgesang (mit Antwort des Begrüßten) eine solche Periodeneinheit bildet. Dennoch seien die Lorenzschen »Perioden« als Gliederungsmöglichkeiten beibehalten, da die Wagnerschen Szenen sich über riesige Zeiträume erstrecken und in musikalischer Hinsicht nicht einheitlich durchgestaltet sind.

Großen Wert legt Lorenz bei seiner Gliederung auf die »Aufstellung« jeweils neuer Motive, natürlich auch auf ihre »Durchführung« sowie auf die große Zahl der Bildung von Varianten und auf die »Verschmelzung« mehrerer Motive. Es läßt sich jedoch zeigen, daß einige wichtige neue, d. h. erst in der *Götterdämmerung* eingeführte Motive eigentlich nicht ›aufgestellt‹ werden, sondern sich gewissermaßen nebenbei einfinden, um erst im Lauf des Geschehens deutlich zu werden. Dieses zweifellos neue Verfahren Wagners sei an drei Beispielen erläutert.

1) Das ›Rachewahnmotiv‹ wird in der Waltrauten-Szene (I. Aufzug, 3. Szene, XIII. Periode) kaum merklich aus dem ›Unmutsmotiv‹ abgeleitet, erscheint zunächst noch mit der raschen Umspielungsfigur zu Beginn und erst später, am Schluß des Aufzugs (Siegfried in Gunthers Gestalt) zu Brünnhildes Worten »Nun erseh' ich der Strafe Sinn« vom Orchester im Unisono

3 Vgl. Alfred Lorenz, *Das Geheimnis der Form bei Richard Wagner*, Bd. 1: *Der musikalische Aufbau des Bühnenfestspiels »Der Ring des Nibelungen«*, Tutzing 1966².

vorgestellt. Es durchherrscht den ganzen II. Aufzug in vielfachen Varianten und Ausprägungen (Bsp. 1 [I. Aufzug, T 1200 ff.], Bsp. 2 [I. Aufzug, T 1346 ff.], Bsp. 3 [I. Aufzug, T 1683 ff.]).

Bsp. 1-3

2) Das ›Mordwerkmotiv‹, eigentlich nur ein Kopfmotiv, dessen fast elegischer Schwung seltsam mit der harrschen, doch treffenden Wolzogenschen Bezeichnung kontrastiert, wird in der 1. Szene des II. Aufzugs recht undeutlich aufgestellt (I. Periode). Zwar wird es mehrmals wiederaufgegriffen, wobei die Abstände seines Auftretens sich verkürzen (zuerst 27, dann 14, dann 9 Takte), aber die Musik ist, bei Alberichs hastiger, rezitativischer Gesangsweise, so stark mit Erinnerungsmotiven durchsetzt (›Ringmotiv‹, ›Rheintöchtermotiv‹, ›Fafnermotiv‹ usw.), daß die ›bohrenden‹ Wiederholungen des Kopfmotivs kaum als neues Hauptmotiv deutlich werden, so daß es eigentlich erst, in augmentierter Form und einen Ton höher wiederholt, in Siegfrieds Eidschwur (und entsprechend in Brünnhildes Schwur) vorgestellt wird (Bsp. 4 [II. Aufzug, T 106 f.], Bsp. 5 [II. Aufzug, T 134 f.], Bsp. 6 [II. Aufzug, T 1161 ff.]).

Bsp. 4

Bsp. 5

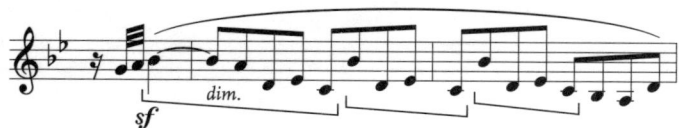

Wo Schar - fes mich schnei - det

Geheimnisvoll geschieht die Einführung des ›Zaubertrankmotivs‹ im I. Aufzug. Zunächst, als eine Einflüsterung, ein Wink Hagens, folgt das kurze Motiv unmittelbar einem Zitat des Beginns des ›Tarnhelmmotivs‹, jedoch noch nicht in seiner späteren Gestalt als Verbindung zweier Akkorde mit gemeinsamem Baßton, die wiederholt wird, so das ›Vergessen‹ symbolisierend, sondern gleichsam vorübergehend gestreift im Rahmen eines vierstimmigen Satzes, der von tiefen Holzbläsern über eine Intervention gedämpfter Hörner (c-moll-Quartsextakkord) in die Streicher übergeht und dort weitergeführt wird. G-Dur, die Haupttonart jener Periode (VIII), worin Gutrune Siegfried den Vergessenstrank reicht, klingt kurz an. Die Verwandtschaft dieses Motivs mit dem ›Tarnhelmmotiv‹ ist häufig erwähnt worden; am Schluß des I. Aufzugs (Überwältigung Brünnhildes durch Siegfried in Gunthers Gestalt) bilden beide Motive eine Folge, die mehrmals wiederholt wird. Weniger auffällig ist die Verwandtschaft mit dem ›Liebesmotiv‹ der Verführerin Gutrune, aus dem dieses Motiv gewissermaßen ›herausgefiltert‹ werden kann (Bsp. 7 [I. Aufzug, T 162 ff.], Bsp. 8 [I. Aufzug, T 475 f., 498 f., 1618 f.]).

Bsp. 7

›Tarnhelm‹-Motiv   ›Zaubertrank‹-Motiv

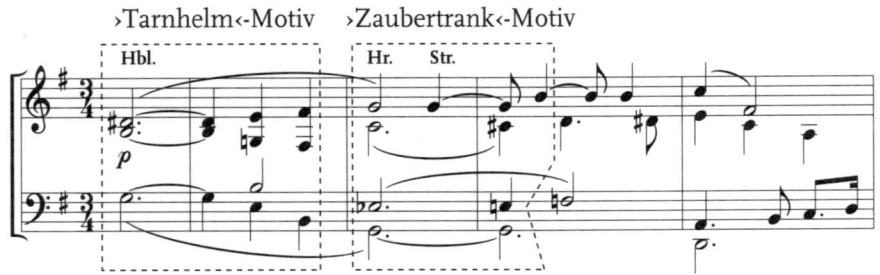

Bsp. 8

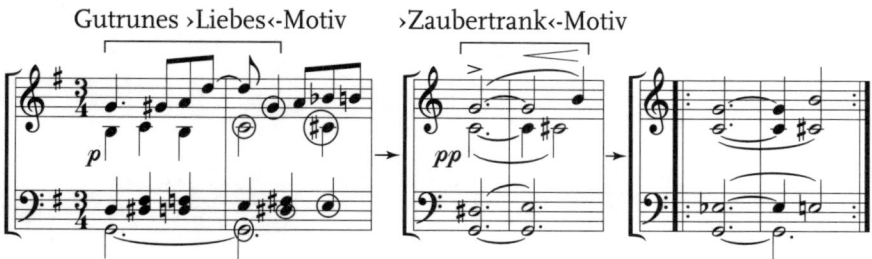

Die folgenden Beispiele demonstrieren Phrasen, die durch Reihung von Motiven entstanden sind. Zu Beginn der letzten Szene des II. Aufzugs (XIV. Periode) wird das ›Mordwerkmotiv‹ von einem fünfstimmigen Klang eingeleitet (hier Vorhaltsbildung zur Melodiestimme in einem verminderten Septakkord), welcher an das ›Frohnmotiv‹ in seiner stark dissonanten Ausprägung erinnert. (Dem ›Rheingoldruf‹ entstammend tritt es in dieser Form zuerst in Hagens »Wachtgesang« auf [I. Aufzug, T 878] und durchzieht dann das ganze Werk.) Notenbeispiel 9 (II. Aufzug, T 1334 ff.) zeigt das ›Rachewerkmotiv‹, verbunden mit dem Motiv der ›Schicksalsfrage‹, dem der Rhythmus der ›Vernichtungsarbeit der Nibelungen‹ unterlegt ist.

Bsp. 9

Lehrreich ist die komplizierte harmonische Durchgestaltung der Phrase: Im Grunde eine einfache diatonische Modulation von e-moll nach c-moll mit Halbschluß, die man wie in Notenbeispiel 10 darstellen könnte.

Bsp. 10

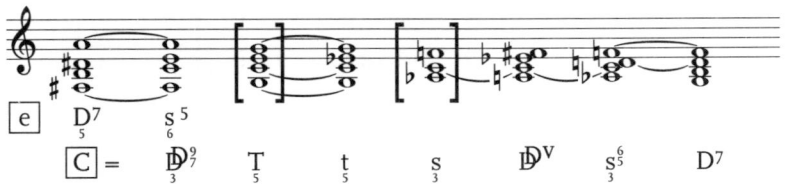

Verwirrend ist, neben dem Fehlen einer Ausgangs- und Zieltonika, vor allem die Verdrängung des Subdominantsextakkords durch einen D7 auf *as*, welcher eine Ausweichung nach Des-Dur ›vorspiegelt‹, und die Vorausnahme des Leittons in den vorletzten Klang. Es treten kaum mehr Dreiklänge auf, so daß D7-Akkorde und andere akkorddissonante Vierklänge zu Stammakkorden und (relativen) Lösungszentren werden.

Das Motiv der ›Schicksalsfrage‹, das seit seinem Auftreten in der *Walküre* (Todesverkündungsszene, II. Aufzug, 10. Periode, T 1462 ff.) überaus häufig und in zahlreichen Varianten den gesamten *Ring* durchzieht, hat auch eine gliedernde Funktion. Als Halbschluß am Ende einer Phrase (siehe oben) wird es entweder sequenzartig fortgesponnen oder dient als Übergang zu einer Wiederholung der Phrase, oft einen Halbton nach oben gerückt, häufiger noch zu einem neuen Formteil. Die eigentliche ›Fragefigur‹ kann sowohl einstimmig (Bsp. 11 [II. Aufzug, T 818 ff.], wie oben an das ›Rachewahnmotiv‹ anschließend) als auch verschieden harmonisiert in der Oberstimme auftreten, so in einer Halbschlußformel, die aus der Frühromantik bekannt ist (Bsp. 12 [*Walküre*, II. Aufzug, T 190 ff.], hier an das Kopfmotiv des ›Sterbegesangs‹ anknüpfend), oder – und dies ist der häufigste Fall – von einem als Auffassungsdissonanz gesetzten Molldreiklang (bisweilen mit sixte ajoutée) in einen Dominantseptakkord führend, der seinerseits entweder ein neues Tonartengefüge eröffnet oder wiederum umgedeutet wird (Bsp. 13 [III. Aufzug, T 1303 ff.], in das ›Walhallmotiv‹ überleitend). Ein einziges Mal wird den beiden ersten Tönen der Fragefigur die Harmonik des verschärft-dissonanten ›Frohnmotivs‹ unterlegt (Bsp. 14 [II. Aufzug, T 847 f.]).

Bsp. 11

Bsp. 12

Bsp. 13

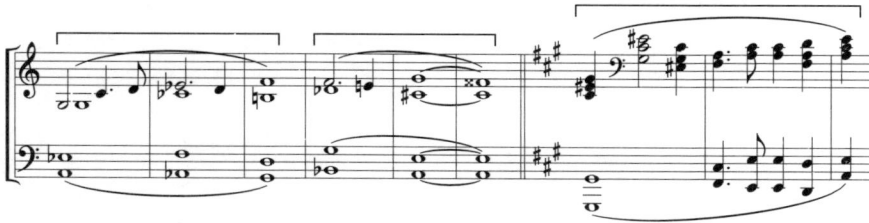

Bsp. 14

Das ›Entsagungsmotiv‹, aufgestellt in Loges Erzählung im *Rheingold* (T 1338-1340 [»Weibes Wonne und Wert!«]) erklingt in der *Götterdämmerung* sehr oft wieder, nachdem es in *Walküre* und *Siegfried* beinahe ausgespart wurde. Von großer suggestiver Wirkung, wird es sowohl auf ganz verschiedenartige Texte gesungen wie auch in instrumentalen Zwischenspielen und Überleitungen verwendet, jedoch kaum je alleinstehend, vielmehr als typisch ›phrygische‹ Halbschlußwendung meistens mit dem ›Ringmotiv‹ verknüpft, oft auch mit anschließender ›Rheingoldfanfare‹ (Bsp. 15 [I. Aufzug, T 136 ff.]). Der Bedeutungsgehalt verschiebt sich dabei in die Richtung von ›Entbehrung‹, ›Mangel‹ und ›Hilfsbedürftigkeit‹, aber auch Hagens Gier nach Gold und Weltmacht wird durch das Motiv ausgedrückt. Das Orchesterzitat in Hagens »Wachtgesang« (»mir aber bringt er – den Ring!«) erinnert an Loges »geraten ist ihm [Alberich!] der Ring!« Die Verkettung dieses Motivs mit dem ›Brünnhildemotiv‹ im instrumentalen Zwischenspiel (Übergang zur XII. Periode

57

des I. Aufzugs) ist aus den vielfachen Bedeutungsschattierungen kaum erklärbar, es bleibt allerdings der Affekt der ›Trauer‹, den das Motiv stets
evoziert, bestehen (Bsp. 16 [I. Aufzug, T 1008 ff.]).

Bsp. 15

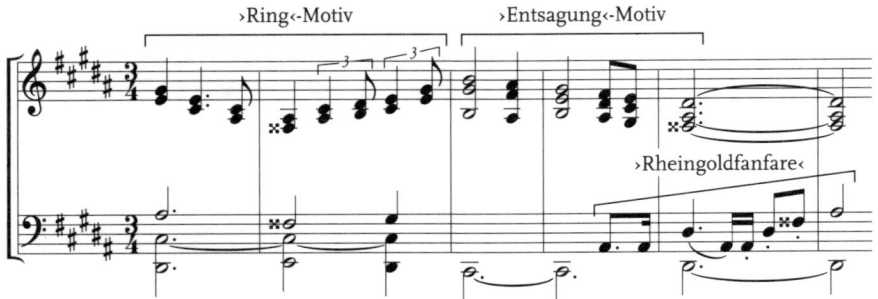

Bsp. 16

Den Entwurf einer Theorie von Tonartcharakteren sucht man bei Lorenz
vergeblich; Tonarten sind für ihn in erster Linie »formschaffende Elemente«.
Dennoch spricht er von der »strahlenden Sonnenszene« des III. Siegfried-
aktes und damit auch von der Lichtwirkung, die von der Tonart C-Dur
ausgeht. Im II. Aufzug der *Götterdämmerung* tritt dieses C-Dur als wesentliche Tonart in Verbindung mit der Gibichungenhochzeit wieder auf, jedoch
gestört und getrübt durch ein »im Baß hartnäckig hereintönendes Fis«.[4]
Diese Beobachtung führt unmittelbar zur Erwähnung des ›Fluchmotivs‹, wo
bereits in der Aufstellung (Alberichs Fluch im *Rheingold*, T 3126 ff., Bsp. 17)
der Widersacher-Ton *fis* (Paukenwirbel) als diametraler Gegensatz zum C-
Dur-Dreiklang den Orgelpunkt bildet.

»Jene gräßliche Harmonie« (Lorenz) trifft den Zuhörer indessen nicht un-
vorbereitet; *c* und *e* sind die Gipfeltöne der aufsteigenden Terzreihe, nach
dem Oktavsprung des *e* führt *c* weiter zum Schlußton *g*, so daß der eintretende C-Dur-Klang nur simultan in sich versammelt, was in den Melodietö-
nen des Motivs erklungen war. Man hört *c* auch nicht als Grundton eines
Durklangs, der vom Orgelpunktton *fis* ›gestört‹ wird, sondern als dissonie-
rende neapolitanische Sext einer über dominantischem Orgelpunkt schwe-
benden Subdominantharmonie, welche dann, nach ›Auflösung‹ der Sext in

---

4 A. a. O., S. 50.

Bsp. 17

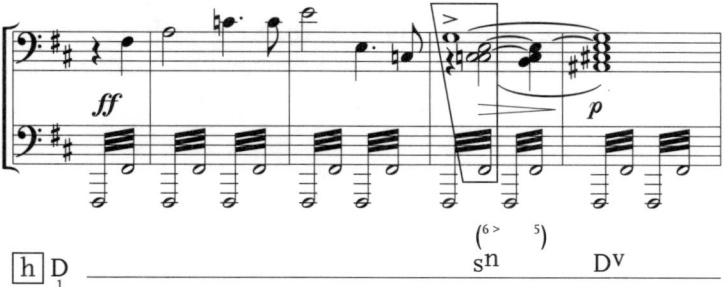

die Quint im Dominantseptnonakkord über *fis* eine relativ ›entspannte‹ halbschlüssige Lösung findet. Dennoch bleibt, trotz des angedeuteten Kadenzvorgangs, ein bitonaler Klangreiz bestehen, und die Urbedeutung des Tritonus als diabolischen Intervalls tritt sowohl in den »Hoiho!«-Rufen Hagens (hier gewissermaßen nackt und mit der intrikaten Vorhaltsbildung einer verminderten Sext [!] vor der verminderten Quint) wie auch im Hochzeitsruf deutlich hervor (Bsp. 18 [II. Aufzug, T 393 ff. und T 407 ff.]).

Bsp. 18

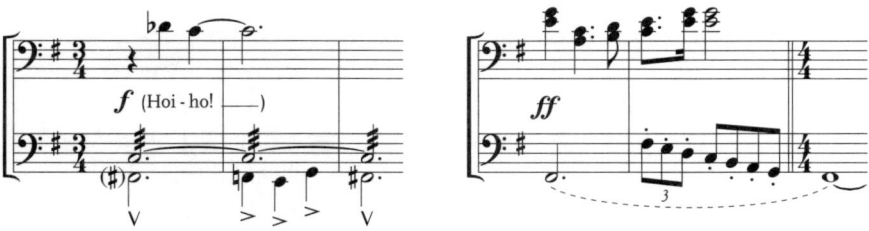

Bei Betrachtung des ›Ringmotivs‹ fällt auf, daß die absteigenden Terzketten seines Beginns verschiedene Gestalt annehmen können, je nachdem, ob in Dur oder Moll von Septe und None oder von None und Undezime ausgegangen wird. Abgesehen von gelegentlich auftretenden Ketten von kleinen Terzen (woraus ein verminderter Septakkord resultiert), gewinnt Wagner aus den vier möglichen Strukturen eine Fülle verschiedener Farben. Die Abfolge von Klein- und Großterzen (hier mit 3 bzw. 4 bezeichnet) stellt sich so dar:

I	II	III	IV
4–3–3–4	3–3–3–4	3–4–3–3	4–3–3–3

Bezogen auf *g* als Grundton ergeben sich folgende Fünfklänge:

Die hier aufgeführten Varianten durchziehen schon das *Rheingold* in ihrer farbigen Vielfalt: Wotan schlafend und träumend von »endlosem Ruhm« (I), Wotan von Erda in »Sorg' und Furcht« versetzt (II), schließlich Wellgundes »der Welt Erbe gewänne zu eigen, wer aus dem Rheingold schüfe den Ring« (III + IV) (Bsp. 19 [Rheingold, T 761 f., T 3639 ff., T 600 ff.]).

Bsp. 19

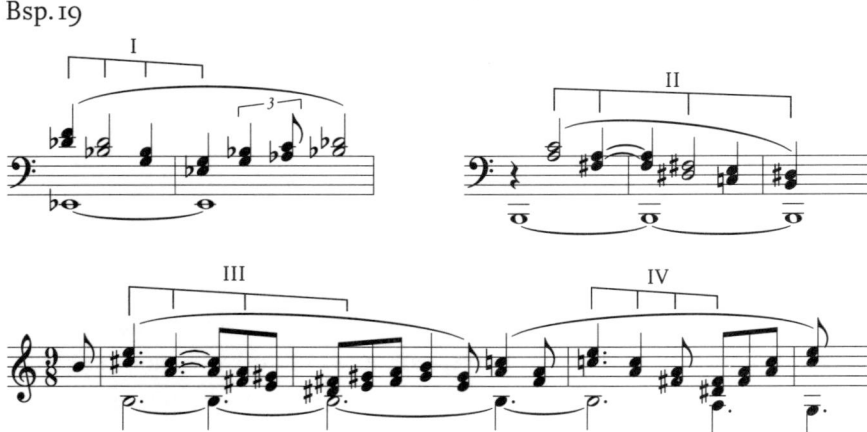

In der *Götterdämmerung* kommt es nun zu einem bisher unbekannten, auffallend häufigen Gebrauch kompakter Fünfklänge, wobei die erwähnten vier Formen dominieren. Das von Ernst Kurth beobachtete »Anwachsen der Känge über die Dreiklangsnorm hinaus« macht beim ständigen Gebrauch charakteristischer Vierklänge nicht halt, es bezieht zunächst die beiden Nonenakkorde (I, II) ein, und zwar als freie und selbständige Gebilde, ohne Auflösungszwang der Nonen. Aber auch die beiden anderen Klangformen sind in langgedehnten, frei eintretenden Vorhaltsbildungen ständig präsent, besonders der aus dem ›Frohnmotiv‹ stammende Fünfklang, der, wie Kurth bemerkt, seinen Lösungsakkord als vierfache Nebentoneinstellung ›einfaßt‹, bisweilen aber auch zu einem anderen Fünfklang fortschreitet. Die Skizze der Klangfortschreitungen aus der Schlußszene mag hier, als Andeutung, genügen (Bsp. 20 [III. Aufzug, T 1349 ff.]). – Das Beispiel 21 (III. Aufzug, T 87 ff.) aus der Rheintöchter-Szene zeigt frühimpressionistisch anmutende Häufungen des ›naturhaften‹ großen Nonenakkords, wie er schon im *Rheingold* die Wasserszene illustrierte.

Bsp. 20

Bsp. 21

Schwierig und aufwendig wäre es, motivische Arbeit auch an den zahlreichen Stellen des Werks aufzuzeigen, wo, illustrierend oder erzählend, Rückschau auf frühere Ereignisse stattfindet. Werden doch ganze Teile der *Siegfried*-Partitur, beispielsweise das »Waldweben« in Siegfrieds Erzählungen aus seinen jungen Tagen oder das Erwachen Brünnhildes aus dem Zauberschlaf in seiner Sterbeszene, großenteils unverändert zitiert. Mit dem ersten Takt des Werks, dann auch mit den Fragen der ersten Norn nach Alberich oder Loge (»Weißt du, was aus ihm ward?«) beginnt ein Netz von Erinnerungsmotiven sich auszubreiten. Wird dem Zuhörer und Zuschauer bisweilen etwas Geduld abverlangt, so andererseits dem Komponisten ein hohes Maß an Ausdauer, das er manchmal, in deprimierter Stimmung, selbst beklagt hat, wenn die Gefahr leidiger Routine drohte: »Ich verfluche dieses Musizieren, diesen Krampf, in den ich versetzt bin ... dieses Nibelungen-Komponieren sollte längst vorüber sein«.[5] Schon zwei Jahre zuvor bemerkt er selbstkritisch: »Diese elementarischen Murksereien mag ich garnicht mehr.«[6] Da Cosima hierzu in Klammern vermerkt: »Wotan heranbrausend«, kann es sich dabei nur um eine Skizze des Vorspiels zum III. Aufzug des *Siegfried* handeln, »Murkserei«, also ›schlechte Arbeit‹ wäre Wagners Kritik an jenem Al-Fresco-Stil, der Bühnenmalerei des brausenden Orchestertuttis mit unentwegten Wiederholungen des ›Reitmotivs‹ als rhythmischen Motor und den auf- und abwogenden Hauptmotiven des ›Werdens‹ und ›Vergehens‹. Freilich gibt es auch in der *Götterdämmerung* viel solcher ›brausenden‹ Orchesterstellen, meistens an den »Walkürenritt« oder an den »Feuerzauber« sich anlehnend. Wenn Theodor Däublers Ausspruch »Große Wiederholung ist ... ein allerkünstlerischstes Moment« wahr ist, so legt besonders der *Ring* von dieser Wahrheit Zeugnis ab. Andererseits versucht Wagner oft, gerade in der *Götterdämmerung*, dem Zwang des selbstauferlegten Systems zu entfliehen (Däubler: »Mit dem Leitmotiv schlägt er ungeheuerlich und immer wieder auf uns ein.«[7]), indem er dem wiederholten Zitieren von Erinnerungsmotiven eine artistische Seite abgewinnt. Entsinnt sich beispielsweise Siegfried,

5 Cosima Wagner, *Die Tagebücher*, Bd. I, 1982², Eintr. v. 28. 7. 1871.
6 A. a. O., Eintr. v. 22. 6. 1869.
7 Theodor Däubler, *Dichtungen und Schriften*, München 1956, S. 804.

wachen oder schon getrübten Sinnes, seines Kampfes mit dem Lindwurm, so ›muß‹ ja entweder das ›Drachenmotiv‹ oder das ›Fafnermotiv‹ erklingen. Am hier gewählten Beispiel (Bsp. 22 [II. Aufzug, T 926 ff.]) wird das letztgenannte Motiv zweimal, nacheinander und durch einen Zwischentakt getrennt, von zwei Paukenpaaren vorgetragen, beide in einer verminderten Quint gestimmt (das zweite Paar einen Halbton höher als das erste [*e–b* bzw. *f–ces*]). Dieses illustrative Element ist eingebracht in einen Satz, der zwischen »Frohnakkord« (IV) und Teilen des Rheintöchtergesangs eigenartig oszilliert.

Bsp. 22

Beispiele dieser Art ließen sich leicht vermehren. Äußerst selten dagegen kommt es zu einer Verarbeitung mehrerer Motive in einem kontrapunktischen Satz. Die meisten leitmotivischen Gebilde sind ohnehin von kurzer Dauer, und Eingriffe in ihre rhythmische Struktur oder gar Erweiterungen würden ihren Charakter so stark verändern, daß ihre Funktion als Symbolträger, die von einem spontanen Wiedererkennen wesentlich abhängt, nicht mehr erfüllt würde. (Die Verwandlung des ›Waldknabenrufs‹, meist von einem Solohorn vorgetragen, in das gewaltige ›Heroenthema‹, im vollen Blechbläserensemble vorgestellt, gehört zu den wenigen glücklichen Ausnahmen einer Metamorphose, die für den Hörer sofort nachvollziehbar ist.) In instrumentalen Zwischenspielen und Übergängen kommt es gelegentlich zu polyphonem Spiel, worin Motive einander konfrontiert werden, so z. B. in »Siegfrieds Rheinfahrt« (vgl. Bsp. 23 [Vorspiel, T 737 ff.]). Gleich zu Beginn wird dem ›Waldknabenruf‹, in augmentierter Form von den Bässen gespielt, eines der vielen ›Logemotive‹ als kontrapunktische Gegenstimme in den ersten Violinen beigegeben. Die mögliche Bedeutung – Siegfried durchschreitet wieder die Waberlohe, dem Rhein zustrebend – erscheint hier überflüssig, so sehr dominiert der symphonische ›Scherzo‹-Charakter der Stelle, die ein wenig an den *Meistersinger*-Stil erinnert.

»Könnt ich doch Arien schreiben und Duette, wie leicht würde mir dies; jetzt muß ein jedes ein kleines Musikbild sein, dabei aber den Fluß nicht unterbrechen; ja, das soll mir einer nachmachen.«[8] Wie kann eine solche

8 Cosima Wagner, *Die Tagebücher* (Anm. 5), Eintr. v. 18. 7. 1871.

Bsp. 23

Folge von vollendeten, in sich abgerundeten ›Musikbildern‹ entstehen, wenn die Musik, Wagners Auffassung zufolge, ihrem Wesen nach unabschließbar und ewig im Zeitstrom dahinfließt und alle Modelle geschlossener Formen diesem ursprünglichen Wesen wiedersprechen? »... es gibt keinen Schluß für die Musik, sie ist wie die Genesis der Dinge, sie kann immer von vorne wieder anfangen, in das Gegenteil übergehen, aber fertig ist sie eigentlich nie.«[9] Probleme der Form möchte ich hier nicht erörtern, jedoch zumindest zeigen, daß die (prinzipiell) ›offene‹ Form des rezitativischen Gesangs, bisweilen mit ariosen Elementen durchsetzt und von einem themendurchwobenen, durchführungsartigen Orchester-Accompagnato begleitet, sich dennoch nicht selten, allen Theorien zum Trotz, zu geschlossenen Formen verdichtet. Als Beispiel (Bsp. 25 [Vorspiel, T 362-417]) diene die erste Anrede Brünnhildes an Siegfried zu Beginn des großen Liebesduetts im Vorspiel. Die ausgewogene dreiteilige Bogenform umfaßt 55 Takte, wobei die beiden Hauptsätze (A1, A2) mit 19 bzw. 20 Takten nahezu gleich lang sind und einen in Aufbau und harmonischem Geschehen verschiedenartigen Mittelsatz (B) von 16 Takten einschließen. Eingeleitet wird der ganze Formteil durch das hier zum erstenmal aufgestellte ›Heroenthema‹, welches auch als Ausklang und Übergang zu Siegfrieds Antwort den Schluß bildet und die Rahmentonart Es-Dur bestimmt.

Es sind nur drei thematische Gebilde, die den Aufbau der Außenteile gestalten und in gleicher Reihenfolge wieder erscheinend den Schlußteil zu einer Reprise des Anfangsteils machen:

– α) das ›Brünnhildemotiv‹, in der großen Steigerung des Orchesterzwischenspiels vor dem Duett zuerst aufgestellt,
– β) ein nicht näher bezeichnetes Motiv, das die chromatisch sequenzierende Bewegung in beiden Teilen bestimmt und
– γ) das hier zum erstenmal erscheinende ›Heldenliebemotiv‹, das am Ende beider Außenteile einen authentischen Schluß (D–T) zwingend herbeiführt (Bsp. 24).

---

9 A. a. O., Eintr. v. 2. 7. 1872.

Bsp. 24

Der aus dem Motiv γ stammende Rhythmus wird zur taktweise wiederholten Begleitfigur zu Beginn des Mittelteils, dessen erste Hälfte in der Varianttonart es-moll beginnt und deren Nebenstufen (Ces–Fes, Des–Ges) in einer Folge zweitaktiger Sequenzmodelle einführt; der zweite Teil nimmt das genannte Motiv in As-Dur wieder auf und führt zum Schluß ein Zitat ein: das ›Liebesgrußmotiv‹ aus dem III. Aufzug des *Siegfried* (T 1131 ff.), welches, auf dem dominantischen Orgelpunkt *b* einsetzend, wieder nach Es-Dur zurückleitet, das, seinerseits als Dominante von As-Dur, den Schlußteil eröffnet.

Das Wiederaufgreifen des im Mittelteil ausgesparten Motivs α und die identische Abfolge der drei Motive, Anfang und Schlußwendung um eine Quint nach unten gerückt, machen den Schlußteil zu einer Reprise des Anfangs im klassischen Sinne. Während das ›Brünnhildemotiv‹ jedoch im Anfangsteil durch Wiederholung im fünften und sechsten Takt den ersten achttaktigen Formteil in zwei Viertaktphrasen periodisch gliedert, wird der Anfang der Reprise durch drei Dreitaktphrasen bestimmt, die, jeweils mit dem Motiv beginnend, fortspinnungsartig weiterführen.

In insgesamt 33 Takten (das sind immerhin drei Fünftel dieser Passage!) ist das harmonische Geschehen eng bezogen auf die zum Teil recht ausgedehnten Liegenoten der Baßstimmen. Ein Blick auf die Abfolge dieser Orgelpunkte (*b–f–b–es–b–[es]*) zeigt, daß hier die Grundtöne der Oberdominanten der Hauptfunktionen von Es-Dur den Hintergrund des harmonischen Geschehens bilden. Wagners »Kunst des Übergangs« zeigt sich deutlich an dem fast unmerklichen ›Gleiten‹ des Anfangsteils in den Mittelteil. Der Baßschritt, welcher die Dominanttonart B-Dur bestätigen würde, wird nicht ausgeführt; statt dessen bringt eine »Klangschattierung« (Kurth) ein chromatisches Abwärtsgleiten vom D7-Akkord *f–a–c–es* nach *f–as–ces–es* die Varianttonart es-moll (über ihre II. Stufe) ins Spiel. Im Übergang von Mittelteil in den Schlußteil führt zwar der Baß den schlußbestätigenden Quintfall *b–es* aus, Es-Dur tritt aber nun selbst als D7-Akkord auf, und der über neun Takte sich erstreckende Orgelpunkt umspielt die Subdominanttonart As-Dur, so daß erst am Schluß der dreiteiligen Anlage die lang erwartete Vollkadenz stattfindet.

Bsp. 25

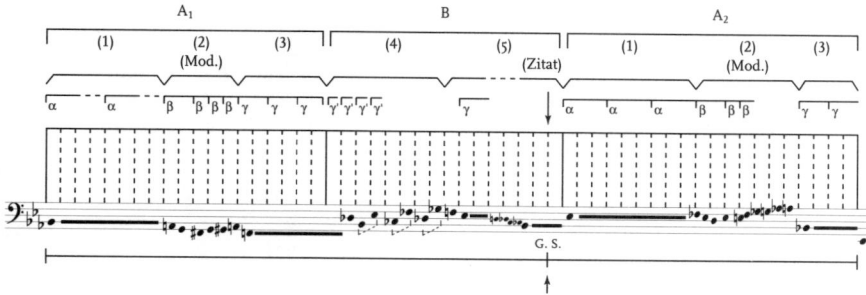

Die Gesamtzahl der Takte dieses in sich geschlossenen Abschnitts ist 55, eine Fibonaccizahl. Es ist nun pure spielerische Neugierde nachzusehen, ob in der Nähe des Taktes der nächstniederen Zahl dieser Art, des 34. Taktes also, dessen Ende die Gesamtdauer im Verhältnis des goldenen Schnittes teilt, ein besonderes Ereignis stattfindet. Dies ist mit dem Zitat des >Liebesgrußes< in der Oboe, dessen Mitte in diesen Takt fällt, zweifellos feststellbar, wenn auch rein >zufällig< geschehend und keineswegs absichtlich konstruiert. Wagner zu Cosima: »So ein Musiker, während er komponiert, verfällt eigentlich einem wahnsinnigen somnambulen Zustand.«[10] – Daß ein großer Komponist in der sprichwörtlich gewordenen Sicherheit des schlafwandlerischen Zustands verborgene Proportionen >erahnt< und im Werk auch verwirklicht, halte ich trotz allem eher für denkbar als, wie Alfred Lorenz Wagner zuzutrauen oder zuzumuten scheint, eine ganze Periode in die Form eines riesigen »Bars in der dritten Potenz« zu zwingen. Wagner zu Cosima: »die Begriffe sind die Götter, die in einer Konvention leben, die Töne aber die Dämonen.«[11]

---

10   A. a. O., Eintr. v. 25. 2. 1870.
11   A. a. O.

Tristan-Studien

CLAUS-STEFFEN MAHNKOPF

I. Wagners Philosophie des Eros

»Ja, zu Dir! Aber sehe ich Dein Auge, dann kann ich doch nicht mehr reden; dann wird doch alles nichtig, was ich sagen könnte! Sieh, dann ist mir alles so unbestreitbar wahr, dann bin ich meiner so sicher, wenn dieses wunderbare, heilige Auge auf mir ruht und ich mich hinein versenke! Dann gibt es eben kein Objekt und kein Subjekt mehr; da ist alles eines und einig, tiefe, unermeßliche Harmonie! Oh, da ist Ruhe, und in der Ruhe höchstes, vollendetes Leben! O Tor, wer sich die Welt und Ruhe von da draußen gewinnen wollte! Der Blinde, so hätte er Dein Auge nicht erkannt und seine Seele nicht in ihm gefunden! Nur innen, im Innern, nur in der Tiefe wohnt das Heil!«[1] Dem Text von »Mein Leben«, den Wagner Jahre später Cosima diktierte, verschwieg er wohlweislich die Liebe zu Mathilde Wesendonck. Daß er dies tat – um Cosimas willen tun mußte –, bezeugt, wie tief sich Wagner in Mathilde verliebt hatte, wie sehr diese Begegnung alles überstieg, was Wagner – immerhin 21 Jahre verheiratet – bislang an Liebesglück heimsuchte, wie sehr Wagners Lebensdrang, der die Erotik genauso intensiv umfaßte wie die anderen ›allgemeinmenschlichen‹ Existentialien auch, ein neues Plateau besetzte. Noch 1863, fünf Jahre später inmitten der Diaspora und noch bereits kurz vor dem Lebensgelübde mit Cosima, bekannte Wagner: Mathilde »ist und bleibt meine erste und einzige Liebe! Das fühl ich nun immer bestimmter«.[2]

Jenes Liebesbekenntnis entstammt derjenigen »Morgenbeichte«, die am 7. April vom Asyl zum Haupthaus der Wesendoncks geschickt, aber von Wagners Frau Minna abgefangen wurde und dadurch jenen Eklat auslöste, der Wagners enge räumliche Bindung an Mathilde auf einen Schlag zunichte machte. Jenes Liebesbekenntnis gilt einer Frau, die für Wagner unerreichbar und dennoch im 50. Lebensjahr nicht nur als erste, sondern auch als einzige Liebe bestimmt wurde – eine Liebe, die sexuell unerfüllt blieb. Wagner, seit jungen Jahren verheiratet, bekannte im Dezember 1854 gegenüber Franz Liszt: »Da ich nun aber doch im Leben nie das eigentliche Glück der Liebe genossen habe, so will ich diesem schönsten aller Träume noch ein Denkmal

---

[1] Richard Wagner, *Brief vom 7. April 1858 an Mathilde Wesendonck*, in: ders., *Mein Leben*, hg. v. Martin Gregor-Dellin, München 1983, S. 821.

[2] Wagner, *Brief an Eliza Wille vom 5. Juni 1863*, in: *Richard Wagner an Mathilde Wesendonck. Tagebuchblätter und Briefe 1853-1871*, Leipzig 1912⁴⁰, S. 309.

setzen, in dem von Anfang bis zum Ende diese Liebe sich einmal so recht sättigen soll: ich habe im Kopf einen Tristan und Isolde entworfen, die einfachste, aber blutvollste Konzeption.«[3] Es scheint, daß in Wagners Leben bisher Sexualität und Liebe aufgespalten sind – Minna die sexuelle Partnerin, Mathilde die unglücklich geliebte Frau. Es scheint angesichts dieser Briefzitate auch, daß das, was Wagner unter Liebe – und somit auch unter Eros und Sexualität – verstand, eigens zu erhellen ist.

Über die emotionale Rolle Cosimas in Wagners Leben, die Liebe beider, soll hier nicht verhandelt werden. Es geht um Mathilde, und wie sie von 1853 an die Produktivität Wagners – musikalisch wie stofflich – entscheidend mitprägte. Denn Wagner verarbeitete kompositorisch die Begegnung mit Mathilde in drei Schritten. Zwei Jahre nach ihrem Kennenlernen sitzt Wagner am ersten Akt der Walküre, der nicht nur nach dem menschenlosen Rheingold das Humanum auf die Bühne bringt, sondern eine emphatische Liebesszene darstellt, die in zweierlei Hinsicht einmalig ist: Erstens ist die Begegnung von Siegmund und Sieglinde nicht einfach ein Kennenlernen, also ein lebensweltliches Geschehen, sondern, gleichsam ›veraußeralltäglicht‹, ein einziger auskomponierter Blick, und zweitens: »wann ward es erlebt, daß leibliche Geschwister sich liebten?« (Fricka) Blicksituatorik und die Verdopplung des liebenden Ichs im Zwillingsgeschwister beweisen den autologischen Charakter der Liebe in jener ersten sexuellen Schlüsselszene des Rings. Das »eines und einig« ist somit gleichsam durch die Prämisse genetischer Eineiigkeit der Zeugung verbürgt, die einzig eines Blickes bedarf, um entzündet zu werden. Wie sehr Wagner beim Komponieren bereits mit Mathilde beschäftigt war, vermag jede Biographie zu erzählen, zeigen die kryptogrammatischen Eintragungen in die Abschrift des ersten Akts. Kurz darauf sieht sich Wagner – hier beginnt die zweite Phase der kompositorischen Verarbeitung – nach der Lektüre von Schopenhausers Hauptwerk (nichts als einer nachträglichen Bestätigung dessen, was er im Kern bereits dachte) veranlaßt, die überdimensionale Arbeit am Ring für einen neuen Stoff zu unterbrechen: für den Tristan, der wie kein anderes musikalisches Einzelwerk den Zenit des 19. Jahrhunderts bildet. Noch während der Siegfriedkomposition entwarf Wagner die ersten musikalischen Einfälle, und der wie häufig in Wagners Leben so entscheidende Kairos wollte es, daß der Einzug ins Asyl, das eine nachbarschaftliche, fast wohngemeinschaftsähnliche Nähe zu Mathilde bereitete, mit der Komposition des zweiten Akts des Siegfried zusammenfiel, auf den der entscheidende dritte mit der zweiten großen Liebesszene des Rings hätte folgen müssen, hätte Wagner nicht genau an dieser Stelle der Tetralogie für über ein Jahrzehnt die Komposition

---

3 Wagner, *Brief vom 16. Dezember 1854 an Franz Liszt*, zit. in: Martin Gregor-Dellin, *Richard Wagner. Sein Leben. Sein Werk. Sein Jahrhundert*, München/Mainz 1991, S. 393.

unterbrochen. Und es ist wieder ein Kairos, daß jener durch Minna ausgelöste Eklat, der zum Abbruch der direkten Beziehungen führte, in die Zeit fällt, da Wagner den zweiten Akt des Tristan hätte komponieren müssen, der genau jene Liebe zu Mathilde ›auf den Punkt‹ bringt[4] – oder das, was er darunter verstand –, wozu die Wesendoncklieder nur einen bescheidenen Vorgeschmack gaben. Jeder, der über etwas Phantasie verfügt, möge sich vorstellen, welch eine Gestalt das Zusammenleben selbdritt (Richard, Mathilde und, je nach dem, Minna oder Otto) unter den Bedingungen des »Nachtlieds« hätte annehmen müssen, wenn doch schon die Phase der Komposition des ersten Walkürenakts von einem allabendlich ausgelebten Verschmelzungsritual begleitet gewesen war. Mit Briefen und Tagebucheintragungen für Mathilde beginnt Wagners (zweites) Exil, während dessen er den Tristan beendet, der fraglos Wagners Liebeskonzeption auf den ›Begriff‹ bringt.

Die dritte Aufarbeitungsphase hat den Charakter des Supplements. Wagner holt nach, was bislang fehlte, was im Tristan unter allen Umständen vermieden werden mußte: die Sexualität als solche, als ausgelebt-erfüllte, den Koitus, den Orgasmus. Dessen Ausbleiben – Tristan und Isolde werden kein Paar, und wer in dieser Musik Orgastisches hört, begeht einen freilich naheliegenden Kategorienfehler – ist die Essenz des Tristan; unausdenklich, es käme dort, wenigstens auf der leiblichen Ebene, zur Erfüllung. Der Orgasmus mußte *außerhalb* des Tristan musikalisch verwirklicht werden, und es zählt zum ›organisatorischen‹ Genie Wagners, dafür die richtige Gelegenheit – zeitlich wie im Werk – gefunden zu haben.

Die für die Pariser Aufführung von 1861 nachkomponierte Venusbergmusik, die sich der Ouvertüre anschließt, erfüllt nun mehrere Funktionen: pragmatisch die der in Frankreich üblichen Balletteinlage – was für ein Ballett!: ein pornographisches –, ›exhibitionistisch‹, die Bandbreite des musikalischen Ausdrucksvermögens und der dichterischen Souveränität auszuweiten und einem erlesenen Publikum kundzutun, kulturkomparatistisch zu zeigen, daß Frankreich für derlei Exzesse viel eher Verständnis aufbrächte als das hausbackene Deutschland (die Wirkung auf Baudelaire und Mallarmé ist ebenso bekannt wie der ›politische‹ Skandal, den Wagners Musik auszulösen vermochte, ein Skandal im ganzen *modernen* Sinne), kompositionstechnisch schließlich, exklusiv die Errungenschaften des Tristanstils (deren Außerordentlichkeit man sich historisch vergegenwärtige) gleichsam bekanntzugeben, wenn doch eine Aufführung des Tristan wieder einmal nicht in Aussicht stand. Im April 1860 schreibt Wagner an Mathilde: »Ich

---

4 Vgl. das Gedicht, das Wagner Silvester 1857 Mathilde zueignete: »Hochbeglückt / schmerzentrückt / keusch und rein / ewig sein – / was sie sich klagten / und versagten, / ihr Weinen und ihr Küssen / leg' ich dir nun zu Füßen, / daß Tristan und Isolde / in keuscher Töne Golde / den Engel mögen loben, / der mich so hoch erhoben.« (In: *Sämtliche Schriften und Dichtungen*, Bd. 12, Leipzig o. J. [Volksausgabe], S. 368)

erkenne nun ..., daß ich damals, als ich den Tannhäuser schrieb, so etwas, wie es hier nötig ist, noch nicht machen konnte: dazu gehörte eine bei Weitem grössere Meisterschaft, die ich erst jetzt gewonnen habe: jetzt, wo ich Isolde's letzte Verklärung geschrieben, konnte ich ... das Grauen dieses Venusberges finden. ... gewiss ist ..., dass nur der Tanz hier wirken und ausführen kann: aber welcher Tanz! Die Leute sollen staunen, was ich da Alles ausgebrütet haben werde.«[5] Was er hier, im Frühjahr, ankündigte, wurde im Dezember 1860 und Januar 1861 komponiert: das Bacchanal.

*

In einem abgebrochenen Brief Wagners an Schopenhauer aus dem Jahre 1858 – einem Bruckstück, das Wagner für so wertvoll hielt, daß er es, unter dem Titel »Metaphysik der Geschlechtsliebe«, immerhin in die Gesammelten Schriften aufnehmen ließ[6] – bietet der Komponist dem Philosophen nicht weniger als einen »Heilsweg zur Selbsterkenntnis und Selbstverneinung des Willens« an. Das Fragment, das nicht mehr als die Ankündigung enthält, beginnt mit einem Zitat aus »Die Welt als Wille und Vorstellung«[7], in dem Schopenhauer seine Verwunderung über freitodbereite, weil sozial verhinderte Liebespaare kundtut. Dies ist der Anlaß, Schopenhauers Zynismus gegenüber der Geschlechtsliebe die diametral entgegengesetzte Antwort anzuempfehlen. Die »Metaphysik der Geschlechtsliebe« – ein Kapitel aus Schopenhauers Hauptwerk – ist zugleich das Programm Wagners. Wagner teilt dessen Pessimismus, will ihn aber überwinden, nicht vermöge eines wie immer buddhistischen Projekts der Lebensverneinung, des Ausstiegs aus dem immerwährenden Kreislauf des Willens zur Selbsterhaltung, sondern durch eine vollwertig gelebte Beziehung zwischen Mann und Frau, »durch die Liebe, und zwar nicht einer abstracten Menschenliebe, sondern der wirklich, aus dem Grunde der Geschlechtsliebe, d. h. der Neigung zwischen Mann und Weib keimenden Liebe«. Liebe, Wagners zentrales Thema noch vor dem der Macht, ist eine antisolipsistische, ja kollektive, also gesellschaftliche Lösung. In der Lektüre von Schopenhauers Hauptwerk erkannte Wagner die philosophische Begründung für jenen metaphysischen Pessimismus, den er selber in der zentralen Gestalt Wotans bereits verkörpert hatte. Und wie Brünnhilde als Liebende und letztlich Todversöhnte ihren Göttervater beerbt, ist es die Liebe, die konkrete sexuelle Bindung zwischen Mann und Frau, die Wagner in genialistisch überzogener Arglosigkeit Schopenhauer als

5   Wagner, *Brief an Mathilde Wesendonck vom 10. April 1861*, in: *Richard Wagner an Mathilde Wesendonck. Tagebuchblätter und Briefe 1853-1871* (Anm. 2), S. 224. Wagner spricht auch von »einer unverkennbaren Schwäche meiner früheren Partitur« (Wagner, *Bericht über die Aufführung des »Tannhäuser« in Paris*, in: *Sämtliche Schriften und Dichtungen*, Bd. 7, Leipzig o. J. [Volksausgabe], S. 141).

6   Wagner, *Sämtliche Schriften und Dichtungen*, Bd. 12 (Anm. 4), S. 291. Die nachfolgenden Zitate finden sich dort.

7   Vgl. Arthur Schopenhauer, *Die Welt als Wille und Vorstellung*, Ausgabe in 2 Bänden, Bd. 2, Frankfurt a. M./Leipzig 1996, S. 680.

Korrektur seines Systems, als »Heilsweg zur vollkommenen Beruhigung des Willens« – wie Wagner vermeint: in dessen eigenem Interesse, auch wenn es die Umkehrung des asketischen Ideals der Willensverneinung bedeuten sollte – anbietet.

Wagner schwankt zwischen dem Liebestod, den er in einem sehr spezifischen Lebensabschnitt als einzige Lösung für *sein* Schicksal betrachtete, und einer unzertrennlichen Lebensgemeinschaft auf der Grundlage einer sexuellen Bindung (wobei er wohl weniger an eine bürgerliche Ehe gedacht haben dürfte, sein Lebenswandel wie auch die zentralen Liebespaare in den Dramen sprechen eher für eine ›libertäre‹ Version). Es wäre verengt, Wagners Frauengestalten als bloße Projektionen eines empirischen Subjekts abzutun. Denn das »Weib« war eines der zentralen Themen seiner Kunst, vielleicht *das* Zentrum; der Feminismus müßte dies einmal in aller Deutlichkeit bemerken. Die Frauengestalten – sie verkörpern das Ewigweibliche – sind klüger und ›stärker‹ als die Männer, durchweg von höherer Dignität. (Gibt es eine komplexere Gestalt als Kundry, eine mitleidsbefähigtere und zärtlichere als Brünnhilde, eine selbstbewußtere und entschlossenere als Isolde, eine weisere als Erda, eine lebensspendendere als Freia, eine leidensfähigere als Sieglinde oder Elisabeth?) Wagner folgt hier einem Archetypus im Verhältnis der Geschlechter (einem, der etwa von Lou Andreas-Salomé geteilt wird[8]); es ist Wagners zentrale Leistung, das aus dem 19. Jahrhundert zu uns herübergerettet zu haben. Elisabeth, Senta, Brünnhilde, Isolde, Kundry, in gewisser Hinsicht auch Erda – sie alle, stets befähigter und ›reifer‹ als die jeweils ihnen zugewandten Männer, erretten diese, indem sie ihnen durch Handlungen oder Wissen das zuteil werden lassen, was die Beschränktheit ihrer willensbeherrschten Rationalität ihnen nicht zu erkennen bzw. zu leben gestattet. Und in dieser gleichsam anthropologischen Grundsituation sieht Wagner zugleich ein Exempel einer viel grundsätzlicheren Erlösung der Menschheit aus den Verstrickungen ihres Schicksals, aus Macht, als deren Gegenprinzip Wagner die Liebe bemüht. Das »Welthellsichtigwerden« des Mannes durch die Berührung einer Frau, d. h. das Teilhabendürfen an der nur ihr eigenen Intuitivität (wie Kundry, Wagners komplexeste Frauengestalt, es beispielhaft vollzieht), ist von Wagner auch persönlich zumindest als Idealfall herbeigesehnt worden.

Von Eva und Elsa abgesehen, die auf einen Erretter bauen, wiederholt sich in den Dramen diese Konstellation immer wieder in neuen Konfigurationen; das ist bereits vorgezeichnet durch Beethovens Leonore. Der Fliegende Holländer hofft auf die erlösungbringende Senta; im Lohengrin ist es umgekehrt, die Erlösung, die Errettung aus Glaube, aus Vertrauen ist Elsa von

---

8   Vgl. Lou Andreas-Salomé, *Die Erotik. Vier Aufsätze*, hg. v. Ernst Pfeiffer, München 1979; *Das »zweideutige« Lächeln der Erotik. Texte zur Psychoanalyse*, hg. v. Inge Weber u. Brigitte Rempp, Freiburg 1990.

Brabant, nicht Lohengrin aufgegeben. Der Tannhäuser wird letztlich durch Elisabethens verzweifelnde Standhaftigkeit erlöst. Im Ring wird der Ehekonflikt zwischen Wotan und Fricka verdrängt durch subversivere Erotikmodelle: Freia steht für ewige Jugend und Liebe, Sieglinde und Siegmund bilden ein inzestuöses Zwillingsliebespaar, Brünnhilde und Siegfried ›praktizieren freie Liebe in der Natur‹, wobei Brünnhilde als handelndes Wissen Wotans fungiert, Erda und die Nornen als ewiges, ruhendes Wissen, als die Welt selbst. Im Tristan ist nur die Protagonistin entschlossen, die Alliance von Liebe und Tod zu initiieren. Es geht um die Erlösung des Mannes – und, solange dieser das Weltgeschehen bestimmt, der Menschheit – vermöge der genuinen Liebesfähigkeit der Frau.

*

In »Oper und Drama« entwickelt Wagner eine sexuelle Metaphorik, ja nach heutigen Begriffen eine Sexualtheorie, um das Drama – »ich schreibe keine Opern mehr« – und darin das Verhältnis von Wort und Ton zu konstituieren, eine universelle Semantik, die das Sprachliche mit dem Vorsprachlichen bzw. dem Anderen von Sprache nicht nur verbindet, sondern synthetisiert. Sprache – Musik, die griechische Tragödie bzw. die Epik (etwa Shakespearescher Provenienz) – die Operngeschichte, »Gefühl« – Verstand, Anschauung – Mitteilung, Wissen (»Gedanke«) – die Gewißheit des Wissens, Rationalität – vormalige semantische Totalität, Wortsprache – Tonsprache: Das sind die begrifflichen Dipole, mit deren scharfer Getrenntheit Wagner sich nicht zufrieden gibt. Es geht ihm aber nicht um eine Einebnung der Differenzen oder eine erzwungene Harmonie, sondern beide Sphären – das Rationale, das Begriffliche, das Identische, das Definitorische und das Intuitive, das Nichtbegriffliche, das Polymorphe, das Ambiguöse – sind so zu verbinden, daß die Essenz der Tonsprache, ohne an ihrer lexikalischen Unbestimmtheit zu leiden, und zugleich die der Wortsprache erhalten bleiben, ohne ihrer allererst komplementierenden konnotativen Schicht verlustig zu gehen. Das Wort benennt das Was, der »Ton« macht das Wie spürbar. Erst beides zusammen, die Leistung des Dichters, der, wie Wagner, zugleich Tondichter ist, ergibt das »vereinigte Kunstwerk«. Das Drama bedarf der Musik, die es allererst semantisch vervollständigt, die Musik der Handlung, die ihr immer schon, latent, zugrunde lag.

Eine solche Auffassung ist verführerisch, da in der Tat alle Sehnsucht der Kunst nach dem geht, was dem Wort zu fehlen scheint. Man stelle sich die Begrüßung zwischen Tristan und Isolde im zweiten Akt einzig gesprochen und gespielt, also ohne Orchester vor. Es bliebe nicht nur einfach die Wirkung aus, die wir kennen, die Einfühlung hätte auch nichts von dem Überwältigenden, Augenblickshaften, dem sich kein Hörer entziehen kann. Wagner ist Aristoteliker: Katharsis muß spontan und vollständig erlebt werden.

Bei allem Gewagten, das darin liegt, daß ein ›Laie‹ eine Theorie, »Oper und Drama«, aufstellt, die, antizipatorisch, bemüht, was erst moderne Linguistik, Musiktheorie, Psychoanalyse, Anthropologie etc. entwickeln sollten (in deren Rahmen müßte das Tragende wie Anmaßende wenigstens abgesteckt werden können), die musikhistorische Leistung liegt darin, das Wort-Ton-Verhältnis, zentral für das Musiktheater, das bis Wagner Oper und seither Musikdrama heißt, mit einer Sexualtheorie zusammengebracht zu haben. Diese ist nicht einfach Metaphorik, sondern System.

Spricht Wagner von »Gefühl«, so ist nicht bloß Emotionalität gemeint, sondern die Einheit aller Gemütskräfte der Innerlichkeit, die Geist, Psyche und Körper einbegreift. Brünnhilde spricht dies aus: Ein »Gedanke, den ich nie nennen durfte, den ich nicht dachte, sondern nur fühlte«. Wagner geht es um die »Gefühlwerdung des Verstandes«, denn: »Im Drama müssen wir *Wissende* werden durch *das Gefühl.* Der Verstand sagt uns: *so ist es* erst, wenn uns das Gefühl gesagt hat: *so muß es sein.*« Das Drama ist die Ellipse, deren beide Brennpunkte, durch und durch archetypisch gedacht, das Männliche und Weibliche darstellen. Denn das Reinmenschliche, dem das Wagnersche Drama gilt, ist bereits die Vereinigung des Männlichen und Weiblichen, so wie der »Mensch erst in Liebe verbunden« *ist.* Das Männliche – das Weibliche, Macht – Liebe, Tun – Wissen, Geben – Nehmen, Wille – Hingabe, das sind nun jene Dipole, nur jetzt anthropologisiert, fast personifiziert. Daß die Musik ein »Weib« ist, ist Kompliment und Definition: »Die Natur des Weibes ist die *Liebe*: aber diese Liebe ist die *empfangende* und in der Empfängnis rückhaltslos sich *hingebende.*«[9] Und steht das Männliche für das Wört-liche, das Außermusikalische, Welthafte, dann bestimmt es über die alliterierende Sprache den Rhythmus, die Syntax und damit auch die Harmonik sowie über die Lexik die Leitmotivik, also die Morphologie der Musik. Das »Weib« Musik wird, will man im Wagnerschen Bild bleiben, tatsächlich befruchtet. Eros ist nicht nur Erotik, sondern genauso Kreativität.

Weniger ist die Tonsprache ein Supplement zur Wortsprache, eher diese ein informatorisches Substrat, das in kommunikativen Verwendungen (also den allermeisten) auf das Hinzukomponieren der konnotativen Schicht verzichten kann (weil Pragmatik, Situatorik, auch die illokutiven und perlokutiven Bestandteile des Sprechakts einen ausreichenden Kontext ausbilden), was aber in der Kunst, zumindest für Wagner, defizient wäre. Der Mythos bedarf der Verwirklichung in actu und zugleich – sonst wäre sie bloßes Schauspiel – der Inklusion jenes »unendlichen Ausdrucks«, dessen nur das Orchester fähig ist. Die Tonsprache, von Wagner übereilt als phylogenetisch vorgängig bezeichnet (in Wahrheit ist es ontogenetisch), bedarf dabei eines

---

9   Richard Wagner, *Oper und Drama*, in: *Sämtliche Schriften und Dichtungen*, Bd. 3, Leipzig o. J. (Volksausgabe), S. 316.

Technischen, das zugunsten der reinen Wirkung, d. h. der Bedeutung zu-rücktritt. Phantasmagorie ist ein Mittel zum Zweck.

Ziel von Wagners musikalischer Anthropologie ist der Körper, eine Ein-dringlichkeit des semantischen Gehalts, die somatisch und somit nicht nur ›emotional‹ oder intellektual wirkt. Die darstellende Verwirklichung des My-thos kann nur gelingen, wenn sie den Körper des Hörers erreicht, aber dabei nicht nur einfach Rührung erweckt, die sich in spontanem Tränen kundtun mag, sondern Schauder auslöst, die den gesamten Körper durchziehen. Vielleicht sollte man hierfür den etwas altertümlichen Ausdruck ›Leib‹ be-mühen. Denn Wagners Musik geht unter die Haut, wie man sehr bildlich sagt. Warum Wagners Orchesterbehandlung und vor allem seine Harmonik das vermag wie offenbar keine andere Musik, das zu erklären obläge einer künftigen Zusammenarbeit von Musiktheoretikern und Psychoanalytikern. Bei Wagners somatischem Intentionalismus wirkt freilich eine Dialektik. Ziel ist zwar das Unbewußte, aber nicht als Objekt der Manipulation, son-dern als jene semantische Tiefenschicht des Menschen, die, zumindest in der Theorie Wagners, nur durch Musik – und nur durch eine Musik, die sich den gesamten Abgründen der Tonsprache stellt, dabei vor allem der Harmonik – erreichbar ist. Bei aller Verführung, die von einer Musik ausgeht, die auf die Anthropologie des Menschen paßt wie das Lungenfell auf das Rippenfell, ist Wagner kein Stockhausen. Es geht ihm um befreiende Erfahrung. Wie grundlegend Wagner Freiheit dachte, zeigen die radikaldemokratischen, ja anarchistischen Implikationen. »Das *Unbewußte* der menschlichen Natur *in der Gesellschaft zum Bewußtsein bringen*, und in diesem Bewußtsein nichts an-dres zu wissen, als eben *die allen Gliedern der Gesellschaft gemeinsame Not-wendigkeit der freien Selbstbestimmung des Individuums*, heißt aber so viel, als – *den Staat vernichten*.«[10] Wagner war Aufklärer in der Tradition des ältesten Systemprogramms des deutschen Idealismus[11], gerade weil er sich des My-thos annahm, dessen restloser Darstellung – mitsamt dem Scheitern – er mehr vertraute als dessen ›Kritik‹.

Das Komplementaritätsverhältnis von Rationalität und Intuitivität, das Wagner für die Semantik des Dramas (überdies mit weitreichenden musikäs-thetischen Konsequenzen) bemüht, erscheint als Verschmelzungsthematik im Gesamtwerk wieder, ja die Wagnersche Musik ist dieses Erotische, das beide Sphären zusammenhält. Alle Liebesszenen, der Tristan insgesamt, leben davon. Aber gerade weil Wagner die Liebe – in aller Ekstase genauso wie in letzthinniger Konsequenz im Tode – musikdramatisch »verwirklicht« hat, kann sie auch nicht mehr eigentlich ›Opern‹-Sujet sein. Die wenigen

---

10 Wagner, *Oper und Drama*, in: *Sämtliche Schriften und Dichtungen*, Bd. 4, Leipzig o. J. (Volksausgabe), S. 66 f.

11 Vgl. *Mythologie der Vernunft. Hegels »ältestes Systemprogramm« des deutschen Idealismus*, hg. v. Christoph Jamme u. Helmut Schneider, Frankfurt a. M. 1984.

großen Werke danach – Salome, Wozzeck, Elektra, Die Soldaten, Das Mädchen mit den Schwefelhölzern – haben andere, sie nähern sich dem Tod allein, Lachenmanns Werk ist geradezu eines der Abwesenheit von Liebe. Die Liebe ist »ausgesungen« (Hegel).[12] So sehr der Mythos, das »Allgemein-Menschliche« »jederzeit wahr« ist, so ist er auch nur einmal, wenn getroffen, darstellbar.

*

Verläßt man die akademischen Einteilungen, dann kann man zuspitzen, daß Wagner der musikhistorisch erste Expressionist war, einer, der die eigene individuelle Erfahrungs- und Problemwelt zum Ausgangspunkt seiner Kunst machte – das beste Beispiel ist die Venusbergmusik, der Orgasmus kann nur aus eigener Erfahrung gekannt sein – und infolgedessen auch das innere Erleben der Akteure auf der Bühne darstellen konnte – man denke an Siegfrieds Begegnung mit dem Fürchten. Die Kategorie des Erlebens – in Absetzung von ›Empfinden‹, einer Kategorie, die auf Schubert und Schumann paßt – wird von Wagner in die Musikgeschichte eingeführt. Hatte Monteverdis seconda prattica versucht, den Affekt gleichsam nackt, unentstellt, syntaktisch und formal atomisiert darzubieten, so entwickelt Wagner peu à peu (über Walküre, Tristan, dritten Siegfriedakt, Götterdämmerung und zweiten Parsifalakt) eine Sprache der Psyche, die der ganzen Tonalität mächtig ist und in einen formalen Kosmos eingebunden wird. In den expressionistischen Exzessen – Isoldes Zorn im ersten Akt, der Gefühlsdissoziation unmittelbar nach dem Liebestrank, Tristans Fieberwahn, Siegfrieds Begegnung mit der ersten Frau, Brünnhildes Anklage im zweiten Akt der Götterdämmerung – folgt die Musik so hautnah dem Erleben in Zeit und Energie, wie es die Wiener Schule kaum sicherer vermochte, auch wenn ihr die neuen Akkord-Klänge des »Unerhörten« (Bloch) zufielen. Wagners Psychologisierung der Musik gilt nicht durch Topoi Konventionellem wie im hohen Barock oder einer Verallgemeinerung zu ›Natürlichkeit‹ wie bei Mozart, sie gilt dem Realismus der Psyche, wie sie ist. Dazu bedarf es der gesamten Tonalität – voll ausentwickelt und substantialiter funktionell. Nicht, daß Tonalität per se auf Expressionistisches ziele – sie ist als System nicht normativ oder gar teleologisch –, aber es ist sicher kein Zufall, daß es eine expressionistische Schule war, die die Tonalität (immanent) überstieg. Wagner, so sehr er sich auch in den Dienst des universellen, des »Rein-Menschlichen« stellte, verdankt sein Werk ureigenen Erfahrungen und Erlebnissen. Das zentrale Thema Wagners, die Erlösung des Mannes durch die genuine Liebesfähigkeit der Frau, entspringt seinem eigenen Leben.

---

12 Vgl. Georg Wilhelm Friedrich Hegel, *Vorlesungen über die Ästhetik*, Bd. 2, in: *Werke*, Bd. 14 (Suhrkamp-Ausgabe), Frankfurt a. M. 1970, S. 238.

Dies gilt um so mehr für den Tristan. Alles Biographische, das wir kennen, spricht dafür, ihn als Lösung einer Lebenskrise zu deuten, so sehr er auch als Kunstwerk alles persönlich Kontingente hinter sich läßt. Mathilde Wesendonck, das kann man ohne alle Übertreibung sagen, war Wagners erste wirklich große Liebe.[13] Sie ergreift einen Komponisten in voller Reife, am Zürcher Wendepunkt in der Ästhetik, auf dem Höhepunkt seines utopischen Vorausentwurfs, auf dem Gipfel einer Kreativität, die sowohl mit Rheingold wie mit Tristan einen jeweils aus dem Früheren nicht deduziblen Sprung vollführt, jemanden, der die Erlösung des Mannes bereits in allen Einzelheiten, nämlich kunstimmanent antizipiert hatte, einen, dessen Musik eine bis dahin unbekannte erotische Sinnlichkeit besitzt, einen Mann, dessen Lebensvitalität keine Grenzen, Restriktionen, Schranken zu kennen scheint.

Allein, diese alles überragende Liebe scheitert, ist, peu à peu, dazu verurteilt. Die Konstellation ist prototypisch. Die räumliche Nähe intensiviert die Gefühle genauso, wie sie das kommunikative Verhängnis ins Unerträgliche steigert. Die begehrte Frau ist nicht nur verheiratet, sondern die Gattin des Financiers, die, indem sie ihren Mann zur Spendabilität auffordert, ihr Schuldgefühl gegenüber dem Verweigerten genauso kompensiert wie des Gatten Geduld übermäßig auf die Probe stellt. Wagner, der Sitte und pragmatischen Kompromiß zu achten bereit scheint, verfängt sich in einen teuflichen Kreislauf mit enger werdendem Radius. Entsprechend mußte sich die Drehgeschwindigkeit erhöhen. Tragik, die Ausweglosigkeit der Beteiligten aus verstrickender Schuld, wird zu einem Lebensdrama. Man fragt sich, warum erst Minna dem Treiben ein Ende bereitete. Die Briefe und Tagebucheintragungen, die Wagner an die imaginäre Geliebte aus der Ferne schrieb, sind ein einmaliges Zeugnis einer Subjektivitätsform, die nur im 19. Jahrhundert, nur in Mitteleuropa möglich war – eine Mischung aus Arbeitsbericht und dessen totaler persönlicher Überformung.

Die Begegnung mit Mathilde – im Glück wie im Leid – befördert Wagners Produktivität wie kaum etwas in seinem Leben. Einerseits vermag er erst jetzt in aller Schärfe die radikalen Fragen zu stellen: Wie ist ›Liebe‹ zu denken, die nicht bloß Vorstufe zur Institutionalisierung, also Ehe ist; was heißt Ekstase, und wohin führt sie; liebt die Liebe den leibhaftigen Anderen oder letzten Endes doch nur sich selbst? Ist das Versprechen der Liebe nicht letzten Endes doch uneinlösbar, und welche Konsequenz ist aus dieser ›pessimistischen‹, aber unentrinnbaren Ahnung, ja Erfahrung zu ziehen? Andererseits wird Wagner, nolens volens, zu jener Grundambiguität des Lebens verdammt, die man bald als Abgefeimtheit, bald als Wägbarkeit bezeichnet. Schwankend vollführt er die Gratwanderung zwischen Idealisierung und Verklärung der

---

13 »So tief und schrecklich, wie in den vergangenen letzten Monaten, habe ich nie zuvor in meinem Leben empfunden.« (Brief Wagners an Mathilde Wesendonck vom 6. Juli 1858, in: *Richard Wagner an Mathilde Wesendonck. Tagebuchblätter und Briefe 1853-1871* [Anm. 2], S. 27)

Liebe *und* deren Veto, der schrankenlosen Wollust, zwischen Entsagung und Ertrotzen, zwischen Begierde und Einsicht, zwischen Regression und Sublimation. Wagners Größe ist die Fähigkeit, diese Spannung auszuhalten, sie produktiv zu machen. Die Intensität seines Lebens, die allein einen Tristan zu gebären vermag, wird somit gleichsam von jener Unmöglichkeit der realen Liebe[14] bedingt, der wir den Tristan verdanken. Von Platons Symposion wissen wir um die dem Gott Eros entspringende Kraft zum Schöpferischen, den Trieb des Lebens, über sich hinauszugehen, um der Objekte des Liebens willen Neues zu schaffen, ja überhaupt aktiv zu werden. Im Tristan wird die Erfahrung sexueller Erotik unmittelbar in solches künstlerische Tun abverwandelt.

Gemäß einem der Zentralphilosopheme Schopenhauers, wonach Erkenntnis Leiden voraussetzt, erfährt Wagner in der verhängnisvoll tragischen Konstellation auf dem Anwesen Otto Wesendoncks eine der Invarianten aller Erotik, die Todessehnsucht. Wir verdanken dem Scheitern von Wagners (einzig?[15]) großer Liebe unmittelbar den Tristan und die Venusbergmusik, später den dritten Siegfriedakt, vermutlich einiges aus den Meistersingern, insgesamt eine nochmalige Steigerung des erotischen Potentials von Sinnlichkeit und Leibhaftigkeit der musikalischen Sprache – von allem Indirekten abgesehen. Eine der nachdrücklichsten Konsequenzen ist der Tristanstil, jene »Krise« der Tonalität, die sie der historischen ›Liquidierung‹ freigeben sollte. Wagner statuiert und richtet die Tonalität in eins. Wagners Musik, sein Werk, ist von kategorialer Ambivalenz – Affirmation und Destruktion, Konstruktion und Auflösung, das »Nichts und das Etwas« (Adorno), die Liebesekstase und der Liebestod, »eine vollständige Trennung, oder – eine vollständige Vereinigung« (so im großen verzweifelten Brief an Mathilde vom 6. Juli 1858), Sexualität als Begehren und Aufgehen, Liebe als höchstes Glück und als tiefstes Weh, die Stärkung der Individuation und das Übergehen in ein Transpersonales, pralle Musiksinnlichkeit und »tiefe Kunst des tönenden Schweigens«[16] – und dies dank der Universalperspektive der Liebe: »Die Welt ist überwunden: in unsrer Liebe, in unsren Leiden hat sie sich selbst überwunden«[17], der Perspektive einer Erlösung durch »dies süße Wörtlein: und« (Isolde).

*

Wagners Werk ist eines des Eros. Der Mann-Frau-Magnetismus durchzieht Theorie und Praxis, das Drama, das Leben. Das allgemeinste Menschliche wird hier, in Wagners Werk, Kunst-Ereignis. Tristan und Isolde ist der Zenit

---

14 Erst die ›zweite‹ große Liebe, die zu Cosima, führte zu Kindern und Ehe.
15 Vgl.: »Man liebt doch nur einmal« (Wagners, *Brief an Eliza Wille vom 5. Juni 1863* [Anm. 2], S. 311).
16 Richard Wagner, Tagebucheintragung an Mathilde Wesendonck vom 12. Oktober 1858, in: *Richard Wagner an Mathilde Wesendonck. Tagebuchblätter und Briefe 1853-1871* (Anm. 5), S. 68.
17 A. a. O., S. 64.

aller okzidentalen Liebes-Reflexion durch Kunst. Knigges um die Jahrhundertwende wußten, warum sie Töchtern aus gutem Hause den Besuch von Wagneropern vereiteln wollten; und Berg wußte, warum er anfangs seine Helene genau dorthin schleppte. Die Ambivalenz der historischen Wagnerrezeption – Geniekult und rückhaltlose Hingabe auf der einen, Haß und Verfemung auf der anderen Seite – liegt nicht in einer Unentschiedenheit der Frage von Größe und Qualität – sie sind unbestritten, unbestreitbar –, sondern erklärt sich als Bereitschaft zu oder Abwehr von holistischer Direktheit, der Gefühlsintensität, eines geradezu penetrierenden Affizierens – einer Präsenz, die nicht wenige immer wieder überfordert.[18] Doch Rilkes »denn da ist keine Stelle, die dich nicht sieht. Du mußt dein Leben ändern« ist Telos aller Kunst. Wer dem nicht gewachsen ist, sollte seine Aggression nicht dem Urheber zurechnen. Aber nicht nur die Erotik ist es, was Wagner anziehend und abstoßend zugleich macht; es sind auch die Themen: Schicksal, Macht, Schuld, Sühne, Strafe, Buße, Treue, Betrug, Liebe, Mitleid, Verführung, Askese, Leiden, Tod, Sexus, Pathos, Trieb, das Ewigweibliche, Weltherrschaft, Natur und Gesellschaft, Wissen, Weisheit, Freiheit, Entsagung, Erlösung – das (ganze) 19. Jahrhundert, unsere kulturelle Erbschaft. Mit dieser, der eigenen verborgen-verdrängten Schicht, konfrontiert zu werden, ist faszinierend wie überbordend zugleich. All diese Themen lassen sich auf zwei kategoriale beziehen: Macht, das große Thema des Rings und – als Negation – auch des Parsifal, und Liebe, den Energiemittelpunkt des Tristan und – als Überwundensein – auch im Parsifal. Macht, das Verhängnis der Menschheit, ist nur durch Liebe abzuwehren. Das eindringliche Erlebnis dieser Einsicht und die Katharsis des Subjekts – das war das erklärte Ziel des demokratischen Volksfestes der Festspiele – mögen sozial revolutionär wirken. Wagner, das 19. Jahrhundert konnten noch an die soziale Potenz von Kunst diesseits ihrer systemischen Bändigung via Ausdifferenzierung glauben. Dazu aber bedurfte es aller Erotik. Mit ihrer sensuellen und augen-blicklichen Wirkung sind wir heute fast allein.

Wagners Anthropologie, die »Oper und Drama« zugrundeliegt, ist nicht nur der Bodensatz für die musikalische Semantik und die Dramaturgie, also Ästhetik, sondern zugleich Soziologie – ein radikal individualistischer Demokratismus – und Psychologie, die in nuce bereits Psychoanalyse heißt. Siegfrieds erste Liebe, sein Anruf der Mutter, die Angst, die Mime nach Wotans Todesankündigung befällt, Kundrys Kuß, überhaupt der gesamte Tristan, der sich wie eine ›Durchfahrt‹ durch das Un- und Vorbewußte anhört – all das ist

---

18 Die Herausforderung ›Unmittelbarkeit‹ ist auch die Erklärung für die Abwehr von James Camerons Spätjahrhundertverfilmung der »Titanic« seitens nicht weniger Kritiker und Feuilletonisten, die – im Medium des Films und unter den kulturindustriellen Bedingungen der technischen Reproduzierbarkeit – nochmals das Thema der Themen – Romeo *und* Julia, Tristan *und* Isolde, Jack *und* Rose – aufgreift und diesmal mit dem zentralen Thema des 20. Jahrhunderts, der Dialektik der Aufklärung: der Kollision von Technik und Natur, verbindet.

nicht Leistung eines, der einfach nur ein großer Komponist ist. Nietzsche wußte, warum er sein Werk als philosophisches Ereignis feierte. Wer hingegen, wie Boulez, Wagners ›Weltanschauung‹ einfach als pessimistisch, reaktionär, obsolet abstempelt, flüchtet zu unterkomplexen Lösungen. (So gibt es strengen Sinnes keine Wagnerkritiker von Rang.)

Die scheinbar antihumanistische Lösung hat Wagner immer wieder den Vorwurf eines angeblich zerstörerischen Pessimismus eingehandelt.[19] Die Verschwisterung von Liebe und Tod, von Eros und Thanatos, die Tristan und Isolde wie kein anderes Drama der gesamten Kunstgeschichte ›verwirklicht‹, Wagners metaphysisch-mythologische Sicht auf den Menschen, die, so Thomas Mann, nur von einem Deutschen hat stammen können, der Hang zum Destruktiven als Gegenkraft zum Generativen, Wagners tiefe Sehnsucht nach Weltverneinung – das alles steht aber immer im Zeichen des Eros, des Prinzips des Schöpferischen und der Liebe von Mann und Frau, wie verzweifelt diese sich auch ausnehmen mag. Den Tristan als eine Apologie des Liebestods zu begreifen, hieße, kein Sensorium dafür zu besitzen, worum es in Wahrheit geht: eine emphatische Erfahrung für Lebende, das stets vergeblich bleibende Liebesversprechen, seine letzthinnige Uneinlösbarkeit. Isoldes Tod (und wenn man so will: auch Tristans freiwilliger) steht für eine Form von Treue gegenüber dem Heiligen und Unteilbaren einer Liebe, wie sie im ›wirklichen‹ Leben baldigst ›verraten‹ würde. Wie kein Film, und auch nicht wie Romeo und Julia, macht der Tristan zur Erfahrung, welche ungeheure Macht von der Liebe: im Schöpferischen ihrer Verheißung *und* im Zerstörerischen ihres Anspruchs (im Niederschlagenden des Nichtauslebenkönnens dieses Anspruchs) unhintergehbar ausgeht.

Für das Werk heißt ›Philosophie des Eros‹ mindestens dreierlei – und dies möchten die nachfolgenden Studien ausführen. Bei allem Zauber, der von der Musik ausgeht, ist alles Szenische und Musikalische – das Thomas Mannsche »Charakteristische« – *Realismus*. Romantik ist dessen höhere Form. Darum aber mußte Wagner den Orgasmus ins Werk setzen. Wagners Morphologie, die Leitmotivik, gehorcht jener Treue zur realen Welt. Zweitens zeichnet sich die Musik Wagners wie kaum eine andere durch *Psychologisierung* aus, jenes semantische Ineins von Wort und Ton, Denotation und Konnotation. Hierfür entwickelte Wagner *sein* Orchester mit dessen unendlich facettierbarer Registrierung und *seine* Harmonik, die im Tristan zu sich

---

19 Wagners ›Pessimismus‹ ist übrigens überraschend modern gedacht: Er antizipiert in seiner Machtanalyse gewissermaßen Erkenntnisse bzw. Grundüberlegungen der fortgeschrittenen Biologie, die den ›Egoismus‹ der je individuellen Gene postuliert und damit das Macht- und Selbsterhaltungsstreben des Einzelsubjekts vor jeder Solidarität mit dem Gattungskollektiv. Nachdem sich immer klarer herausstellt, daß genau dies, entgegen einer marxistischen Anthropologie, der evolutionäre Trieb ist – Schopenhauer fühlte sich bestätigt –, wird Wagners Antizipando aktueller denn je; Regisseure müßten das erkennen und darauf produktiv reagieren. Wem dies als zu rationale Argumentation vorkommt: Darf man von Kunst Optimismus erwarten? Gilt nicht nach Rilke: »Ein jeder Engel ist schrecklich«? Gilt dies nicht auch und gerade für Benjamins Engel der Geschichte?

kommt, beides übrigens Tiefenschichten in der Vertikalen. Und es bedeutet drittens die Tendenz der Musik, im Klang*plasma* zu terminieren. Der ganze Tristan, nicht nur die gerühmten ›impressionistischen‹ Passagen zehren davon; und der Parsifal, von höchst gesteigertem Klangsensorium, endet tatsächlich mit differenzlosem Klang. Erotik hat sich letztendlich der Subjektivität entschlagen.

*

To make love, faire l'amour, fare l'amore – so bezeichnen benachbarte Sprachen den Geschlechtsakt, als ein Tun, als Tätigsein, als Vorgang, dabei wie selbstverständlich Sexualität und Liebe ineins setzend. Nur der deutsche Kulturraum verwendet eine zunächst sinnwidrige Formulierung: miteinander schlafen.[20] Mit ›Schlafen‹ die aktivste und bejahendste Form der Selbstpräsenz, die sich beim Menschen überhaupt denken läßt, zu benennen, scheint eine Kontradiktion. Doch es ist genau jener metaphysische Überschuß, den man an deutscher Sprache und ihrer Denkstruktur – innerhalb wie außerhalb der Grenzen – immer wieder festzustellen nicht umhin kann, der sich in dieser Formulierung kundtut. So schön das Vorspiel und so intensiv der Orgasmus, das Entscheidende des Geschlechtsakts, der kurz währt und zunächst auf die Befriedigung, eine Form der Befreiung, abzielt und weniger einen selbst freien Zustand meint, ist das Danach, das Ledigsein, die außerzeitlich seiende und nicht nur aktivisch durchgeführte Zweisamkeit, jene momentane Aussicht auf ein ganz Anderes. Und der Schlaf, der sich danach zumeist einstellen mag, ist alles andere als Auslöschung oder Leblosigkeit, sondern die Phase des Es, der Träume und des willenlos sich treibenlassenden, des sich neu ordnenden Gemüts, das um eine Erfahrung reicher ist.

In jener Formulierung hat sich eine Erfahrung sedimentiert, die, folgt man dem globalen Erfolg der Tristanmusik, beileibe nicht nur den Deutschen eigen, sondern anthropologisch, in Wagners Wort allgemein-menschlich ist: Die Nähe von Liebe und Tod, von Erotik und Todessehnsucht – hier direkt nachvollziehbar kraft einer durch und durch süchtigen Musik, die alles sagt, was zu fühlen und mitzuerleben ist – die zehrende Sehnsucht nach dem Geschlechtsakt, zusammen mit dem geliebten Partner einfach einzuschlafen, um nie wieder aufzuwachen, in gelungener und erreichter Einheit dem Treiben des Seins sich zu entwinden und als wollüstig-zärtlich Geeinte die Welt zu transzendieren.[21]

---

20 Das Grimmsche Wörterbuch zeigt, daß sie jüngeren Datums ist; im Mittelalter sagte man »beieinander liegen«, und das Alte Testament fand die vielleicht unübertreffliche Formulierung: »einander erkennen«.

21 Es ist fast überflüssig, darauf hinzuweisen, daß die Klarheit, mit der Wagner in seinen Dramen das »Allgemein-Menschliche« in Szene setzt, sich eigenem Erleben verdankt. Vgl.: »es ist eine Stimme in mir, die mit Sehnsucht mir nach Ruhe ruft, – nach der Ruhe, die ich vor langen Jahren schon meinen fliegenden Holländer sich ersehnen liess. Es war die Sehnsucht nach – ›der Heimath‹ –, nicht nach

Dabei ist die Todessehnsucht, während des Koitus und danach, keinesfalls nur Ausdruck der Regression. Das bezeugt, folgt man psychoanalytischen Überlegungen, schon die Asymmetrie im Erleben von Mann und Frau. Während für den Mann der Koitus einem Zurückkehren zur Mutter, ja in die Mutter gleichkommt und somit einem Urwunsch nach intrauteriner Homöostase entspricht, so ist er für die – empfangende – Frau die Antizipation der Geburt. Der petit mort, wie die französische Sprache genau erkennt, ist, von Koitus zu Koitus, ein Stück Selbstaufgabe zugunsten der nächsten Generation, für den Mann als Befruchten, für die Frau als späteres Gebären. Die Kontinuität des Lebens vollzieht sich vermöge eines Zurückweichens, eines Platzmachens der Lebenden. Liebe ist eine Form des Sichhergebens. Und es ist diese Selbstaufgabe, die im Tristan zur Erfahrung wird, und zwar zu einer, der keiner sich zu entziehen vermag, der auch nur etwas Gespür für seine Anima besitzt, gerade weil, anders als im Ring, alles Geschehen auf dies eine Thema zentrifugal fokussiert ist.

Die Musik des Tristan – motivisch, harmonisch, diskursiv und klanglich ein Plasma von feinen Übergängen – hat wie kein Werk je, das wie auch immer Liebe thematisiert, diese unzertrennbare Verbindung von Liebe und Tod erfahrbar gemacht. Das mußte über kurz oder lang den Vorwurf des Reaktionären erwecken. Doch er greift zu kurz. Tod heißt hier Überwindung der Subjektivität, die Lösung des dringend-drängenden Bedürfnisses, über sich hinaus zu gelangen, in einem Anderen (Höheren?) aufzugehen. Der Alltag sieht dafür, neben der Werkheiligkeit, jene leiblichen Kinder vor, deren Zeugung die physiologische Funktion des Orgasmus ist. Doch von Kunst eine Apologie für derlei Pragmatismus zu erwarten, wäre banausisch. Wagner, dem immer wieder ein destruktiver Pessimismus angekreidet wird, weil die meisten Figuren am Ende sterben, hat ein gleißnerisches C-Dur-happy-end durchaus zu komponieren verstanden: Stolzing und Eva werden nach dem Doppelstrich der Partitur eine Ehe mit vielen Kindern führen und damit dem autologischen und gattungsethisch unergiebigen Liebestod sich stets von neuem verweigern. Doch die Meistersinger, Wagners große, groß zweifelhafte Ausnahme, sind nicht das Werk, an dem sich die Rezeption entzündet; sie sind auch kein Supplement, sie sind Opernrepertoire.

Die tristaneske Auflösung hingegen heißt ein Verströmen, ein Zergehen, das Übersteigen über den Willen, Passivität, die Bereitschaft des Zulassens des Außen. Das Freudsche »Ozeanische«[22], das Baudelairesche »La musique

---

üppigem Liebesgenuss! Ein treues, herrliches Weib nur konnte ihm diese Heimath erringen. Lass' uns diesem schönen Tode weihen, der all' unser Sehnen und Begehren birgt und stillt! Lass uns selig dahinsterben, mit ruhig verklärtem Blick und dem heiligen Lächeln schöner Ueberwindung!« (Richard Wagner, *Brief an Mathilde Wesendonck vom 6. Juli 1858*, in: *Richard Wagner an Mathilde Wesendonck. Tagebuchblätter und Briefe 1853-1871* [Anm. 5], S. 26)

22 Sigmund Freud, *Das Unbehagen in der Kultur*, in: ders., Studienausgabe, Bd. IX, hg. v. Alexander Mitscherlich et al., Frankfurt a. M. 1974, S. 197.

souvent me prend comme une mer!«[23] spielen hier hinein. Dies wäre aber mit reiner Impressivität technisch nicht möglich. Darum mußte Wagner zugleich das tonale Expressivitätspotential ohnegleichen steigern und das Impressive gleichsam hinzuerfinden. Impressivität im Tristan ist nicht Natur (deren Schilderung ist marginal) qua Eindruck, sondern die andere Seite von Subjektivität, deren ›Natur‹ als ein Subjektinnen. Expression und Impression bilden ein System wenn nicht permanenten, so doch wechselseitigen Austauschens und Ineinandergreifens. Erst Berg hat wieder die tristanesken Kontinua erreicht, wie überhaupt seine Musik als die einzige gelten kann, die Wagners musikalische Konzeption der Todessehnsucht wiederaufgreift. Daß Liebe, wird sie, sexuell, zu Ende gelebt, sich mit dem Punkt des Todes berührt, dessen wird inne, wer stets von neuem den Tristan zu hören sich öffnet. Mit dem musikalisch dargestellten Liebestod bringt Wagner ein Merkmal aller Musik auf den Punkt, daß sie nämlich von einer Natur ist, die sich immer wieder mit Erlösungsphantasien – seien sie theologisch, seien sie kindheitsorientiert –, also mit Affinität zur Unendlichkeit, zu einem Jenseits der Subjektivität verbindet.[24] Der Tristan ist Philosophie des Subjekts *und* dessen Gegenentwurf.

23 Charles Baudelaire, *Œuvres complètes*, Paris 1980, S. 50.
24 Subjektivitätskritiker in der Musik, die Apostel des ›Klanges an sich‹ haben den Tristan nicht rezipiert; ihnen würden die Ohren darüber aufgehen, wie man zu einem Jenseits von Subjektivität durch die Sache hindurch gelangen kann. So möchten sie aber das Andere ohne Preis, und dies ist nicht vergönnt.

II. Venusbergmusik:
Sexualität als Semantik

»Im Vordergrund liegt Venus, vor ihr, das Haupt in ihrem Schoße, Tannhäuser. Zahlreiche schlafende Amoretten, wild über- und nebeneinander gelagert, bilden einen verworrenen Knäuel. Die Jünglinge folgen den verlockenden Winken der Nymphen. Die Paare finden und mischen sich; Suchen, Fliehen und reizendes Necken beleben den Tanz. Die Bacchantinnen fordern die liebenden Paare zu wilder Lust auf. Durch Gebärden begeisterter Trunkenheit reißen die Bacchantinnen die Liebenden zu wachsender Ausgelassenheit hin. Der allgemeine Taumel steigert sich zur höchsten Wut. Hier beim Ausbruch der höchsten Raserei wecken die Grazien die Amoretten, die einen unaufhörlichen Hagel von Pfeilen auf das Getümmel schießen. Die Verwundeten, von mächtigem Liebessehnen ergriffen, lassen vom rasenden Tanze ab und sinken in Ermattung.«[1]

Die Venusbergszene, die sich in der Pariser Fassung des Tannhäuser an die Ouvertüre anschließt, ist ein Bacchanal, eine in ein mythologisches Gewand gekleidete pornographische Aktion, die auf eine musikhistorisch einmalige Weise den Koitus musikalisch darstellt. Dessen Verlauf aus Exzitation, Klimax und postkoitaler Beruhigung wird ins Musikalische übertragen, dessen immanenter Gehalt von alters her der Gefühlswelt entspricht, die allein bei der Intensität der sexuellen Vereinigung den Erlebnisraum bildet, so daß sich Musik als das geeignete, ja gegenüber dem Bildlichen als das geeignetere künstlerische Medium der Darstellung anbietet. Die der musikalischen Sprache der Tonalität innewohnenden Dualismen – Dynamik–Statik, Gestik–Melodik, Expressivität–Impressivität, Entwicklung–Zustand, ja selbst so spezifisch technische Aspekte wie Zweiermetrum–Dreiermetrum, schnelles Tempo–langsames Tempo – werden von Wagner in einer geradezu idealtypischen (ja beinahe didaktischen, freilich dieses Didaktische durch die penetrierende Direktheit des Geschehens wieder überdeckenden) Konstellation in Form gesetzt, um der Realvorlage zu entsprechen. Daraus ergibt sich eine strikte Zweiteiligkeit mit einem verbindenden Scharnier.

Großaufbau:
1. Teil: Takt 1-159[2]
Scharnier (Höhepunkt): Takt 160-208
2. Teil: Takt 209-327

---

1 Vgl. Wagner, *Tannhäuser*, in: *Sämtliche Schriften und Dichtungen*, Bd. 2, Leipzig o. J. (Volksausgabe), S. 4; siehe auch: ders., *Venusbergszene im »Tannhäuser«*, in: *Sämtliche Schriften und Dichtungen*, Bd. 11, Leipzig o. J. (Volksausgabe), S. 414 ff. (»Nun paart sich alles« [a. a. O., S. 415]).

2 Zur Zählung: Der erste Takt der Venusbergmusik entspricht »Molto vivace«, dem Schluß der Ouvertüre, Studienziffer F (Partitur der Edition Peters [EP 10352], S. *29).

1. Teil

Die immerhin 159 Takte sollten nicht darüber hinwegtäuschen, daß eine extrem schnelle Musik vorliegt, die gerade einmal vier Minuten dauert, das Gefühl dieser Dauer aber aufgrund einer Überfülle von Material und Entwicklungsbögen gar nicht erst aufkommen läßt. Selten gibt es eine derart teleologische, zielsichere, schnurgerade und dabei im dramatischen Aufbau derart souveräne Musik wie die Venusbergszene. Von Anfang an steht unmißverständlich fest, daß etwas Unerhörtes bevorsteht, auch wenn der »chant furieux de la chair, cette connaissance absolue de la partie diabolique de l'homme«[3] sich der Antizipation entziehen dürfte, geschweige, daß der Sexualakt mitsamt einem kraftvollen Orgasmus vorgeführt würde. Die formale Frage aller Steigerung ist, wie das Material in eine Richtung gelenkt werden kann, die einer Energiezunahme entspricht, wie dessen parametrische Eigenschaften gesteigert werden können (Dichte, Register, Dissonanzgrad, Geschwindigkeit etc.), ohne Redundanz zu erzeugen, ohne daß das Material sich allzu rasch verbraucht, wie Zwischen-Retardationen zu integrieren sind, die momentan für ein erneutes Anlaufen Sammlung gönnen. Wie alle Steigerung ist auch dieser erste Teil der Venusbergmusik wellenförmig. Wagner benötigt drei Anläufe, die auf drei Plateaus zielen, die zunehmend eindeutiger, sprich gesetzter, tragfähiger und boden-ständiger werden und deren letztes tatsächlich die Entladung bedeutet. Dieser Teil gliedert sich wie folgt:

1. Steigerung Takt 1-68
   a) Einleitung Takt 1-16
   b) Öffnung des Vorgangs Takt 17-24
   c) Beginn des Tanzes Takt 25-39
   d) Belebung Takt 40-60
      d_1) Takt 40-47
      d_2) Takt 48-54
      d_3) Takt 55-60
   Plateau I Takt 61-68
2. Steigerung Takt 69-132
   a) Takt 69-76
   b) Takt 77-90
   c) ›Liebesumarmung‹ 1 Takt 91-108
   d) ›Liebesumarmung‹ 2 Takt 109-124
   Plateau II Takt 125-132
3. Steigerung (›Kastagnettenmusik‹) Takt 133-159
   a) Takt 133-147
   b) Takt 147-159
   Plateau III (ab Takt 160, Beginn des Scharniers)

Das Diagramm[4] gibt den Verlauf mit den wichtigsten technischen Sachverhalten wieder: die formale und die Taktgruppengliederung, die Motivverteilung,

---

3 Charles Baudelaire, *Richard Wagner et Tannhäuser à Paris*, in: ders., *Œuvres complètes*, Paris 1980, S. 859.
4 Siehe Sonderseiten.

die Texturentwicklung, den harmonischen Verlauf und ausgewählte Details zur Syntax. Deutlich erkennbar sind die Verkürzung der Steigerungswellen, die Verklammerungen der Motivbezüge bzw. deren Transformation in Textur, auf der Ebene der Harmonik die groß auskomponierte Kadenz (T, tG, Ð, S/Ŝ, [Tp], D) sowie, in der Syntax, die anfänglich eher symmetrische, späterhin ausgesprochen asymmetrische, auf Steigerung zielende Formung.

Bsp. I

Von den Bacchanalmotiven werden die Motive a bis e sowie h und i eingesetzt.[5] Motiv a oszilliert harmonisch zwischen E-Dur (T) und dessen Nebentoneinstellung in Form eines verminderten Septakkords (T^V). Motiv b wechselt zwischen doppelter und einfacher Dominante (Ð^V und D^7), der Vorhalt zu Beginn kann als Quarte (etwa T 70, 74), als Septime (T 38, 144), als None (T 152) ausfallen oder auch ›konsonieren‹, somit nur gestisch wirken (T 80, 85). Die Harmonik des Motivs c ist im Notenbeispiel 1 eingetragen. Das peitschend, geradezu glissandierende Motiv h besteht aus einer abstürzenden Skalenfigur, die zumeist durch eine frei eintretende Dissonanz (so Quarte [T 87, 107], None [T 50, 57, 77, 127], verminderte Oktave [T 103]) ausgelöst wird. Motiv i schließlich ist fast ein Zitat aus dem Tristan: Eine fünftönige Oberstimme, die diastematisch und rhythmisch dem Sehnsuchtsmotiv gleicht und dieses um einen Ton erweitert, wird auf die nämliche Weise harmonisiert – als $\text{Ð}^{6<7}$ nach D$^{4<5}$, mit der Besonderheit des dominantischen Orgelpunkts (was die Harmonik spannungsreicher macht), so daß die Doppeldominantquinte nicht tiefalteriert ist und die (kleine) None den Grundton ersetzt (sie schärft die Dominante und läßt die doppelte als verminderten Septakkord anstelle des übermäßigen Terzquartakkords erscheinen). Motiv i (erstes Auftreten im Abschnitt 2c) wird in Abschnitt 2d sequenziert (cis-moll), ab Takt 177 (im Notenbeispiel 1 für den Vergleich entsprechend transponiert) erscheint es ohne Orgelpunkt, also als ›phrygische‹ Klauselbildung. Dort begegnen wir der phrygischen Sekunde im Baß wie beim Tristanakkord, doch der Dominante abermals als Nonenakkord.

1. Steigerung

Die einleitenden Takte bedienen sich des Materials der Ouvertüre, sind reprisenhaft und könnten als Beginn ihrer Abrundung fungieren; die Rückkung nach cis-moll in T 7 jedoch, die mehrdeutig spitzen Triller, die parataktisch-sequentiellen Motivaggregate, vor allem das richtungslose punktierte Motiv d und die gleichsam suchende Harmonik haben etwas von Ankündigung, von Verheißung: Nach der Ouvertüre, ohne daß sie schlösse, beginnt offensichtlich sogleich ein Hauptgeschehen, für das der Vorhang sich öffnet. Der dort sichtbare Tanz der »sich suchenden, fliehenden und reizend sich neckenden« Paare (Abschnitt 1c) bedient sich des bereits bekannten Materials (Motiv a und b) und ist ähnlich wie die Abschnitte 1a und 1b von quadratischer Syntax (siehe Diagramm). Der Nachsatz jedoch ist entwickelnd und führt in den Bereich der Untermediante von E-Dur (mit C-Dur als Achse von G-Dur und F-Dur). Das Motiv hier (d), das erst wieder unmittelbar vor dem letzten Höhepunkt auftritt, hat wiederum die Funktion der Ankündigung: Die rhythmisch akzentuierte Punktierung und das Insistieren auf einer Mittelachse

---

5   Die Motive f und g sind entsprechend nicht abgebildet.

mögen dafür verantwortlich sein, daß mancher Leitmotivführer diese Gestalt »Lockruf« nennt. Abschnitt 1d (Belebung) läßt sich in drei sich verkürzende Taktgruppen gliedern: Motiv d wird mit einer staccato geführten Textur (sie wird später – im Abschnitt 2c – durch die Reduktion der Impulsanzahl von vier auf drei verschärft) verbunden, die als Vorbereitung zum Sechzehntelabsturz in Motiv h dient, das mit dem Motiv c (das bis zum Plateau I einschließlich reicht) kombiniert wird. Steigert sich Motiv h im Abschnitt d_2 noch eindeutigerweise (T 53/54), so tritt in Abschnitt d_3 eine scheinbare Beruhigung ein (motivischer Rhythmus in Halben), so daß Plateau I deswegen Höhepunkt genannt werden kann (es ist ein gemäß der Entwicklungslogik des Gesamtaufbaus noch sehr unspezifischer), weil für acht Takte die Motivkombinatorik c–h auf Motiv c reduziert ist, verbunden mit einem (neueingetretenen) Orgelpunkt, der plötzliche Statik suggeriert.

2. Steigerung

War die erste Steigerung eher ein Vorspiel, eine Einstimmung, mit dem Motiv h wahrscheinlich auch ein erstes Penetrieren, so geht es nun zur Sache, wollte man die eindeutige sexuelle Denotativität salopp benennen. Das motorische Motiv h wird ausgebreitet, entwickelt und ausgereizt (bis es sich erschöpft [im zweiten Plateau dient es lediglich einem prototypischen Absturz des Orchesters in die Tiefe]), das tristaneske Motiv i – Ausdruck reinen Sehnens – neu und zunehmend diskursbeherrschend eingeführt. Abschnitt 2a initiiert die Weiterentwicklung: mit Vorhaltsbildungen, dem fast textural abgespaltenen Motiv b, dem gleichsam hochschießenden Motiv a und noch mit Motiv c, das bis zum Höhepunkt nunmehr ausgespart bleibt. Abschnitt 2b stellt einen zweimaligen Absturz dar, somit eine Antizipation des zweiten Plateaus und als Teil der Wellenbewegung notwendig, um von neuem Kraft zu schöpfen. Doch diesmal leitet Motiv b zum Motiv h, das (siehe Syntax im Diagramm) sich verschnellt und zum zentralen Abschnitt der ersten Venusbergmusik mit dem »Liebesumarmungsmotiv« i führt. Dieses wird verbunden mit einer heftigen Triolentextur, die über die hochaffektive Emotionalität hinaus das motorische Geschehen darstellt und wiederum zum bohrenden Motiv h führt. Abschnitt 2d sequenziert im wesentlichen das Geschehen, steigert es vor allem mit einem grellen, kolorithaften Schlagzeug (Tambourin), führt es aber nicht analog zum peitschenden Motiv h, sondern zu einem Stau der Energie (plötzlicher Dominantorgelpunkt in cis-moll, heftige Vierteltriolenrepetitionen [der erste impulshaft repetitive Rhythmus bisher!], Absturz, unmittelbar-direkter Aufstieg [Oktaven, also Reduktion von harmonischer Information] und Zusammenbruch). Der offenbar bevorstehende Orgasmus, eine unwillkürliche und, ist er einmal angetippt, nicht mehr kontrollierbare Körperreaktion, ist ›in letzter Sekunde‹ abgewendet. Sexuelle Virtuosen genössen, so heißt es, die Lust der Verzögerung.

3. Steigerung

Diese nützte Wagner – genial – aus: Er zieht die ›Notbremse‹, reduziert das Orchester aufs fast kubistisch Motivische, das rasch den gesamten tektonischen Raum der Partitur erfüllt, kehrt gleichsam reprisenhaft zu den lange ausgesparten Anfangsmotiven a und b zurück, kann somit die Triolentextur durch die Dreitongruppe von Motiv b fortsetzen, dessen Jambus verstärkt vorwärtstreibt, läßt Motiv a mehrmals nach oben schießen und gelangt so zu einem zunehmenden Repetitionsfeld, das in den Abschnitt 3b führt, der vier Takte den »Lockruf« (Motiv d) auf fremdem harmonischem Zwischengrund (C-Dur/F-Dur über Orgelpunkt h) in durchgängiger Punktierung ›inszeniert‹, worauf gerade einmal acht Takte Zeit bleibt, die Entladung der solcherart gebündelten, ja zusammengepreßten Energie vorzubereiten: vier Takte vorhaltig-repetitive Textur (Motiv b) und – diminuiert – dreimal das tristaneske Motiv i. Hier, an dieser und nur an dieser Stelle, führt die Sehnsucht unmittelbar zur sexuellen Erfüllung (also genau zu dem, was sich Wagner bei Mathilde versagen mußte[6]). Die dritte Steigerung – naturgemäß sehr kurz – gleicht einer Raffung des bisherigen Motivgeschehens (wobei bei Wagner mit jedem Motiv eine distinkte Semantik verknüpft ist): Von Motiv h abgesehen (Motiv e spielt nur am Anfang eine Rolle) werden alle Motive zusammengestaucht.

Scharnier

Takt 160 entspricht – aus männlicher Sicht – der ersten Ejakulation. Der Höhepunkt (volles Orchester mit Schlagzeug, dreifaches forte) wird harmonisch ausgelöst durch die hierfür einzig sinnvolle tonale Wendung: den Durchbruch nach D$^{6/4}$. Die dem Motiv c inhärente Abstiegschromatik währt acht Takte. Ab T 168 (jetzt mit der Nebennotentextur[7]) schwingt sich in vier Takten die Energie auf und führt in T 171 (mit einem posaunenakzentuierten Tenutoakkord) zu einem impulshaften Epihöhepunkt, danach in T 180 zu einem weniger gerichteten (weil harmonisch weicher gesetzten [halbverminderter Septakkord]) und in T 184 zu einem richtungslos verströmenden Klangfeld, das ab Takt 196 (Molto moderato) in ein Klangkontinuum übergeht, das eindeutig nicht mehr orgastisch ist, sondern in die vielbeschriebene postkoitale Tristezza übergeht. Das Scharnier lebt bisher ganz von der Setzung abnehmender Höhepunkte, exzitierenden Streichertexturen, die sich aufbäumen und abfallen, und dem Trompetensignal einer Quarte, deren aufsteigende Bewegung der Gravitation des Versinkens in der ermattenden

---

6 Vgl. Wagners Brief an Mathilde vom 6. Juli 1858, wo von »vollständige(r) Vereinigung uns(erer) Liebe« gesprochen wird (*Richard Wagner an Mathilde Wesendonck. Tagebuchblätter und Briefe 1853-1871*, Leipzig 1912⁴⁰, S. 27).

7 Damit ist eine Sechzehntelkette gemeint, die, aufwärts oder abwärts, meist skalenförmig den nächsten Ton unbetont antizipiert und somit zu schnell flottierenden Zweitongruppen kommt (vgl. Violinen ab T 167). Diese Textur wird vorher nicht verwendet.

Befriedigung entgegenwirkt. Diese Szene ist reine Erlebnismusik, eines Erlebnisses freilich ›allgemeiner‹ Verbreitung.

Das Scharnier ist, wie die gesamte Szene, zweigeteilt. Das Notenbeispiel 2 zeigt den harmonischen Verlauf mit den Taktlängen; zu erkennen ist der Wechsel dominantischer Akkorde mit dem halbverminderten Septakkord, Wagners Zentralvokabel. Herrschen im ersten Teil expressive Akkorde vor (verminderter Septakkord, Nonenakkord, Tritonusspannung *f–h*), so wandelt sich ab T 196 (Peripetie) der Diskurs kategorial. An dieser Stelle erscheint der Tristanakkord in originaler Klanggestalt – als impressiver Effekt, der nicht kadenziell weitergeführt wird (also im Gegensatz zur expressiven Qualität am Beginn des Tristan). Die Textur verändert sich schlagartig (Saitenwechselarpeggio, Tremolo), mit diminuendo, Dreiertakt, langsamerem Tempo, das Metallophon Triangel ist ausgeblendet, die Bläser dünnen sich aus, eine Solovioline macht sich selbständig, ein Melodiefragment (Klarinetten um T 202, dem »Liebesbannmotiv« entstammend) erklingt. Dies führt zur ♭-Tonart Es-Dur, womit der zweite Teil der Venusbergmusik einsetzt.[8]

Bsp. 2

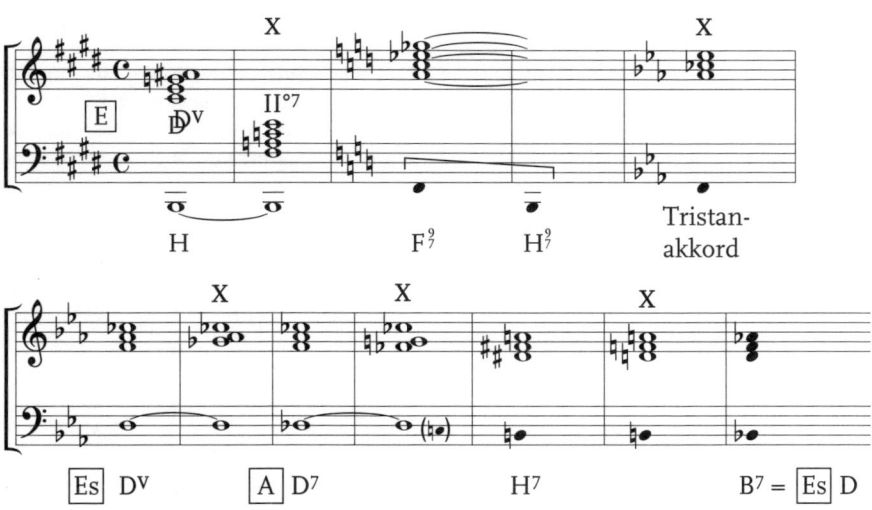

x = halbverminderter Septakkord

2. Teil

Der postkoitalen Beschaulichkeit, Beruhigung, Melancholie und Ermattung entspricht die formale Anlage entwicklungsloser Statik konstellierter Melodiephrasen. Die Harmonik mit Es-Dur/H-Dur und E-Dur/C-Dur[9] ist ausge-

---

8 Der Tristanakkord – im Vorspiel zum Tristan sowohl a-moll als auch es-moll zugehörig – ist somit, nämlich als Akkord der zweiten Stufe, tonartlich völlig korrekt eingebunden.

9 Mediantisch in sich und untereinander quintvermittelt.

wogen, das melodische Material wiederholungsreich. Das Nachspiel besteht aus drei (variierten) Strophen mit einem Epilog, dem vier szenische Auf- bzw. Abtritte entsprechen.[10] Die drei Strophen arbeiten mit vier Phrasen, die untereinander syntaktisch verschlungen sind.

Phrase A: 8 Takte; »Sirenengesang«; Kombination aus Motiv e und einem Vorhaltsakkord; harmonischer Verlauf:

$$\underset{(5)}{\text{T}} \overline{\quad\quad\quad\quad} \overset{\text{D}\text{v}^{6-5}}{\quad}$$

Phrase B: 8 Takte; auftaktiger Aufschwung zum melodischen Hochton von A abgeleitet (dort große Sexte, hier Quinte); chromatische absinkende Oberstimme (von Motiv c abgeleitet); melodisch mit dem Quintintervall arbeitend (I–V bzw. II–VI); harmonischer Verlauf:

$$\text{T} \qquad \text{Sp}^{4-3} \quad \text{S}^6 \, (\text{D}^\text{v}) \quad \text{D}^{\overset{9}{6}}_{3} \, (\text{D}^6_3) \quad \text{Tp} \qquad \underset{5>}{\text{Đ}^{9-10-10<}_{6-7}} \; \text{D}^6_4 \overline{\quad} \overset{\text{ĐV}}{\quad}$$

Phrase C: 12 Takte, Quintintervall (II–VI) von B aufgreifend; Motiv c direkter ›zitiert‹ als in B; harmonischer Verlauf:

$$\text{D}^9_7 \qquad \underset{7}{\text{D}^9} \qquad \text{ĐV} \qquad \text{D}^{6-5}_7 \qquad \text{D}^6_4 \; (\frown) \qquad\qquad \text{s}^{7-6} \qquad \text{D}^9_7 \; (\frown)$$

2X

Phrase D: 20 bzw. 12 Takte (erst ab 2. Strophe); »Liebessehnsuchtsmotiv«; changierende Klänge (im D-Đ-Wechsel); stark tristanesk: freier Wechsel von D9-Akkorden, fallende Septime (vgl. Blickmotiv im Tristan), Terzturm bis zur Undezime mit ausgeterzter Melodik (sehr verwandt dem »Todestrotzmotiv«[11]), ähnlich den »Träumeakkorden« in Brangänes Wachtgesang; harmonischer Verlauf:

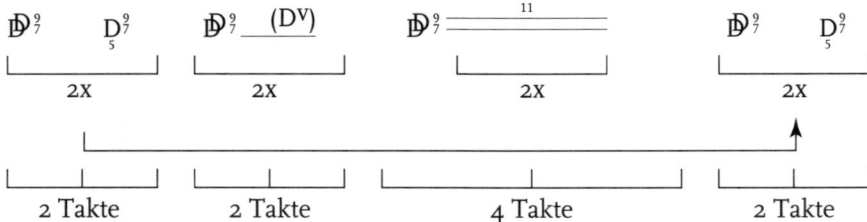

Phrase A (Motivstruktur: a–b–a–b) ist satzartig und erheischt Entwicklung; Phrase B könnte als Nachsatz von A fungieren, gleicht aber einer melodisierten erweiterten Kadenz ohne innere Syntax, so daß A und B zusammen den zweiteiligen, sich dominantisch öffnenden Vordersatz zu C bilden, der diese dreiteilige Syntax aufgreift (vier Takte werden wiederholt [also zweimal], dann vier Takte mit scheinbarer, doch abbrechender Entwicklung). In der zweiten Strophe wird das Element D vor C eingeschoben, das dieses in der letzten

---

10   1. Strophe: Venus/Tannhäuser und drei Grazien; 2.: Europa wird sichtbar; 3.: Leda wird sichtbar; Epilog: Die Grazien treten ab, Venus und Tannhäuser bleiben zurück. Der Epilog arbeitet mit der fallenden Septime (aus D), dem Motiv a und mit Glockenimitationen.

11   Motiv 5 in der Zählung meines Beitrags *Tristan und Isolde: Zwischen Psychologie und musikalischer Logik*.

Strophe ersetzt. Phrase D ist zweigeteilt: Im ersten Teil wird die Zweitakt-gruppe (mit gleichem, quintversetztem Motiv einer fallenden Septime) satz-artig wiederholt, dann vier Takte entwickelt (wiederum mit innerer Wieder-holungsstruktur), um im zweiten Teil zu einem zweimaligen, aber unter-schiedlich harmonisierten viertaktigen Modell zu gelangen, das die fallende Septime (bzw. Quinte) und die interne Terzstruktur intensivierend aufgreift, woran sich die Wiederholung der allerersten vier Takte abrundend anschließt (dieses Reprisenelement bewirkt die Länge von 20 statt 16 Takten). In der dritten Strophe werden die relevanten Melodieteile entsprechend zusam-mengezogen.

Das Nachspiel hat folgenden Aufbau:

Phrase A	Phrase B	Phrase C	Phrase D	Tonart
1. Strophe				
T 209-216				Es-Dur
	T 217-224			
		T 225-236		
2. Strophe				
T 237-244				H-Dur
	T 245-254 (um 2 Takte gedehnt)			
			T 255-274	E-Dur
		T 275-286		
3. Strophe				
287-294				C-Dur
	T 295-302 (verschränkt[12])			
			T 302-312 (ver-schränkt, verkürzt[13])	
Epilog				E-Dur

Die konstellative, also gerade jedwede Entwicklungsrichtung ausschließende Anordnung in diesem Nachspiel wird einerseits durch die relativ anspruchs-volle Syntax, die Verschränkungen, Potenzierungen, aber auch Ambiguität ausnutzt, andererseits durch das einfache Mittel der Versetzung der Ele-mente C und D, aber auch durch den Umstand, daß die Tonartendisposition mit der Strophenabfolge nicht koinzidiert, erreicht. So hat dieser Teil etwas von Entrückung, Zeitvergessenheit, vom Bei-sich des (lange gedehnten) Au-genblicks, von Verweilen-Können, von hedonistischer Identifikation mit dem einmaligen Sosein der musikalischen Gestaltung.

So eindeutig und ›skandalös‹ die Semantik der Venusbergmusik auch ist – wann sonst wurde der Koitus derart musikalisch auf den Punkt gebracht –, so

---

12 Durch eine Taktverschränkung wird die Phrase auf 7 Takte verkürzt.
13 Durch eine Taktverschränkung wird die Phrase auf 11 Takte verkürzt.

technisch präzise, ja fast kann man sagen: berechnend setzte Wagner den Dualismus der Tonalität qua Sprache ein. Der Tristanakkord ist die Wegscheide zwischen dem Expressivismus und dem Impressivismus – den beiden Optionen in Reinkultur. Der erste Teil ist schnell, laut, rhythmisch, entwickelnd, dynamisch, teleologisch, von expressiver Harmonik, mit geradem Takt, gestisch, motorisch, mit al-fresco-hafter Orchesterbehandlung, das (motivische) Material rasch verbrauchend – der zweite Teil ist das Gegenteil davon. Er ist konstellativ und strophig, syntaktisch anspruchsvoll, inszeniert eine impressive Harmonik, ist melodisch, sensibilisiert die instrumentalen Farben, bedient sich des geschmeidigeren, differenzierungsfähigeren Dreiermetrums und einer ♭-Tonart, vertraut der Eigenqualität der musikalischen Ideen, die sich verbreiten und verströmen möchten. Die der Tonalität als eines materialen, strukturellen und semantischen Systems innewohnenden Dichotomien werden geradezu idealtypisch auf beide Seiten, das Davor und das Danach, die Polarisierung in den ›Willen‹ und in seine Überwindung verteilt. »Dazu gehörte eine bei Weitem grössere Meisterschaft, die ich erst jetzt gewonnen habe«.[14] Wagner war sich des sich bei ihm vollziehenden Materialfortschritts genauso bewußt wie der Tatsache, daß – auf der semantischer Seite – ein »Tanz« unerreichten Formats den Besuchern der Pariser Oper vorgeführt werden sollte.

Ist es ein Geheimnis, wie Wagner in eins reiner Techniker sein kann und nichts als Wirkung und Bedeutung hinterläßt, oder ist dies nicht vielmehr ein seltenes Zur-Deckung-Kommen der gleichen Sache, nämlich der tonalen Sprache, das hier am Werke ist?

---

14 Wagner, *Brief an Mathilde Wesendonck vom 10. April 1860*, in: *Richard Wagner an Mathilde Wesendonck. Tagebuchblätter und Briefe 1853-1871* (Anm. 6), S. 224.

III. Tristan und Isolde:
Zwischen Psychologie und musikalischer Logik

Der Gehalt eines Werks ist nicht zuletzt die Erfahrung, die es auszulösen vermag. Die des Tristan ist die innere Verschwisterung von Liebe und Todessehnsucht, des Lebendigsten mit seiner Negation. Diese Gedoppeltheit der gleichen Sache determiniert die musikästhetische Bifurkation des Tristan in Expressivität und Impressivität, die beiden Seiten der hochromantischen Musiksprache. Dabei bedingen sich nicht nur Kompositionstechnik – strengste Materialbeherrschung – und semantizitätsbeladene Wirksamkeit – sinnlich-erotisch im Wagnerschen Sinne der Verwirklichung des »ganzen Menschen« –, sondern bilden überdies wie so häufig bei Wagner zwei Sphären, die betrachtet werden können, als wären sie getrennt: Die Technik ist so ingeniös wie die Wirkung überwältigend; letztere verlöre an Eindringlichkeit, machte man sich im Vollzug kompositorische Verfahren klar, erstere wird erst sichtbar, wenn man sich vom Worumwillen nicht blenden läßt. Die folgenden Ausführungen gehen der raison d'être der kompositorischen Faktur nach, die – vermutlich im ganzen übrigen Œuvre Wagners unerreicht – unmittelbar in musikalische Erlebnisbedeutung umschlägt, also reine Sprache ist.

Jene Verschwisterung, ja geradezu siamesische Verschweißung bedarf einer »Kunst des Übergangs«, die allgegenwärtige Kohärenz gewährt, in der Zeit wie in der Sache. Denn ohne diese wäre das Wachsen genauso unterbrochen wie dessen Auflösung, das Erleben aus seiner Unmittelbarkeit gerissen. Daher dienen die expressiv-impressiv psychologisierende Leitmotivik, die einen permanent durchführenden symphonischen Fluß gewährt, die chromatische Harmonik, die zum Vokabular der Psyche wird, und eine Orchesterbehandlung, die die Faktur überwältigend und verströmend versinnlicht, ja erotisiert, wenn nicht sexualisiert, einer Musik, die wie aus einem Gusse scheint[1], einem Werk, das Wagner nicht Drama, sondern Handlung nannte, eine innere, die der beiden Protagonisten – daher die gleichsam philosophisch abstrakte und kryptische Sprache, deren Supplementcharakter Nietzsche zum Urteil nötigte, die Tristanmusik sei ein opus metaphysicum, was einer Paraphrase des Satzes aus dem § 219 von Schopenhauers »Parerga und Paralipomena« gleichkommt: »Die Musik überhaupt ist die Melodie, zu der die Welt der Text ist.« Der Tristan konnte, so zwingt es sich einem auf, nur ein

---

[1] Es gibt in der gesamten Handlung nur ein meines Erachtens überflüssiges, weil schwaches Moment, einen vorweggenommenen Trick aus der (späteren) Filmindustrie: Gemeint ist die Teichoskopie im III. Akt, als das Schiff hinter einem Riff verschwindet. Tristans panische Angst, Isolde könne das Ufer verfehlen, hätte auch anderswie in Szene gesetzt werden können.

Wurf sein, kein Kraftakt wie der Ring, kein Darübersein wie im Parsifal. Wagner, im Mathildenrausche, hat das Werk rasch, fast mit Leichtigkeit geschrieben, mit einer Sicherheit im gänzlich neuen Terrain sondergleichen, offenbar über Jahre vor- und halbbewußt antizipiert. Daß der Tristan ein Wunder existentiell-emotionaler Eindringlichkeit und formaler Bündigkeit ist, ist immer wieder betont worden; weniger, woran das liegt – vielleicht eben deswegen.

I. Kohärenz

Kohärenz ist im Tristan als musikalisches Prinzip buchstäblich zu nehmen – als Zusammenbindung der Töne aneinander auf infinitesimalem Raum, also mittels des Halbtonschritts. Jeder andere Schritt ist größer, und dessen Größe gerinnt virtuell zur Bedeutung. Kohärenz prägt sich auf der Ebene der Materialkonsistenz (im Motivischen sowohl wie im Harmonischen) sowie innerhalb der Temporalisierung in der musikalischen Diskursivität aus. Entwickelnde Variation ist dabei die vordringliche Technik, und zwar im doppelten Sinne als syntaktische Fortentwicklung der gleichen Sache und als qualitative Ableitung neuer Gestalten aus gegebenen.

1. Leitmotivik

Das motivische Material des gesamten Tristan ist mit wenigen Ausnahmen aus dem denkbar einfachsten Ausgangsmaterial abgeleitet: vier halbtönig verbundenen Tönen[2], bald abwärts (I, blau), bald aufwärts (II, rot) (Bsp. 1[3]). Motiv II wird zweimal um einen Ton erweitert (2b, 2c), wobei bei der letzteren Variante eine entscheidende Veränderung eintritt: Die beiden letzten Töne werden vertauscht, so daß ein Spitzenton im Abstand einer Terz entsteht, dessen Spannung sich nach unten löst. Die chromatische Strebetendenz *g–gis–a* wird um einen gleichsam vorhaltig[4] wirkenden Ton ergänzt. Dadurch entsteht das chiastische Motiv III (grün). Diese drei Motive durchziehen vermöge der vielfältigen Variationstechniken nahezu das gesamte motivische Material. Ihre intervallische Elementarität gestattet vielseitigste harmonische Kontextualisierung, die unmittelbar auf die tonliche Funktion jedes einzelnen Tones zurückwirkt.[5] Materialidentität trifft so auf funktionale und phänomenologische Varietas von unbegrenzt scheinendem Ausmaß. Die Techniken der Variation sind vordringlich (mit je einem Beispiel): Versetzung (3), Verdrehung (3b), Spreizung (3c), Verkürzung (4), Umspielung (6), Motivverflechtung (7), Verlängerung (10), Abspaltung (11), Sequenzierung (13), Um-

---

2 Daß das Material eines Werks von vornherein von einem chromatischen, nicht von einem diatonischen Material abgeleitet ist, ist das radikale historische Novum des Tristan.
3 Siehe Sonderseiten; die Beispiele dort sind numerisch, diejenigen im Haupttext alphabetisch angeordnet.
4 Und beim ersten Erscheinen auch als mächtiger Tritonusvorhalt im Trugschluß.
5 So kann der letzte Ton von II Auflösungston, aber auch dissonante Einstellung sein (z. B. III. Akt, T 31).

kehrung (14), Permutation (14), Motivverkettung (14), (Um)Rhythmisierung (etwa 28), Diatonisierung (30) und Fragmentierung (31). Die folgende Liste führt die Leitmotive in der Reihenfolge des ersten Erscheinens auf.[6]

I. Akt

Vorspiel

1 *Leidensmotiv* [T 1] (I: vier chromatische Schritte abwärts)
2 *Sehnsuchtsmotiv* [T 2] (II: vier chromatische Schritte aufwärts; daraus III abgeleitet)
3 *Blickmotiv* [T 17], anschließend: *Melodie der Liebe* [T 18] (II, dann I; kleine fallende Septime [kl 7] als neues Motivintervall generiert)
4 *Schicksalsmotiv/Sühnetrankmotiv* [T 28] (von III abgeleitet: Verkürzung auf drei Töne mit Oktavversetzung des Spitzentons)
5 *Motiv des Todesentschlusses/Todestrotzmotiv/Liebesumarmungsmotiv* [T 63] (fallende kl 7)

1. Szene

6 *Seemannsweise/Meeresmotiv* [T 113] (I diatonisch als Primärlinie)
7 *Zornmotiv* [T 137] (II und I ineinander verflochten)
8 *Zaubermotiv* [T 207] (II als Taktmotiv)

2. Szene

9 *Todesmotiv* [T 318] (Tristanakkord transponiert in der Schlußkadenz integriert; III bildet den melodischen Schluß)
– *Kurvenal-Motiv* [T 492] (diatonisch)
– *Kurvenals Lied* [T 513] (diatonisch)
– *Heldenruf* [T 526] (diatonisch – fallende Quinte)

3. Szene

10 *Motiv des siechen Tristan/Tantrismotiv* [T 602] (I verlängert)
11 *Fluchmotiv* [T 840] (I aneinandergereiht und sequenziert)
12 *Brangänes Trost* [T 883] (aufsteigende Halbtöne [II], III integriert)
13 *Brangänes Kosegesang* [T 984] (II integriert, später zur Linie erweitert; zweimal fallende kl 7)

4. Szene

– *Matrosenruf* [T 1117] (diatonisch – steigende Quinte)

5. Szene

14 *Tristanmotiv* [T 1318] (III), 2. Teil: *Sittemotiv* [T 1321] (14b; I permutiert)
15 *Motiv seelischer Erregung* [T 1450] (kl 7, fallende Linie, dann II)
16 *Figur des Herzkrampfes* [T 1778] (I insofern, als Vorhalte [kleine und große Sexte sowie verminderte Dezime] dissonant akzentuiert werden)
– *Jubelruf* [T 1803] (diatonisch – Terzen)

---

6 Ob sie vollständig ist, kann kaum entschieden werden, da bisher keine einheitliche Synoptik entwickelt wurde, die im übrigen davon abhängt, wie weit okkasionelle Motive bzw. Varianten als eigenständig hinzugerechnet werden. Die Benennung folgt der bisherigen Literatur und bildet deren Uneinheitlichkeit ab; eine semantische Deutung ist damit nicht intendiert. Numerierte Motive sind in den Notenbeispielen 1, 2, a, b und d abgebildet. Die eckigen Klammern geben den Takt des ersten Erscheinens an (ohne Auftakt gerechnet). In runden Klammern finden sich kompositionstechnische Hinweise, vor allem über das Vorkommen der drei Kernmotive (I, II, III). In allen Notenbeispielen erscheinen die Motivnummern umkreist.

II. Akt

Einleitung

17 *Tagesmotiv* [T 1] (fallende Quinte, aber nicht-diatonisch, dissonant harmonisiert, später auch fallende Quarte [*Dämmermotiv*: 17b] [T 793])

18 *Motiv ungeduldiger Erwartung/Isoldes Ungeduld* [T 9] (III in Diatonik integriert, Genese der großen Sexte [gr 6] als neuen Motivintervalls: melodische VI. Stufe mit fallendem Dreiklang als Abschwung)

19 *Liebesverlangen-Motiv/Motiv der überschwenglichen Liebesentzückung/Fackelmotiv/Liebesrufmotiv* [T 29] (I, später rudimentär; integriert Abschwungmotiv mit gr 6 aus Motiv 18)

20 *Glückseligkeitsmotiv/Motiv der glühenden Umarmung* [T 45] (I diatonisch)

1. Szene

– *Hörnerschall* [T 76] (impressionistisch)
– *Blätterrauschen* [T 122] (impressionistisch)
– *Gartenquell* [T 159] (impressionistisch)

21 »*Frau Minne*« [T 380] (überraschende Modulation von Des nach A mittels des Tristanakkords [mit II], dann harmonische Umdeutung des Spitzentons *h* als Quartvorhalt von fis-moll [mit III reduziert])

22 *Liebesthema/Beseligungsmotiv* [T 419] (fallende Linie mit I integriert)

2. Szene

23 *2. Todesmotiv/Todessehnsuchtsmotiv* [T 1091] (harmonische Tritonusbeziehung, Tristanakkord, Verkettung von halbverminderten Septakkorden, I und III polyphon integriert)

24 *Hymnus der Nacht* [T 1117 bzw. 1123] (Tristanakkord melodisiert)

25 *Liebesruhemotiv/Schlummermotiv/Morgenlied* [T 1258] (kl 7 fallend und steigend, III integriert, I als Schluß)

26 *Scheidegesang/Sterbelied/Liebestod* [T 1377] (wie der Tristananfang, jedoch diatonische Variante von I und II, beginnend mit Quarte statt kleiner Sexte)

27 *Verklärungsfigur* [T 1544] (Akzentuierung der gr 6; Schluß I verkürzt)

3. Szene

28 *Trauerfigur* [T 1689] (abgeleitet von Fortspinnung von 3; I diatonisch und chromatisch)

29 *Markemotiv* [T 1750] (III umgekehrt, fallende kl 7)

III. Akt

Einleitung

30 *Schmerzensmotiv* [T 1] (diatonisches Sehnsuchtsmotiv), später *Hitzemotiv* (30b: dissonante Variante [T 393]) (I diatonisch)

31 *Motiv der Öde* [T 7] (Fragmente aus II)

32 *Motiv der Sehnsucht und der Klage/Liebesentbehrungsmotiv* [T 11] (III verkürzt und komplett)

1. Szene

– *Traurige Weise* [T 52] (diatonisch – steigende Quinte)
– *Kareolfigur/Heimatland-Motiv/Kareolmotiv* [T 187] (diatonisch)

33 *2. Sehnsuchtsmotiv/Jubelmotiv* [T 516] (17b umrhythmisiert[7])

34 *Lebensqualmotiv* [T 699] (Traurige Weise harmonisiert, mit transponiertem Tristanakkord, Motivstruktur von 23 übernommen)

35 *Liebesfluchmotiv* [T 809] (Tristanakkord mit I kombiniert)

---

7 Vgl. Bsp. 3a.

Notenbeispiel zu: Venusbergmusik

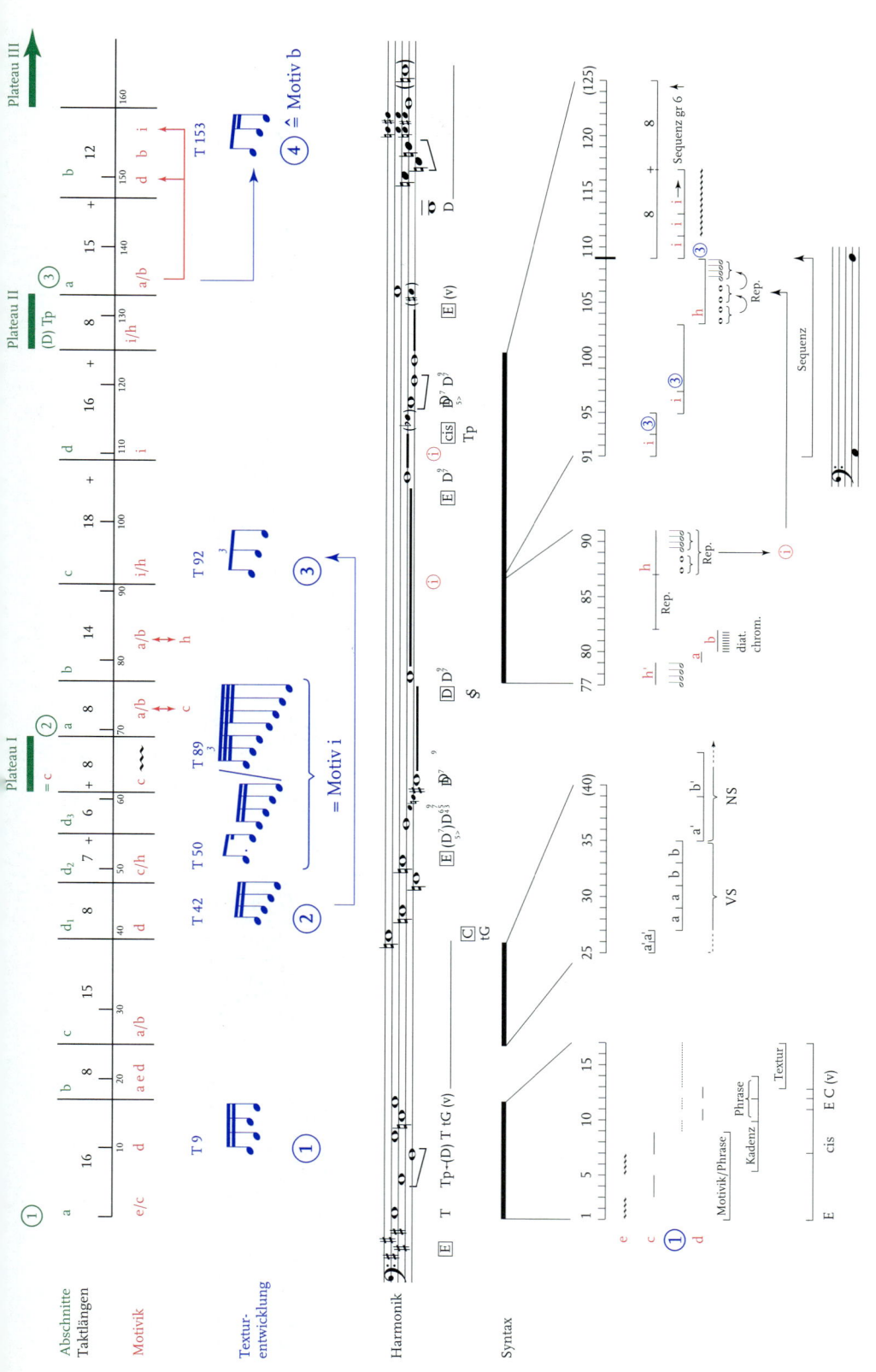

Notenbeispiele zu: Tristan und Isolde

Notenbeispiel 1

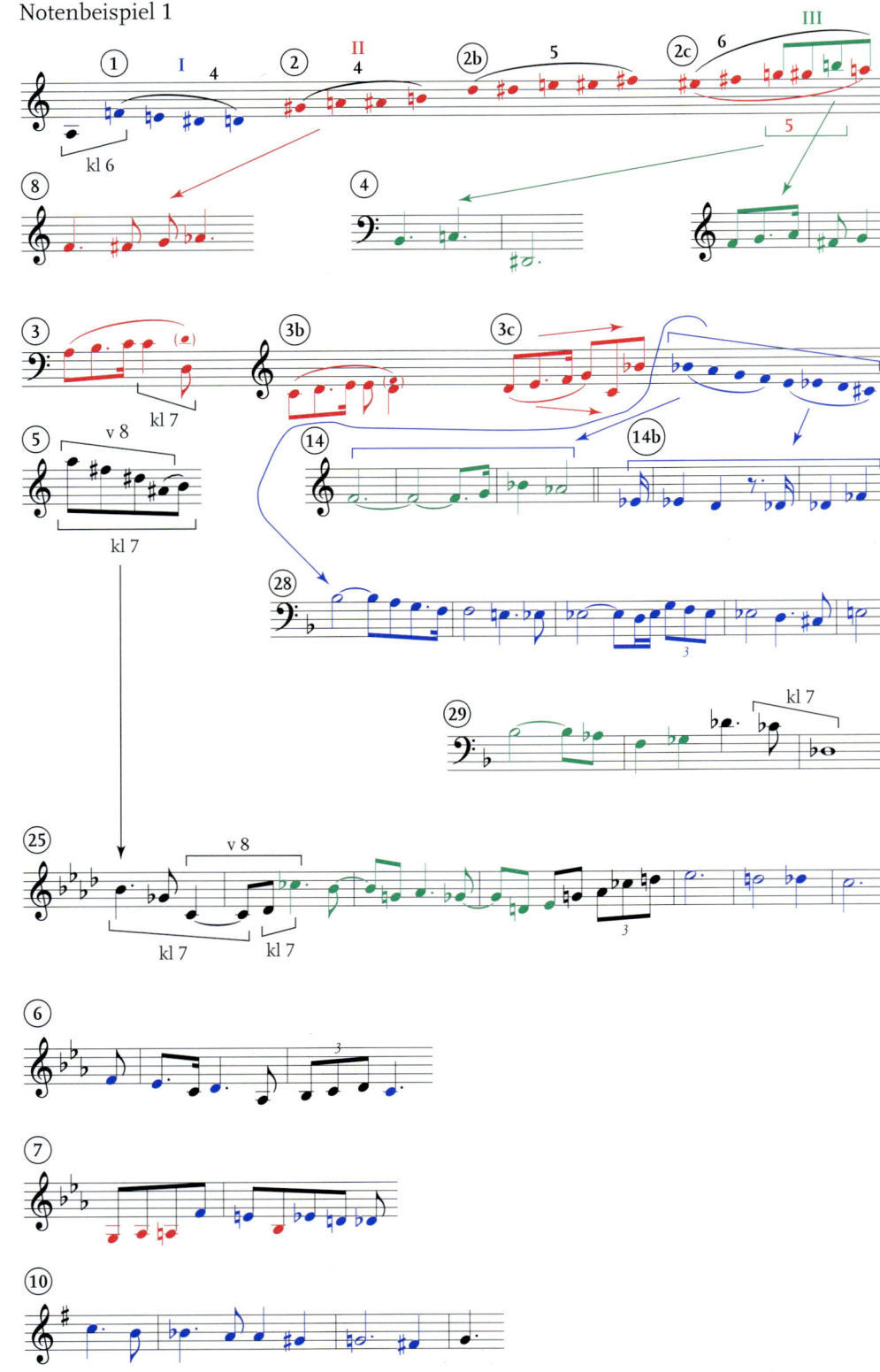

Notenbeispiele zu: Tristan und Isolde

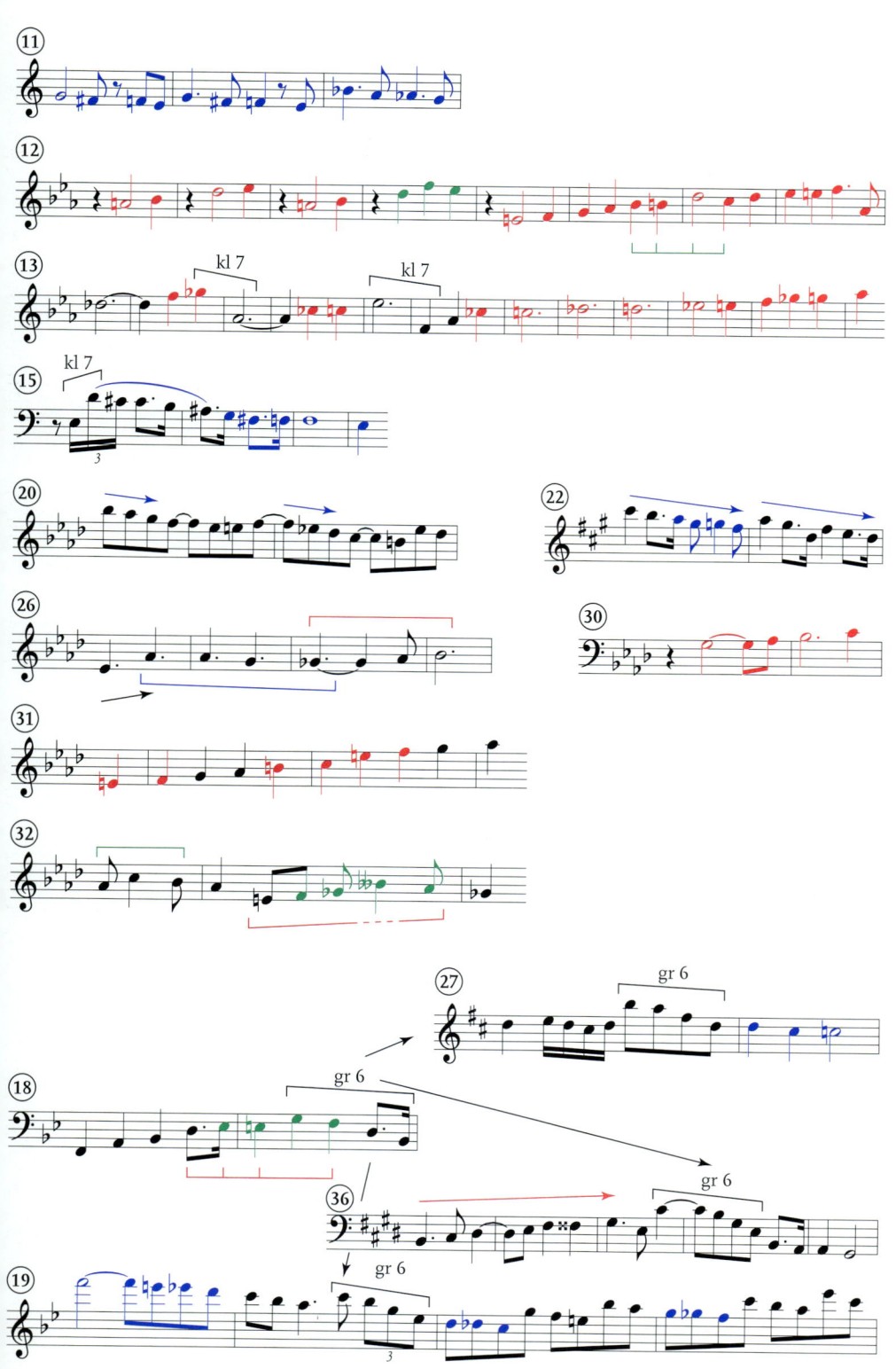

Notenbeispiele zu: Tristan und Isolde

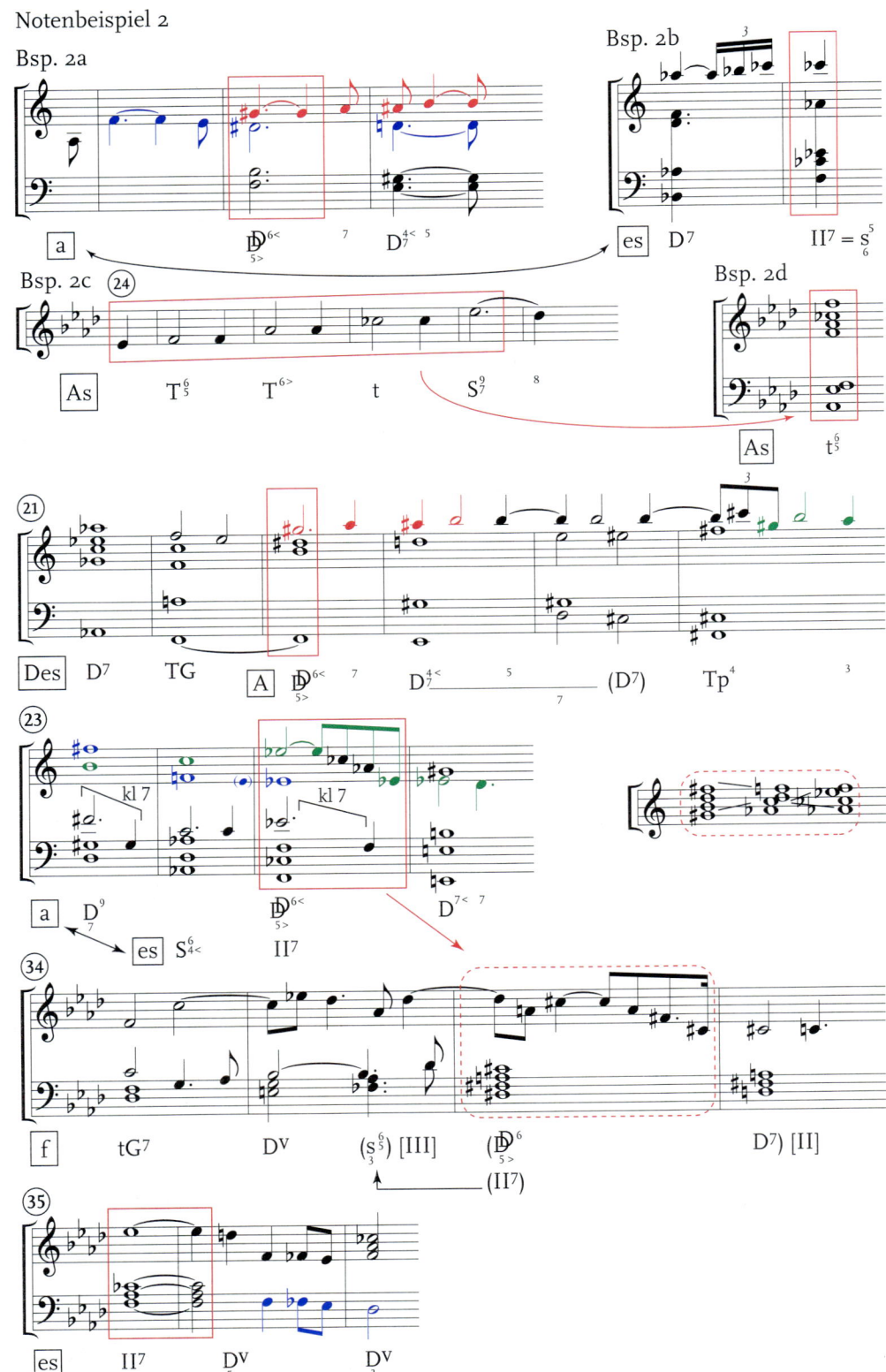

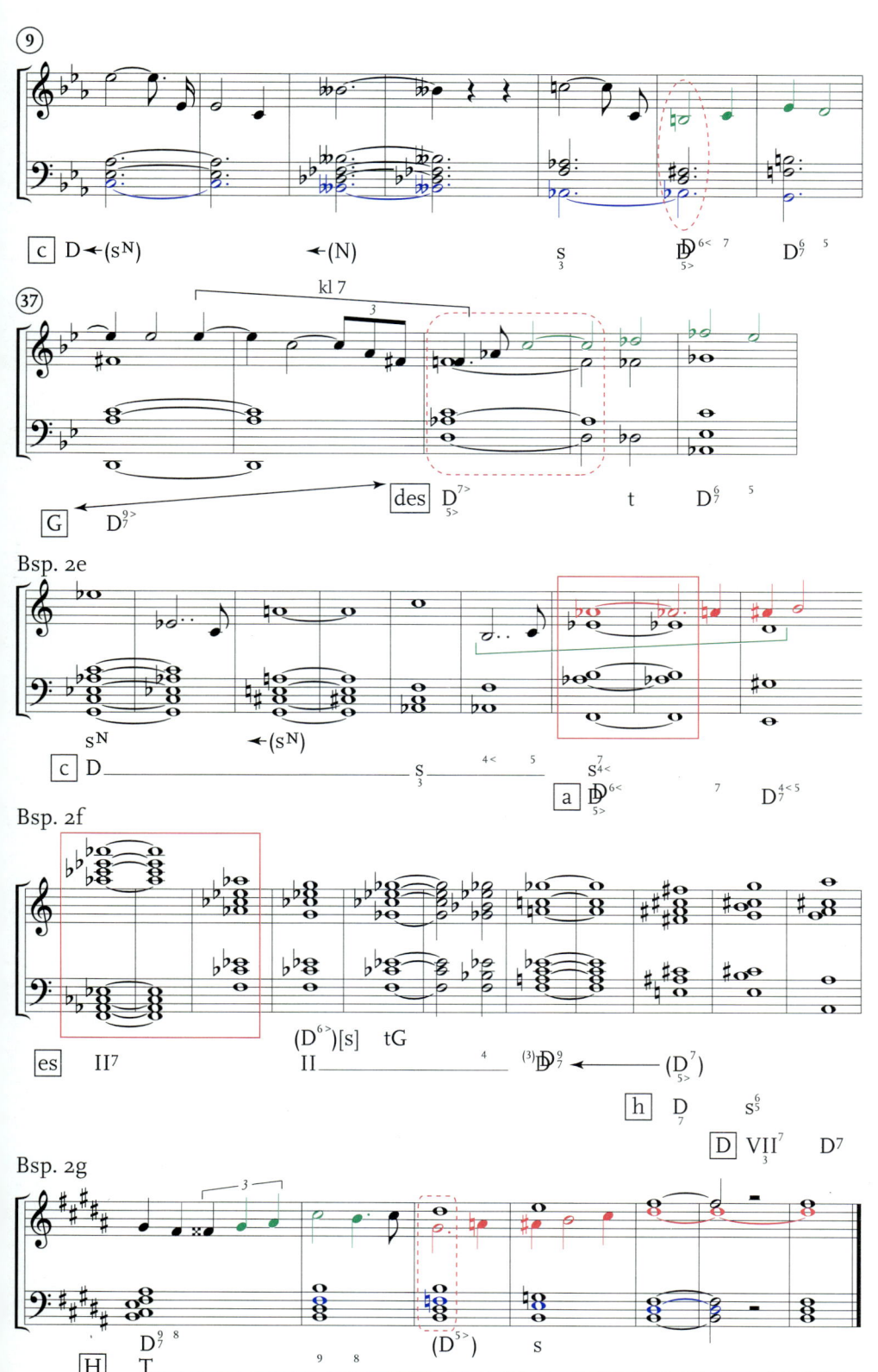

Notenbeispiele zu: Tristan und Isolde

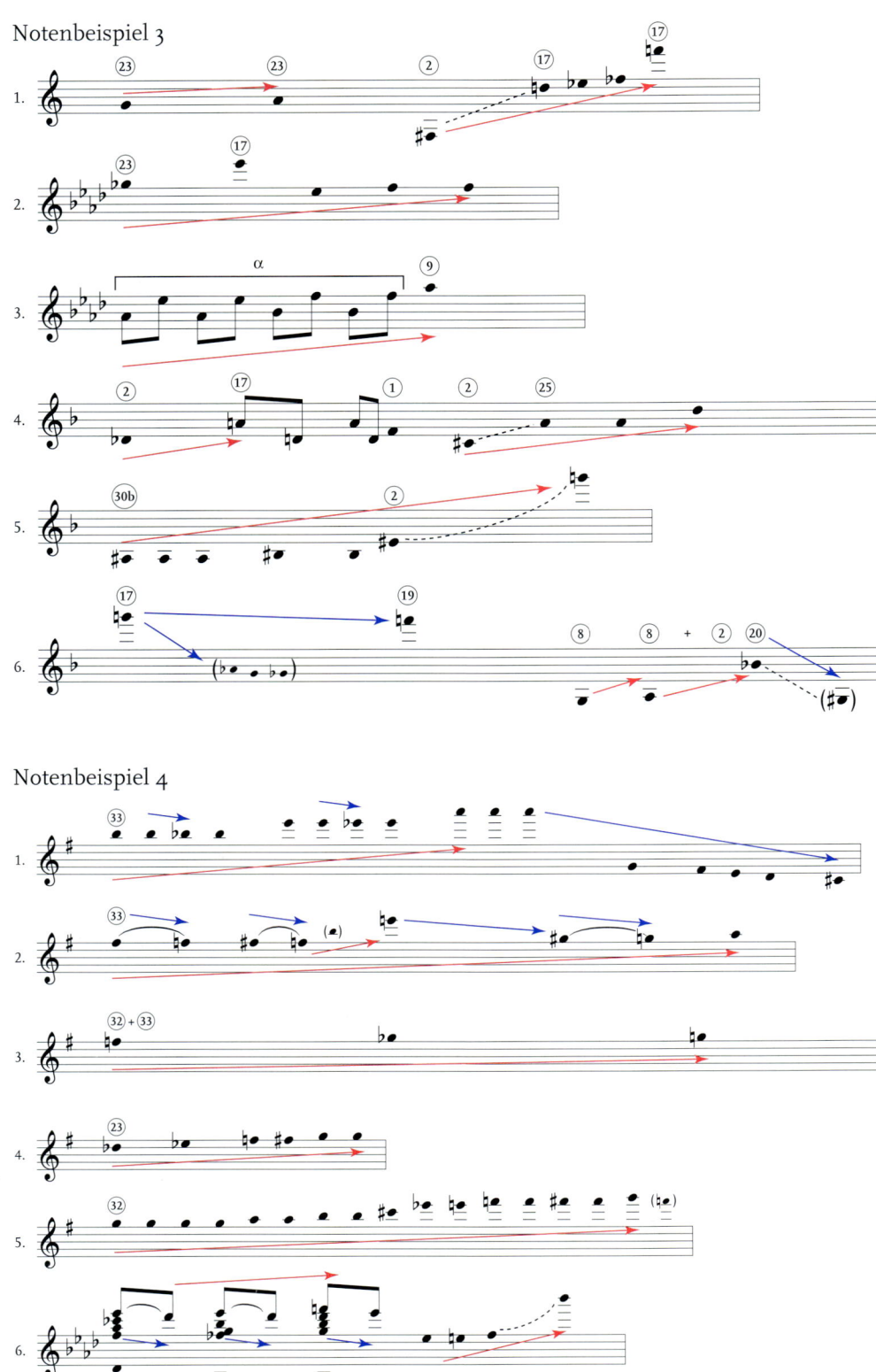

Notenbeispiele zu: Tristan und Isolde

Notenbeispiele zu: Tristan und Isolde

Notenbeispiel 6

Notenbeispiele zu: Tristan und Isolde

Notenbeispiel 7

Notenbeispiel 8

Notenbeispiele zu: Tristan und Isolde

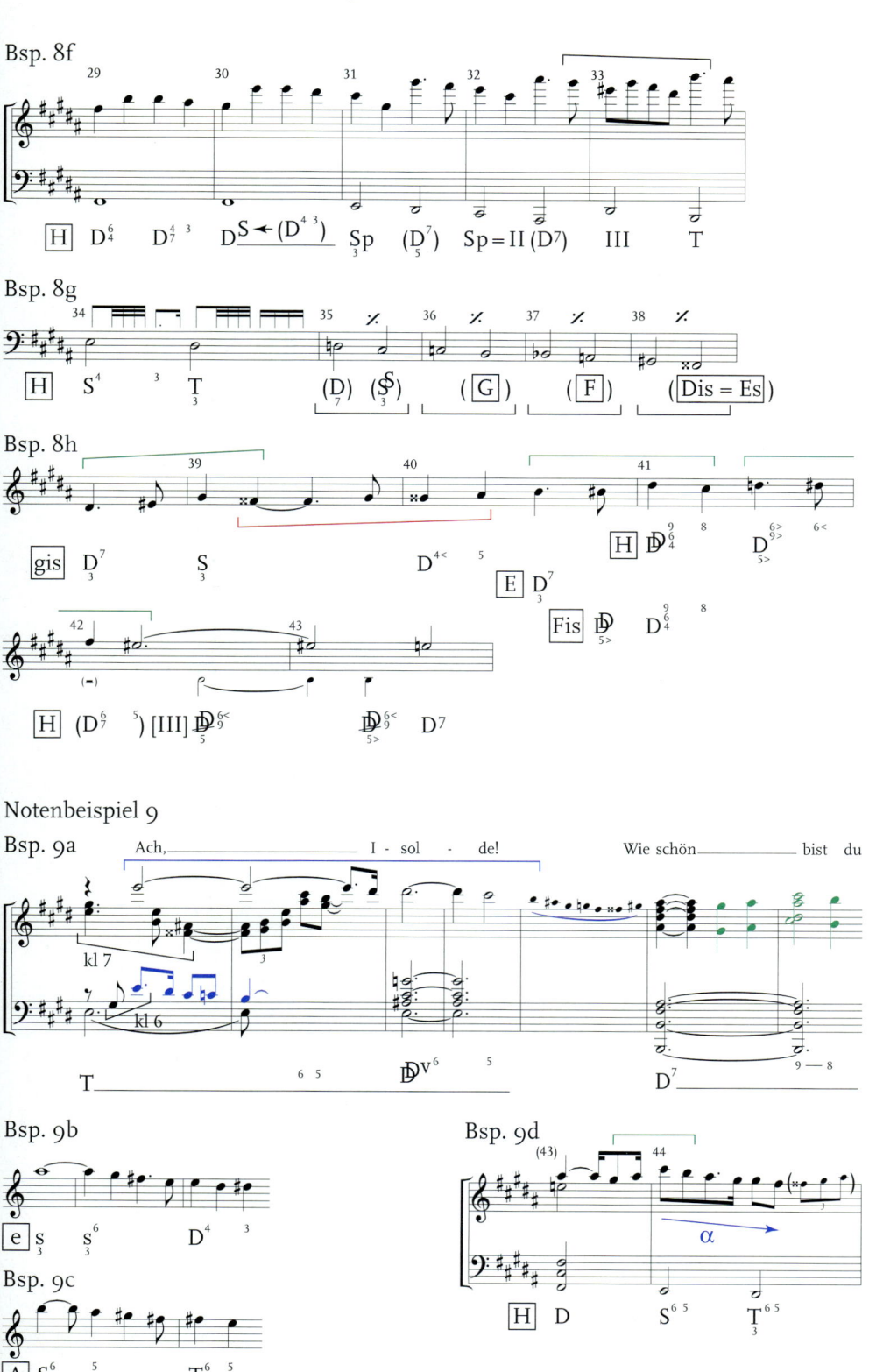

Notenbeispiel zu: Parsifal

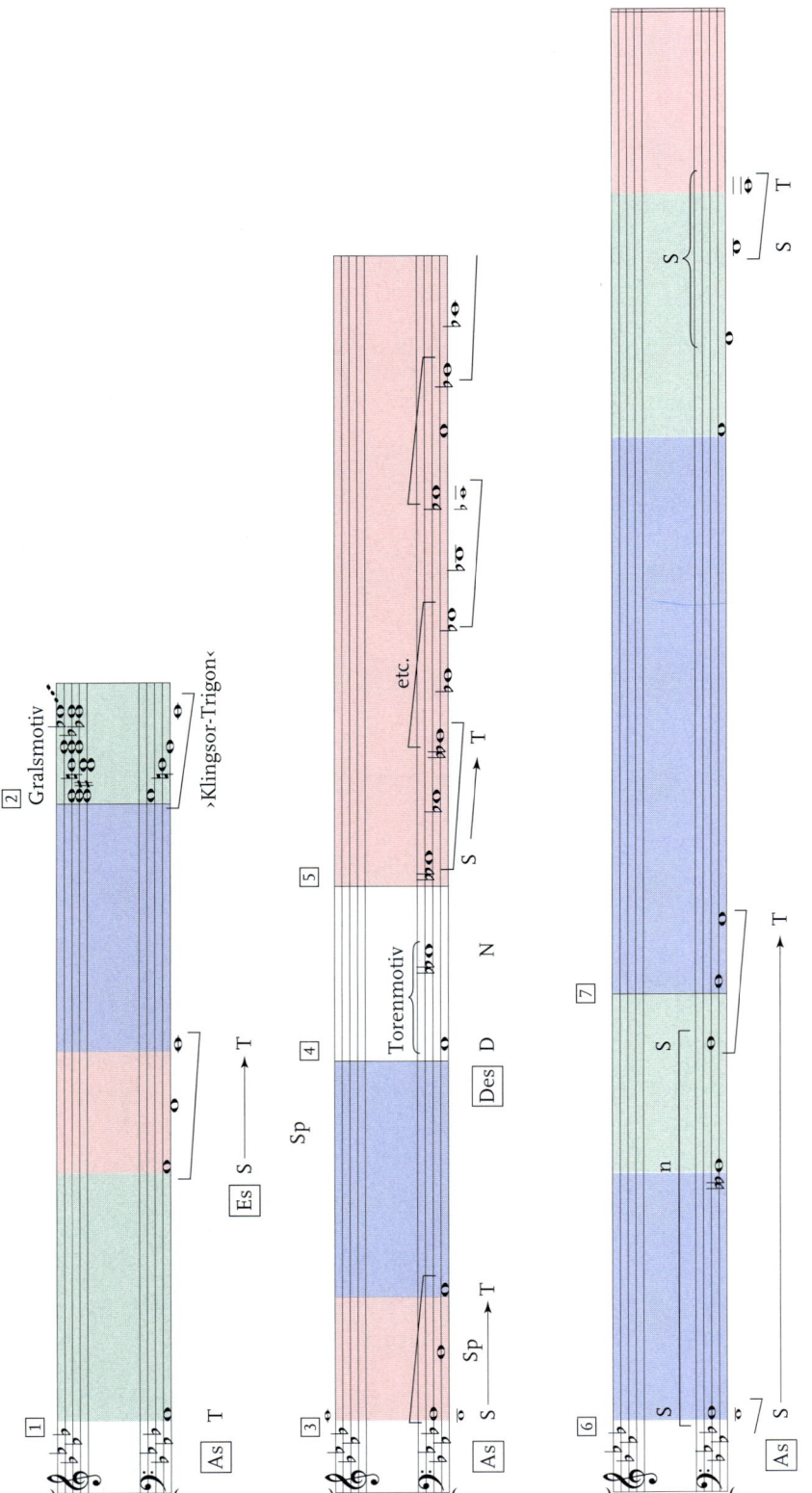

36 *Motiv verlangenden Wiedersehens/Tristans Ungeduld*[8] [T 963] (aufsteigende Linie, gr 6)
- *Fröhliche Weise* [T 1009] (diatonisch − steigende Quinte)

2. Szene

37 *Todesfrage/Todesklage* [T 1329] (kl 7, transponierter Tristanakkord als Modulationsmittel [Tritonusbeziehung], III als melodischer Schluß)

Drei Gruppen von Leitmotiven fügen sich nicht in dieses Kohärenzschema:

- impressionistische (sie kommen nur am Anfang der ersten Szene des II. Akts vor: Hörnerschall, Blätterrauschen und Gartenquell[9]),
- die Motive der gesellschaftlichen Gegenwelt: die Motive der Seemannschöre (Helden-, Matrosen- und Jubelruf), die Kurvenal zugeordneten (Kurvenal-Motiv, Kurvenals Lied, Kareolfigur und -motiv, in gewisser Weise auch die Fröhliche Weise [allesamt diatonisch, vorzugsweise mit der Quinte als Zentralintervall]),
- sowie die ›vermittelnden‹ Motive: das Tagesmotiv (das motivisch vom Heldenruf [fallende Quinte] abgeleitet ist, aber nicht-diatonisch harmonisiert wird und semantisch zwischen Tag und Nacht vermittelt) sowie die Traurige Weise (deren Anfang das Tagesmotiv umkehrt, trotz einiger chromatischer Einsprengsel diatonisch bleibt [f-moll], aber später über das Lebensqualmotiv in den ›tristanesken‹ Stil integriert wird).

Diese Motive gehören Gegensphären − der gewichtigen, zu überwindenden Welt der Realität bzw. der im Tristan nur episodischen, fast illustrativen der Natur[10] − an oder können, wie die Traurige Weise, als Annäherung an Nicht-Chromatik und Nicht-Alterationsstil von deren Position aus gedeutet werden. Allein, die schiere quantitative Präsenz der in den Notenbeispielen 1 und 2 dargestellten Motive beweist, daß der ›tristaneske‹ Diskursivitätstypus flexibel ist, das Andere seiner selbst herausschauen zu lassen.

2. Harmonik

Die Darstellung der harmonischen Ableitungsverhältnisse liefe auf eine Gesamtanalyse des Tristan hinaus.[11] Die ›promiskuöse‹ Tendenz der den Tonsatz und damit die Akkordstrukturen definierenden Einzelstimmen, sich in rhythmisch verflüssigter und prosaähnlicher, sich aber gleichzeitig motivisch verbindlich machender Chromatik zu ergehen, zersetzt konventionellerweise harmonisch ›faßliche‹ Verhältnisse zugunsten einer buchstäblich gleitenden Harmonik. Andererseits garantiert genau dieser (konsequente) Umgang mit Chromatik eine Einheitlichkeit anderer Art, eine Konsistenz, die höchstflexibel ist und deswegen etwa jene gewissen ›didaktischen‹ Züge zu vermeiden vermag, die sich im Ring zeigen, wenn es darum geht, die Tonika zu umge-

---

8 Das sogenannte *Motiv des Bangens* ist die Umkehrung.
9 Dem Motiv der Öde (Vorspiel zum III. Akt) kommt eine Doppelrolle zu: einerseits impressionistische Naturschilderung − die Leere Karneols −, zum anderen impressive Zustand der Verlassenheit und der Perspektivenlosigkeit. Wir rechnen das Ödemotiv den ›tristanesken‹ Motiven zu.
10 Daß Wagner ›sein‹ Drama um Liebe und Tod *nicht* mit der Natur reflexiv in Verbindung bringt, sei an dieser Stelle nicht ausgeführt.
11 Betriebe man sie sachkundig und aufs wesentliche konzentriert (vgl. für das Gegenmodell: Horst Scharschuch, *Gesamtanalyse der Harmonik von Richard Wagners Musikdrama »Tristan und Isolde«*, Regensburg 1963 [= Forschungsbeiträge zur Musikwissenschaft, Bd. XII]), ergäbe das eine Bestätigung der Tristanharmonik als lückenlos tonal und der Fungibilität der Funktionstheorie.

hen. (Fast) immerwährende Chromatizität im Tristan heißt aber nicht ein ungefähres und beliebiges Verschieben von Tönen innerhalb der zwölftönigen Skalierung, sondern die Wundersamkeit des Tristan besteht darin, daß der chromatisierte Tonsatz sich strikt an die Strukturen der Tonalität hält, innerhalb deren er sie um das erweitert, was historisch noch nicht erkundet war.

An dieser Stelle sei nur auf den zentralen Akkord, der selbst ›Leitmotiv‹, also Vokabel ist, eingegangen. Notenbeispiel 2 zeigt einige Verwendungen des Tristanakkords.[12] Zu Beginn des Werks ist er Doppeldominante von a-moll (Bsp. 2a), am Höhepunkt (Peripetie) die subdominantische II. Stufe von es-moll (Bsp. 2b), wozwischen eine Tritonusspannung herrscht. Im Hymnus an die Nacht (24) wird der Tristanakkord melodisiert (Bsp. 2c), erscheint aber auch als Akkord in Umkehrung (t$^{5/6}$ von As-Dur) (Bsp. 2d). Der Tristanakkord ist integriert in die Harmonik verschiedener Leitmotive, so in 21 (A-Dur) und 35 (es-moll), wobei er im komplizierten Motiv 23[13] gleichfalls als Bindeglied zwischen a-moll und es-moll fungiert. Er taucht aber auch transponiert auf, so in Motiv 9, 34 und 37. Ein Anschluß zwischen dem Todesmotiv und dem Tristanakkord (über den verbindenden Ton *es*) zeigt Notenbeispiel 2e, eine individuelle Weiterführung Notenbeispiel 2f (Tristan: »O nun waren wir Nachtgeweihte«) und die Integration in das kadenzielle Geschehen des Gesamtschlusses Notenbeispiel 2g.

3. Diskurs

Für die Temporalisation des kohärent vermittelten (motivisch-melodischen und harmonischen) Materials bedient sich Wagner all dessen, was ein ›symphonischer Stil‹ anbietet, jeweils nach den dramatischen Erfordernissen der Handlung und den Expressionsmustern der psychischen Entwicklung bzw. Situatorik. Zumindest die Liebesszene und Tristans Fieberwahn bilden dabei musikalische Diskursivitäten hochindividuellen Charakters aus. Entwikkelnde Variation zeigt dabei stets einen anderen Aspekt: das Vorspiel die Motivgenese und Fortspinnung, der I. Akt chromatische Zersetzung der Tektonik, der II. Akt ›Durchführung‹ und der III. Akt Metamorphotik.

Vorspiel

Das Vorspiel ist ein Musterfall entwickelnder Variation. Trotz eines ausdifferenzierten Tonsatzes herrscht monophonische Primärlinienführung vor einer Themenpolyphonie vor, die nur als Ballung (Höhepunkt) vorkommt. In der Linearität herrscht der diatonische bzw. chromatische Schritt vor; größere Intervalle (Terz, Septime) werden motivisch und bedürfen der ableitenden

---

12 Der Tristanakkord ist jeweils mit einem Kasten versehen (wenn auf Baßton *f* oder als Umkehrung dieser Stellung, wie in Bsp. 2c und 2d) bzw. mit durchbrochener Linie umkreist, wenn er transponiert auftritt.
13 Die drei ersten Takte vollführen eine Progression halbverminderter Septakkorde, also des Akkordtypus des Tristanakkords, mit chromatischen Verstrebungen.

Einführung. Ausgangssubstanz sind die drei viertönigen Strukturen I, II und III. Einheit des melodischen Duktus, aber auch der Harmonisierung gewährt die Omnipräsenz der Nebentoneinstellungen, die als melodische Vorhalte fungieren, die Einheit des Rhythmus geht auf zwei Kernmotive im $^6/_8$-Motus: ♩♩·♩ und ♪ ♩ zurück. Es ist auffällig, daß die kleine Sexte, mit der der Tristan anhebt und deren pathopoietischer Ausdruckscharakter – historisch übereindeutig – unmißverständlich jegliche Buffo-Erwartung erst gar nicht aufkommen läßt, konsequent durch die große Sexte, jeweils harmonisch eingepaßt, ersetzt wird; erst das Seemannslied beginnt wieder mit der kleinen Sexte aufwärts.

I. Akt

Der I. Akt mit einer relativ großen Zahl an Szenen ist eher von heterogener Gestalt. Zum einen liegt ein Gegensatz von Innen- und Außenraum vor: die Sphäre von Isoldes Gemach, den beiden Frauen mit dem Prinzip Psychologie/Erkenntnis versus die Sphäre des Schiffsvolkes, Tristans, der Männer und des Männlichen mit dem Prinzip der Gesellschaftlichkeit/Pragmatik. Die interpolierten Lieder und Chöre der Seeleute korrespondieren dabei mit den intermittierenden Erzählungen Isoldes.[14] Zum anderen fehlt eine vereinheitlichende Szenerie (wie durch die Liebesszene im II. Akt oder Tristans Siechtum im III.); es geht vielmehr um die Darstellung der Nicht-Einheit von Tristan und Isolde. Ambivalenz durchzieht Isoldes Gefühlslage, die zwischen Todeswunsch und Rache sowie unterdrückter Liebe schwankt. Insgesamt dominieren im I. Akt konsequent Offenheit und Ungewißheit des weiteren Herganges, was Wagner mit der Verwirrung am Ende buchstäblich trompeten-gleißnerisch (C-Dur!) inszeniert.

Kohärenz wird weniger durch Prozessualisierung erwirkt als vielmehr durch die Tristanharmonik selbst: Die vorherrschende Chromatizität, wie sie sich etwa in der Tantriserzählung und in Brangänes Kosegesang zeigt (und die durch die Gegensphäre der dissonanzlosen Diatonik polar pointiert wird), entspricht der solche Harmonik erzwingenden psychologischen Energetik Isoldes, ihren Exzitationen ebenso wie ihrem Stolz, ihrem Todesmut genauso wie der nachmaligen Liebesglut.

II. Akt

Der zweite Akt ist symmetrisch gegliedert: Zwei Rahmenszenen umkleiden die zentrale und ausgedehnte Liebesszene, in deren Mitte der Nachthymnus fällt, der den »Tag« – Sinnbild der Welt, wie sie ist, des Realitätsprinzips, der gesellschaftlichen Konventionalität, des trügerischen Verblendungszusammenhangs – von der »Weltennacht«, der Gegenwelt, der Liebesvereinigung,

---

14   Solche narrativen Strukturen verschwinden (im Gegensatz zum Ring) im folgenden fast völlig (Kurvenals Bericht von der Flucht in die Heimat und Brangänes von der Entsagung Markes bleiben kurze Episoden).

der Todessehnsucht, ja des Todesverlangens scheidet. Während der zweite Teil der Liebesszene konstellativ und nicht-dynamisch[15] angelegt ist – Konsequenz der Beruhigung und der Konzentration auf sich selbst –, ist der erste prozeßhaft, konfliktär, ›verarbeitend‹[16] (nämlich den »Tag« zurückdrängend, bewältigend, ›aufhebend‹). Der Akt ist daher in weiten Strecken eine einzige Durchführung des Tagesmotivs, das den gesamten Diskurs prozessualisiert. Dieses Motiv ist bereits vermittelt (abgeleitet vom Heldenruf[17], aber als dissonante Variante; vgl. Bsp. a¹ und a²) und fungiert als Vermittlungsinstanz für weitere Ableitungen sowie als Ausgangspunkt ihres eigenen Variationsreichtums. Im wesentlichen wendet Wagner folgende Techniken der Diskursivierung an:

- Variantenbildung: Dämmermotiv (17b, Bsp. a³)
  Leidenschaftsfigur (Bsp. a⁴)
  Begleitungstriole (Bsp. a⁵)
- unterschiedliche Harmonisierungen (bzw. Um-funktionalisierungen) des Tagesmotivs
- Variation des Quintintervalls (Quarte, Sexte)
- sequentielle Verkettung
- Straffung des Rhythmus: $|$ ♩ $|$
- Anverwandlung an andere Motive: Sehnsuchtsmotiv (a⁶)
  Heldenruf (a¹)
- polyphone Kombinatorik (mit Motiv 22, Bsp. a⁷)
- über synkopierendem Orgelpunkt (Antizipation des Nachthymnus).

III. Akt

Der Hauptteil des III. Akts (bis zu Tristans Tod) zeichnet sich durch einen Wechsel zwischen hochdramatischen Passagen und Retardationen aus. Die ersten führen nun nicht, wie das »Tagesgespräch« des II. Akts, ein bestimmtes, prädominierendes Material durch, sondern reißen unterschiedliche Materialien in den stark modulierenden Strudel des diskursiven Prozesses: in polyphoner Verdichtung genauso wie in parataktischer Häufung und der Entstellung früherer Motive (Alte Weise, Jubelmotiv, Hitzemotiv, Lebensqualmotiv). Analog zur literarischen Technik des stream of consciousness könnte man von einem Fließen permanenten expressivistischen Erlebens sprechen: Es ist die qualvoll leidende Innenwelt Tristans, die musikalisch nachgezeichnet wird – die ›andere‹ psychologische Seite von Nacht, Morgen und Schlummer.

---

15 Damit ist die formale Disposition gemeint: Einer der Abschnitte, der letzte der »Tristansteigerung«, kann somit durchaus als Steigerung angelegt sein (die aber auch auf kein Ziel hinausläuft, sondern jäh abgebrochen wird).

16 Das schließt natürlich nicht aus, daß auch der zweite Teil ›entwickelnd variativ‹ ist; nur eher im Linearen, Fortspinnungshaften (Fortführung des Morgenlieds) bzw. durch Parataxe mit neuem Material (2. Todesmotiv, Sterbelied).

17 Auch der Heldenruf ist vorbereitet: Das Quintintervall erscheint zum ersten Mal im ersten Seemannslied (»wehe du Wind!«).

II. Ausdruck

1. Expressivität

In nicht wenigen Passagen nimmt Wagner im Tristan den historischen Expressionismus vorweg: Die Unmittelbarkeit der Affektensprache ist in seinem Œuvre nur noch mit den beiden Ausnahmestellen des II. Parsifalakts und des Gibichungenauftritts von Brünnhilde zu vergleichen. Die Merkmale, die man dem Expressionismus zuschreibt: Dissoziation, Ausreizen des Dissonanzpotentials der Tonalität, prosahaft-asymmetrische Syntax- und Formmuster, zerrissene, akzentuierte Rhythmik, dynamische Kontraste, jähe Wechsel der Register, überhaupt: die Steigerung der Energetik zwischen Spannung und Ent-Spannung, sind im Tristan kompendiumsartig komprimiert: Der Mensch wird als erregter dargestellt – im Stolz verletzt und gedemütigt (Isolde), im Liebestaumel (beide), im Verfluchen des Geschehenen (Tristan). Zwei Phänomene und der entsprechende Schlüsselabschnitt seien näher beleuchtet.

a) *Atomisierung*

Ähnlich Siegrieds Aufschrei »Das ist kein Mann«, ist es eine Grundsituation, unmittelbar nachdem Tristan und Isolde die Schale mit dem Liebestrank geleert haben, die musikalisch wundersam als fast instantaner Akt des (Wieder-)Sich-Verliebens dargestellt wird. Wie auch bei Siegfried, der in jenem Augenblick das Fürchten lernt und somit zum ersten Mal Angst verspürt, ist es die Angst, die Wagner darstellt, bevor sie hemmungsloser Hingabe weicht: Schau(d)er, höchste Aufregung, Zittern, Herzkrampf, Verwirrung sind die Anweisungen an die Regie. Musikalisch arbeitet Wagner mit der Technik der Vereinzelung von Affektzuständen, die interpolatorisch in die Sequenzkette der Vorspielreprise eingelassen sind, in die der orchestral mächtig gesetzte Tristanakkord (Isolde: »Ich trink' sie dir!«) umschlägt. Entsprechend wechseln Tremoli mit getragener Linienführung ab. Die erste Interpolation ist eine chromatische Linie im Baß zum phrygischen Ton *f*, der erst nach verschleiernder Akkordfolge und dem melodischen Schluß des Todesmotivs (Baßklarinette) aufgelöst wird; die dritte eine ätherische Tremolovariante des Sehnsuchtsmotivs in hoher Lage. Die zweite jedoch ist von neuer Motivik (Bsp. b), gestisch prägnant, mit der Dissonanzstruktur (kleine Sexte, verminderte Dezime) auffällig und rhythmisch körperhaft – dieses Motiv bleibt aber völlig isoliert, erfährt keine Ergänzung oder Entwicklung, es bleibt ein Einzelnes und erscheint erst wieder – aber auch dort sporadisch, als zitathafte Rückerinnerung gleichsam – in Tristans Fieberwahn.

Bsp. b

b) *Exzitation*

Isoldes Erregungen durchziehen den gesamten I. Akt, ähnlich ihrer Ungeduld in der ersten Szene des II. Akts – die entsprechenden Motive (7, 13, 19) zeichnen die Seelenlage seismographisch nach. Solche Aggressivität wird erst wieder von Tristan im Schlußakt erreicht. Notenbeispiel c zeigt den Part der ersten Geigen bei den Worten »der Sehnsucht Not; nirgends, ach nirgends find ich Ruh: mich wirft die Nacht dem Tage zu«.

Bsp. c

c) Tristans Fieberwahn

Tristans Fieberwahn – eine ausladende Großszene von zerklüfteter Affekti-vität – ist als expressionistisches Geschehen unübertroffen, wenn überhaupt, dann vielleicht nur mit Kundrys und Parsifals Kollision nach ihrem Kuß vergleichbar. Das gesamte Potential von Widersprüchlichkeit – erst Ambiva-lenz aus Verdrängung bzw. Unterdrückung (I. Akt), dann Trotz gegenüber dem »Tag« qua Realitätsprinzip, jetzt das Verwünschen Isoldes, des Tranks und all seiner Folgen bei gleichzeitigem Begehren ihrer Ankunft – bricht hier explosionsartig durch: hitzig, überreizt, rastlos, psychogrammatisch, wie ein Protokoll eines Verlaufs. Das Todesverlangen ist, im Gegensatz zu Amfortas, ein Gefecht mit sich selbst. Aus der langen Szene, in der Tristan dahinsiecht und fiebrig sich aufbäumt, seien vier Abschnitte näher untersucht: α) »Erwa-chen und Sehnen«, β) »Jubel« und »Wahnvorstellung« γ) »Lebensqual und Liebesfluch« und δ) »Tristans Tod«.[18]

α) »Erwachen und Sehnen«

Dieser Abschnitt exponiert unterschiedliche Materialien (1, 2, 8, 9, 17, 19, 20, 23, 25, 30b sowie je eine Übernahme aus dem I. [α T 243] und dem II. Akt [β T 3]); diese werden an die ›Psychologie‹ von Tristans Aufarbeitung des Tages-

---

18 Die Benennung folgt Alfred Lorenz, *Das Geheimnis der Form bei Richard Wagner*, Bd. 2: *Der musikalische Aufbau von Richard Wagners »Tristan und Isolde«*, Tutzing 1966, nicht aber dessen formal-syntaktischer Einteilung in allen Konsequenzen.

prinzips angepaßt, welches ihn, der nicht sterben kann, eingeholt hat. Das Notenbeispiel 3 zeigt die parataktische Anordnung des motivischen Materials in den 6 Abschnitten[19] mit den jeweiligen Einsatztönen, anhand deren die stets steigende Tendenz (rot) sichtbar ist. Nur im letzten, schließenden Abschnitt fällt die Szenerie in sich zusammen: Diese 35 Takte sind eine variierte Reprise des Vorspiels des II. Akts.

β) »Jubel« und »Wahnvorstellung«

Bsp. d

Dieser Abschnitt ist in der Motivik limitiert: vordringlich mit dem neu eingeführten Jubelmotiv, einer rhythmischen Variante des Tagesmotivs (mit Quarte: Bsp. d) und später dem Liebesentbehrungsmotiv. Diese Szene ist nichts als eine große Steigerung, die ins Leere führt. Notenbeispiel 4[20] zeigt, daß die anfangs auch vorkommenden fallenden Tendenzen (blau) verschwinden und eine breit inszenierte Steigerung, vor allem im 5. Abschnitt, inhaltlich zu Wahnvorstellungen (Tristan wähnt, das Schiff kommen zu sehen) und musikalisch zu einem jäh abreißenden Hochton führt. Im einzelnen ergibt sich folgender Aufbau:

1. aufsteigend sequenzierende Verkettung des Jubelmotivs (Motiv 33) (Bsp. d) zu einem Höhepunkt (a^3), der dem Wiedersehenstaumel von Tristan und Isolde im II. Akt entspricht, dann tiefes Absinken auf einen Halbschluß;
2. Auf- und Ab-Bewegung (aber auf gleichem Plateau), ›Höhepunkt‹ mit neuem Motiv (»Mein Schild ...«); Tendenz insgesamt aufsteigend;
3. Liebesentbehrungs- und Jubelmotiv kombiniert, aufsteigend sequenziert;
4. 2. Todesmotiv aufsteigend und sich verschnellend sequenziert;
5. geradezu anankastisch anmutende, über einen Oktavraum sich erstreckende Sequenzierung des Liebesentbehrungsmotivs;
6. »Wahnvorstellung«: drei Träumeakkorde, Tendenz aufsteigend, danach fast lückenlos chromatischer Lauf über $1^1/_2$ Oktaven zu einem Höhepunkt, dem nichts als die echohafte Traurige Weise folgt (*pp*, Liegeton-Tremolo).

γ) »Lebensqual und Liebesfluch«

Hier steigert sich nochmals die musikalische Faktur: Häufung des Materials, vier Höhepunkte, polyphone Verdichtung – all das führt zum entscheidenden Fluch auf Isolde, die Liebe schlechthin. Für die acht Abschnitte ist folgendes festzuhalten:

---

19 Die Abschnitte haben 16, 11, 12, 20, 11 und 35 Takte, wobei das Notenbeispiel die Proportionen entsprechend wiedergibt (bis auf den langen letzten).
20 Auch hier entsprechend die graphischen Proportionen der musikalischen Syntax.

1. Lebensqual-, Sehnsuchtsmotiv und Traurige Weise;
2. Lebensqual- und Tantrismotiv polyphon (siehe Bsp. 5a), danach mit Dämmermotiv, episodal: fünffache Polymorphie mit Lebensqualmotiv, Trauriger Weise, Tantrismotiv, Tagesmotiv, II (Bsp. 5a);
3. Tantris- und Schicksalsmotiv;
4. 2. Todesmotiv, dann Lebensqual- und Sehnsuchtsmotiv sowie Terzschlag (aus III) polyphon (Bsp. 5b), Abschluß auf a-moll-Quartsextakkord;
5. Herzkrampfmotiv als musikalische Prosa in reiner Ausprägung, das in den Abschwung des 2. Todesmotivs übergeht, Höhepunkt Des-Dur-Sextakkord;
6. Hitzemotiv;
7. auf dem schwankenden Grund eines motivischen Ausschnitts aus der Traurigen Weise polyphone Kombination aus Lebensqual- und Sehnsuchtsmotiv, fortschreitende Durchsetzung mit I, II und III (Bsp. 5c), Höhepunkt es-moll-Quartsextakkord;
8. rezitativisch beginnend, späterhin motivisch kompakter (vor allem mit I, II und III [Bsp. 5d]), Ausbreitung des Liebesfluchmotivs, rhythmisch vertrackt durch den Wechsel von Zweier- und Dreiermetrum (Antizipation der Todesszene), sich zum Höhepunkt steigernd: fis-moll-Quartsextakkord (»verflucht sei, furchtbarer Trank! Verflucht, wer dich gebraut!«), dort ›abkadenzierend‹ mit sechsfacher Polymorphie: Lebensqualmotiv, I, Tagesmotiv, Blickmotiv (kl 7), Liebesfluchmotiv, II (Bsp. 5e).

δ) »Tristans Tod«

Nach drei Binnensteigerungen, die zusammen eine Großsteigerung bilden (erst Registeranstieg von parataktisch verbundenem heterogenem Material, dann Sequenzierung von vereinheitlichtem Material, schließlich polyphone Komprimierung) kann die Faktur nur noch der Destruktion freigegeben werden. So nötigt Tristans ›Überschnappen‹ Wagner zu rhythmischen Exzessen und Mitteln, die seiner Zeit weit voraus sind. Neben der Verkürzung bei entsprechender metrischer Verkleinerung

Bsp. e¹

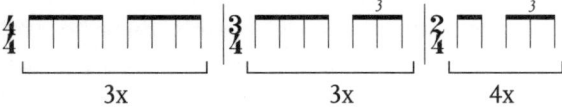

findet man polyphone Kombinationen synkopischer Strukturen:

Bsp. e²²¹

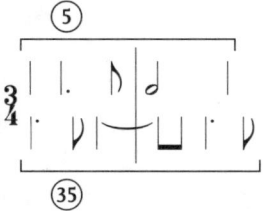

Vor allem sind aber rhythmische Verzerrungen (so im Motiv 22)

---

21 In diesem und den nächsten Beispielen geben die umkreisten Zahlen die Motivzugehörigkeit des Rhythmus wieder.

Bsp. e³

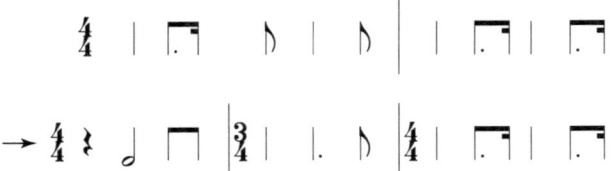

und bi-metrische Effekte – historisch und auch im Werk Wagners einzigartig – dafür verantwortlich, daß die ›Welt aus den Fugen gerät‹ – letzteres mit asymmetrischen Fünfer- und Siebenerunterteilungen:

Bsp. e⁴ [22]

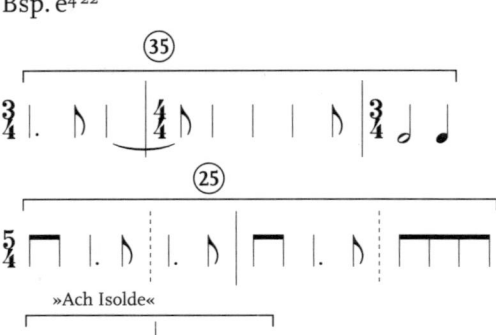

2. Impressivität

Impressivität im Tristan ist nicht Ausdruck von Natur – Schilderungen dieser Art sind vernachlässigbar –, sondern durch und durch ein integrales Moment von Subjektivität, von deren zweiter Seite. Erst späterhin verbindet sich Impressionismus mit einer antisubjektivistischen Ästhetik. Dies gilt nicht für Wagner, der trotz seines realistischen Hangs zu Naturschilderungen (so im Ring) eine ›subjektzentrische‹ Semantik verficht, von der aus er sich den Randzonen und auch Antithesen zuwendet. Diese Subjektivitätsauffassung ist gleichwohl derart universal, daß es verkürzt wäre, ›subjektiven‹ Ausdruck nur als Expression – im Sinne spannungsvoller Affektik – zu deuten; auch in der Psyche gibt es jene Gegentendenzen der Zuständlichkeit, der Ruhe und des Sich-Verlierens. Die impressivistischen Abschnitte des Tristan, vor allem im zweiten Teil der Liebesszene, stellen somit einen Musterfall *subjektiv* impressiver Musik dar. Zumal es Wagner im Tristan um eine Überwindung von Subjektivität durch Subjektivität hindurch, nämlich über die Liebesvereinigung, verbunden mit überstarker Todessehnsucht, zu tun ist, muß das

22 Das dritte Motiv ist von der Gesangslinie »Ach Isolde« (siehe Bsp. 9a) abgeleitet.

Andere von Expressivität nicht in Natur – es gibt im Tristan strengen Sinnes nur den Innenraum des Menschen, vor allem der beiden Liebenden – gesucht werden. Impressivität ist somit – idealtypisch – die sich der Zeit enthebende, zuständlich ausgedehnte Schilderung subjektiven Befindens.[23] Zwei paradigmatische kompositorische Verfahren, die Wagner hierfür bemüht, seien dargestellt: anhand der Kernstelle der Liebesszene, dem tiefgelegten Ruhepunkt in As-Dur. Die impressivistische Wirkung dieser hochberühmten Passage verdankt sich zweier technischer Strategien: der Subversion der tonalen Funktionalität (Nachthymnus, Bsp. 6) und der Verselbständigung von Akkordbildungen und deren Sequenzen (»absoluter Klangfortschreitung«) (Brangänes Wachtgesang, Bsp. 7).

a) Nachtlied
Der Hymnus an die Nacht setzt die funktionale Harmonik der Tonalität voraus, die mit ihren eigenen Mitteln unterlaufen wird, mit einer Subversion, die Material und Verfahren, Phänomen und Technik aufspaltet. So kann beispielsweise die Dominante hinsichtlich der Logik ihrer Fortschreitung unterminiert werden, wenn danach die Subdominante folgt (Fall 5).[24] Vor allem aber werden die Funktionsakkorde (Tonika, Subdominante etc., definiert durch die jeweilige Stufe und den tonartlichen Zusammenhang) gleichsam ent-funktionalisiert, indem dem Grundton ein Akkordaufbau aufgesetzt wird, der gerade einer anderen Funktion zugehört. So ist das Des-Dur des ersten »Träumeakkords« eindeutig subdominantisch (bezogen auf die Ausgangstonart, deren Grundton überdies als Orgelton im Fundament liegt), wird aber mit einem ›dominantischen‹ Terzturm versehen, so daß die klangliche Erscheinung sich vom Funktionszusammenhang emanzipiert. Die IV. Stufe wird so gleich doppelt aufgewertet: Subdominantizität ohne kadenziellen Zusammenhang und Versinnlichung durch einen *Fünf*klang. Wagner arbeitet sonach mit der Verschiebung von technischen Teilaspekten, die sonst strukturell zu einem einzigen ›grammatischen‹ Element unabwendbar gehören. Dies geschieht in Wagners Werk häufiger, als man gemeinhin annehmen mag, wenn die nötige Tiefenschärfe der Analytik nicht erreicht wird.[25] Solch ›dekonstruktiver‹ Zugang sei anhand von acht Stellen aufgezeigt:[26]

I. Die Tonika As-Dur wird enttonikalisiert vermöge verschiedener Derivate: $T^{5/6}$, $T^{6›}$, t und t^V; vor allem $T^{5/6}$ bewirkt eine Subdominantisierung der Tonika.

---

23 *Be*finden statt *Emp*finden.
24 Das setzt aber die ›Dominantizität‹ der Dominante voraus – solche Dialektik verfehlen all diejenigen Ungezählten, die im Nachtlied, je nach der Schwere ihrer epistemischen Insuffizienz, Unerklärbares, Atonalität oder beliebige, zusammenhanglose Akkordfolgen zu sehen glauben.
25 Doch solche Subversion nagt noch nicht, wie später und dann konsequent bei Mahler, an der Semantik. Gerade die semantische Unversehrtheit bei gleichzeitiger struktureller Subversion gehört zu den Rätseln, die Wagners Musik aufgibt.
26 Die entsprechenden Stellen sind im Notenbeispiel mit Kästchen angezeigt.

2. Die nun eintretende Subdominante wird hingegen durch den Terzturm dominantisiert (S$^{7/9}$).

3. Nach der kadenzierenden Dominante tritt nicht die Tonika, sondern zuerst deren subdominantisierte Version auf (T$^{5/6}$).

4. Das eintretende Fes-Dur verhält sich zur vorigen As-Dur-Dominante neapolitanisch (Sextakkord!), bedeutet aber einen Trugschluß; gleichzeitig besteht über den gemeinsamen Baßton *as* die Beziehung Fes-Dur als tG von As-Dur (rückwirkend; vgl. 6.).

5. Subdominante nach der Dominante.

6. Die Takte 32-34 (von B-Dur kommend) bilden einen Musterfall harmonischer Ambiguität. Die Sequenz Es–As–des läßt auf einen dominantischen Quintfall schließen, doch Es-Dur ist Subdominante (S$^{5/6}$); As wäre dann $\mathcal{S}$, wird aber zur (D$^{7}_{3}$) von des-moll. Der Quintfall im Baß T 33/34 (*es–as*) bestätigt zwar die dominantische Fortschreitung, unterminiert sie aber zugleich, da sie die die Tonart destabilisierenden Quinttöne darstellen (des-moll ist also s$_5$ in As-Dur).

7. Ähnlich wie 4., doch jetzt mit Fes-Dur als realer tG (und nicht als S$_3$ einer neuen Tonart).

8. In T 40 wird As-Dur wiederholt subdominantisiert (t$^{5/6}$ = Tristanakkord in Umkehrung, t^{v}), so daß die nachfolgende D an kadenzierender Kraft einbüßt und statt dessen eher zwischendominantisch wird.

b) Brangänes Wachtgesang

Dekonstruktivität in den 46 Takten von Brangänes Wachtgesang, dessen historisch einzigarter Verklanglichung hier nicht nachgegangen werden kann[27], hat weniger in den Akkordstrukturen statt (es herrschen reine Dreiklänge vor) als in den Akkordscharnieren – sie sind im Notenbeispiel 7 mit farbigen Klammern dargestellt: Trugschluß (rot), phrygische Baßverbindung (grün) und Unterterzbeziehungen (blau) –, deren ›konventioneller‹ Logik nicht unbedingt die eingesetzten Akkorde entsprechen. Die »absoluten Klangfortschreitungen«, die in diesem Abschnitt vorherrschen, sind keineswegs willkürlich, untereinander unverbunden, wie Kurth verführt war anzumerken[28], sondern die ›Losgelöstheit‹ des Absolutierens erfolgt gerade in der Entfernung vom (bzw. Durchbrechung des) grammatisch zu *Erwartenden*. Auf elf Stellen sei technisch eingegangen:

---

27 Nur soviel: Das orchestrale Gewebe, das ohne Pauken und ›hartes Blech‹ auskommt (die Posaunen treten erst am Ende [»habet acht!«] hinzu), besteht, neben dem motivischen Material, aus:
 – hemiolischen Akkorden in den Bläsern,
 – Harfenfiguration,
 – mannigfach geteilten Streichern,
 – orgelpunktartigen Liegetönen,
 – Begleitfiguration (Akkordbrechung, Saitenwechseltextur).
 Die Motive sind: »Träumeakkorde« (als harmonische Ausgangssubstanz), eine von der Melodielinie »Barg im Busen« (Isolde, Nachthymnus) abgeleitete Linearität in den Streichern, Schlummermotiv in den Bläsern, Tagesmotiv (langgezogen in der Singstimme) sowie das Abschwungmotiv mit der großen Sexte (z. B. Violinsolo T 1224). Dieses Material wird auf jener Klangmatrix polyphon vermengt, allerdings unter dem Primat (doppel)taktweise fortschreitender Akkordblöcke. Diese extrem polyphonische Aufteilung, die erst wieder im historischen Impressionismus erreicht wird, führt aber zum diametralen Gegenteil: nicht zu morphologischer Dissoziation, sondern zu einer mehrdimensional verräumlichten und farblich mehrschichtigen Flächigkeit, die weniger die Sorge Brangänes ausdrückt, als vielmehr die friedliche Einheit der beiden Liebenden und deren Verhältnis zur Natur als Kosmos.

28 Ernst Kurth, *Romantische Harmonik und ihre Krise in Wagners »Tristan«*, Berlin 1923³ (Reprint Hildesheim 1985), S. 285 f.

1. Verkettung von ›Dominanten‹ (Sept-, Nonakkorden) ohne Auflösung;
2. Trugschluß, aber in Sextakkordstellung;
3. Neapolitaner von fis-moll, aber Quinte im Baß;
4. Baß phrygisch, aber harmonisch eine Tritonusbeziehung (G–Cis);
5. erreichte Dominante (von fis-moll) folgenlos (vgl. Hochton der Linie, Ende der melodischen Vorhaltskette);
6. harmonisch eine Unterterzbeziehung, Baß aber chromatisch abwärts;
7. V. Stufe in Moll (statt dominantisch);
8. mehrdeutiger Akkord, entstanden aus Alteration e–eis und durch Hinzufügung von cis, ergibt Cis⁷, das sich trugschlüssig zu D-Dur verhält; dabei ›stört‹ aber der Baßton (wäre die große None); oder aber der Akkord ist eine komplexe C-Dur-Dominante mit disalterierter Quinte, großer Septime und None;
9. ähnlich 3., doch jetzt g-moll und die nachfolgende Dominante ambiguös (Vorhalt bzw. Doppelfunktion mit s);
10. erstmals erreichtes klares D–T Verhältnis, danach aber Folge reiner Terzbeziehungen;
11. Abdunkelung der Subdominante (dis–d, fis–f).

3. Motivische Physiognomik

Es gehört zu den strukturellen und semantischen Merkmalen der Tonalität, daß aufsteigende Chromatik dominantischen, also fortwärtsweisenden, verheißenden, wenn man will: sehnsüchtigen Charakter aufweist, und daß die absteigende, ›subdominantische‹ Chromatik das Gegenstück dazu bildet. Insofern ist die Benennung Sehnsuchts- und Leidensmotiv weniger naive Wagnerianismus-Hermeneutik als Ausdruck der Eigenrhetorizität der Tonalität, die Wagner um der (musikalisch immanent) semantischen Deutlichkeit willen konsequent, ja geradezu schamlos einsetzt. Man könnte von Prototypik sprechen, die Wagners Morphologie insgesamt durchzieht. Im Tristan sind die Intervallzüge I, II und III omnipräsent, und die motivische Qualität der Intervalle der kleinen Septime (fallend) und der kleinen und großen Sexte (steigend) ist gleichfalls nicht zu überhören.

Bsp. f

Kurth nennt die Intervallkonstellation III »Verhängnismotiv«[29] (Bsp. f[30]), meint mit dem Begriff ›Verhängnis‹ ein Handelnden als Unverfügbares gegenübertretendes objektives Geschehen und begründet es mit dem spezifischen Eigenwert des Hochtons, der den erwarteten chromatischen Lauf unterbricht (bzw. den Ton ais ersetzt), aber als Nebentoneinstellung der Ultima (c vorhaltig zu h) die Sicherheit und Wohlgeordnetheit des gleichförmigen Zuges von II sistiert und eine spannungsvolle Erwartung (größere

29 Zur ausführlichen Analyse vgl.: a. a. O., S. 501 ff.
30 Ein Halbton höher (und mit chromatisch versetztem Schlußton) als in Bsp. i.

Energie durch höheres Register, harmonische Vorhaltsbildung) konstituiert, der Wagner durch rhythmische Länge entspricht.

Lorenz[31] irrt nicht, wenn er die einzelnen Töne mit der Tonartensemantik des Tristan in Verbindung bringt. Die Rahmentöne *gis = as* und *c* verhalten sich symmetrisch zu den Binnentönen, gleichsam vorhaltig (*gis* ist Leitton von *a, c* phrygische Sekunde zu *h*). *As*-Dur und *c*-moll sind aber die Tonarten des Todes: als Todessehnsucht (Nachthymnus) und als reales Ereignis (Todesmotiv[32]); *a*-moll ist aber die beginnende Tonart, diejenige der Liebessehnsucht, *H*-Dur die beendende Tonart, diejenige der Liebesekstase, die zugleich ein Liebestod ist. Ob man das vertiefen, nämlich mit Kurth verbinden sollte, wonach erst der ›verhängnisvolle‹ Ton *c* aus dem Zusammenhang der Idealität (Sehnsucht) ein reales Ereignis machte, mag dahingestellt bleiben.

4. Vokabular der Akkorde

Harmonik, die individuierende Ausformung von Akkorden (vermöge aller Mittel der fortgeschrittenen Alterationstechnik) sowie deren Verbindungen untereinander[33], ist neben den rhetorisch-semantischen Potentialen des morphologischen Materials und der eher konnotierenden Orchestration, nicht nur der Ort einer stetigen Variierung, somit Verfeinerung, sondern vordringlich der psychologisierenden Konkretion der jeweilig intendierten Bedeutungen. Daher erklärt sich die schiere Quantität unterschiedlicher Akkordformen, aber auch Fortschreitungsmuster, die nicht mit dem Ring und auch nicht mit dem Parsifal verglichen werden kann. Den Tristan ›tiefen‹-psychologisch vermessen zu wollen, liefe auf eine ›emanzipierte Harmonik-Analyse‹ hinaus. Das ästhetisch radikal Einzelne kommt unter anderem hier ins Werk und erheischt strengste Kasuistik. Diese sei anhand von vier Beispielen gezeigt.

Bsp. g[1]

Das erste Notenbeispiel zeigt die Harmonisation der motivisch so bedeutsamen fallenden Septime im Blickmotiv beim ersten Auftreten sowie in der Reprise nach dem es-moll-Höhepunkt, einmal doppeldominantisch (also Dur), das andere Mal subdominantisch, in Moll. Die Töne *a* und *fis* sind

31 Alfred Lorenz, *Der musikalische Aufbau von Richard Wagners »Tristan und Isolde«* (Anm. 18), S. 177-180.
32 Das Todesmotiv endet nicht nur mit dem Motiv III, sondern die obigen vier Töne sind die Kerntöne des Motivs gleich zu Beginn: As ist Startakkord, A der überraschende Neapolitaner sowie der betreffende Ton in der Singstimme, die *c* und *h* folgen läßt.
33 Vgl. meinen Beitrag *Wagners Kompositionstechnik*, vor allem die Abschnitte zur Harmonik und Semantik.

chromatisch abgesenkt. Gehört wird die Abdunkelung nicht nur als Nachwirkung der entfernten Tonart, die zuvor herrschte, sondern als die ›andere Seite‹ der zuerst exponierten Bedeutung, somit als jene Bifurkation, die den gesamten Tristan durchzieht.

Bsp. g²

Notenbeispiel g² ist eine Ab-Verwandlung des Todesmotivs, das kurz zuvor exponiert wurde. Die Singstimme folgt diesem um eine große Terz höher transponiert in gebieterisch fallenden Oktaven. Die Tonart ist jeweils C, doch deren Geschlecht ist nicht mehr eindeutig: Der beginnende Hochton *e* ist zwar Durterz, der weitere Verlauf läßt aber auf Moll schließen, wohingegen die Ultima in Oktaven unbestimmt bleibt. Der überraschende Eintritt des As-Dur-Sextakkords wird sofort als neapolitanisch auf die Dominante (und damit auf das Todesmotiv) bezogen gehört, durch dessen Subdominante bekräftigt (anstelle des nochmals überraschenden potenzierten Neapolitaners im Todesmotiv), dann aber in C abkadenziert. Das Wort »Eigenholde« erhält somit eine individuelle, stark kontrastierende Farbe, die aber dennoch das Todesmotiv als Hintergrund mit-zitiert.

Bsp. g³

Dieses Notenbeispiel zeigt den Tiefpunkt von Markes (An)Klage in reinem es-moll. Der oktaverreichte Spitzenton (»mir«) wird zur dissonant kleinen None eines Akkords umgedreht, der keine kontextuelle Funktion hat (etwa dominantisch), sondern scharfe Dissonanz mit dem an sich ›konsonanten‹ Ton *es* kombiniert. Diese None löst sich auf – in den Tristanakkord (bezeichnenderweise auf das Wort »Hölle«).

Bsp. g⁴

$$D^{6}_{4}$$

Notenbeispiel g⁴ ist von besonderer Subtilität. Auf Markes Bitte um Erklärung antwortet Tristan kryptisch und doch zugleich wahrheitsgetreu »O König, das kann ich dir nicht sagen; und was du frägst, das kannst du nie erfahren«. Zitiert wird der Anfang des Dramas komplett, also mit beginnender kleiner Sexte. Jedoch wird die erreichte Dominante (E-Dur) verlängert und durch halbtönige Verschiebung zweier Töne in einen kadenzierenden Quartsextakkord überführt, der zwar funktional dominantisch ist, aber tongeschlechtlich als Moll (gis-moll), somit weich und konsonant gehört wird. Dieser Anhub einer (modulierenden) Kadenz bleibt aber folgenlos – nach einer Generalpause schreitet die Sequenz wie zu Beginn weiter. Das Moment des Fragens und Nicht-Beantwortens, des In-der-Leere-Stehens, der Folgenlosigkeit könnte nicht besser und nicht einfacher ausgedrückt werden.

III. Liebestod

Isoldes Liebestod, der Schluß des Tristan, hebt an, als ihre Halluzinationen vom »mild und leise« lächelnden Geliebten Brangänes Aufklärung nicht mehr erreicht. Mit dem Einsetzen des Sterbelieds verläßt Wagner abrupt die Sphäre der realen Welt, vermittlungslos[34], weil keine Vermittlung mehr möglich ist: Zurück bleiben Marke und Brangäne, er Tristan, sie Isolde verlierend. Der Umschlag zum ›Appendix‹ der Handlung beweist, daß dieser deren Substanz ist. Die Form ist zweigeteilt: Das Sterbelied, sich steigernd, und der Höhepunkt, der formal als Steigerung (»Tristansteigerung«) angelegt ist.

Aufbau der Steigerung (Sterbelied)

– 1. Strophe: T1-11 (Bsp. 8a)
– 2. Strophe: T12-25
   1. Abschnitt (T12-17) (Bsp. 8b); Hinzufügung neuen motivischen Materials: variiertes Tagesmotiv, III, Motivlinie 20 als Antizipation des Höhepunkts
   2. Abschnitt (T18-25) (Bsp. 8c); Sterbemotiv mit Verklärungsfigur im Taktwechsel; Bsp. 8d zeigt den jeweils zweiten Takt: zur Verklärungsfigur gesellen sich I, III und das variierte Tagesmotiv
– 1. Scharnier: Verkettung von III (T26) und II (T27/28) mit folgender Harmonik:

---

34 Im Gegensatz zum II. Akt – dort ist das Sterbelied in einen symphonischen Fluß eingebunden.

$\boxed{\text{cis}}$ (D^9_7) $S^{5\,4<}_{6\,3}$ | $S^{4<\,5}_{6\,3}$ $D^{4<\,5}_{7}$ | D^7_3 [tG] $\boxed{\text{H}}$ D^V $D^9_{5>}$

- 3. Strophe: T 29-38 (Bsp. 8f, 8g); Sterbemotiv nur noch zu Beginn, danach Durchführung der Verklärungsfigur in Intensivierung (Bsp. 8e): Abschwung auch augmentiert, Hinzufügung des Intervalls der kleinen Septime
- 2. Scharnier: T 38-43; melodisch sich steigernder Aufstieg mit II und III, Harmonik siehe Bsp. 8h.

1. Die Motivik des Sterbelieds (»Sterbemotiv«) ist die diatonisch befriedete Variante des Tristanbeginns: Die kleine Sexte wird zum schlichten Topos des melodischen Beginnens, zur aufsteigenden Quarte, Motiv I wird auf zwei Töne reduziert, Motiv II auf deren drei, jeweils diatonisch. Der Vorhaltsgestus, der dem pathopoietischen f des Beginns eigen ist, ist zum dezenten Quartvorhalt reduziert, die dissonante Linie von II zur konventionellen Aufstiegsklausel der Oberstimme eines phrygischen Halbschlusses. Chromatik bzw. Halbtönigkeit fehlt nicht, ist aber neutralisiert: Der Schritt g–ges ist ein totes Intervall, c zu ces im zweiten Takt eine unbetonte Durchgangsnote[35], der Baßschritt ces–b ist die phrygische Klausel, und die halbtönigen Verstrebungen zum Anfangsakkord der nächsten Sequenzstufe (b–ces, f–ges, d–es) sind ein redundantes Strukturmerkmal des Varianttrugschlusses.[36] Allein, Chromatik ist auch hier am Werke, aber nicht linear, als strebend-›leidende‹ Melodik, sondern, harmonisch, als Scharnier der Mediantik. Während Motiv α eine weiche Auflösung des dominantischen Quartsextakkords vollzieht, ist Motiv β ein phrygischer Halbschluß von es-moll, was eine überraschende Wendung nach Ces-Dur (sowohl von As als auch von es terzweise entfernt) impliziert. Diese Mediantik bestimmt den weiteren Fortgang: sowohl der Sequenzstufen (as, ces, d, f, as [Kleinterzzyklus]) als auch unmittelbarer Akkordpaare (C [T 6] – As [T 7]; G – B [T 10] etc.). Die syntaktische Anlage ist streng satzartig: zweitaktiges Modell, dessen Sequenzierung, danach weitere Sequenzen taktig, hierbei beim dritten Mal Motivengführung und lineare Steigerung im Takt 8 (verlängerter Motivzug β) auf den Hochton as (harmonisiert mit dem Tristanakkord[37]), worauf ein harmonisch komplexer Nachsatz folgt. T 9/10 wagen sich bis zur entfernten Tonart g-moll (VII°) vor, T 11 ist eine Variante des entscheidenden Ausschnitts aus dem Todesmotiv: As-Dur (mit fallender Oktave in der Singstimme) sowie dessen Untermediante Fes-Dur (ähnlich leuchtintensiv wie der einstige potenzierte Neapolitaner). Dieses Fes-Dur verhält sich subdominantisch zum nachfolgenden Ces-Dur, so daß sich der Kreis bei T 3 schließt.

2. Die zweite Strophe (jetzt auf der endgültigen Tonart H-Dur anhebend) sequenziert das Sterbemotiv sogleich taktweise und verläßt beim dritten Mal

---

35 An der entsprechenden Stelle des II. Akts verläuft diese Linie analog nach oben: des–d–es.
36 Dieser liegt sozusagen nur tonartlich vor, nicht kraft der entsprechenden Baßführung.
37 In der seltenen Verwendung als verkürzter großer Dominantnonakkord.

den harmonischen Plan, erreicht G-Dur (siehe 1. Strophe), führt mittels zentraler Motive (Bsp. 8b) die Linie fort (wobei auffällig ist, daß der melodischen Sequenz [T 15/16] keine harmonische entspricht) sowie harmonisch in höheren Kreuztonarten zurück und integriert in die fallende Linie des halbschließenden Schlußtakts den Motivzug von Motiv 20 als erster Antizipation des Liebestod-Höhepunkts. Der zweite Abschnitt (Bsp. 8c), zwei Eintaktmotive kombinierend (Motiv α und die Verklärungsfigur [Bsp. 8d]), beginnt auf der Stufe *h*, sequenziert halbtönig nach oben (*h–c–cis* bzw. *a–b*), wobei harmonisch die Stufenverbindung fallender Ganztöne auffällig ist[38] (Ausnahme in T 23, wo die Verklärungsfigur auf eine neue Oberstimme versetzt wird).

3. Die dritte Strophe besteht aus einem Auf- (Bsp. 8f) und einem Abschwung (Bsp. 8g). Ersterer hebt mit dem Sterbemotiv an, das aber sofort intervallisch gedehnt wird, die Hochtöne *gis, a* und *h* anstrebend[39], dabei um der Deutlichkeit willen eine Stufensequenz (II. Stufe zu III.) nicht verschmähend. Der Abschwung arbeitet mit der Verdichtung der Verklärungsfigur und von deren Abschwung über die große Sexte (Bsp. 8e), über Sekundakkorde vermittelt ganztönig absteigend, um darauf kraft des zweiten Scharniers wieder harmonisch dominantenreich aufzusteigen.

Die kleine Sexte, mit der der Tristan zu Beginn anhebt, wird fürderhin konsequent vermieden und stets durch die große Sexte ersetzt.[40] Aus dem streng chromatischen Ausgangsmaterial werden statt dessen die chiastisch eingebundene Terz (III) und vor allem die kleine Septime, später auch die große Sexte als Gegenbild zur pathopoietischen gewonnen. An einer entscheidenden Stelle kehrt die kleine Sexte aber wieder zurück. Angekündigt ist dies im Vorspiel des III. Akts, wo in die polyphone Fakur der dissonanten Variante des Schmerzensmotivs der melodische Aufschwung der kleinen Sexte zu einem *harmonischen* Vorhalt der kleinen Sexte hineingewoben wird (*g–es–d* [T 30/31]). Die Schlüsselszene ist jedoch Tristans Traumvision der »ach so schönen Isolde«, ein Abschnitt, der in E-Dur, einer Tonart steht, die, weil sie exklusiv für diesen Part ausgespart ist, Lorenz dazu verführte, sie als die eigentliche und unterdrückte Haupttonart des gesamten Dramas anzunehmen.[41] Bsp. 9a

---

38 Hierin verbirgt sich strukturell Wagners Neigung zur ›regelwidrigen‹ Abfolge von Dominante und nachfolgender Subdominante (vgl. den Beginn des Höhepunkts [T 44]).

39 Der nächstfolgende Ton (*cis*) wird der Hochton des Höhepunkts sein, den Wagner von der drei- zur viergestrichenen Oktave crescendieren läßt.

40 Einzige Ausnahme ist die wörtliche Reprise in der Schlußszene des II. Akts (siehe Bsp. g⁴).

41 Vgl. Alfred Lorenz, *Der musikalische Aufbau von Richard Wagners »Tristan und Isolde«* [Anm. 18], S. 173 ff. Die These, der Tristan sei nichts als ein riesiger auskomponierter Halbschluß (s [a-moll] nach D [H-Dur]) ist verführerisch und entbehrt keineswegs der Plausibilität. Denn auffällig ist nicht nur die exzeptionelle Bedeutung von Tristans Vision der »ach so schönen Isolde« in E-Dur, sondern die Subtilität des Schlusses: Die Oboen führen ihre Linie zur Terz der Schlußtonart H-Dur und halten den Ton *dis* über die abgesetzten Schlußakkorde des übrigen Orchesters hinweg (in dessen vertikaler Struktur dieser Ton besonders deutlich zur Geltung kommt), so daß zwischen dem vorletzten und dem letzten Takt dieses *dis* sich geradezu verselbständigt: als sinnliche Terz in Dur, aber auch als ein Ton, dessen dominantisches Wesen

zeigt das letzte Auftreten der großen Vorhaltsgeste auf die Worte »Ach Isolde, wie schön bist du!«. Konstitutiv ist die polyphone Kombination zu Beginn: das Liebesumarmungsmotiv sowie das variierte Tristanmotiv (I) mit der kleinen Sexte[42], die aber, als Bestandteil eines Durdreiklangs, gerade nicht pathopoietisch ist. Der Vorhalt (»Isolde«) besitzt eine harmonisch-intervallische und spannungsenergetische Ambiguität: Einerseits ist er, bezogen auf den Baß-Orgelpunkt-Ton *e*, die schmerzenreiche dissonante große Septime, im Verhältnis zur doppeldominantischen Harmonie aber die weiche, nur mild, weil auffassungs-dissonante große Sexte, die, als Vorhalt, auch kurz am Ende des Liebesumarmungsmotivs berührt wurde. Nach einem chromatischen Niedergleiten kommt bei den Worten »wie schön bist du!« die Phrase halbschlüssig zu Ende, wieder mit einem Vorhalt, dem Ton *cis*, als Nonvorhalt der Dominante, aber auch als melodische VI. Stufe der Grundtonart, mit jenem *cis*, das zum Zentralton des Liebestodes wird. Dieser Ton wird über das Motiv III erreicht, dessen »Verhängnishaftes« (Kurth) durch die Verdurung (Vergrößerung zur großen Terz) vollständig verbannt ist.

Damit sind die wesentlichen Vermittlungsschritte vollzogen: Überwindung des pathopoietischen Charakters der kleinen Sexte und des Verhängnischarakters des Motivs III, Situierung der Tonart E-Dur, die Entfaltung der großen Sexte auf mehreren parametrischen Ebenen (Vorhaltsgröße, melodische Stufe) und die Einführung des *cis* als zentralen Tons. Mit genau diesen Elementen arbeitet der Höhepunkt, der eigentliche Liebestod.

Melodisch abgeleitet von Motiv 20, ist er antizipiert in der Einleitungsszene des II. Akts (»daß hell sie [die Leute] dorten leuchte«), mit reinem a-moll einsetzend (erst der dritte und fünfte Ton sind Vorhalt: nämlich 6–5 und 4–3, wie später der Liebestod) (Bsp. 9b). In der späteren ›korrekten‹ Harmonisierung (A-Dur, Bsp. 9c) erscheint das Motiv, eingeleitet durch eine chromatische Linie im Anschluß an das Sehnsuchtsmotiv, an einer Schlüsselstelle: kurz vor Beginn des Nachthymnus, als »Tristan Isolde sanft zur Seite auf eine Blumenbank niederzieht«. Sterbelied und »Tristansteigerung« im II. Akt sind dem dritten analog, jedoch mit der alles entscheidenden Differenz, daß just, wenn der Hochton *cis*[4] erreicht wird (beide singen das Wort »Liebes*lust*«), die Faktur kraft eines dreinfahrenden verminderten Septakkords zusammenbricht. Genau dies ist in Isoldes Liebestod des III. Akts natürlich nicht der Fall, der den Ton auf dem Wort »Welt« erreicht, freilich um den Preis, daß sie allein singt, ihre Transfiguration vollziehend. »In dem

---

unüberhörbar wird (Bsp. 2f). Ist der Tristan aber ein Halbschluß, eine rhetorische Figur der Frage, dann wird das transgredierende Moment des Liebestodes genauso realisiert wie die Ambivalenz, die in der Enharmonik des Schlusses liegt: Das H-Dur der rauschhaften Ekstase ist zugleich, rechnet man den Beginn der Schlußsteigerung vom tatsächlichen As-Dur (mit einer enharmonischen Verwechselung von Ces und H, einem Kleinterzzyklus und einer absteigenden Ganztonleiter als Sequenzmechanismus) aus, ein Eseseseses-Dur, sicherlich eine äußerst weit entfernte Region der Weltverneinung.

42 Dies ist strategisch vorbereitet: Zuvor waren es große Sexte, Oktave und wieder große Sexte.

wogenden Schwall, in dem tönenden Schall, in des Welt Atems wehendem All, ertrinken, versinken, unbewußt, höchste Lust«.[43] Der Höhepunkt hat folgenden Aufbau:

- zweimaliges Motiv α (T 44) im Register der zweigestrichenen Oktave (*cis³*)
- danach Fortspinnung (»Tristansteigerung«) über 13½ Takte, Hinaufschrauben (anfänglich chromatisch, dann diatonisch: *gis–a–ais–h–c–cis–dis–e–fis–[g]–gis*)
- ›eigentlicher‹ Höhepunkt: Motiv eine Oktave höher (*cis⁴*), augmentiert, Vorhalte gedehnt, zweimal (= vier Takte), danach Abgang mit dem gr 6-Abschwungsmotiv aus der Verklärungsfigur bzw. transponiertem α (*e³, a³, cis³, cis²*)
- Schluß mit Grundmotivik und Tristanakkord (vgl. Bsp. 2f)

Bsp. 9d zeigt die harmonischen Verhältnisse des Höhepunktsmotivs α. Der Dominante folgt die Subdominante, die eben deswegen ihre Leuchtkraft um so stärker entfalten kann[44]: auf den Ton *cis*, der VI. Stufe von E-Dur, gestisch als Vorhalt, aber als weichestmöglicher, da die große (!) Sexte auch als Akkordbestandteil (sixte-ajoutée) gehört werden kann. Das harmonische Pendel geht plagal zur Tonika zurück, aber mit geringer Gravitation, da sie Sextakkord ist, ebenfalls mit dem harmonischen Vorhalt der großen Sexte, doch mit der Variation, daß er, im Verhältnis zum Baß, ein Quartvorhalt ist. Es ging Wagner um melodische Vorhalte, denen alles Dissonante genommen ist.[45]

*

Die Dialektik von Liebe und Tod, einer Leidenschaft, die sich selber entgrenzen und darum in ein Unendliches transzendieren möchte, allegorisiert der Liebestrank (das Quidproquo des Todestranks), der den Ausweg aus der Aporie einer gesellschaftsnonkonformen Liebe zeigt: Zunächst ein aphrodisierendes Mittel, aus Staatsräson Zuvermählende verliebt zu machen, bei Gottfried von Straßburg jedoch bereits eines, eine sozial illegitime Liebe zu entschulden, wird er von Wagner konsequent mit dem Todestrank schicksals- und verhängnisvoll verbunden, durch das Todesmotiv. Der zweite Akt reflektiert gleichsam die Dialektik, die »Frau Minne« durch die Verwechslung erzwang, wobei die Interpolation der »Nacht der Liebe« in die reale Welt dramaturgisch jene Katastrophe herbeiführt, die nur sichtbar macht, was ohnehin bereits feststeht, nämlich daß der Liebestrank, der im ersten Akt für Tristan und Isolde subjektiv ein Todestrank war, auch objektiv werden müsse, um die Liebe in einer transpersonalen Synthesis zu perpetuieren. Dies vollzieht der letzte Akt, in dem Tristan nun, der bewußt verblutend Isolde empfängt, sich den Liebestod gibt, damit auch sie, in dessen Anblick, sich den ihren geben könne. Dazwischen ist die Gesamtszenerie angesiedelt

---

43 Alle postmoderne Esoterik, Klangkosmotik und Medienästhetik müßte daran Gefallen finden, wäre denn Isoldes Hingang nicht eine symbolische Handlung, die Katharsis hervorrufen soll, also gerade keine ›konkrete‹ Handlungsanweisung.

44 Ein Mittel, das Wagner häufig einsetzt (vgl. die Ultima des Abschieds von Siegfried und Brünnhilde).

45 S$^{5/6}$ ist eben *auch cis*-moll, T$_3^6$ *auch gis*-moll.

zwischen den Extremen radikaler Expressivität und radikaler Impressivität, den beiden Seiten fortgeschritten selbstmächtiger Subjektivität.

Isoldes Liebestod ist allerdings Supplement keineswegs im musikalischen Sinne, sondern ein Ergebnis gewisser (An)Verwandlungsprozesse des musikalischen Materials und der Auseinandersetzung expressiver und impressiver Tendenzen. Die eminente Rolle der Sextgröße sei nochmals angesprochen. Das Werk hebt mit der klagenden kleinen Sexte an, der im Fortgang keinerlei motivische Bedeutung mehr zukommt und die von der entwickelnden Variation gleichsam überwältigt wird. Deren Semantik – das Pathopoietische – wird statt dessen von der Chromatik, zumal der aufsteigenden, übernommen. Das tragische Element wandert so in die musikalische Tektonik ein: in den Diskursivitätstypus der Chromatizität. Am Ende des Werks kehrt die kleine Sexte wieder, anverwandelt wie die große Sexte, der im Liebestod das Weltzugewandte, Bejahende genauso abgeht wie jener das Leidensmäßige. Katharsis hat anscheinend auch das musikalische Material erfaßt. Die Mediantik des Sterbelieds und die herausstechenden Akkordverbindungen in ihrer klanglichen Leuchtwirkung verwirklichen das Impressive, das Gesangliche daran und mehr noch die spätere Verklärungsfigur, aber auch die strebend aufwärts gerichtete Steigerung das Expressive. Der Höhepunkt ist eine Versöhnung beider Momente: das Spannungsvolle und das weich Gleitende, das erhebend Große des viergestrichenen *cis* und die Klarheit des kadenziell einfachen S–T-Wechsels, die Sexte als Vorhalt und als melodischer Stufenton – all dies ist einander angeähnelt, um einer Differenzlosigkeit willen, wie sie nur einem Danach von Subjektivität entsprechen kann.[46]

Dieser Übergang Isoldes ist einer in die Musik. Als kosmisch geweiteter Klangraum interpretiert, wäre sie freilich entleert und, strengen Sinnes, Kitsch: Musik, zumal die des Liebestodes, ist bei weitem und stets mehr als bloßer Klang, ein angeblich subjektfremdes Substrat.[47] Sondern alles, was zu hören ist, die plasmatische Kohärenz des sinnlichen Materials *und* die morphologisch-prozessuale Konsequenz der kompositorischen Vorgänge bis hierher sind Ausdruck von Subjektivität. In Analogie zur Projektion, die hier genau nicht vorliegt, könnte man von Ejektion sprechen – die Musik ist Entäußerung des Subjekts im Augenblick seiner Auflösung ins Nichts, das parallel zu dieser der Musik völlig weicht. Musik ist somit Nachfolge, nicht Ersatz, Vor-Bild einer Selbstüberwindung der Subjektivität aus eigengeleisteter und real nie erfüllbarer Sehnsucht nach dem, nach einem Anderen.

---

46 Einem Danach, keinesfalls einem Statt-dessen, was auf eine reaktionäre Deutung des Tristan hinausliefe.
47 Es ist auch keinesfalls der Fall, daß der Tristan mit seinem gegenüber dem Ring reduzierten Orchester stets auf den vollen Orchesterklang ginge (der Höhepunkt des Liebestodes hat ein einfaches Forte, auch wenn eine ganze Aufführungsgeschichte dem widerspricht), zumal Individualfarben (Englischhorn, Solobratsche etc.), konkretisierende Analoga zum menschlichen Singen, besonders auffällig sind.

IV. Der Schluß des Parsifal: Erlösung im Klang

Wagners Alterswerk endet mit den Worten »Erlösung dem Erlöser«. Parsifal hat durch das Zurückbringen des Speers, die Taufe Kundrys und die Erlösung Amfortas' die Weltordnung, die durch manichäische Gegenkräfte aus dem Lot gebracht wurde, wiederhergestellt – ein Geschehen höchster Abstraktheit im doppelten Sinne. Zum einen liegt die Handlung des Dramas – anders als im Ring, dessen Welt sich immerhin, nämlich als Vor-Welt, lokalisieren läßt – nur noch in einem imaginierten Raum konzeptueller Identität, zum anderen sind die ›handlungs‹-antreibenden Vorkommnisse rar und, wie der Kuß, aufs Elementare reduziert. So sicher die Handlung sich schließt, wenn Parsifal den Schrein zu guter Letzt enthüllt, so offen bleibt die Zukunft: Weder mag man sich vorstellen, wie das Leben der Rittergemeinde weitergeht, noch, ob jene Dezennien, die offensichtlich zwischen dem ersten und dritten Akt liegen, realchronologische Ausschnitte aus einem Weltgeschehen sind oder nur einfach Entfernung markieren.

Wagners reifes und spätes Werk insgesamt kreist um das zentrale Thema der Erlösung. Der Ring durchschreitet sich selber als Welt – Kosmos wie Innenwelt und Seele – im Prozeß der Läuterung von Macht zugunsten von Liebe. Wotan als Figur dieses Prozesses wird dabei von mehreren Frauengestalten gleichsam versorgt: Brünnhilde, Freia, Fricka, natürlich Erda und in gewisser Hinsicht auch Waltraute. Doch am Ende sterben alle, weil der ›neue Mensch‹ Siegfried noch nicht der Treue – zu sich wie zu Brünnhilde – fähig ist. Der Ring ist somit ein Gleichnis für das Davor des Danach. Wagner bedurfte darum, und vorher sollte er, so will es einen bedünken, nicht sterben, eines weiteren Anlaufes, Erlösung zu inszenieren: Parsifal ist nur noch Innenwelt, begleitet nur noch von Kundry als Inbegriff dessen, was Frau überhaupt sein kann. Er entsagt nicht der Macht, die als Problem zurücktritt, sondern des Sexus als sinnlicher Verführung zugunsten des Mitleids als bewußt gemachter moralischer Sendung. Er überlebt und mit ihm die Welt, aber zugleich als einer, der ebenso noch der Erlösung bedarf. Wagner kennt auch hier keinen endgültigen Abschluß.

Erlösung, in Wagners Bühnenkonzeptionen immer schon eines der zentralen Themen, doch stets als die eines einzelnen Subjekts aus einem Schicksalszusammenhang (Holländer) oder nach einem Scheitern (Elsa, Brünnhilde, Isolde etc.), wird zum grundsätzlichen Thema nur in jenem letzten Werk, an das Wagner fast ein Leben lang dachte und das unerschütterlich – mitsamt der Bayreuther Premiere – in seine Arbeitszeit fallen sollte. Wagner hat kein Fragment, wie Berg, Benjamin oder Adorno, hinterlassen. Wagner verabschiedet sich mit dem Thema des ewigen Abschieds, mit der Erlösung, die die Perspektive bloßer Versöhnung weit übersteigt. Erlösung im Parsifal – das ist nicht nur die des Menschen, sondern auch die der Natur, die als entsühnte den Menschen aus dem Banne der Naturbeherrschung zu befreien vermöchte, deren Allegorie Parsifals Schuß auf den Schwan, ein Akt der Herrschaft über das Leben, bildet. Ist aber Erlösung derart radikal gefaßt, dann stellt sich die Frage nach dem künstlerischen Medium, das dies vermöchte. Mochte Wagner in der Zeit des Zürcher Exils noch an eine innerweltliche Lösung des Problems der Erlösung, nämlich an die das Einzelsubjekt transzendierende leibliche Liebe zwischen Mann und Frau, gedacht haben, so mußte, nachdem deren ›prälogische‹ Vorbedingung (Ring), deren Scheitern (Tristan) und deren Glücken (Meistersinger) bereits künstlerisch bewältigt waren, diese Thematik grundlegender angegangen werden. Dies heißt aber auch, daß die Lösung nicht mehr in der Handlung selber liegen kann, sondern auf etwas Abwesendes verweisen muß. Nichts liegt näher, als hierfür das immanentistische Medium der Musik zu bemühen.

Der Schluß des Parsifal ist eine Apotheose der Subdominante, eine Potenzierung des Plagalen. Dieses As-Dur ist das letzte, was Wagner komponierte; es vereint alle Optionen des Subdominantischen, der Gegenkraft zum Funktionalen in der dualistisch organisierten Tonalität, des Klangautonomen gegenüber dem Gerichteten, des Impressivistischen gegenüber dem Verweisen. Ähnlich dem Ur-Anfangen im Rheingold, werden hier am Ende Raum und Zeit, die beiden Prinzipien, die im Parsifal grundlegend neu von Wagner geprüft wurden, vereint: Raum als homogener Klangraum, Zeit als Dauer, als Ausdehnung ohne Teleologie. Der Leitton fehlt – das unterscheidet den diatonischen Schluß vom diatonischen Anfang des ersten Akts und unterscheidet ihn von Isoldes Liebestod, der wie alles Hochromantische zwar plagal schließt, aber das chromatische Sehnsuchtsmotiv in die Kadenz verwebt. Wagner, der das Archaische – die sakrale Sphäre des Glaubens- und des Gralsmotivs – mit dem Progressiven – der Impressivität – tendenziell differenzlos verschmilzt, visiert einen Neubeginn an, nicht als Ausgang nach einem Untergang, sondern als Freiheit qua Unbestimmtheit.

Nietzsche, für den, obwohl längst ein Anti-Wagnerianer, jene letzten Worte sein »Leitmotiv«[1] waren, hat 1887 die unerhörten Dimensionen von Wagners letztem Werk erkannt. »Hat Wagner je Etwas *besser* gemacht? Die allerhöchste psychologische Bewußtheit und Bestimmtheit in Bezug auf das, was hier gesagt, ausgedrückt, *mitgetheilt* werden soll, die kürzeste und direkteste

---

[1] Vgl. Friedrich Nietzsche, *Brief vom 24. August 1888*, in: ders., *Sämtliche Briefe. Kritische Studienausgabe*, Bd. 8, hg. v. Giorgio Colli u. Mazzino Montinari, München 1986, S. 398. (Vgl. aber: »Wenn Wagner zum Erlöser werden konnte, Wer erlöst uns von dieser Erlösung?« [Nietzsche, *Nachgelassene Fragmente 1887-1889*, in: Kritische Studienausgabe, Bd. 13, hg. v. Giorgio Colli u. Mazzino Montinari, München 1988, S. 243])

Form dafür, jene Nuance des Gefühls bis aufs Epigrammatische gebracht; eine Deutlichkeit der Musik als descriptiver Kunst, bei der man an einen Schild mit erhabener Arbeit denkt; und, zuletzt, ein sublimes und außergewöhnliches Gefühl, Erlebniß, Ereigniß der Seele im Grunde der Musik, das Wagnern die höchste Ehre macht, eine Synthesis von Zuständen, die vielen Menschen, auch ›höheren Menschen‹, als unvereinbar gelten werden, von richtender Strenge, von ›Höhe‹ im erschreckenden Sinne des Worts, von einem Mitwissen und Durchschauen, das eine Seele wie mit Messern durchschneidet – und von einem Mitleiden mit dem, was da geschaut und gerichtet wird. Dergleichen giebt es bei *Dante*, sonst nicht.«[2]

Diese kurze Briefnotiz bündelt konzis das Einmalige des Parsifal: die Konzentration des Beschriebenen, Dargestellten, eine Strenge und Kanonizität, die, genauso wie Wissen und Bewußtheit, nur von einem Alterswerk ausgehen mögen, das Mitleid, das schließlich zum Fokus wird (nachdem es bei Marke, Sachs, Elsa, Senta, Brünnhilde vergeblich, bemüht, überfordernd und schicksalserlegen war), aber auch – höchst modern gedacht – eine Konstellation (›Synthesis‹) des allem Anschein nach Unvereinbaren. In der Tat ist der Parsifal ein Metawerk, nicht etwa ein Zuspitzen wie beim späten Schubert oder ein Ausdehnen eines neu erlangten Plateaus wie im Spätwerk der Spätwerke, bei Beethoven, sondern eine Zurückschau. Die Momente der Wagnerschen Sprache – Umsetzung der Tonalität als eines Systems – werden dissoziiert (wohingegen sie im Tristan regelrecht amalgamiert sind) und in eine Statik montiert, in der die Teile zwar noch harmonisch moduliert, aber nicht – wie im Ring – über ein virtuell permanent anwesendes Netz zahlloser Leitmotive oder – wie im Tristan – über eine durchgängige, die Übergänge besonders gleitend verbindende Chromatizität vermittelt werden. Das Epische, Deskriptive, Narrative des Parsifal erzeugt Länge, Ausdauer, ein langsameres Tempo, das die Kühnheiten der harmonischen Sprache abermals – nämlich gegenüber dem Tristan – zu steigern und zugleich das klanglich-impressive Moment generell zu profilieren erlaubt. Die Partitur – höchst subtil selbst in den Simplizitäten und avanciert zugleich – ist eine leise, gemessene.

Gibt es ein Tristaneskes – es tut sich vor allem in der Harmonik kund –, so gibt es auch ein *Parsifaleskes*, die spezifische Ästhetik dieses und nur dieses Werks als Konfiguration technischer Größen. »Zum Raum wird die Zeit« – was Gurnemanz Parsifal bedeutet, der nicht verstehen kann, ist das Prinzip des Werks: Zeit wird, mit allen kompositorischen Konsequenzen, verlang-

---

[2] Nietzsche, Brief vom 21. Januar 1887, in: ders., *Sämtliche Briefe. Kritische Studienausgabe*, Bd. 8, a. a. O., S. 12 f. Man bedenke, daß Nietzsche, der gleichwohl den von Wagner persönlich signierten Klavierauszug nicht bloß zur Ablage im Regal besaß, lediglich das Vorspiel gehört hat – in den Briefen der Jahre zuvor betont er trotzig und anti-»cagliostricistisch«, daß es ihm ganz recht sei, diese Musik nicht hören zu müssen (schließlich blieb die erwartete Einladung nach Bayreuth aus) –; dieser Panegyrikus gleicht einer Explosion des Verdrängten.

samt, Raum zum Gefüge all dessen, was Wagner je musikalisch hervorbrachte; dessen ungeachtet: jeder Takt klingt wagnerisch (das Geheimnis seiner Musik insgesamt), und doch ist der Parsifal durchgängig ein Danach, die Reflexion des schon Vorgekommenen.

Die Parsifalharmonik arbeitet mit vier deutlich diskriminierten harmonischen Bezirken: dem choralartig-archaisierend-modalen, dem diatonisch-funktionalen, dem chromatisch-alterationsharmonischen und dem emanzipativ-impressivistischen. Der erste gehört der Semantik der Sakralität an, so das Glaubensmotiv, das Gralsmotiv, zumal wenn es modal harmonisiert ist[3]; das Liebesmahlmotiv zählt, wenn auch nicht modal harmonisiert, aufgrund des gregorianischen Duktus und des melischen Rhyhmus ebenfalls dazu. Der diatonisch-funktionale Bezirk (etwa Toren-, Parsifalmotiv) stellt gleichsam die Mitte dar, das tonale Zentrum, ist semantisch eher neutral, unter Umständen als ›Sozialität‹ zu deuten. Der alterationsharmonische Bezirk – Wagners Konstante – stellt, das ist das Entscheidende, nur einen unter mehreren gleichberechtigten Bezirken dar, der, wie stets, der Psychologie, und dies heißt im Parsifal: Schuld, Leid, Sexualität/Trieb, Macht, Zauber zugehört; die Motive Klingsors, Kundrys und Amfortas' zählen hierher. Technisch umfaßt werden die Errungenschaften des Tristanstils genauso wie die erweiterte Mediantik und der fortschreitende Ausbau des Terzturms.[4] Ein vierter Bezirk, der sich bei Wagner in Brangänes Wachtgesang oder im zweiten Teil der Venusbergmusik ankündigt, wird im Parsifal vorangetrieben; fast möchte man von Wagners letzter Innovation sprechen, an die Debussy nur anzuknüpfen brauchte. Es ist die impressivistische Klanglichkeit, die den Parsifal insgesamt bestimmt und darin ein eigenes Terrain ausprägt, wie in der Morgenpracht, in der Blumenaue und der Blumenmädchenszene. Deren Semantik gilt der Natur.[5]

Im Parsifal sind diese Bezirke konstelliert, nicht wie im Tristan verschmolzen, dessen ›Stil‹ in den zweiten Akt eingegangen ist, der symmetrisch eingebunden, somit gleichsam gebändigt ist von zwei Rahmenakten, deren ›Entwicklung‹ die Entsühnung der Natur ist; der Charfreitagszauber ist das Resultat der Überwindung des zweiten Akts. Die Differenzen zwischen diesen Bezirken sind nicht antagonistische; Dialektik ist suspensiert. Sie koexistieren autonom und werden von Wagner situativ plaziert, ohne energetische (also formale und dramatische) Spannungen aufzubauen; darum ver-

---

3   Vgl. III. Akt, T 222 ff.
4   Mit der Konsequenz, daß Fünfklänge fast schon zum Normalfall und dies heißt auch: nicht mehr orthodox (oder vielmehr nur noch in Graden) auflösungsbedürftig werden.
5   Die Semantiken dieser vier Bezirke bilden ein Quadrat mit zwei Dualismen: Auf der Seite des naturalen Körpers stehen sich Psyche (Schuld) und Natur (Unschuld), auf der des ›Geistes‹ Sozialität (profan) und Sakralität (außerweltlich) gegenüber. Technisch betrachtet liegt eine parallele Ausdifferenzierung vor: Dem diatonisch-funktionalen Modus gesellt sich der modale (gleichsam als historischer Vorläufer), dem chromatisch-alterationistischen der impressive (beide bilden die zwei Seiten der »romantischen Harmonik« à la Kurth).

mögen deren Semantiken um so verbindlicher zu wirken: mit Nietzsches Wort direkt. Solche Konstellation hat etwas von der Perspektive der Vogelschau, wäre nicht umgekehrt das Moment der klanglichen Präsenz, der physischen Gegenwärtigkeit des sinnlichen Materials derart überwältigend, daß sich ein Gefühl eines Darüberseins schwerlich einstellen kann. Wagner verfolgt eine Doppelstrategie: Zum einen intensiviert er das körperliche Zugegensein, zum anderen zwingt er den Hörer zu größerer Reflexionstätigkeit, der nicht nur einen harmonischen ›Stil‹, sondern deren vier muß überschauen können. Zugleich hat alles Geschehen, selbst die exzitierenden Passagen der Kundry, etwas von Zeitlupendarstellung. Das Geschehen ist nicht etwa ausgedünnt, es findet eine Umwertung der expressiven und impressiven Anteile der Harmonik, ja, der gesamten mise en musique statt. Das macht die Identität des letzten Werks Wagners aus.[6] (Das Tagesmotiv aus dem Tristan kehrt beispielsweise über ein Binnenmotiv des Liebesmahlthemas wieder und beherrscht streckenweise den Diskurs[7]; ein Eindruck motivischer Entsprechung, also eine Allusion an den Tristan, kann sich aber kraft des langsameren Tempos nicht einstellen.[8])

Gleich der Tristanharmonik lebt die parsifaleske von *einem* strukturierenden Intervall. War es im Chef d'œuvre der »romantischen Harmonik« der Halbtonschritt, der bald auf-, bald absteigt, der bald diatonisch, bald chromatisch ist und diese vier Möglichkeiten zum System kombiniert, so konstituiert die Terz die Parsifalharmonik. Auch diese kann steigen und fallen, aber mehr noch kann sie kleine oder große Terz sein (bzw. neutral, d. h. dem diatonischen Kontext gemäß). So fällt der Baß des Gralsmotivs in (diatonischen) Terzen, das Liebesmahlmotiv wird im aufsteigenden Trigon (As-Dur, c-moll, e-moll[9]) gesetzt, das Glaubensmotiv im aufsteigenden Kleinterzzyklus (As-Dur, Ces-Dur, Eses-Dur) exponiert, das Klingsormotiv harmonisiert ein absteigendes Trigon (h-moll, g-moll, es-moll, h-moll). Es sind die bis zu Kombinationen ohne gemeinsamen Ton (etwa C-Dur/as-moll) reichenden erweiterten Terzbeziehungen, die Wagner (wie nie zuvor in seiner Musik) kultiviert. Das System der fortgeschrittenen Funktionalität, der schrankenlosen Modulatorik, der Alterationen und Nebentoneinstellungen, der Chromatik und der Dissonanzen hatte Wagner längst elaboriert und in einen Stil integriert, der für bald ein halbes Jahrhundert von den Komponisten unerreicht blieb. Doch zwei harmonikkonstituierende Intervalle blieben dem Parsifal vorbehalten:

---

6 Die Frage drängt sich auf, woran man die ›Identität‹ eines Werks im spontanen Hören erkennen kann. Die klassische Antwort – die Konzentration des motivisch-thematischen Materials – mag im Tristan vermöge des Halbtons zutreffen, wird aber schon im Ring angesichts der *temporalisierten* Fülle der Materialien äußerst prekär, im Parsifal angesichts jener vier Bezirke geradezu hinfällig.

7 Vgl. III. Akt, T 671/672.

8 Selbst der Tristanakkord, der die Kußszene einleitet (II. Akt, T 987), wird nicht spontan als dem Tristan zugehörig apperzipiert.

9 Als Binnenstufe in der zweiten Strophe (I. Akt, T 22).

die Terz und der Tritonus, den Wagner im dritten Akt, zu Beginn im Diskurs der Öde und in der Verwandlungsmusik entwickelt. Die Mediantik, sofern sie gerade nicht leitereigen ist, begreift den Halbtonschritt ein, nämlich als Stimmführungs-, als melodisches Element: Man vergleiche die Oberstimme in der Wendung Ges-Dur/eses-moll (II. Akt, T 1050) oder die chromatische Variante des Glaubensmotivs etwa in der Amfortasklage, einer der avanciertesten Stellen der gesamten Partitur (Des-Dur/f-moll/As-Dur/Fes-Dur[10]). Mittels dieser Beziehung zwischen dem Halbton und der Terz (deren beide Intervallgrößen wiederum chromatisch vermittelt sind) vermag Wagner den (innovativen) Materialbereich erweiterter Terzbeziehungen in seine musikalische Sprache zu integrieren.

Des weiteren arbeitet die Parsifalharmonik mit einem ingeniösen Ineinander von Simplizität, Subtilität und Avanciertheit[11] sowie der Ausreizung des tonalen Ambiguitätspotentials. Dieses zeigt sich zum einen im Aspekt harmonischer Mehrdeutigkeit, der die Akkordsprache tendentiell insgesamt erliegt und die bereits im Tristan (zweites Todesmotiv) an die Grenzen tonaler Erklärbarkeit führte, zum anderen im Aspekt der Polyvalenz, der Verschmelzung zweier (oder mehrerer) harmonischer Eindeutigkeiten in *ein* Phänomen. So ist das Schluß-C-Dur des ersten Akts zwar lokale Tonika, zugleich aber auch Neapolitaner (also ein Subdominantisches) des vorigen Torenspruchs (und des folgenden II. Akts). Und so sind viele der Akkorde zugleich relativ einfache Typen, wenn man sie isoliert oder enharmonisch geglättet betrachtet, und doch Nebentoneinstellungen komplizierterer Struktur.[12] Dies erklärt Wagners virtuosen Umgang mit Scheinkonsonanzen, wie im Zauber- oder Rittmotiv, deren konsonante Binnendreiklänge in Wahrheit Nebentoneinstellungen der tragenden Vierklänge darstellen.[13] Wagners ›Reflexion‹ der Tonalität geht so weit, daß strukturelle Prinzipien unterschiedlicher Harmoniktypen kombiniert werden (in Analogie zur Polytonalität, die es bei Wagner nicht gibt, müßte man von Polyharmonizität sprechen). So besteht die Heilandsklage aus einer fallenden Großterzkette mit unterlegter Quintfallsequenz und nutzt die dabei entstehenden Synkopendissonanzen; sie wird im

---

10 Also leitereigene Terzen aufwärts, dann (leiterfremde) Großterz nach unten. Wollte man den Vorgang, nicht enharmonisch beschönigt, weiter beschreiben, ergäbe sich folgendes Bild: Des-Dur/Eses-Dur [Trugschluß]/Ges-Dur/Heses-Dur/Geses-Dur) – dies alles auf sechs Takten.

11 Je ein Beispiel: für Simplizität stehen alle meist parataktisch verbundenen, schlicht harmonisierten Motive wie etwa das Glaubens- oder das Gralsmotiv; für Subtilität (neben dem genaueren Ausgehörtsein der klanglichen und tonlichen Valeurs, von absoluten Klangfortschreitungen) etwa das Toren- und das Herzeleidmotiv, die beide Akkord für Akkord ihrer Semantik entsprechen; für Avanciertheit etwa das Klingsor- (Terzharmonik) und das Kundrymotiv (unaufgelöste Dissonanz), aber auch die Heilandsklage (mitunter Heilsbußemotiv genannt).

12 Das berühmteste Beispiel ist der vermeintliche Mollgrundstellungsdreiklang zu Beginn der Todesverkündigungsszene, der sich als dissonantes Gebilde, nämlich als Vorhaltsakkord entpuppt.

13 Im Rittmotiv ist der Dur-Dreiklang Durchgang, die Oktave also übermäßige Septime, im Zaubermotiv ist der Dreiklang Nebentoneinstellung zu einem subdominantischen Sixt-ajoutée-Akkord, daher mit einer verminderten None als ›Oktave‹.

zweiten Akt (T 40 ff.) im Baß mit dem Trigon des Klingsormotivs verbunden, so daß ein Gebilde entsteht, das ›kontrapunktisch‹ nur zu erklären ist, wenn damit harmonische Organisationsprinzipien gemeint sind.

Das impressive Moment an der Parsifalharmonik bedarf der Präzision. Zu unterscheiden ist nämlich eine impressivistische Harmonik, die als *einer* der Bezirke strategisch eingesetzt wird, und das Prinzip des Impressiven, das der romantischen Harmonik essentiell zugehört. Eine impressivistische Harmonik entsteht, wenn Alterationen, Nebentoneinstellungen, Ajoutierungen weniger als Momente des spannungsvollen Überganges (also stimmgeführt und auflösungsbedürftig), als des einmaligen, jetzthaften Soseins, als Charakteristikum der Individualität des Akkordes fungieren. Das ›Farbe‹ oder ›Klang‹ zu nennen, mag man zwar verstehen, ist aber hilflos und ungenau. Denn es geht auch bei Expressivem um Farbe und Klang. Der entscheidende Unterschied ist, ob die auffälligen ›Reizwerte‹ als ein Sein-für-Anderes (funktional) oder als ein Sein-für-sich (autonom) auftreten. Steht das Expressive für ein Anderes, das sich mitteilt, so ist das Impressive der Eindruck, den es – passiv gleichsam – hinterläßt. Wagners vordringliches Mittel zur Impressivierung des Parsifal ist die Verlangsamung des Tempos (im weitesten Sinne). So kann ein expressiv eingeführter Akkord durch bloße Zerdehnung ins Überlange impressiv werden, indem der farbliche Eigenwert die semantische Konnotation überformt.[14] Unterstützt werden derartige Vergrößerungen durch das, was Adorno das Mitkomponieren der Aura nannte. Absolute Klangfortschreitungen, die sich kadenziell nicht mehr (oder nur noch theoretisch) erklären lassen, weil die hierzu nötigen Ellipsenkonstruktionen nicht mehr zu hören sind[15], gehören zwar auch der expressivistischen Sphäre an, fördern aber natürlich die Betonung der Eigenklänge. Schließlich ist im Parsifal die Ubiquität des halbverminderten Akkords und die Präferenz von milden Fünfklängen (etwa mit großer None) mit dafür verantwortlich, daß die rezeptive Mimesis sich gegenüber dem Tristan umzudrehen beginnt: Die Musik schmiegt sich an, anstatt den Hörer zu ergreifen. So wird die Zeit verräumlicht, ohne daß, wie bei Strawinsky, die Harmonik ihre formstiftende Funktion verlöre, in einen ferngerückten Raum konzeptueller Definition verlagert, wo sie eine neue Dimension, die des Verweilens im scheinbar ausdehnungslosen Augenblick ausbildet. Aber weil Wagner das impressive Moment werkästhetisch pointiert, vermag er die ›Handlung‹ in eine Distanz zu setzen, ohne daß die Eindringlichkeit des Werks darunter litte.

---

14 Etwa der übermäßige Dreiklang in T 622 (III. Akt), dessen *fis* zunächst überhängende Drehnote zur Tonika, Leitton ist und sich später als Septime zum neu eintretenden Baß abwärts auflöst in einen Akkord geringerer Spannung (halbverminderter Septakkord). Was soweit verständlich ist, wird aber konterkariert durch einen eingeschobenen Fermatentakt, der den übermäßigen Dreiklang hält und ihn deswegen allererst hörbar macht. Zunächst expressiv intendiert (Kundry »scheint heftig zu weinen«), gewinnt er mit anhaltender Dauer den individuellen Klangwert, den ein übermäßiger Dreiklang besitzt.

15 Vgl. die Folge as-moll-Sextakkord, E-Dur-Septnonakkord und c-moll-sixte-ajoutée-Terzquartakkord (II. Akt,

Erkennt man Impressivität als ein Technikum, das weniger im konkreten Material, sondern eher in dessen Umgang (Verzeitlichung, Orchestration, Tektonik) begründet ist, also als eine Option, die der Konkretion der gewählten Harmonik vorausgeht, dann zeigt sich auch die Dialektik, daß inmitten von Impressivität (oder auf der Grundlage davon) Expressives hervorzutreten vermag. Dieses verdankt sich dann weniger dissonierenden Spannungsgebilden, also Energiegefällen, im Kontext, sondern eher dem Eigenausdruck von instantanen Ereignissen. Darin erblicke ich die überwältigende Schönheit des Charfreitagszaubers, der weder rein impressivistisch noch subjektneutral ist.

Die Parsifalharmonik ist eine Metaharmonik, nicht nur im reflexiven Umgang mit den ohnehin schon fortgeschrittenen Standards tonaler Optionen, sondern in der Verfügung über vier irreduzible Bezirke mit jeweils eigenem Modus der Ausprägung von Harmonik. Der Parsifal ist in eins der Beginn des Impressionismus, ein Stück Kirchenmusik und ein Werk tristanesker Psychologisierung. Seine Harmonik ergibt sich – szenisch – aus der Epizität von ›Handlung‹, Ritualität und Sakralität, erweitert nicht nur Wagners Sprache abermals, sondern komplettiert die Tonalität als System, wie es kein Komponist mehr nach ihm vermochte – wer avancierter als Wagner sein wollte, mußte zwangsläufig mit der Tonalität brechen.

Wagner, der nach dem Parsifal zwar Symphonien, also ›absolute‹ Musik, zu schreiben sich vornahm, aber faktisch bis zu seinem baldigen Tod nicht mehr komponierte, verabschiedet sich musikalisch mit einem längeren Klangfeld, das, mit gänzlich subdomantischen Mitteln, die menschliche Stimme als Träger von referentieller Semantik ausblendet. Nach dem letzten handlungssituativen Text – »Öffnet den Schrein!« – erscheint zwar der Chor mit jenen enigmatischen Schlußworten, aber dessen Stimmen sind so in das Orchestergewebe eingebunden, daß man fast von einer Instrumentalfarbe besonderer Art sprechen kann. Harmonisch wird alles Dominantische und somit der Leitton, also alles, was nach einem Sein-für-Anderes, nach ›Herrschaft‹, nach Fremd-Bestimmung klingt, systematisch eliminiert. Es-Dur erscheint zwar (als lokale Tonika, T 1094), aber daß es nicht Dominante ist, zeigt sich schon daran, daß sie nicht dominantisch erreicht wird; die siebte Stufe (mit entsprechender ›dominantischer‹ Harmonik) wird zwar im As-Dur-Feld des Glaubensmotivs gestreift, ist aber melodisches Geschehen und die Harmonisierung kurzzeitiger Durchgang auf breitem Tonikagrund. Wie geschwächt das Dominantische ist, zeigt, daß die letztmalige authentische As-Dur-Kadenz nur ein krampfhaft zurechtgestauchtes Dominantrudiment enthält (T 1087). As-Dur wird bestätigt durch seine Länge – ohne Kadenz –

T 1364 ff.); die Grundtöne bilden zwar ein Trigon, das ist aber auch das einzige, was diese Akkorde verbindet.

und durch den Kontext eines Ensembles subdominantischer Optionen, die systematisch durchgespielt werden. Das Subdominantische ist aber – als Gegenprinzip zum Dominantischen – die Sphäre des Impressiven.

Das Diagramm[16] zeigt die unter harmonischem Blickwinkel sieben relevanten Abschnitte des Schlußteils, den harmonischen Verlauf, die Syntax und die Verteilung der Motive. Von As-Dur ausgehend, wird Es-Dur subdominantisch erreicht, worauf das Gralsmotiv mit dem Klingsor-Trigon, also mit einem Großterzzyklus harmonisiert erscheint.[17] Vom dadurch erreichten Des-Dur, der Subdominante, aus setzt das Torenmotiv an, das neapolitanisch, auf Eses-Dur endet, das, ein Tritonus, also genau die Hälfte des Quintenzirkels von der Tonika entfernt, eine plagale Quint*anstiegs*sequenz durchschreitet (Eses–Heses–Fes–Ces–Ges–Des, also von der sechsten zur ersten Subdominante). Ist die Subdominante letztmals als Plateau erreicht, geschieht etwas Unerhörtes, der Wechsel zwischen Des-Dur und heses-moll. Danach kehrt die Harmonik über die Unterterz zur Tonika zurück, die im letzten Abschnitt durch eine plagale Folge nochmals situiert wird. Doch jener Akkordwechsel ist Wagners ›letzte Trumpfkarte‹ (bei entsprechender Szene mit erglühendem Gral und einer herabfliegenden Taube), denn dieses heses-moll ist zum einen eine absolute Klangfortschreitung, sodann eine kompliziertere Terzbeziehung ohne gemeinsamen Ton (S–sg), und es ist, genau betrachtet, Nebentoneinstellung von Des-Dur (als *c–e–heses*[18]) nicht zuletzt vermöge der Oberstimme *as–heses–as*. Zum anderen ist heses-moll aber auch die letzte Kette der harmonischen Steigerungsmöglichkeiten im subdominantischen Bezirk überhaupt: der verselbständigte Mollneapolitaner.[19] Was bei Schubert bereits zu finden ist (wenngleich noch nicht als verselbständigter[20]), hebt sich Wagner für die letzten Takte seines Lebenswerks auf.

Der Diskurs wird verklanglicht – durch Subdominantizität und durch Texturalisierung vor allem des diatonischen Glaubensmotivs in die Fläche; die Statik bloßer Akkordfolge tut ihr Übriges. Erlösung wird hier zelebriert. Und was Wagner am Ende seines Lebens darunter verstand, hier wird man es ablesen müssen. Es ist keine Versöhnung der Gegensätze in Form einer ›höheren Synthese‹, was immer man darunter verstehen und wofür der Schluß des Tristan oder auch der Götterdämmerung Beispiel sein mag. Sondern Erlösung ist radikale Weltflucht, Ausstieg aus dem Kreislauf der Wiedergeburt, Abtauchen ins Nichts, das nicht einmal mehr eine Vereinigung mit

---

16 Siehe Sonderseiten.

17 Da die Semantik eindeutig ist (Klingsor ist in die sakrale Welt unter-, eingegangen), ein Hinweis zur Harmonik: Emanzipative Terzbeziehungen sind zwar nicht per se subdominantisch, repräsentieren aber gleichfalls das Impressive vor dem Expressiven.

18 Also eine Scheinkonsonanz.

19 Wollte man diese Kette in eine Folge bringen, ergäbe sich folgendes Bild (mit dem Richtungssinn der Steigerung des subdominantischen Elements): S, s, s$^{5/6}$, s^N, N, s^n, n.

20 In Sextakkordlage im Impromptu op. 90/3, im Streichquintett 2. Satz, im d-moll-Quartett 1. Satz.

dem Geliebten im Tode ist – wie im Tristan. Darum muß auch der Tod gar nicht mehr als einzige Lösung bemüht werden; Kundry, mehr Prinzip, für das sie steht, als Mensch, sinkt zwar seelenlos zu Boden, Amfortas indes ist gerettet. Erlösung heißt endgültige Lösung aus dem Dasein. Und dies zu zeigen, ja vor-zu-leben, überantwortet Wagner der Musik, jenem Klangplasma, jenem differenzlosen Amalgam, das allein übrig bleibt, wenn der Schopenhauersche Wille negiert ist.

Ist der Parsifal differentistisch-konstellativ – ohne Dialektik und Antagonistisches –, Koexistenz des Disparaten, Dissoziierten, so ebnet der Schluß jene Differenzen zugunsten der Differenzlosigkeit ein. Nicht ein Höheres (›Synthesis‹), nicht ein Anderes (deus ex machina), nicht ein Wiederholtes, und auch nicht eine Selektion aus Früherem – nein, der Schluß des Parsifal ist einmalig im Wagnerschen Werk und auch im Parsifal nochmals eine ›Innovation‹. Diese lebt ganz von jener Einfalt, deren Identität mit sich keine Differenzen nach außen mehr kennt, sondern die wenigen inneren zentrisch um die Tonika gruppiert. Es bleibt ein Zusammenführen ohne Signifikanz, ohne ›Aussage‹; Wagner verabschiedet sich stumm – zurück bleibt, daß auch die Instanz der Erlösung derselben bedarf und auf sie ein Anrecht hat. Die Universalität der Erlösung ist das Rätsel, das Wagner uns aufgibt.

Die Zeit steht still im Fadenwerk

Zu Wagners Knüpftechnik im Parsifal

Unter besonderer Berücksichtigung der Harmonik

BERND ASMUS

> Große Kunstwerke sehen jedesmal anders aus,
> wenn man vor sie hintritt. (Ernst H. Gombrich)[1]

In der zentralen Passage des Parsifal steht die Zeit still. Kaum hat der törichte Held aus den immer zudringlicher werdenden Verführungen der Blumenmädchen sich befreit, bannt ihn sein eigener Name im Ruf der noch unsichtbaren Kundry. Diese erste Stufe im Erkennen seiner Identität wird ihm, wie auch die weitere in Kundrys Kuß, als Geschenk zuteil, dessen Wert er ganz nur allmählich, im selben Moment aber instinktiv doch ermißt. Vergessen sind die schönen und seltsamen Pflanzenwesen, welche hold sich ihm neigten, Parsifal steht gebannt und verwirrt.[2]

Das Parsifal-Motiv (vgl. Bsp. a[3]) hat im Werben und Drängen der Blumenmädchen sowohl seine diatonische Klarheit, als auch seinen charakteristischen Ziel-Sextakkord verloren und erscheint eingezwängt in einen halbverminderten Septakkord, welcher in der Zauberwelt motivische Bedeutung erlangt (vgl. Zauber-Motiv, Bsp. b) und weite Teile des Parsifal mit seinem düsteren Klangkolorit überzieht.[4] Eine aufgrund der verhinderten Zielrichtung des Motivs[5] notwendig gewordene Erweiterung landet schließlich auf der Septime (anstelle der Sexte), welche sich allerdings als Quartvorhalt über einem dominantischen Des-Dur-Septakkord herausstellt. Hier nun scheint die Zeit, wie auch in den folgenden Akkorden, eingefroren – die rhythmisch

---

1 Ernst H. Gombrich, *Die Geschichte der Kunst*, Frankfurt a. M. 1996, S. 36.
2 Siehe Sonderseiten: Notenbeispiel 1 (Partitur, II. Aufzug, T 736-756); Zählung entspricht dem Text.
3 Die mit Buchstaben gezählten Beispiele finden sich im Anhang 1.
4 Vgl. den ›mystischen‹ Akkord und seine 92 Fortführungsmöglichkeiten bei Alfred Lorenz, *Der musikalische Aufbau von Richard Wagners »Parsifal«*, Berlin 1933, S. 29 f.
5 Das Parsifal-Motiv in seiner Funktion als Unterbrecher des szenischen Ablaufes hat bereits eine längere Geschichte hinter sich. Im ersten Aufzug (T 742) vermittelte die Harmonik in einer einfachen plagalen Wendung den in allen übrigen Parametern dargestellten Szenenkontrast durch das gewaltsame Eindringen Parsifals in den Gralsbereich. Im zweiten Aufzug erschien es in dieser Funktion bereits sieben Mal (Takte 299, 349, 427, 485, 523, 527 f., 694) in den Tonarten B-, Es-, Ces-, Es-, F-, C-Dur und f-moll, wobei es in der Fortspinnung nach der C-Dur-Variante bereits in den Moll-Bereich hinüberentwickelt und in der f-moll-Variante schließlich auch schon seines Ziel-Sextakkordes beraubt wurde. Insofern stellt sich der erste Takt unseres Beispiels als konsequente Weiterentwicklung dar, da die Tonart des Motivs as-moll durch die in den Baß abgewanderte Sexte Bestandteil eines II7 in es-moll wird, der Tonart Kundrys (vgl. Anhang 2). Der weggenommene Zielton erscheint also gleichsam als harmonische Grundierung des Motivs und führt es, darin dem Zaubermotiv ähnlich (vgl. Anhang 1b), als sinnfälliges Beispiel der Enge auf sich selbst zurück.

durchgehende Zankachtel-Bewegung der Blumenmädchen[6] kommt über die
vermittelnden Triolen des Parsifal-Motivs (in quasi hemiolischer Bremswir-
kung jeweils eine Achtel später im Takt einsetzend) in den Liegetönen der
Bläser und den Tremoli der Streicher zum Stillstand. Die Quarte wird als
Klangbestandteil durch den Einsatz der Gesangsstimme Kundrys, welche die
Oboenstimme weiterführt, gleichsam ›festgestellt‹, bevor sie sich, zögernd,
linear ausschließlich in der Altoboe, nach vorherigem Eintritt der kleinen
None zwei (als solche nicht mehr wahrnehmbare) Takte später in die Dur-
Terz auflöst. Kundrys Ruf, der aus einer anderen Welt herüberzuschallen
scheint, wird in seiner Tonfolge als Krebs der beiden vorherigen Anläufe aus
dem Parsifal-Motiv entwickelt[7] und kommt gleichsam schwerelos daher auf
den charakteristischen Dominantdissonanzen von Quarte (eigentlich Undezime), Septe und None über dem liegenden Grundton *des*. Während die
zuletzt in den Akkord eintretende None *d* in der zweigestrichenen Lage
sieben ganze Takte verharrt (Oboe, dann Violine) und schließlich als Sextvorhalt über dem Grundton *fis* auch aufgelöst wird, bleiben sowohl Quarte als
auch Septe in der Gesangslage unaufgelöst.[8] Dieser überhängende Vorhalts-
rest verleiht dem ersten Ruf von Parsifals Namen einen eindrücklichen
Nachhall.[9] Der Quartvorhalt hat jedoch auch einen eindeutigen[10] motivischen Bezug zum Torenspruch (vgl. Bsp. c), dessen erster Akkord hier mit
dem gleichsam in die Horizontale zerlegten Quart- und Nonenvorhalt auf-
blitzt. Damit stimmt auch die Herkunft des Parsifalrufes aus der Melodik des
Torenspruches überein (als Diminution der zwei letzten Takte). Mit einer
leichten farblichen Änderung aufgrund der wieder neu einsetzenden Oboe
und Klarinetten bleibt auch dieser Klang, nur an der Oberfläche durch
Streichertremoli bewegt, zwei Takte lang stehen als eine in der Erwartung auf
das Folgende gespannte Fläche. Die nächste Änderung ist minimal, aber von
entscheidender Wirkung: Der Baß, zuvor schon aufgrund der ausgestiege-
nen Kontrabässe ausgedünnt, wechselt um einen Tritonus[11] auf das tiefere *g*,
hierdurch sämtliche übrigen Akkordtöne umdeutend. Das wieder einsetzende *d* in Kundrys Gesang ist nun nicht mehr None, sondern Quinte, die

---

6 Vgl. 2. Aufzug, T724-736.

7 Vgl. die Takte 2-4 des Beispiels: (Oboe) *ces–as–(ces)–es/es–ces–(es)–ges/ges–ces–d=eses* (Kundry).

8 Ein ähnlicher Fall von unaufgelöster Dissonanz findet sich im zweiten Aufzug (T164), wo der dissonante
   Akkord des Kundry-Motivs in den Bläsern nur durch seine direkte Wiederholung in der Streicherfarbe in
   tieferer Lage abgemildert und dann erst weitergeführt wird.

9 Der Harmonik erwächst also gleichsam räumliche Qualität. Raumbildende Funktion kommt der Harmonik ebenfalls in den Sequenzgängen der Verwandlungsmusik des ersten Aufzugs zu (vgl. T1073 ff.).

10 Kein anderes Thema beherbergt den Quartvorhalt. Aufgrund der Notwendigkeit der Identifizierbarkeit
   von Leitmotiven selbst in äußerst verändertem und variiertem Zustand erscheinen Tonsatzeigenschaften
   ökonomisch im System der Leitmotive verteilt.

11 Der Tritonus steht auch als sinnfälliger Ausdruck für Parsifals Orientierungslosigkeit. In dieser Funktion
   dominiert er später das sogennanten Öde-Motiv (vgl. Bsp. d) im Vorspiel zum dritten Aufzug. Der ziellose
   Tritonus-Taumel ergreift dort im Zusammenwirken mit verschleiernder Metrik die gesamte Harmonik
   und wirkt bis zum Wiedererscheinen Parsifals im Gralsgebiet nach (vgl. die Verknüpfung von Parsifal-
   Motiv und Öde-Motiv bei der Ankunft des ›Schwarzen Ritters‹ im 3. Aufzug, T169 f.).

Stimme ›sitzt‹ fester im Akkord. Wiederum zwei – immer etwas langsamer werdende – Takte später wird der Baß festgehalten, dafür wechseln drei Akkordtöne einen Halbton nach unten und lassen einen s$^{5/6}$ entstehen, den dritten Akkord des Torenspruchs, zudem noch in der ihm zugehörigen Tonart d-moll.[12] Die Instrumentation erinnert in der Haltetonmischung von Fagotten und Altoboe wieder an die Takte 4 und 5 unseres Beispiels, das liegende d der Oboe, welches gewissermaßen die Spannung zwischen den beiden Kundryrufen (Parsifal – Weile) aufrecht hielt, gerät nun in die weichere Farbe der ersten Violinen (als Übergang zur Streicher-Klarinettenfarbe der unmittelbar folgenden Passage[13]). Die vertikal unterschiedlichen dynamischen Vorschriften dieser Takte (*pp, più p, p zart*) lassen darüber hinaus den Klang prismatisch schillern, Parsifals träumerisch nachsinnende Wiederholung des eigenen Namens verschmilzt mit den *pp*-Tremoli der Streicher zu einem weichen, um nicht zu sagen unbewußten Reflex. Die nächstfolgende harmonische Änderung betrifft wiederum ausschließlich den Baß, welcher gleich den Oberstimmen zwei Takte zuvor um einen Halbton nach unten abgleitet und damit das g der Parsifalstimme zur None umfunktionalisiert. Von hier aus findet die Versmelodie Parsifals, währenddessen Kundry allmählich sichtbar wird, auf vorsichtig tastende Weise gegen die Schwerkraft (die kleine None g wird, gewissermaßen auch in Gegenbewegung zu den vorherig halbtönig fallenden Akkordtönen, nach oben in die große None und weiter hinauf bis in den Leitton geführt) mit der Wiederbelebung des harmonischen Rhythmus zum ersten Mal wieder zu harmonischer Stabilität. Der sich allmählich ausblendende Orchesterklang schließt auf einem D^7 der Tonart h-moll, führt Parsifal also geradenwegs in den Machtbereich Klingsors (vgl. Bsp. e und f). Einziger und, wie sich zeigen wird, trügerischer Halt bietet sich Parsifal in der Erinnerung an seine Mutter, deren trugschlüssig (!) erreichtes G-Dur sich hierdurch sozusagen tonartensymbolisch vergegenwärtigt. Mit der nochmalig auf d einsetzenden Stimme Kundrys wird der Klang im folgenden Takt zu dem s$^{5/6}$ abgedunkelt, welchem wir fünf Takte zuvor schon begegneten. Kundry greift also noch einmal Parsifals Verwirrungsstadium auf und versucht willentlich, das Gespräch zu lenken. Der sich

---

12 Im Parsifal existieren Themen bzw. Motive mit deutlicher Zugehörigkeit zu einer bestimmten Tonart, wobei deren Auftreten in einer anderen Tonart diese in der Differenz gewissermaßen semantisch auflädt. Der Torenspruch vergegenwärtigt sich szenisch in d-moll (vgl. 1. Aufzug, Takte 320 f., 729 f.), tritt aber auch auf in den drei um d liegenden Quintbereichen: f-, c-, g-, a-, e-, h-moll sowie vereinzelt in es-, as- und in des-moll. Der letzte Torenspruch des Werkes – ein wunderbares Beispiel für Wagners Knüpftechnik – beginnt in des-moll und führt damit zur Neapolitanertonart Eses-Dur, welche enharmonisch gleich ist dem D-Dur als Tonart des Speeres (vgl. Anhang 2), der in sieben fallenden Quinten (vgl. 3. Aufzug, T 1109-1127) von Parsifal in den Gral (d. h. nach As-Dur) zurückgebracht wird. Ähnlich liegt der Fall im Parsifal-Motiv, welches überwiegend in den drei Tonarten F-, B- und Es-Dur auftritt. Das Kundry-Motiv andererseits (vgl. Bsp. f) ist keiner bestimmten Tonart zugehörig und paßt sich jedem gegebenen harmonischen Zusammenhang an. Kundrys Schuldverstrickung treibt sie in Heimatlosigkeit »von Welt zu Welt«, und damit entsprechend von Tonart zu Tonart.

13 Vgl. T 749 f.

anschließende Es-Dur-Sextakkord verschränkt als Neapolitaner den Schlußakkord des Torenspruches mit dem Anfangsakkord des sogennanten Herzeleidemotivs. An dieser Stelle nennt Kundry wieder Parsifals Namen, wobei
sie einerseits noch einmal Parsifal zur Erinnerung seiner Mutter führt,
andererseits aber bereits – unbewußt – in der harmonischen Erfüllung des
Orakelspruchs den reinen Toren mit der vor ihr stehenden Person identifi-
ziert. Auffällig ist, daß die drei Namensnennungen dieser Stelle in den
Tonarten h-moll (enharmonisch verstanden), g-moll und Es-Dur gesetzt sind.
Diese fallende Großterzfolge jedoch entspricht genau der harmonischen
Folge des Klingsor-Themas (vgl. Bsp. e), woraus sich erhellt, daß aus dem
Hintergrunde, kaum vernehmlich, doch dessenungeachtet deutlich wirksam
in der ja erstmals an dieser Stelle stattfindenden Namensnennung Parsifals
der Schatten Klingsors auf die Szene fällt.

Fassen wir zusammen: Irritation, Verwirrung und Haltlosigkeit in der
Seele des gewissermaßen vor seiner Initiation stehenden Parsifal lenken alle
musikalischen Mittel zur Darstellung eines (stillstehenden) Moments äußerster Intensität. Die charakteristischen Akkorde dieser 16-taktigen Passage
beziehen sich nacheinander auf die Tonarten es-moll, ges-moll, c-moll, d-
moll, h-moll und wieder d-moll, womit der funktionale Zusammenhang im
Sinne des dur-moll-tonalen Systems weitgehend aufgehoben ist, die Akkordfolge wird vielmehr zusammengehalten durch parallele Vorgänge (halbtönig
fallende Bewegung erst in den Oberstimmen, dann im Baß), liegenbleibende
Stimmen, gleichbleibenden harmonischen Rhythmus, leitmotivische Anklänge sowie, keineswegs zuletzt, durch die Instrumentation, welche in Wagners Kunst des Übergangs eine Schlüsselposition einzunehmen scheint. Der
Eindruck eines schwebend träumerischen Gleitens rührt von der metrischen
Verunklarung des sehr zurückhaltenden Tempos, den lang gehaltenen Akkorden sowie dem Einsatz der Gesangsstimmen stets auf leichte und leichte-
ste Zeit. Der tonal und formal in seinen ersten, dritten und vierten Akkord
mehrfach (in Melodik und Harmonik[14]) aufgespaltene Torenspruch wird mit
dem Beginn des Herzeleidemotivs verknüpft, weiterhin erscheinen das harmonisch in den ersten Akkord des Zauber-Motivs eingeengte Parsifal-Motiv
und die Harmonik des auf die drei Parsifalrufe verteilten Klingsor-Themas.
Ob der Akkord im 12. Takt, welcher identisch ist mit einer häufigen Variante
des Akkordes im Kundry-Motiv (vgl. Bsp. f), in diesem Sinne tatsächlich
genügend assoziative Präsenz erhält, mag einmal dahingestellt sein. Der
darauffolgende $D^{7/9+}$ Akkord jedoch steht deutlich in weiteren Zusammen-

---

14 Die Parsifalrufe koinzidieren mit den Akkorden des Torenspruchs und verstärken somit dessen subkutane Präsenz. Die Mittelstimmenchromatik des Torenspruchs findet sich noch in der durchgehenden
chromatischen Linie ges–f–e (Viola – Violine 2) bzw. erscheint auf die Akkordverbindungen selbst konzentriert (Takte 10 und 12 des Beispiels).

hängen des Werkes[15], ebenso wie viele Bezugstonarten einen semantischen Bezug mit sich tragen, welcher zum Verständnis dieser Stelle keinesfalls vernachlässigt werden darf (es-moll: Kundry; h-moll: Klingsor) bzw. erst im nachhinein wirksam wird (G-Dur als Tonart der Mutter, vgl. »Ich sah das Kind an seiner Mutter Brust«[16]). In den sich anschließenden Passagen der Begegnung Parsifals mit Kundry bis hin zum Wendepunkt des Kusses finden sich noch einige Anklänge und Echos dieser zentralen Stelle, so beispielsweise in den nun vollständigen, aber vom zugehörigen d-moll nach c- und e-moll abgerückten Torensprüchen[17], so des weiteren in den D7/9+Akkorden über dem Grundton *fis* bei »im *Mutter*schoß verschlossen«[18] und bei »der Liebe *ersten* Kuß«.[19] Eine stark verzerrte Variante des Gral-Motivs (vgl. Bsp. f) führt bei »ihrer vergessend, deiner, *deiner* vergessend?«[20] in den D4/7 und D4/7/9 über dem Grundton *des* (vgl. Wagners persönlich gegebene Anweisung: *Wie träumend*) sehr ähnlich der Situation des ersten Parsifalrufes[21] (Bsp. 2 [Klavierauszug, 2. Aufzug, T 928-933]).

*

Aus der genauen Analyse jener einen zentralen Stelle dürfte aufgrund der häufigen und notwendigen Verweise auf Anhang und Fußnoten bereits deutlich geworden sein, daß sich keine vereinzelte Passage in Wagners Wort-Ton-Dramen ohne Bezug auf das ganze Werk verstehen läßt. Ausgehend von gegebenen Voraussetzungen (Dichtung, Leitmotive, Tonartensemantik) spiegelt sich das gesamte Werk in einer einzigen Stelle, welche umgekehrt wiederum zurückstrahlt in das gesamte Werk. Jede Passage verwirklicht sich im Fadenkreuz der im gesamten Werk angelegten Intentionen in abgestuften Deutlichkeitsgraden. So bleiben manche dieser Beziehungen gerade noch unter der Wahrnehmbarkeitsschwelle (vgl. den Kundry-Akkord im 12. Takt), andere werden unter der Oberfläche wirksam (Harmonik des Torenspruchs), manche Materialien treten nur in Teilbereichen auf (Harmonik des Klingsor-Themas) oder werden mit anderen Momenten verbunden (Melodik des Torenspruchs). Sicher erreichen nicht alle Stellen des Werkes die gleiche Beziehungsdichte wie diese zentrale Begegnung der beiden Protagonisten, tendenziell aber liegt in dieser Wechselbeziehung von Gesamtwerk und Einzelpassage das wesentliche Kompositionsprinzip der späten Wort-Ton-Dramen

---

15 Vgl. S. 139.
16 Vgl. T 825 f.
17 Vgl. T 782 f. Parsifals Gesang hängt sich hier willenlos in die Akkorde ein – der stolze Tor steht immer noch baff.
18 Vgl. T 798.
19 Vgl. T 982.
20 Vgl. T 932.
21 Die Quarte ist hier, wie vorher, höchster, im Terzsprung erreichter Ton und gleichzeitig der Einsatzton der Stimme Parsifals. Anschließend erfolgt allerdings eine leitmotivisch gebundene authentische Auflösung nach Ges-Dur.

Wagners verborgen. In der Abwandlung und Verbindung eines Grundmaterials (Leitmotive) unter bestimmten Bedingungen (Tonartensemantik) entsteht die Form des Werkes als ein geknüpftes Netz mit Rück-, Quer- und Vorverweisen. Insofern spiegelt die Schwierigkeit des Lesens (und Verfassens) eines (und auch dieses) analytischen Textes über die *Musik* Wagners im beständigen Hin- und Herblättern zwischen Fußnoten, Notenbeispielen und Anhang nur eine (labyrinthische) Eigenschaft der Musik wie auch des verstehenden Hörens selbst wider.

Nun zu den Voraussetzungen im einzelnen. Zum System der Leitmotive ist bereits Wesentliches gesagt worden und braucht an dieser Stelle nicht wiederholt zu werden.[22] Die Leitmotive erscheinen in diesem System aufeinander bezogen[23] und zum Teil auch auseinander entwickelt[24], wobei die Abgrenzbarkeit des primären Materials zum sekundären mitunter problematisch gerät.[25] Innerhalb des Variationsreichtums im Parsifal werden die Leitmotive weit- und weitestgehenden Änderungen in allen Gestaltparametern bis hin zur Identitätsauflösung[26] unterworfen und ganz oder nur in Teilaspekten vertikal und horizontal[27] mit anderen Leitmotiven verknüpft.[28] In allen Variationen bleiben jedoch Identitätsmerkmale erhalten, wie z. B. der rhythmische Impuls im Parsifal-Motiv, die melodische Linie im Gral-Motiv, oder die harmonisch-instrumentatorische Charakteristik im Kundry-Motiv. Nicht selten ereignet sich der Fall einer parametrischen Dissoziation, in welcher ein Teilaspekt vom Leitmotiv abgekoppelt wird und entweder quasi inkognito im Gewebestrom untertaucht oder sich mit einem anderen Leitmotiv verbindet. Es ließe sich hier von ›parametrischer Verschränkung‹ sprechen, deren häufigster Fall im Parsifal die Großterzfolge der Harmonik des Klingsor-Themas betrifft, welche sich beispielsweise dem Gral-Motiv einverleibt.[29] Darüber hinaus tendieren die Leitmotive dazu, untergeordnetere Nebenmotive aus sich herauszutreiben.[30] Sowohl die Art der Veränderungen des relevanten Materials als auch dessen vielfältige Verknüpfungen lassen aufgrund des Zeichencharakters der Leitmotive in bezug auf ein ursprüng-

---

22 Vgl. Carl Dahlhaus, *Wagners Konzeption des musikalischen Dramas*, Regensburg 1971; ders., *Die Musik*, in: Ulrich Müller/Peter Wapnewski (Hg.), *Wagner Handbuch*, Stuttgart 1986, S. 197 f.; Pierre Boulez, *Die neuerforschte Zeit*, in: Programmheft der Bayreuther Festspiele 1976, Rheingold, S. 19 f.

23 In der Aufteilung von Tonsatzeigenschaften verhalten die Leitmotive sich komplementär. In harmonischer Hinsicht beispielsweise gehören der übermäßige Dreiklang zum Amfortas-Motiv (vgl. Anhang 1h), der verminderte Septakkord zum Kundry-Motiv, der halb verminderte Septakkord zum Zauber-Motiv, der Quartvorhalt zum Torenspruch etc. Ähnliches ließe sich zu Rhythmik, Melodik und Instrumentation sagen.

24 Vgl. das Kapitel *Die Motive und ihre allgemeinen Charakteristika*, in: Hans-Joachim Bauer, *Wagners »Parsifal«, Kriterien der Kompositionstechnik*, München 1978, S. 8 f.

25 Das sogenannte Sehnsuchtsmotiv der Kundry aus dem zweiten Aufzug (vgl. T 1095) scheint mir in seiner deutlichen melodischen Herkunft aus dem Gral-Motiv (vgl. Anhang 1g) und seiner gliedernden Funktion jeweils zu Beginn von Kundrys Hinwendungen zu Parsifal nur ein Nebenmotiv der Szene zu sein, ohne die – kaum festzusetzende – Schwelle zum Leitmotiv zu überschreiten. Zudem besteht sicher ein qualitativer Unterschied zwischen beispielsweise dem fast allgegenwärtigen Zauber-Motiv und der Kosemelodie »Komm, holder Knabe« (2. Aufzug, T 567 f.). Es ließe sich eine Auflistung der – im Parsifal etwa drei Dutzend – verwendeten Leitmotive in einer Skalierung in unterschiedlichen Präsenzebenen vorstellen, deren unteres Ende, und das wäre das Besondere in diesem Fall, unabgrenzbar übergeht in den nicht oder anderweitig motivisch gebundenen Strom der Musik. Wagner selbst benutzte für das Erscheinungsbild des Leitmotivs ein weitaus differenzierteres Vokabular und sprach von »melodischem Moment«, »Ahnungsmotiv«, »thematischem Motiv«, »Hauptmotiv« usf.

26 Vgl. Boulez, *Die neuerforschte Zeit* (Anm. 22), S. 305-309.

27 Vgl. besonders die hohe leitmotivische Dichte in der Gurnemanz-Erzählung des ersten Aufzugs, T 565 ff.

28 Vgl. die ausführlichen Betrachtungen von Bauer, *Wagners »Parsifal«, Kriterien der Kompositionstechnik* (Anm. 24), S. 96-164.

29 Vgl. »Vor dem verwaisten Heiligtum«, 1. Aufzug, T 710, oder auch das Erglühen des Grals, welches die Klingsor-Welt in sich aufgehoben hat, 3. Aufzug, T 1098.

30 Vgl. z. B. die Hornstimme als Kopfmotiv des Gral-Motivs mit angefügter Sequenz bei Amfortas' Worten »keine Büßung je mir stillt« im 1. Aufzug (T 1390), oder die Baßstimme zu Kundrys Worten »Der Waffen fern« im 2. Aufzug (T 870 f.). Die übermäßigen Intervalle deuten hier auf die Leitmotive von Amfortas und Klingsor und ihr Unglück mit dem Speer und eben nicht auf die »glänzenden Männer«, von denen Parsifal leuchtenden Auges vor den Gralsrittern berichtete (1. Aufzug, T 971 f.).

lich Gemeintes inhaltliche Interpretationen zu, welche in Deutungsradius und Komplexität dem Reichtum der Darstellungsarten der musikalischen Gedanken entsprechen. Mit dieser tendenziell ins Unendliche gehenden Dichte entsteht Wagners »unendliche Melodie«, in der jeder Ton und jede Pause ›beredt‹ werden und weit über sich selbst hinausweisen möchten.[31] Vor diesem Hintergrund muß die zweite semantische Ebene der Tonarten in ihrer Bedeutung weitaus höher angesiedelt werden, als dies bisher geschah.[32] Es mag vielleicht überraschen, daß bei Durchsicht sämtlicher im Parsifal deutlich werdenden Tonarten die These sich aufdrängt, daß, von Sequenz-gängen einmal abgesehen, jede dieser Tonarten im Verlauf des Werkes sich semantisch auflädt. Da die überleitenden und verbindenden Funktionen in der Regel von Vier- und Fünftonklängen übernommen werden, fallen reine Dur- und Mollklänge sowie deutliche Abkadenzierungen in einer Tonart aus dem verbindenden Gewebestrom heraus und verknüpfen sich zu einem übergeordneten Netz, dessen zusammenhangstiftende Funktion als eine der tragenden Grundlagen der späten Werke Wagners (und dann in der Folge auch der dramatischen Werke von Richard Strauss) angesehen werden muß. Es scheint, als nehme die Harmonik in ihrer letzten entscheidenden tonalen Phase noch einmal alle ihre formrelevanten Kräfte in einer (romantischen) Überhöhung zusammen. Cosima Wagners Tagebuch gibt an einigen Stellen Hinweise auf Wagners Tonartenvorstellung bei der Arbeit am Parsifal. So heißt es beispielsweise: »Am Abend sagte R., er müsse alles umarbeiten, was er am Morgen gemacht habe. Er habe eine Tonart gesucht, und das mechani-sche Transponieren sei ihm unmöglich!«[33] Oder an anderer Stelle: »Nicht d-moll, c-moll muß es sein«[34], oder »Ein paar Takte sind es manchmal, die einen furchtbar aufhalten, bis die Tonart, die man braucht, eingeführt ist«.[35] Es war also nicht nur das (Leit-)Motiv, sondern auch eine spezielle Tonart vonnöten, um der entsprechenden Stelle den richtigen Ausdruck zu geben. Die Technik, mit der Wagner dies bewerkstelligt, mit der also Leitmotive und Tonarten aufeinander abgestimmt werden, möchte ich in Anlehnung an Boulez' Begriff des »relevanten Netzes«[36] als »Knüpftechnik« bezeichnen. Hierbei muß allerdings betont werden, daß einerseits die Tonartensemantik die verschiedenen Gehaltsebenen nicht nur voneinander trennt, sondern sie auch mischt[37], andererseits die Eigenschaften des Leitmotivsystems auch an der Tonartensemantik haften, da die Verzweigungen und Mischungen der

---

31 Vgl. Dahlhaus, *Die Musik* (Anm. 22), S. 214.
32 Vgl. die vorsichtigen Andeutungen und Ausführungen von Bauer, *Wagners »Parsifal«, Kriterien der Kompo-sitionstechnik* (Anm. 24), S. 319-321.
33 Cosima Wagner, *Die Tagebücher*, Bd. II, München 1977, S. 36.
34 A. a. O., S. 56.
35 A. a. O., S. 244.
36 Boulez, *Die neuerforschte Zeit* (Anm. 22), S. 300.
37 Vgl. beispielsweise das in seiner Funktion klare As-Dur des Gralsbereiches, welches auch den Verlok-kungen der Blumenmädchen (»Komm, holder Knabe«) zugrundeliegt.

Gehalte in den Tonarten tendenziell sich ins Unendliche verfeinern und die Grenzziehung zwischen Interpretation und (haltloser) Spekulation aus diesem Grund so problematisch wie notwendig werden lassen. Fälle von Indifferenz einer Tonart gegen semantische Verweise kommen zwar vor, jedoch selten genug, um die Netzspinnung der Tonartensemantik nicht zu stören. Die Auflistung (vgl. Anhang 2) erhellt, daß, neben der vollständigen Einbindung aller Tonarten in semantische Bereiche[38], auf der einen Seite die Dur-Tonarten dem Gralsbereich und seinen Symbolen, dem Wunder, der Natur, Parsifal und der Mutter zugeordnet werden, auf der anderen Seite sich Klingsor, Kundry, Amfortas, der Schwan und das gesamte Bedeutungsfeld von Qual, Blut, Fluch, Tod, Sünde, Weh und Schwachheit in den Moll-Tonarten darstellen.[39] Einige Dur-Moll-Korrespondenzen lassen sich darüber hinaus feststellen. So verbindet die Harmonik des Torenspruchs (d-moll führt zu seinem Neapolitaner Es-Dur) die Tonarten von Speer und Parsifal; die Tonart der Liebe (E-Dur) weist auf der Moll-Seite auf die ihr ebenfalls zugehörigen ambivalenten Qualitäten; Klingsor bildet in seinen Tonarten Varianten zu den entfernteren Gralstonarten; Titurels Variante der Gralstonart deutet auf seinen geschwächten Zustand (da der Anblick des Grals ihn lang schon nicht mehr labte), seine glänzende Dur-Tonart als ehemaliger Gralskönig dagegen steht in der Oberquinte der Gralstonart; Kundry und Parsifal stehen sich auf denselben Tonstufen gegenüber; der Speer schließlich ist einerseits Machtsymbol des Grals, andererseits aber auch eine qual- und todbringende Waffe. Einige Bereiche erscheinen in quintverwandten Tonarten zusammengefaßt, wie:

Gral	As-, Des-, Ges-, Ces/H-Dur, mit As-Dur als zentraler Tonart
Parsifal	F-, B-, Es-Dur
Kundry	f-, b-, es-moll[40]
Klingsor	h-, fis-moll
Tod/Qual/Blut/Fluch	d-, g-, c-moll.

In den benachbarten Quintenfeldern von Parsifal und Gral ist darüber hinaus eine Richtung eingegeben, welche die bereits erwähnte auskomponierte Rückkehr des Speers in den Gral über sechs fallende Quinten von *d* nach *as* in

---

38 Generell erscheinen die Dur-Tonarten stärker charakterisiert. Auffällig ist noch die dünne Besetzung von a-moll, wobei es fast scheinen mag, als habe Wagner sich diese Tonart freigehalten, um das im 1. Aufzug bereits in Des-Dur und seinem Doppelvariantgegenklang a-moll erglühende Gral-Motiv (vgl. T 1483) am Ende des gesamten Werkes noch einmal zu voller Wirkung kommen zu lassen (vgl. 3. Aufzug, T 1124). Dies ist zugleich die letzte harmonische Trübung vor dem abschließenden plagalen Fall zurück in die Gralstonart.

39 Mit dem Moll-Bereich korrespondiert auch der Einsatz von Chromatik, während im Dur-Bereich Parsifal und die Naturmotive durch Diatonik einerseits und der Gral durch modale Harmonik (vgl. das Gral-Motiv) andererseits noch weiter differenziert werden.

40 Diese Tonartenzuordnung erreicht zugegebenermaßen nicht die gleiche Deutlichkeit wie die übrigen Beispiele.

Gegenbewegung kontrapunktiert. Parsifals Entwicklung verläuft in steigenden Quinten über f (als ›Naturbursche‹), b (der Eindringling in Gral und Zauberburg) und es (als der reine Tor in der Erfüllung des Torenspruchs) nach as (dem Gral) und schließlich sogar noch weiter nach des (dem letzten Erglühen des Grals, durch ihn bewirkt). Chromatisch benachbarte Tonarten sind häufig in Sequenzgänge eingebunden und daher von übereinstimmenden semantischen Feldern ausgeschlossen.[41] Dagegen finden sich in Paralleltonarten gegenüberstehende inhaltliche Bereiche, wie Speer/Klingsor (D-Dur/h-moll), Liebe/Mitleid (E-Dur/cis-moll), Parsifal-Tod/Qual/Fluch (F-, B-, Es-Dur/d-, g-, c-moll) und die Parallelzugehörigkeit der ›Kundry-Tonarten‹ zu den Gralstonarten. Die Großterzbeziehungen, welche in den Leitmotiven von Amfortas und Klingsor mit Leid und Schmerz verknüpft ist, wird bereits im Vorspiel zweifach angekündigt durch die Einschmelzung der Schmerzensfigur in c-moll in das Abendmahl-Thema in As-Dur (vgl. Bsp. i) und durch die sich anschließende vollständige Wiederholung des Themas in c-moll. Schließlich findet noch die Tritonus-Beziehung Speer/Gral ihre Entsprechung in den beiden Naturtonarten H- und F-Dur, welche ihrerseits den Parsifal/Gral-Bereich umklammern (vgl. Abb. i).

Die Rückkehr aus einer gesetzten Distanz in die Ausgangstonart ergibt sich auch bei der Betrachtung der Tonarten zu Beginn und Ende der Aufzüge. Die Entwicklungslinie aus der im ersten Aufzug bereits im Vorspiel angelegten Beziehung as–c (Gral – Schmerz/Leid) führt quasi neapolitanisch zum h-moll des zweiten und weiter zum b-moll des dritten Aufzugs und über das heses-moll des letzten Gral-Motivs zurück zur Gralstonart.[42] Hier sind semantische Bezüge zwar noch wirksam, verlieren aber an Bedeutung zugun-

---

41 Vgl. z. B. »Komm, holder Knabe« zunächst in As-, dann in A-Dur (2. Aufzug, T 661), häufig das Wunder-Motiv, z. B. in Ges- und G-dur (3. Aufzug, T 1064 und 1067), das Motiv der Todessehnsucht von Amfortas in Des- und in D-Dur (3. Aufzug, T 978 f.). In diesen Fällen wurde nur die Tonart, in der das entsprechende Motiv zunächst erklang, für unsere Tonartensemantik herangezogen. Eine Ausnahme mit einem deutlichen semantischen Bezug über halbtonentfernte Tonarten bildet das Zauber-Motiv, welches in den (Ziel-)Tonarten Es- und E-Dur (2. Aufzug, T 973 und 986) gewissermaßen Parsifal und die Liebe miteinander verbindet. Ebenfalls ausgenommen sind die neapolitanischen Bezüge des Torenspruchs, wie oben dargestellt. Hier bietet sich eine Erklärung für das Auftreten des Torenspruchs im zweiten Aufzug in a-moll an (T 71), da die Geste nach B-Dur gerichtet ist, der Tonart, in welcher Parsifal in die Zauberburg stürmt. Hingegen ist der Torenspruch im ersten Aufzug kurz vor Erscheinen Parsifals im Gral (T 742), das auch hier in B-Dur geschieht, doch in d-moll, da der reine Tor des Orakelspruchs noch nicht mit dem Schwanentöter identisch ist.

42 In acht Takten zusammengefaßt wird diese Entwicklungslinie bereits zu Ende des ersten Aufzugs antizipiert (vgl. T 1478-1485):

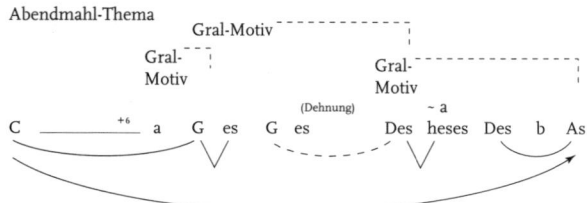

sten der Betonung des strukturellen Moments[43], des übergeordneten Linienzuges (vgl. Abb. 2).

Abb. 1

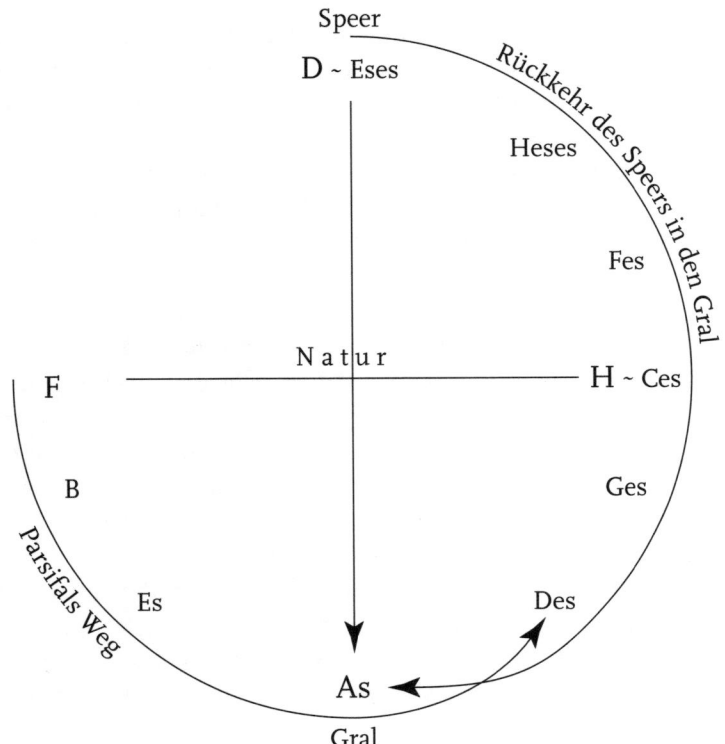

Abb. 2

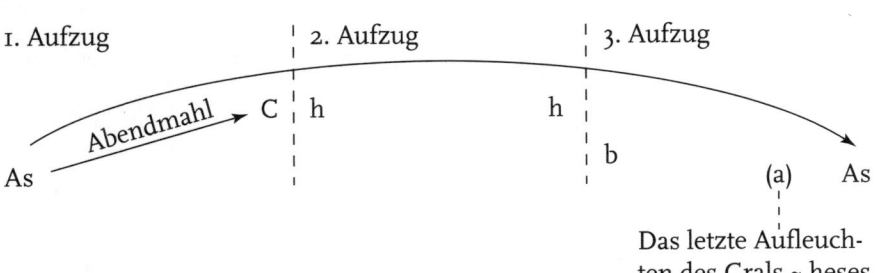

---

43 Die Sequenzgänge und strukturellen Verbindungen in den instrumentalen Partien der Vorspiele und Verwandlungsszenen überlagern sich mit den dargestellten tonartensemantischen Feldern dergestalt, daß jeder der beiden Bereiche seine eigene innere Logik entwickelt und in der Verbindung dieser Bereiche eine größtmögliche Übereinkunft angestrebt wird. Dabei ergeben sich durchaus Widersprüche, je nachdem, aus welchem Blickwinkel heraus die Harmonik untersucht wird. Als Beispiel einer geglückten Verbindung möge die Sequenz des Glaubens-Motivs aus dem Vorspiel zum ersten Aufzug gelten (T 45 f.), welche von As- über Ces- nach Eses-Dur und im Schlußabschnitt des dritten Aufzugs über sechs fallende Quinten wieder zurückgeführt wird. As-Dur gilt aber als Tonart des Grals, D-Dur (Eses-Dur) als Tonart des Speers.

Insgesamt sollte erwähnt werden, daß dieses Netz an Tonartensemantik sich speziell auf den *Parsifal* bezieht und keinerlei Rückschlüsse auf andere Werke zuläßt, obgleich Zitate (allerdings vorwiegend melodischer Natur) aus anderen Werken durchaus vorkommen.[44]

Neben der semantischen und strukturellen Bedeutung von Dur- und Moll-Tonarten treten auch jeweils ein Vier- und ein Fünfklang mit deutlich erkennbaren inhaltlichen Bezügen hervor. Der Moll-Quint-Sext-Akkord (gleichsam die ersten vier Töne der Moll-Variante des Abendmahl-Themas) tritt auf in den Zusammenhängen von (Mutter-)Schmerz[45] und Versuchung[46], die Variante mit kleiner Sexte deutet auf den Tod.[47] Am häufigsten stehen diese Akkorde auf den Grundtönen *es* und *e*[48], mitunter auch auf *c* und *as*. Der Dur-Septakkord mit großer None findet sich semantisch deutlicher in den einzelnen Tonarten abgegrenzt, so über *des*[49] (Blumenhain), *es* (Versuchung)[50], *e* (Liebe)[51], *f* (Karfreitagszauber)[52] und *ges* (Liebe).[53] Der E-Dur-Septakkord mit kleiner None (hier also die strukturelle Entsprechung zu den beiden Varianten des Quint-Sext-Akkordes) entfaltet sich an eindrucksvoller Stelle bei Parsifals Gebet.[54] Ein weiteres, besonders exponiertes Beispiel eines (isolierten) Dur-Septakkordes mit großer None findet sich am Ende des zweiten Aufzug als letzte[55] gewaltige Willensanstrengung Kundrys, Parsifal im Banne des auf ihr lastenden Fluches zu verführen. Diese Stelle bildet den Höhepunkt einer Entwicklung, welche mit den Parsifal-Rufen begann, und lohnt auch aus diesem Grund einer genaueren Betrachtung.[56]

Parallel zur Rufszene liegt auch dieser Passage der Torenspruch zugrunde, deutlich erkennbar in der führenden Melodik (Altoboe – 2 Klarinetten – 2

---

44 Vgl. die überaus häufigen Tristananklänge, z. B. im 1. Aufzug, T156 f. (Oboe!), T518 (»Schon nah dem Schloß«), Auftakte zu T349 (»Du – Kundry?«) und T1022 in der aufwärts führenden kleinen Sexte (»Was tat dir das Weib?«), im 2. Aufzug T284 (»O ewiger Schlaf«), T987 (Tristanakkord vor der Kußszene), T1092 f., im 3. Aufzug T458 (Tristanakkorde in Originallage) und T551 f. (Klarinette). Auffällig sind weiterhin Anklänge an den Lohengrin (Schwanenmotiv), an den Tannhäuser im 3. Aufzug, T448 f. (Klarinette) und an die Götterdämmerung im 2. Aufzug, T1506 im Akkord des Fluchmotivs, d. h. als C-Dur mit *fis* im Baß (»in Trauer und Trümmer stürz er die trügende *Pracht*«).

45 Vgl. 2. Aufzug, T904 (»Sie harrte Nächt' und Tage«), T926 (»Dein Sohn mußte dich morden«).

46 Vgl. 2. Aufzug, T277 (»Schwach auch er«), T1099 (»Sei hold der Huldin *Nahn*«).

47 Vgl. 1. Aufzug, T871 (»gebrochen das Aug«), parallel dazu T1028. In dieser Funktion tritt der Moll-Quint-Akkord mit kleiner Sexte auch in anderen Werken Wagners auf.

48 Dem Quint-Sext-Akkord auf *e* kommt, auch in seiner Septakkordposition auf *cis*, eine herausragendere Rolle zu. Vgl. im 2. Aufzug T992 (der Wendepunkt nach dem Kuß!), T1090 (»meine Schuld«), T1183 (»lachte«), T1225 (»das verfluchte Lachen wieder«), T1290 (»zum Heil ge*sandt*«), T1470 (»ent*führen*«).

49 Vgl. 2. Aufzug, T811.

50 Vgl. 1. Aufzug, T670 (»Wen er verlockt«), 2. Aufzug, T158 (»Gefällt's dir bei mir nicht besser?«), T314 (»Er ist schön, der Knabe«), T689 (»Ich bin schöner«), 3. Aufzug, T71.

51 Vgl. 1. Aufzug, T663 (»Wonnegarten«), 2. Aufzug, T966 (»die Liebe lerne kennen«).

52 Vgl. 1. 3. Aufzug, T665 (mit vorangehender kleiner None).

53 Vgl. 2. Aufzug, T982 (»der Liebe *ersten* Kuß«), T1041 (»wie alles *schauert*«).

54 Vgl. 3. Aufzug, T231.

55 Die folgende Aufforderung (»Mitleid mit mir! Nur eine Stunde mein!« [T1429]) ist nurmehr verzweifelter Aufschrei.

56 Siehe Sonderseiten: Notenbeispiel 3 (Partitur, 2. Aufzug, T1357-1376).

Oboen, jeweils gekoppelt mit den ersten Geigen), in seiner Harmonik jedoch hier noch weitergehend verkürzt, verändert und in einer steigenden Kleinterzsequenz auf äußerst kunstvolle Weise verkettet.[57]

Entgegen der Fortschreitungsgravitation des Torenspruchs wird hier die Baßlinie zunächst stetig nach oben gebogen[58], wodurch sämtliche Akkorde des Torenspruchs auf ›falsche‹ Baßtöne zu stehen kommen und die ursprünglich festgefügte harmonische Folge völlig durcheinandergerät:

h-moll	Der dritte Torenspruchakkord erscheint als s7 mit der Terz im Baß und mit tiefalterierter Quinte, sich dadurch subdominantisch bereits stärker nach
d-moll	richtend, wo er sich in der Auflösung von *d* nach *cis* als erster (dominantischer) Akkord des Torenspruchs entpuppt, jedoch um den Grundton verkürzt und mit der Septe im Baß. Der dritte Akkord hat nun wieder eine Terz im Baß und wird in
f-moll	zum ersten Torenspruchakkord, wieder als verkürzter Sekundakkord, nun jedoch mit einer großen None. Die sich anschließende Parallele erscheint in ihrer Mollvariante, der dritte Akkord bleibt aus, und in der Verkettung nach
as-moll	bleibt vom Torenspruch nichts mehr übrig als das Gegenklangsverhältnis der ersten beiden Akkorde (auch vorher ließ sich die tP als dG auffassen), welche von ihrer Gestalt her gewissermaßen vertauscht auftreten, die Sept-Non-Struktur des ersten Akkordes wechselt auf den zweiten (die große None von zwei Takten zuvor wird übernommen), der Sextakkord auf den ersten Platz. Der Torenspruch wird fortgesetzt in der abschließenden Kadenz nach
g-moll	mit einem s5/6, wieder mit Terz im Baß. Der Neapolitaner, eigentlich ja der Zielakkord des Torenspruchs, ist hier (als Moll-Neapolitaner!) an den Anfang gestellt, der Schlußakkord als trugschlüssig erreichtes und daher in Grundstellung gesetztes Es-Dur komplettiert nun den vorher unterbrochenen Torenspruch in d-moll.

Dieser sequenzierende Anlauf in Torenspruchremiszenzen gipfelt in einer Folge von vier Akkorden, welche die Akkordfolge des Torenspruchs fast völlig aufgelöst haben (Abb. 4).

---

57 Siehe Sonderseiten: Abbildung 3.
58 Darin ist, analog zu den Synkopen der mittleren Streicher, ein Zeichen der inneren Aufgewühltheit Kundrys zu sehen.

Abb. 4

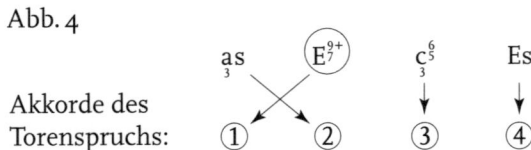

Akkorde des
Torenspruchs: ① ② ③ ④

Tonaler Bezug: a-moll   f-moll   g-moll   d-moll

Bei Vertauschung der ersten beiden Akkorde zeigen sich in den ersten drei Akkorden die – wenn auch modifizierten – Strukturen der Akkordfolge des Torenspruchs ohne Berücksichtigung ihrer tonalen Zusammenhänge.

1. Dur-Septnonakkord (allerdings mit großer None und ohne Quart-Vorhalt)
2. Sextakkord (allerdings in Moll)
3. Moll-Quint-Sext-Akkord (allerdings ohne Sept-Vorhalt).

Der vierte Akkord gibt nun auch die für ihn typische Akkordstruktur des Dur-Sextakkordes auf, stellt dafür aber den tonalen Bezug zum Torenspruch mit der Tonart Es-Dur wieder her, welche eindeutig auf den ›reinen Toren‹ verweist. Die Grundstellung des letzten Akkordes ist zudem in ihrer dem Sextakkord des Torenspruchs gegenüber stabileren Positionen ein Indiz für den seiner Aufgabe bewußt gewordenen Parsifal, welcher sein Wesen als ›reiner Tor‹ überwunden hat. Der Torenspruch hat sich damit inhaltlich wie auch musikalisch technisch gleicherweise aufgelöst und erfüllt.

Der im zehnten Takt auftretende E-Dur-Septnonakkord erscheint in Korrespondenz mit der Textaussage (»nur eine Stunde« – d. h. aber: außerhalb von Raum und Zeit) in mehrfacher Hinsicht isoliert. Zum einen läßt er sich funktionsharmonisch in der mit dem as-moll-Neapolitaner eingeleiteten Kadenz nicht mehr verstehen, zum anderen wird er in breitem Tempo durch Pausen, Dynamik (*p!*) und Instrumentation von den umliegenden Klängen abgesetzt. Die tiefliegenden Flöten, die Dreiklangsgrundierung in den Fagotten und der satte Hornklang in mittlerer Lage geben, zusammen mit dem Überdecken des Einschwingvorganges der Bläser durch das Streicherpizzikato dem Klang ein warmes, geborgenes Kolorit. Der Kontrast zum nachfolgenden c-moll-Quintsextakkord ist harmonisch (der Zielton *a* des E-Dur-Septnonakkordes wird hier zum harten Sextvorhalt), vor allem aber instrumentatorisch vermittelt. Die Doppelgriffe in den Streichern, der Einsatz der Oboeninstrumente und das Fehlen der warmen Flöten- und Klarinettenfarben verleihen diesem Akkord etwas vom grellen Tageslicht der unabänderlichen Realität, welches die verlockende Traumvision des isolierten Akkordes gewaltsam auslöscht.

Neben diesen isolierenden Eigenschaften[59] erscheint der E-Dur-Septnon-

---

59 Die harmonische, instrumentatorische und zeitliche Isolation dieses Akkordes liefert das vielleicht beste Beispiel für die von Ernst Kurth beschriebene Hinleitung der »absoluten Fortschreitungswirkung zur absoluten Klangwirkung«, vgl. *Romantische Harmonik und ihre Krise in Wagners »Tristan«*, Berlin 1923, S. 297 f.

akkord jedoch vor allem strukturell auch in den musikalischen Verlauf eingebunden. Auf der einen Seite laufen die beiden ineinander verschränkten
Folgen von Dominantseptnonakkorden und Nebenstufen in diesem einen
Akkord zusammen (wodurch sich die vertauschte Reihenfolge der Akkorde
des letzten tonal völlig zerrissenen Torenspruchs im nachhinein ›erklärt‹),
zum anderen erscheint der Akkord in der Baßführung, zusätzlich zum
authentischen·Anschluß (*ces* = *h–e*) an den as-moll-Sextakkord, eingefaßt in
eine Folge von chromatischen Dreitongruppen, welche direkt der Mittelstimme des Torenspruchs entsprungen zu sein scheinen und welche sich
nach oben gespiegelt in der abschließenden Versmelodie Kundrys wiederfin-
den (Abb. 5).

Abb. 5

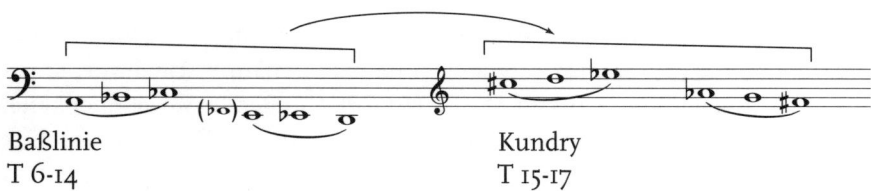

Baßlinie   Kundry
T 6-14   T 15-17

Diesen chromatischen Dreitongruppen, welche sich gewissermaßen unter-
halb der Schwelle zur Leitmotivik befinden, kommt als Bestandteil vieler
Leitmotive und als Verknüpfungsferment des musikalischen Gewebes eine
herausragende Rolle zu.[60] Die Chromatik, deren ambivalent semantisches
Feld zwischen Leid/Qual und Erotik/Verzückung oszilliert, gehört zu den
von Ernst Kurth als »Urmotive«[61] analysierten Phänomenen, welche, da sie
nicht die plastische Präsenz der Leitmotive erlangen, in ihrer Bedeutung für
Wagners Knüpftechnik zumeist übersehen oder unterschätzt werden. Ohne
die zusammenhangstiftende Funktion dieser Urmotive wäre das »relevante
Netzgewebe« leitmotivisch überbeansprucht[62] und weitaus weniger organisch geknüpft. Es ist zudem faszinierend zu beobachten, wie dieses aus den
Leitmotiven gewissermaßen herausdestillierte Ferment-Material nun, wie es
in unserem Beispiel geschah, die ›lose herumliegenden‹ Akkorde des Torenspruchs strukturell verklammert.

---

60 Die chromatische Dreitongruppe erscheint außerdem leitmotivisch gebunden in den Personenmotiven
Klingsors, Kundrys, Amfortas', Herzeleides sowie in der Heilandsklage, im Wunder-Motiv, im Zauber-
Motiv, im Öde-Motiv, im Schmeichelmotiv und in der Mädchenklage. Von jeglicher Chromatik befreit
erscheinen nur die Naturmotive, das Parsifal-Motiv sowie das Glaubens-Thema und das Gral-Motiv. Die
chromatische Dreitongruppe in verknüpfender Funktion außerhalb deutlicher Leitmotivik vgl. z. B. im 1.
Aufzug Takte 249 (Baß), 257 f., 464, 536 (Violine 1) und 1091 (Violine 1), im 2. Aufzug Takte 343 (Baß) und
1007 (»Furchtbare Klage«), im 3. Aufzug Takte 3 (Cello) und 4 (Violine 2), 54 (tiefe Streicher), 231 (Gebet),
335 (»Höchstes Heil«) etc.

61 Vgl. Kurth, *Romantische Harmonik und ihre Krise in Wagners »Tristan«* (Anm. 59), S. 465 f., oder auch Lorenz, *Der musikalische Aufbau von Richard Wagners »Parsifal«* (Anm. 4), S. 20, dort in der fallenden Variante
als »Urmotiv des Leidens und Vergehens« bezeichnet.

62 Dies war, trotz dramatischer Konsequenz und Sinnfälligkeit, kompositionstechnisch gesehen das Problem in der Götterdämmerung.

Während Kundrys innere Aufgewühltheit die Torenspruchfolge durcheinandergewirbelt und bis zur Unkenntlichkeit verzerrt, kann das Erscheinen des Parsifal-Motivs in der den Torenspruch erfüllenden Tonart (in Grundstellung!) und schließlich noch nach Kundrys Ruf das erste Mal wieder in seiner selbstbewußt den Gang der Ereignisse unterbrechenden Funktion[63] nichts anderes heißen, als daß Parsifal sich nun seiner Sendung endgültig bewußt geworden ist und in seiner Haltung zu Kundry seine feste Position gefunden hat. Im tonartensemantischen Netz verbindet diese kurze Passage zudem E-Dur als Tonart der Liebe, h-moll als Klingsor-Tonart, d-moll als Tonart des Torenspruchs, welcher sich in Es-Dur, der Tonart Parsifals, erfüllt, as-moll als Tonart des »tiefen Schlafs«, c-und g-moll als Schmerzenstonarten sowie die verschiedenen Anklänge von Liebe und Versuchung im isolierten Dur-Septnonakkord.

Aus der Analyse dieser Stelle dürfte deutlich geworden sein, wie die verschiedenen Aspekte von Harmonik, Leitmotivik, Dynamik, Rhythmik, Melodik, Instrumentation, Struktur (Sequenz, fortschreitende Variationenkette, chromatische Dreitongruppe als Baß-Sopran-Klammer), Tonartensemantik und dramatischer Situation gleich verschiedenen Fäden zusammenlaufen und von Wagner in ein – nicht anders denn organisch zu nennendes – Gewebe verknüpft werden. Erstaunlich wird darüber hinaus, in welchem Maße alle diese ›Parameter‹ in diesen (und ähnlichen) Passagen der späten Dramen Wagners Ausdrucksrelevanz erhalten.

Bisweilen gelingt die Verknüpfung von Leitmotivik und Tonartensemantik in extrem kurzen Momenten, wie beispielsweise zu Gurnemanz' Ausruf[64] (Bsp. 4 [Klavierauszug, 1. Aufzug, T 506-508]).

Bsp. 4

Der D-Dur-Sextakkord (in der Partitur als Eses-Dur notiert) verbindet die Tonart des Speers mit der Neapolitanerfunktion aus dem Torenspruch, beides jedoch als ›Ahnungsmomente‹ vor den eigentlichen Prägungen durch

63 Vgl. Anm. 3.
64 Vgl. 1. Aufzug, T 506 f.

Notenbeispiel 1

Notenbeispiele zu: Die Zeit steht still im Fadenwerk

Notenbeispiel 3

Abbildung 3

Notenbeispiele zu: Die Zeit steht still im Fadenwerk

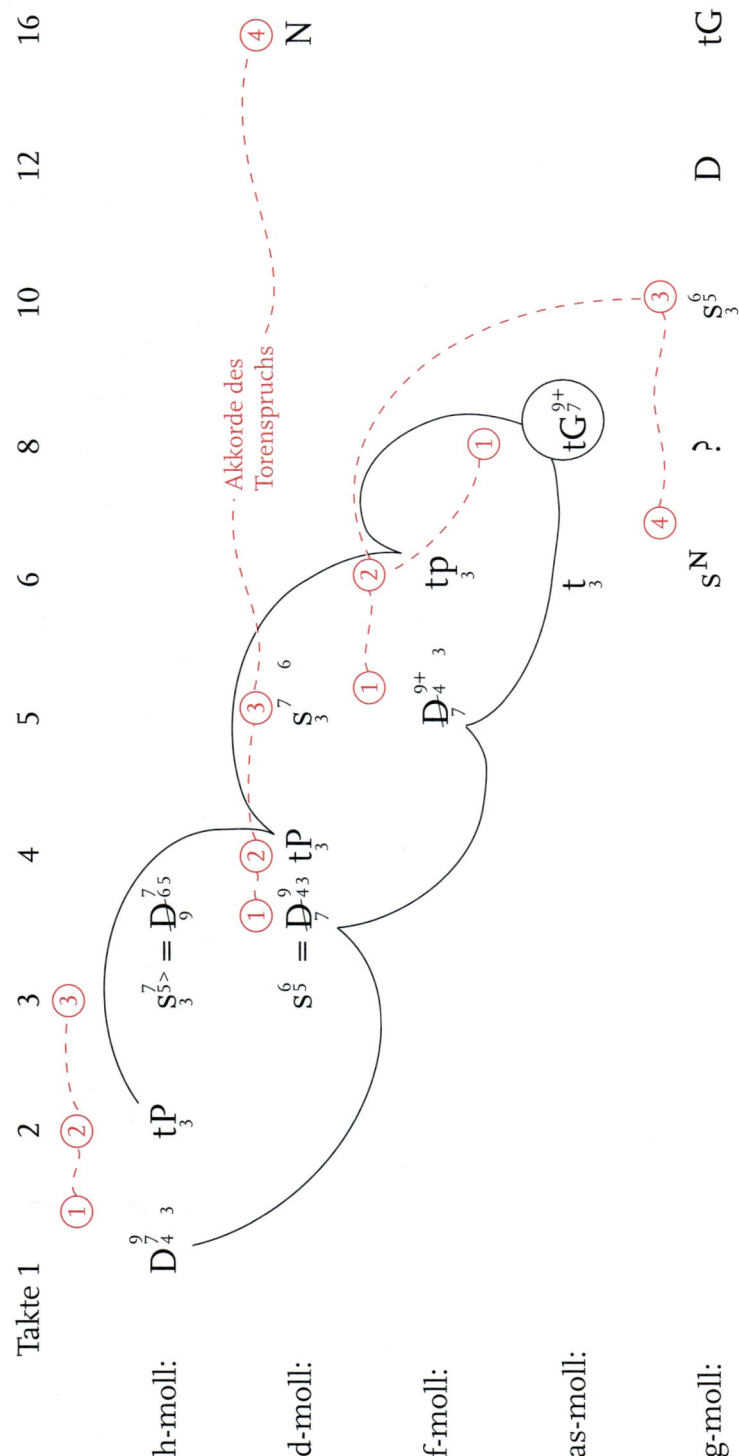

Abbildung 6

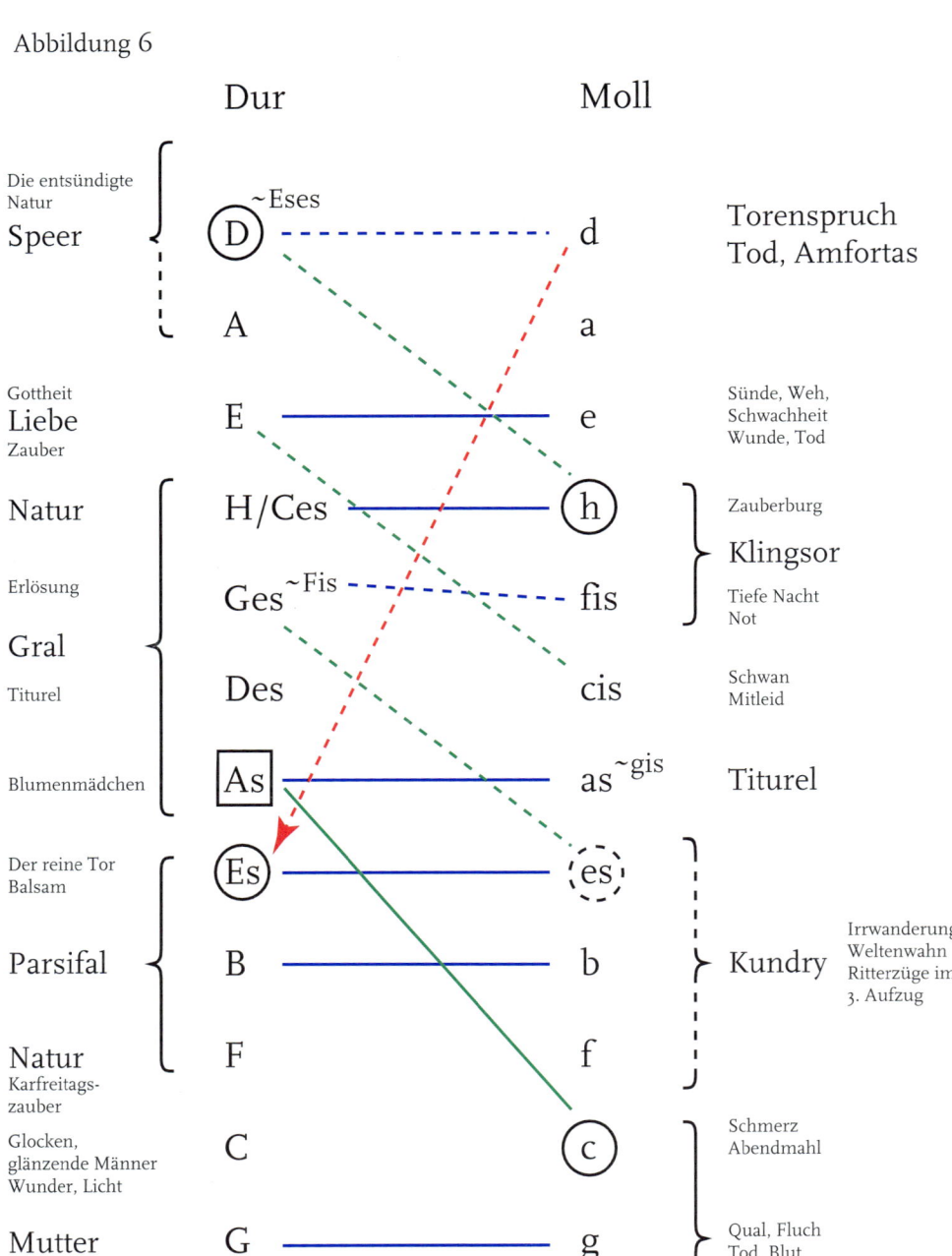

›szenische Vergegenwärtigung‹.[65] Im dritten Aufzug erscheint die Tonart Eses-Dur (vor der plagalen Schlußschraube) auch beim Verweis auf den Tod Titurels in seinem aus dem Glaubens-Thema abgeleiteten Motiv (Bsp. 5 [Klavierauszug, 3. Aufzug, T 409-412]).

Bsp. 5

Das hier über die harmonische Verbindung des Zauber-Motivs (Bsp. b) erreichte D-Dur ist von der strahlenden Glanzentfaltung der Speerestonart[66] weit entfernt und wird auch tatsächlich in der ›verblichenen Rüstung‹ von Eses-Dur[67] wahrgenommen (Bsp. 6).

Bsp. 6

Zauber-Motiv

*

Es fällt schwer, der Versuchung zu widerstehen, im Parsifal (und den anderen späten Wort-Ton-Dramen Wagners) auf fortdauernde Beziehungssuche zu gehen und Fund auf Fund zu häufen – liegt doch schließlich gerade *darin* das Hauptcharakteristikum dieser Werke, welches für den inneren Zusammenhalt weitaus mehr Verantwortung trägt als die im Parsifal etwa angelegte großformale Triptychon-Symmetrie. Formale Gruppierungen nach vordergründig szenischen Abgrenzungen[68] treten dabei deutlich in den Hintergrund vor den sich in mehreren Dimensionen durchkreuzenden Fäden und

---

65 Eine ähnliche Verbindung von Leitmotivik und Tonartensemantik *nach* ihren szenischen Vergegenwärtigungen findet sich in dem wundervollen langgehaltenen *cis* im 3. Aufzug, T 240 f. Der Verbindung aus Parsifal-Motiv und Öde-Motiv entweicht das *cis* aus einem Quartvorhalt heraus in das Mitleids-Motiv, allerdings in der Tonart cis-moll des Schwans. Gurnemanz singt: »Erkennst Du ihn? Der ist's, der einst den Schwan erlegt.«

66 Vgl. 3. Aufzug, T 1057.

67 Titurel wird in seiner Darstellung in den fernen ♭-Tonarten as-moll, Des-Dur und Ces-Dur gleichsam weit in die Vergangenheit gerückt.

68 Lorenz, *Der musikalische Aufbau von Richard Wagners »Parsifal«* (Anm. 4). Seine Pionierleistung eines Versuchs der Darstellung der Wagnerschen Riesenwerke bleibe davon ungeschmälert.

Entwicklungslinien, von denen wir als Hörer des jeweiligen Moments nur einen Querschnitt wahrnehmen. Diese labyrinthisch sich durchdringenden Fäden von Leitmotivik, Tonartensemantik, Harmonik, Instrumentation etc. schwanken beständig zwischen Fixierung und Veränderung in den drei Zeitfunktionen[69] von Vergangenheit (Erinnerung und Vergleich des Ähnlichen zu einem früheren Stadium), Gegenwart (das ›Fadenkreuz‹ des Gewebes) und Zukunft[70] (Wagners »Ahnungserweckung«). Bewundernswürdig scheint mir insbesondere die Adäquanz und Leistungsfähigkeit des musikalischen Materials in bezug auf den dargestellten kompositorischen Willen.[71] Wagner fügt seinen kompositorischen Mitteln der Darstellung einen Parameter der *Tiefe* hinzu, einer Tiefendimension der Gehaltsebenen, welche als Analogon zur tendenziell kontinuierlichen und ›unendlichen‹ Verknüpfung des Zeitstroms in der Horizontalen den Gegenwartspunkt nach innen erweitert und ins tendenziell Unendliche dehnt. Die Momente der stillstehenden Zeit können diese Eigenschaft der Wagnerschen Musik am deutlichsten vergegenwärtigen. Schließlich aber entsteht in der Unmöglichkeit einer Zusammenschau *aller* im Wagnerschen Werk ausgeführten Beziehungen die Form auf jedesmal andere Weise, je nachdem, welcher Hör- und Blickwinkel auf das Fadennetz angesetzt wird. Vielleicht liegt aber gerade darin der Grund, daß Wagners Werke, trotz (angebrachter) ideologischer Bedenken, leben und weiterleben werden.[72]

Anhang I – *Leitmotive*

a) Parsifal-Motiv (Bsp. a [2. Aufzug, T 349-351])

Bsp. a

Hauptcharakteristika sind der volltaktig einsetzende punktierte Rhythmus und die Melodik im Dreiklang aufwärts, im zweiten Akkord zur Sexte springend. Das Motiv bleibt meist formal offen. Häufige Veränderungen betreffen Einschübe in die beiden Motivaktionen und eine veränderte Har-

---

69 Vgl. Dahlhaus, *Die Musik* (Anm. 22), S. 209.
70 Vgl. Notenbeispiel 5.
71 Damit mag eine leise Frage an die Musik unserer Tage verbunden sein.
72 Vgl. Anm. I.

monik, vor allem im zweiten Akkord. Alle Modifikationen der ursprünglich rein diatonischen Motivgestalt werden semantisch relevant. In seiner Instrumentation ist es dem Blechbläserklang, vorwiegend den Hörnern anvertraut.

b) Zauber-Motiv (Bsp. b [1. Aufzug, T 1049-1052])

Bsp. b

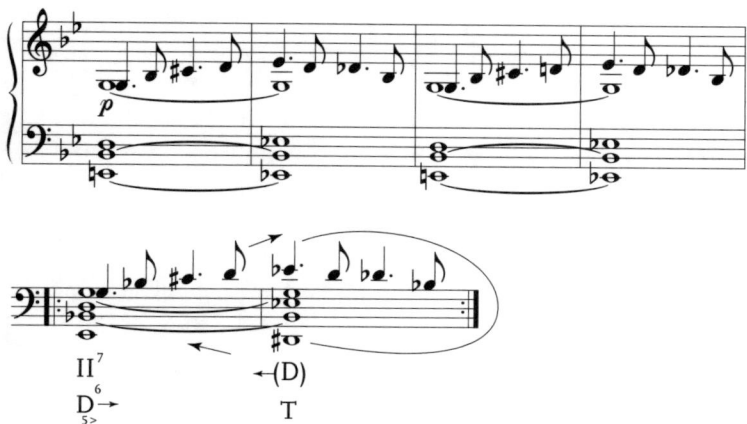

Das Zauber-Motiv gehört zu einem bei Wagner häufiger vorkommenden[73] Leitmotivtypus der paradoxalen Verklammerung zweier Akkorde. Jeder der beiden Akkorde richtet hierbei Spannungsmomente auf den anderen, wodurch >falsche< Oktaven[74] entstehen, der Zielakkord wird somit zu einem >falschen< reinen Dreiklang, ist daher instabil und fällt immer wieder zurück in den ersten halbverminderten Akkord. Konsonanz und Dissonanz sind in diesem Spannungsgefüge vertauscht, der >schein<-konsonante Durdreiklang bildet die sich wieder auflösende Dissonanz des Spannungsverlaufes, Erscheinungsform und Spannungsform treten also auseinander. Die Energie gerät im Zauber-Motiv in eine Art Unendlichkeitsschleife, das In-sich-selbst-Kreisen hat es mit dem Klingsor-Thema gemein. Die chromatische Dreitongruppe und der halbverminderte Septakkord ermöglichen eine Verknüpfung in fast jedwede musikalische Situation. Das Zauber-Motiv wird selbst kaum verändert, meistens wird seine Harmonik in andere Motive verschränkt.

---

73 Vgl. das Zaubertrank-Motiv aus der Götterdämmerung. Dieser Typus hat sich in der Musik Debussys fortgesetzt, vgl. z. B. die ersten beiden Akkorde aus *L'après-midi d'un faune*.

74 Vgl. den Begriff der »Scheinkonsonanzen« bei Lorenz, *Der musikalische Aufbau von Richard Wagners »Parsifal«* (Anm. 4), S. 89 f. und ihre völlig unzutreffende Diskussion bei Bauer, *Wagners »Parsifal«, Kriterien der Kompositionstechnik* (Anm. 24), S. 314.

c) Torenspruch (Bsp. c [1. Aufzug, T 729-732])

Der Torenspruch ist ein festgefügtes Thema vom Charakter eines Orakels. Die Quintsprünge des Soprans, die chromatisch fallende Mittelstimme, die

Bsp. c

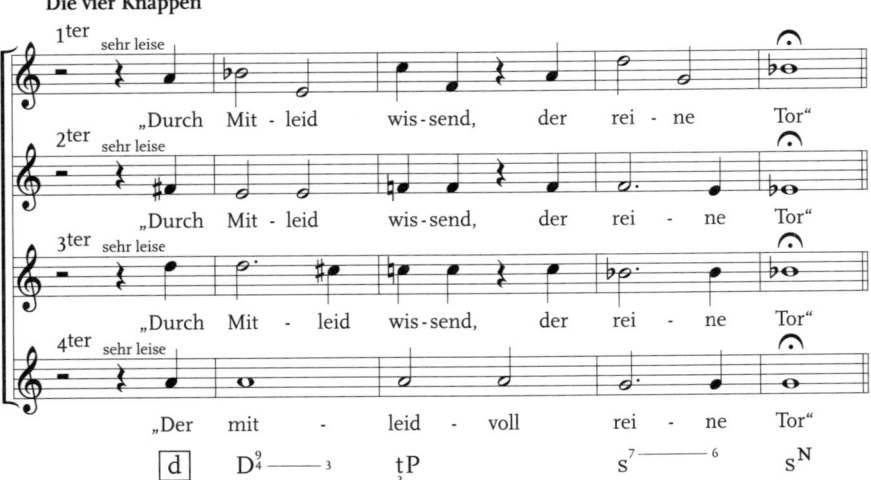

fallende Sekunde im Baß, die gemächlich fließende Viertelbewegung und die taktweise wechselnde Harmonik D$^{4/9}$ – tP$_3$ – s^7 – s^N geben diesem Motiv ein leicht identifizierbares Gepräge, welches gewissermaßen eine notwendige Voraussetzung für die weitgehenden Manipulationen seiner Gestalt darstellt. Sein Formverlauf ist ambivalent. Einerseits melodisch geschlossen, bleibt der Torenspruch andererseits harmonisch offen, in der subdominantischen Intensivierung zum Neapolitaner liegt eine zielgerichtete Bewegung verborgen, welche sich als Zeigegeste in Richtung auf den ›reinen Toren‹ verstehen läßt.

d) Öde-Motiv (Bsp. d [3. Aufzug, T 1-7])

Durch auftaktigen Quint- und späteren Tritonussprung charakterisiert sich das Öde-Motiv als vorwiegend melodisches Element, welches mit dem weiterführenden Schluß des Abendmahl-Themas ausgestattet ist und aufgrund seines Tritonus weitreichende harmonische Implikationen mit sich führt. In Verbindung mit dem sehr langsamen Tempo und der Verunklarung der metrischen Schwerpunkte[75] führt die ›enharmonische Innenströmung‹ der

---

75 Vgl. z. B. Takt 6 mit seinem deutlich kadenzierenden Verlauf zu Takt 7, welcher die Dominantspannung nicht auflöst, sondern sie auf die Eins des Taktes gewissermaßen festhängen läßt, sie in einen anderen tonalen Bezugsrahmen setzt (aus dem Grundton *fis* wird eine Nebentoneinstellung, aus dem Leitton *ais* eine subdominantische Terz oder eine nach unten gerichtete dominantische None, etc.) und dort dann schließlich weitergeführt. Es entsteht der Eindruck einer Verstärkung des ambivalenten enharmonischen Richtungsstrebens aufgrund der metrischen Schwerpunktenergie, d. h. also gerade dort, wo sich traditionellerweise die harmonische Sachlage klärt.

Bsp. d

Klänge zu einem harmonischen Verlauf, welcher in jedem Moment sich in unvorhergesehene Richtung umzubiegen vermag. Die extrem avancierte und ambivalente Harmonik spiegelt sich im mehrschichtigen Verlauf der Funktionsschrift. Im Öde-Motiv wäre einmal mehr die Namensnennung zu beklagen, da es in seiner instabilen, geradezu labyrinthischen Harmonik des Vorspiels zum dritten Aufzug eher Parsifals Verlorensein, im weiteren Verlauf dann erst die Verwahrlosung des Gralsgebietes zum Ausdruck bringt.

e) Klingsor-Thema (Bsp. e [1. Aufzug, T 628-633])

Bsp. e

Die Charakteristik des Klingsor-Themas besteht in seiner auftaktig einsetzenden, gewundenen, viel Chromatik mit sich führenden melodischen Linie, welche einen fallenden Großterzzirkel durchmißt und in einer zirkulären Bewegung wieder zu seinem Ausgangspunkt zurückkehrt.

f) Kundry-Motiv (Bsp. f [1. Aufzug, T 216-220])

Bsp. f

In seinem Schockgestus ist dieses Motiv, dessen Verwendung weit über die eines Personalmotivs hinausgeht, beinahe eine Chiffre des späteren Expressionismus. Die musikalische Energie staut sich – wie in einem Schrei – in einem einzigen dissonanten Akkord[76] und wird in einer einstimmigen, über die Akkordtöne herabstürzenden Linie abgetragen und weitergeführt. Diese Form der Dissonanzbehandlung erscheint zur Zeit der Komposition des Parsifal geradezu revolutionär. In fast der Hälfte aller (insgesamt etwa 80) Fälle liegt dem Akkord ein verminderter Septakkord, sonst auch ein halbverminderter Septakkord oder ein einfacher D[7] zugrunde, über welchem ein Sext-, Nonen- oder Quartvorhalt sich in die fallende Linie löst.[77] Weiterhin typisch für diesen dissonanten Akkord ist seine Holzbläser-Streicher-Mischfarbe.

g) Gral-Motiv (Bsp. g [I. Aufzug, T 39-41])

Bsp. g

Dieses Motiv ist gekennzeichnet von seiner modalen Harmonik, seinen in Gegenbewegung geführten Außenstimmen sowie in den stufenweise nach oben geführten Sexten (›Gralssexten‹). In harmonscher Hinsicht wird es starken Modifikationen und Verzerrungen unterworfen, bleibt jedoch immer erkennbar in seiner Rhythmik, in der Hüllkurve der Oberstimme, und in den parallel aufwärts geführten Sexten.

h) Amfortas-Thema (Bsp. h [I. Aufzug, T 239-242])

Bsp. h

Hauptmerkmale dieses Themas sind die meist in den Baß gelegte Melodik, die volltaktig fallende große Terz zu Beginn der Linie, der übermäßige

---

76 Vgl. Bauer, *Wagners »Parsifal«, Kriterien der Kompositionstechnik* (Anm. 24), S. 298: »Mitten im Kundry-Motiv ist der mehrstimmige harmonische Satz zu Ende.«

77 Seine dissonanteste Form erhält der Kundry-Akkord in einer cis-moll/g-moll-Mischung, vgl. I. Aufzug, T 493 (»der *Speer*«).

Dreiklang als erster Akkord und die synkopierte harmonische Bewegung (meist der Streicher). Das Amfortas-Motiv vertikalisiert in seinem ersten Takt gewissermaßen den zirkulär geschlossenen harmonischen Gang des Klingsor-Themas. Das Amfortas-Thema erscheint etwa gleich häufig auf die vier möglichen übermäßigen Dreiklänge verteilt.

i) Abendmahl-Thema (Bsp. i [I. Aufzug, T 1-6])

Bsp. i

Dieses stets ruhige und getragene, melodisch dominierte Thema charakterisiert sich durch seine die Taktschwerpunkte vermeidende Rhythmik, dem Sich-Aufrichten in der Oktave, zunächst im Dreiklang, dann stufenweise weiter[78] bis zum Umkehrpunkt auf dem Leitton (einziger Ton auf die Eins des Taktes), der sogenannten Schmerzensfigur, dem sich anschließenden Speer-Motiv und dem wiederum schwerelosen Ausklang auf der Terz. Typisch erscheint weiterhin die Instrumentation der Melodielinie in Mischfarben.

k) Glaubens-Motiv (Bsp. k [I. Aufzug, T 44-47])

Bsp. k

Als primär melodisches Motiv stellt sich das Glaubens-Motiv dar im auftaktigen Quartsprung und anschließend stufenweise diatonisch fallendem Quartgang, welcher in Sequenzen zum Glaubens-Thema fortgesponnen wird. Das Glaubens-Motiv bildet die Umkehrung des Speer-Motivs.

---

78 In der Punktierung wird die Sexte, und damit der bisher erklungene Quintsextakkord betont. Hier sind gewissermaßen bereits alle späteren relevanten Quintsextakkordbildungen enthalten, einschließlich der völlig umcharakterisierten Einleitung der Blumenmädchenszene, vgl. 2. Aufzug, T 431 f.

Anhang 2 – *Tonartensemantik*[79]

C-Dur   »glänzende Männer«, Verwandlungsmusik, Glocken-Motiv, »ein
Lichtstrahl senkt sich auf das heilige Werk«, Schlußakkord des
ersten Aufzugs / »daß einst ich mit dem *Heiligen* rang«, »unerlöst
soll der Heiligen *Hüter* mir schmachten«, »Wer dir trotzte, löste
dich *frei*«, »Gelobter Held« / Wunder-Motiv

Des-Dur   Titurel, »des *siegreichsten Geschlechtes* Herrn«, Abendmahl-Thema /
»bleib nicht fern *von uns*«, Blumenhain (7/9) / »Heil dir, mein
Gast«, »*Heilig* hehrstes Wunder«, Wunder-Motiv, Motiv der Todessehnsucht von Amfortas, Erlösungsthema, letztes Gral-Motiv

D-Dur   Glaubens-Motiv, »Doch adelig *scheinst* Du selbst und hochgebo-
ren«, »Ach, Erbar*men*«/ »in stets erneuter *Wahnsinns* Nacht«, Den
Toren stelle mir seines Meisters *Speer* / »des Todes gegenwärtig,
dem schon mein alter Waffenherr *verfiel*«, Blumenaue-Motiv, Gebet, »die entsündigte Natur«, »Auch deine Träne ward zum Segens-
taue«, Wunder-Motiv, Speer (Parsifal schreitet vor), Beginn der
Plagalschraube als Eses-Dur

Es-Dur   Balsamakkorde (als Es-Dur-Septakkord bei »Nimm du! – Balsam«),
»der reine Tor« (als Neapolitaner), »so sende sie nach dem verlor-
nen *Speer*«, »*wen er verlockt*, hat er erworben« (7/9), »*Gewiß*« (erstes
Wort von Parsifal), »nur *Ruhe* will ich«, Zauber-Motiv, »Enthüllet
den Gral«, Rittergesänge / »Gefällt's dir bei nicht besser« (7/9), »O
ewiger *Schlaf*«, »Er ist schön der Knabe« (7/9), Parsifal-Motiv, »ich
bin *schöner*« (7/9), Beginn des Herzeleide-Motivs, »Doch, ihr *Wehe*
du nicht vernahmst«, »Grausamer«, »in dir entsündigt sein und
erlöst (als Trugschluß), Parsifal-Motiv / »am allerheiligsten Morgen
heut«, »Auf! Kundry! Auf! Der Winter floh«, »Gewiß s' ist er«,
Gral-Motiv

E-Dur   Waldhüterruf (als Fes-Dur), »Jetzt auf, ihr Knaben!«, Zauber-Motiv,
»Die Wüste schuf er sich zum *Wonnegarten* (7/9), »*er lebt in uns*
durch seinen Tod« / »Pfui! Dort bei dem Rittergesipp« – »tiefer
Schlaf« – »Wie duftet ihr hold!« – »Erkenntnis in Sinn die Torheit
wenden« (7/9), »Die *Liebe* lerne kennen« (7/9), Kuß-Szene, »So rief
die Gottesklage furchtbar laut mir in die *Seele*«, »läßt dich dann
Gottheit erlangen«, »schuf dich zum Gott die *Stunde* (7/9) / Gebet
Parsifals (7/9–), »da dieses Waldes Rauschen wieder ich *vernehme*«
– »Oder irre ich wieder?« (7/9), Gral-Motiv, »Gesegnet sei, du

---

79 Auflistung dramatischer Konnotationen nach Textstellen, bzw. Leitmotivik in chronologischer Folge
durch das Werk. Schrägstriche / bezeichnen Aktgrenzen. Mit (7/9) ist der Dur-Septakkord mit großer
None, mit (5/6) der Moll-Quint-Sext-Akkord gemeint. *Kursiv* gedruckte Textstellen weisen auf das Erscheinen der jeweiligen Tonart.

Reiner durch das *Reine*«, »die heut mit heil'gem Tau *beträufet Flur
und Au*«, »Nun freut sich alle Kreatur«, »ihm seh ich heil'ges Blut
ent*fließen*«, »Nicht soll der mehr verschlossen sein«

F-Dur Waldesmorgenpracht (Oboe, ab Takt 373), »Dem Balsam wich das
Weh«, Frageszene Gurnemanz-Parsifal, Mitleids-Motiv / »holde
Mutter« / Karfreitagszauber (7/9– und 7/9+), »von selbst dann
leuchtet euch wohl der Gral!«

Ges-Dur »die Schmerzensnacht wird helle«, »Sind die Tiere hier nicht *heilig?*«, Gral-Motiv (als Fis-Dur), Mitleids-Motiv / »der Liebe *ersten*
Kuß« (7/9), »wie alles *schauert*, bebt und zuckt« (7/9), »Es starrt der
Blick dumpf auf das Heilsgefäß«, Gral-Motiv, »Lieb und Erlösung
soll dir werden«, »Irre!« / »Wirkte dies der heilige *Tag*«, »Hier bist
du an *geweihtem* Ort«, »des Grales heil'gen *Speer*«, Erlösungs-Motiv
(als Fis-Dur), »Hier bist du, dies des *Grals* Gebiet«, »*Titurel*, mein
heil'ger Held«, Hingebungs-Motiv der Kundry (3. Aufzug, T455),
»Den heil'gen Speer, ich bring ihn euch *zurück*«, Wunder-Motiv

G-Dur – / »So nannte träumend mich einst die *Mutter*«, »Ihr kindischen
Buhlen, weichet von ihm«, »Ich sah das Kind an seiner Mutter
Brust«, »Mit diesem Zeichen bann ich deinen *Zauber*«, / »Erkennst
du ihn? Der ist's, der einst den Schwan erlegt«, Abendmahl-
Thema, »Die heil'ge Quelle selbst erquicke unsres Pilgers *Bad*«,
»*Gesegnet* sei, du Reiner«, »So weicher jeder Schuld Bekümmernis
von *dir*«, »Denn ich verwalte nun dein *Amt*«, Wunder-Motiv

As-Dur Abendmahl-Thema, Gral-Motiv, Glaubens-Motiv, »ein sel'ger
Schimmer da entfloß dem Grale«, »im heil'gen *Walde, da stiller Friede
dich um*fing«, »So nach des Grales *Gnade*«, Glaubens-Motiv,
Abendmahl-Thema, Glocken (1. Aufzug, T 1485), »Selig in Glauben
und Liebe« / »Komm! Komm! Holder Knabe«, »Des Gartens Zier«,
»Die Stirn laß mich dir *kühlen*«, »den Blick schon auf mir *ruhn*« /
Kundrys Gang zur Quelle (3. Aufzug, T 158 f.), »*zur Sühne* bot«,
Erlösungs-Motiv, »Enthüllet den Gral, öffnet den *Schrein*«, Schluß-
akkord

A-Dur Wunder-Motiv, »*Dem Heil*tum baute er das Heiligtum«, »durch
hell erschauter *Wortezeichen Male*«, »Vom Bade kehrt der König
heim« / »O ewiger Schlaf, einziges *Heil*«, »Komm! Holder Knabe«
/ der hochgehobene Speer (3. Aufzug, T 807), »Nur eine Waffe
taugt«, »in *Sehn*sucht nach dem verwandten Quelle«

B-Dur » Nach wilder Schmerzensnacht nun *Waldes Morgenpracht*«, Parsifals erstes Erscheinen (1. Aufzug, T 742), Parsifal-Motiv, Herzeleide
(als Neapolitaner), Verwandlungsmusik, Parsifal-Motiv / Parsifal-
Motiv / –

H-Dur »Im Wald und auf wilder Aue waren wir heim«, Parsifal-Motiv,

»Wer ist der Gral ?« / »Ich sah *ihn*«, »Doch wer erkennt ihn klar und *hell*« / »der dort schimmert heil und *hehr*«, »daß heute noch als König er mich *grüße*«, »So ward es uns verhießen«, Parsifal-Motiv, »Wie dünkt mich doch die Aue heut so schön«, »O Wehe, des höchsten *Schmerzenstags*«

Ces-Dur   Glaubens-Motiv, Gral-Motiv, Abendmahl-Thema, Wunder-Motiv, »Enthüllet den *Gral*« / »herauf!«, Erscheinen Parsifals im Zaubergarten (2. Aufzug, T 427), »nicht karge den *Sold*« / Wunder-Motiv, »Nie kommt uns Botschaft mehr, noch Ruf zu heil'gen Kämpfen aus der *Ferne*«, »Die *Taufe* nimm«, Glaubens-Motiv

*

c-moll   Abendmahl-Thema, »Du konntest morden, hier«, »O ! Daß keiner diese Qual ermißt«, Abendmahl-Thema, »Nehmet hin mein Blut« / »der Festeste fällt«, »der Stolze *stark in Heiligkeit*«, Abendmahl-Thema, »für sie laß mich ewig dann verdammt (5/6) / »seit *Ewigkeit* belasten«, Erlösungs-Motiv

cis-moll   Schwan (1. Aufzug, T 827 f.), Trauerzug (des-moll, T 925 f.), Heilandsklage / – / Parsifal-Motiv, Mitleids-Motiv, Gral-Motiv, »begehrt in wütendem Trotze nun den *Tod*«, »Taucht eure Schwerter *tief, tief*«

d-moll   Abendmahl-Thema, Amfortas-Thema, Torenspruch, »erkennst du deine große *Schuld?*«, »seine Mutter ist *tot*«, Heilandsklage / »und Herzeleide *starb*«, Klingsor-Thema, »Irre!« (Teil der Klingsor-Harmonik) / Klingsor-Thema, »Dienen, dienen« (Kundry), »Den Gral noch einmal uns da zu *enthüllen*« (dies weist auf:), Öffnung von Titurels Sarg (3. Aufzug, T 933), »dir gab ich den *Tod*«, »Ihr Helden, tötet den Sünder mit seiner *Qual*«

es-moll   »denn nie lügt Kundry«, Heilandsklage, Abendmahl-Thema / Kundrys Erscheinen (2. Aufzug, T 132 f.), »Tiefe Nacht. *Wahnsinn*« (dis-moll), »Da weckte dich ein andrer?«, »der immer dich wieder *zum Dienst* mir gesellt« (dis-moll), »*Heiland*, Herr der Huld« / Abendmahl-Thema, »und mit dem Leben seine Qual zu enden«

e-moll   »Wenn alles rastlos steht«, »doch *eine Wunde* brannt ihm in der Seite«, »wie einst sein Blut ge*flossen*«, »*Weh*volles Erbe, dem ich verfallen«, Heilandsklage, »O heilige Wonne« / »*Schwach* auch er« (5/6), »O! Wehe! Wehe!« (5/6), »Dem schlug er den Arm« (5/6), »He! Kundry!« (5/6), »wollte sie still dich bergen und *behüten*«, »nur dumpfe Torheit lebt in mir« (5/6), Glaubens-Motiv / »*Mittag*: die Stund ist da«, »Dich mahnet dein Vater« (Ritterchor), »Könnt ihr doch *Tod* mir nur geben«

f-moll   »Ihr nährt sie nicht, sie *naht* euch nie«, Heilandsklage / Parsifal-

	Motiv, »So rief, als im arab'schen Land er verschied«, Heilands-klage / –
fis-moll	»Vor dem verwaisten Heiligtum«, Klingsor-Thema / »Ach! *Tiefe* Nacht«, »Fur̲chtbare *Not*!«, »der einst mein *Lachen* bestraft« / –
g-moll	»*Blut* und Leib der heil'gen Garde«/ »den ihrem Meister selbst ich *entwandt*«, »Traute, teuerste *Mutter*«, »War dir fremd noch der Schmerz«, »*Verderberin*! Weiche von mir!«, Hingebungs-Motiv, »den ich verlachte« (5/6), »und des Weges sollst du geleitet sein« / »der dort dir schimmert heil und hehr, des *Grales* heil'gen Speer
as-moll	»Titurel, der fromme Held«, Anrufung des Titurel (1. Aufzug, T 1246 f.) / »Schlaf ... *tiefer Schlaf* ... Tod«, »Ich *will* nicht« (Kundry), Abendmahl-Thema, »*Schuf dich zum Gott* die Stunde« / weiter als gis-moll: »Du *Reiner*! Mitleidsvoll Duldender«, Abend-mahl-Kopfmotiv, »Gestatte Herr, daß dein Knecht dich g*eleite*«
a-moll	»O *Strafe*! Strafe ohnegleichen«, Torenspruch / – / –
b-moll	– / »Hohn und *Verachtung* büßte schon einer«, Heilandsklage, »O, *Weltenwahns* Umnachten«, »*Den Toren* stelle mir seines Meisters Speer« / Beginn des Vorspiels, »darob versiegte unsrer Helden *Kraft*«, »er starb – ein Mensch, wie *alle*«, »Gewißlich; unsrer harrt die hehre *Burg*«, »Geleiten wir im bergenden Schrein« (erster Ritterzug)
h-moll	Klingsor-Thema, Torenspruch / Beginn des Vorspiels, »Erlösung soll dir werden, zeigst du zu *Amfortas mir den Weg*«[80], Schluß des zweiten Aufzugs / Klingsorharmonik im Gral (als ces-moll, 3. Auf-zug, T 1098)

Die Darstellung der Tonartensemantik in ihren wichtigsten Bezügen findet sich auf den Sonderseiten (Abbildung 6).

---

80 D. h. Parsifal irrt also, noch führt ihn der Weg nicht aus Klingsors Machtbereich heraus.

II

Wagners Kompositionstechnik

CLAUS-STEFFEN MAHNKOPF

Hans Mayer berichtete von einer frühen Begegnung mit Alban Berg nach einer Wozzeckaufführung in Berlin. »Ich war damals als junger Mensch und Postexpressionist leidenschaftlicher Antiwagnerianer und benutzte die Gelegenheit, auf Wagner zu schimpfen. Und Alban Berg – unvergeßlich – sah von oben auf mich herab und sagte: ›Ja, so können Sie reden, Sie sind ja nicht Musiker.‹«[1] – Diese Antwort Bergs ist der Schlüssel für das Verständnis einer der gewaltigsten Schieflagen der Musikliteratur. Wagner hat, nur noch mit Nichtkomponisten wie Marx, Freud oder Goethe zu vergleichen, eine der größten Ansammlungen von Sekundärschriften ausgelöst. Die Wagnerliteratur ist so vielseitig wie unüberschaubar. Ein jeder, gleich, ob musikalisch fachkundig oder nicht, glaubte, sich zu Wagner äußern zu können und zu müssen. Betrachtet man sie aber etwas genauer, folgt die erste Überraschung: Der Anteil der Literatur zur *Musik* Wagners ist verschwindend gering. Es scheint, als ob die systemtheoretische Unterscheidung von System und Umwelt hier voll zur Anwendung komme: Alles, was an Wagner *nicht* Musik ist, ist dokumentiert, zitiert, kommentiert, wissenschaftlich erörtert, mannigfach zweckentfremdet, anverwandelt etc.; die Musik selbst (das System zu seiner Umwelt) bleibt gleichsam als Leerraum dazwischen ausgespart. Betrachtet man darüber hinaus die analytische Literatur zur Musik und Kompositionstechnik Wagners seit dem 19. Jahrhundert – sie ist durchaus überschaubar[2] –, so fällt auf, daß seit den Forschungen von Ernst Kurth und Alfred Lorenz, trotz des intensiven Einsatzes von Carl Dahlhaus für das Werk Wagners, trotz der laufenden Gesamtausgabe, trotz Jahrhundertring in Bayreuth, trotz einer stärkeren Berücksichtigung konstruktiven Musikdenkens in der Musikwissenschaft (ausgelöst durch Adorno und Neue Musik) kaum etwas Kategoriales durch die Forschung herausgetrieben worden wäre, weder konzeptuell-theoretisch noch durch größere phänomenologische Untersuchungen. Die Forschung tritt nicht etwa auf der Stelle, für das *musikalische* Werk blieb sie aus. Beide Überraschungen bilden ein Skandalon ersten Ranges.

Man fragt sich, wie derlei möglich sei, warum einem der wirkungsmächtigsten Komponisten derart wenig Aufmerksamkeit in der Sache vergönnt ist. Die Anekdote über Berg und Mayer gibt hierfür bescheiden Antwort: Die

---

1 Hans Mayer et al., *Diskussion über Recht, Unrecht und Alternativen*, in: Musik-Konzepte 5 (= Richard Wagner. Wie antisemitisch darf ein Künstler sein?), München 1981², S. 59.
2 Auf eine Diskussion der Titel im einzelnen wird an dieser Stelle verzichtet; wir begnügen uns mit einem Resümee der Durchsicht.

gesamte Wagnerrezeption ist geblendet von der Asymmetrie zwischen Intellektuellen, die sich *sogleich*, also ohne materiale Vermittlung, an den Überbau machen, und jenen Musikern, die zwar nicht umhin können, Wagner zu lieben, sich aber genau damit begnügen (und sei es im sicheren Zutrauen, daß seine Musik auch ohne publizistischen Nachweis groß bleibe).

Dem gilt es – mit künstlerischen (also nicht bloß musikwissenschaftlichen, sondern dem Gegenstand angemessenen, ›empathischen‹) Analysen, mit theoretischer Grundlegung seiner Kompositionstechnik und mit einer philosophisch-wissenschaftlichen Klärung der dabei angewandten Begriffe und Denkmodelle – abzuhelfen. Immerhin können der Stand der Erkenntnisse zur Kompositionstechnik Wagners gebündelt und die anstehenden Forschungsaufgaben benannt werden. Erklärt werden kann auch die Tieflage in der gegenwärtigen Forschungsliteratur. Sie ergibt sich aus Pathologien, die die Wagnerliteratur wie ein Flächenbrand beherrschen. Die wichtigsten sind:

1. Die Unwilligkeit, sich auf die Komplexität der Wagnerschen Musiksprache einzulassen, die einzelnen Parameter ebenso zu studieren wie deren systematisches Zusammenwirken[3], entspricht dem Reduktionismus, nach Überresten des Selbstverständlichen und Konventionellen zu suchen und das Schwierigere als unerklärbar zu denunzieren.

2. Es fehlt eine grundbegriffliche Klärung auf seiten der Ästhetik, der Musikphilosophie und der ›angeschlossenen‹ Geistes-, Kultur- und Sozialwissenschaften. Dies hat zur Folge, daß methodisch unscharf, ohne Kategoriengebäude und mitunter phänomenologisch blind gearbeitet werden muß.

3. Musikwissenschaft wird bis heute durch eine hartnäckige Weigerung bestimmt, die Tonalität als ein in sich stimmiges und daher in ihren harmonischen Phänomenen auch hinlänglich erklärbares System aufzufassen.[4] So kommt es, daß schon bei kleinsten Schwierigkeiten (bei denen ja erst ein theoretisches System in Anwendung gebracht werden kann) der Irrationalismus, es läge harmonisch Unerklärliches vor, bemüht wird (unabhängig von der erkenntnistheoretischen Metafrage, wie ein »Unerklärliches« real strukturiert sein müsse). Das zeigt sich am trefflichsten am Tristanakkord[5], der, obwohl von Kurth als Doppeldominante mit tiefalterierter Quinte und Nebentoneinstellung zur Septime endgültig und übrigens ohne große Mühe erklärt, immer wieder zu neuartigen, allermeist abenteuerlichen Deutungen verführt.

4. Damit korrespondiert der auffällige Mangel der Wissenschaft an ›Hand-

---

3 So erklärt Dahlhaus zwar einsichtig: »Die Musiktheorie ist Wagner – immer noch – Entscheidendes schuldig geblieben«, setzt diese Erkenntnis aber an das Ende und nicht an den Anfang eines Artikels, der in einem repräsentativen Handbuch »die Musik« abhandelt (vgl. *Die Musik*, in: Richard-Wagner-Handbuch, hg. v. Ulrich Müller u. Peter Wapnewski, Stuttgart 1986, S. 221).

4 Vgl. Dieter de la Motte, *Harmonielehre*, Kassel 1980³. »Wagners Harmonik ... ist ein *je einmal*, ... ist die Erfindung selbst und nicht übertragbar, ... nicht abstrahierbar« (S. 230).

5 Gemeint ist sein Auftreten in T 2 des I. Akts.

werk‹ beim Analysieren anspruchsvollerer Musik; auf deren Niveau wird mit ›Theoretisieren‹ anstatt mit detailgenauem Erklären geantwortet. Die Methodik multifunktioneller Analytik ist aber gerade bei Wagner ein Desiderat erster Ordnung.

5. Wagner wird allzu häufig als Ausgangspunkt eigener, vom Gegenstand völlig abgelöster Spekulationen zweckentfremdet; er dient als Aufhänger, Stichwortgeber. Es scheint, als wollten sich die entsprechenden Autoren, indem sie sich überheben, für Wagners größere Produktivität rächen bzw. ihre mangelnde Kreativität kompensieren.[6]

Statt dessen ist darauf zu bestehen, daß Wagners Kompositionstechnik erfaßbar, beschreibbar, theoretisierbar, analysierbar und erklärbar, also von (rationaler) Logizität ist. Wagners Technik ist kein außergeschichtliches, kein außer-musiksprachliches Ereignis. Abhilfe schafft nur die Bereitschaft, jede etwas anspruchsvollere Stelle genauestens zu betrachten, die Schwierigkeiten zu steigern, um sie zu lösen, Tonalität zu systematisieren, die Morphologie Wagners diachron (also historisch) zu kontextualisieren. Es geht darum, das Gesamtwerk, Takt für Takt, hinsichtlich alles Relevanten[7] zu kartographieren[8] (was der Altphilologie, der Danteforschung und den Diskursen um moderne Literatur recht ist, müßte dem Wagnerschen Werk billig sein), was mit quantitativem Positivismus nur der verwechseln kann, der übersieht, daß im ›empirischen‹ Detail der gesamte Geist steckt. Musikalisches bei Wagner muß technisch immanent erklärt werden, nicht durch Szene und Text. Ein Paradigmenwechsel der Wagnerforschung ist nötig: Hieß die Frage bisher: »Was hat sich Wagner ›inhaltlich‹ bei dieser oder jener Wendung gedacht?«, so muß sie nun lauten: »Wie sind solche Wendungen strukturell beschaffen, daß sie überhaupt jenes ›Inhaltliche‹ zu tragen vermögen?« Wagners Musik ist anzubinden an eine (erst zu entwickelnde) Theorie der musikalischen Semantik, und zwar auf der Grundlage einer (ebenfalls erst zu entwikkelnden) umfassenderen Theorie der Tonalität (als ein strukturelles *und* semantisches System). Ist dies geleistet, kann Wagners Musik wieder in seinen Diskurs, worin sie *die* große Leerstelle bildet, eingeführt werden, diesmal als Anwesendes. Dann können auch die dringlichsten interdisziplinären (wünschenswerterweise *wechselseitig* zu erarbeitenden) Forschungen initiiert werden, so etwa die zentrale zwischen musikalischer Analytik und Psychoanalyse[9] – aber nicht als wild-spekulatives Anwenden[10], sondern als

---

6 Vgl. Heinrich Poos, *Die »Tristan«-Hieroglyphe*, in: Musik-Konzepte 57/58 (= Richard Wagner. Tristan und Isolde), München 1987. Was soll man von tiefschürfenden Gedanken halten, wenn ihnen gleich zu Beginn eine falsche Prämisse zugrunde gelegt wird? (»Den ersten Akkord [des Tristan] bezieht das Ohr fast mühelos auf es-moll« [S. 49].)

7 Beispielsweise hinsichtlich der Verwendung des halbverminderten Septakkords.

8 Für das reife Werk sind das rund 40 000 Takte.

9 Vgl. Tilman Moser, *Abenteuer Parsifal*, in: Programmheft *Parsifal*, Freiburger Theater 1985/86, S. 27 ff.

10 Vgl. Robert Donington, *Richard Wagners »Ring des Nibelungen« und seine Symbole*, Stuttgart 1978².

begriffliche Anstrengung in der Theorie. Erst wenn akzeptiert ist, daß Wagners Musik insgesamt, Stelle für Stelle, mit der ihr gebührenden Genauigkeit zu diskutieren, d. h. einem Argumentieren[11] zuzuführen ist, kann sie gleichsam erlöst werden aus der unfruchtbaren und für jeden ›Musiker‹ immer wieder aufs neue unersprießlichen Dichotomie von Unerklärlichkeit und genialer Emanation. Stellen wir uns der Schwerkraft des musikalischen Materials und überlassen die »wonnigen Höhen« – abgehoben vom Gegenstand – den ewigen Denkern.

I. Das System Wagner

»Ein *organisch Seiendes und Werdendes*«[12] – so dachte sich Wagner sein gelungenes Kunstwerk: Die Musik verwirklicht das Drama, das sie dichterisch motiviert; das Orchester komplettiert den Gesang um die Konnotativität des Textes; alle Form wird über die »Kunst der Übergangs« vermittelt. Dramentexte von literarischem Weltniveau werden vertont zugunsten eines Gesamtkunstwerks, in dem alle beteiligten Parameter aufeinander einwirken und einen derart gesteigerten Künstlichkeitsraum erzeugen, daß dieser in eine Natur zweiten Grades umschlägt[13]: Wagners Werke sind überkomplex-polyvektoriell und damit, wie Natur, überreich, wohldisponiert und doch unerforschlich. In der Schrift »Zukunftsmusik« (1860) spricht Wagner vom eigenen künstlerischen »System«, das mit den großen Zürcher Kunstschriften einsetzte und den stilistischen Wandel, die ästhetische Neuorientierung zwischen Lohengrin und dem Ring definierte. Wagners System ist eine Verbindung aus Anthropologie – sie bestimmt die Prämissen und Voraussetzungen seiner musikalischen Semantik ebenso wie die ästhetische Legitimation in Form eines sozial-politischen Programms[14] –, dem historisch klimaxähnlichen Einsatz der Tonalität als einer musikalischen Sprache und einer Mythostheorie, die die Dramensujets auswählt. Dabei ist Wagner, dessen Obsession eines emphatischen Kunstwollens und -anspruchs ein durch und durch autonomes Œuvre entspringt, auf mindestens sechs Ebenen innovativ:
– einer neuen Gattung, des sogenannten »Wort-Ton-Dramas«, für das sich,

---

11 Einem Argumentieren, dem dann alles Recht des Mehrdeutigen zukommt.

12 Richard Wagner, *Oper und Drama*, in: Sämtliche Schriften und Dichtungen, Bd. 4, Leipzig o. J. (Volksausgabe), S. 204.

13 Nicht zu sehr in der Tradition von Adolphe Appia und Wieland Wagner, eher mit eigenem Personalstil hat der amerikanische Regisseur Robert Wilson 1991 exemplarisch mit Parsifal in Hamburg (vgl. Gerd Albrecht [Hg.], *Der Hamburger »Parsifal«. Eine Provokation? Robert Wilsons Inszenierung von Richard Wagners Bühnenweihfestspiel an der Hamburgischen Staatsoper im Streit der Meinungen*, Hamburg 1992) und Lohengrin in Zürich versucht, einen extrem artifiziellen, dezidiert antinaturalistischen und auf die Verschmelzung der sinnlichen Medien angelegten Ansatz als sinnvolle und zukunftsweisende Option umzusetzen, womit Wagners Dramen einerseits ›gerettet‹, andererseits die Musik in den Vordergrund gerückt zu werden vermag.

14 Vgl. meinen Beitrag *Wagners Philosophie des Eros*.

gegen Wagners eigene Abneigung, der Ausdruck Musikdrama durchsetzte; sie ersetzt die Oper, die sich geschichtlich überholt hat;
- eines eigenen Sprach- bzw. Texttypus, in der Regel alliterierender Versstrukturen, die mythische Stoffe mittelalterlicher Provenienz aktualisieren, die das »Rein-Menschliche« als eine Art universale Anthropologie für die Gegenwart zu verwirklichen die Funktion haben;
- einer eigenen Darstellungsform, der Festspiele;
- eines eigenen Theaters mit der speziellen Akustik des versenkten Orchesters, des Bayreuther Festspielhauses;
- eines eigenen Orchesters nebst hierfür entwickelten Instrumenten, das die Aufgabe hat, den gesamten Klangkörper in besonderem Maße zu versinnlichen;
- einer Kompositionstechnik, die sowohl den Höhepunkt der Tonalität bildet, also als Technik von universaler Geltung ist, als *auch* hochindividuell Wagners einmaligen und unnachahmlichen Personalstil ausprägt, vor allem mit einer neuartigen Harmonik, der Orchesterbehandlung und der Leitmotivtechnik.

Differenziert sich Wagners System auch durchaus mit unterschiedlichem Gewicht – die Harmonik wird im Tristan, die Leitmotivtechnik im Ring fokussiert, die Orchestration erfährt vor allem im Parsifal eine letzthinnige Verfeinerung –, stets war sein Urheber ›Herrscher‹ über alles Material und die Bedingungen seiner Verwirklichung. Angesichts eines derart komplexen Systems, wie es bisher (und bislang?) von keinem Komponisten entwickelt wurde, ist Wagner zu unterstellen, er habe intuitiv, gleichsam spontaneistisch, ›emotional‹ – nicht selten mit dem Zusatz, seine Musik sei nichts als eine Folge von Effekten – oder aber durchaus dilettierend komponiert, blanker Unsinn. Wagner konnte so gut kompositorisch *denken* wie jemand, der sich nur auf Streichquartette verstünde. Daß er aus der Tradition ›absoluten‹ Komponierens ausscherte, bedingt seine kompromißlose Ästhetik, die das gesamte Material mit sich riß. Wagner, in vielem bereits ein Umstürzler, war einer der größten Revolutionäre der Kompositionstechnik: Er veränderte das, was musikalische Semantik heißt, steigerte die Variationstechnik ins Immense, ›richtete‹ die Tonalität, antizipierte das parametrische Denken, das erst im seriellen Zeitalter zu sich kommen sollte. Wagner ist zwischen Beethoven und Schönberg *die* Etappe des musikalischen Fortschritts im Sinne höherstufiger technischer Rationalität. Beethoven, Wagner – der Rest ist fast ein Nachspiel: Wagner, nicht ein Späterer, komponierte die erste *Neue Musik*.

II. Tonalität

Wagners Verhältnis zur Tonalität ist die bedingungslose Inklusion all dessen, was ihr System bestimmt. Nichts, was nicht Wagner, im Tristan schon, aber spätestens im Parsifal eingesetzt hätte. Er nimmt die Tonalität *als System* in Anspruch. Daß Wagners Musiksprache den Höhepunkt der Tonalität – deren System als ›Sprache‹, nicht auf einzelne Parameter, wie den der Harmonik, beschränkt – bildet, zeigt sich daran, daß nichts späterhin innovatorisch hinzugekommen ist; das wenige, was Wagner im Tristan ausspart (etwa Terzharmonik), wird im Parsifal nachgereicht. Schönbergs Erste Kammersymphonie etwa ist zwar innovatorisch in der Harmonik, doch deren beide ›neue‹ Reservoires (Quarten- und Ganztonharmonik) sind gerade nicht-tonal (wenn auch noch nicht atonal). Nach Wagner – d. h. auf *seiner* Fortschrittslinie – konnte es eigentlich nur Verfall (Epigonentum), letztes Sich-Aufbäumen (Schönberg und seine Schule, wenn auch im Sinne eines dialektischen Umschlags) oder produktive Vereinseitigungen (Mahler und Bruckner) geben. Wagner hat mit der in sich dualistisch strukturierten Romantischen Harmonik – expressive und impressive Kräfte emanzipieren sich – zugleich zwei Endphasen der tonalen Musik, den Expressionismus und den Impressionismus, ausgelöst.

Die entscheidende Grundlegung einer Theorie der Tonalität stammt von Ernst Kurth.[15] Mit den drei tragenden Prinzipien der Tonalität: des Terzaufbaus der Akkorde, des Verhältnisses der Tonarten untereinander *primär* im Abstand von Quinten (und davon ausgehend auch von entfernteren Intervallen) sowie des Leittons (der bald von unten – dominantisch –, bald von oben – subdominantisch/neapolitanisch – kommt) setzt die kategoriale Unterscheidung zwischen harmonieeigenen und harmoniefremden Tönen innerhalb des Terzturmes ein, als welcher jeder Akkord beschrieben werden kann[16], mit den Optionen der Modifikation (Alterationen) oder Substitution (Nebentoneinstellung) aller Töne. Auf dieser Grundlage ist alle tonale Harmonik funktional erfaßbar und mit der harmonischen Kurzschrift formalisierbar. Funktional soll hier heißen, daß die Akkorde untereinander in einem funktionstheoretischen und nicht bloß stufentheoretischen oder arbiträren Zusammenhang stehen. Die Tonalität ist als ein (wie immer komplexes, mehrdimensionales, in sich gestaffeltes, mitunter elliptisch verschlungenes) System von reziproken Funktionen zu fassen.

Zum Begriff der Tonalität gehört aber nicht nur Harmonik im engeren Sinne – also vertikale Phänomene und deren ›Durchkreuzung‹ durch Melo-

---

15 Vgl. Ernst Kurth, *Romantische Harmonik und ihre Krise in Wagners »Tristan«*, Berlin 1923³ (Reprint Hildesheim 1985).

16 Der Terzaufbau impliziert den regelmäßigen Wechsel von harmonieeigenen (Prim, Terz, Quinte, Septime, None etc.) und -fremden Stufen (Sekunde, Quarte, Sexte, auch Oktave [die als Vorhalt zur Septime oder als Nebentoneinstellung zur None fungieren kann], Dezime etc.).

dik –, sondern das gesamte morphologische Material, das über die Zeitorganisation insgesamt, also allen Rhythmus (gleich welcher Größenordnung, ob Form, Syntax, Metrum, Rhythmik im engeren Sinne) generiert wird. Wie etwa Begleitfigurationen beschaffen sind, hängt in der Kontur auch wesentlich mit dem harmonischen Kontext zusammen. Tonalität bei Wagner ist somit die zur Totalität erhobene Funktionstheorie und das System einer universalen Morphologie, deren Kategorien im einzelnen darzustellen sind. Daß Tonalität bei Wagner als Einheit fungiert, zeigt beispielsweise die wechselseitige Bedingtheit von Leitmotivtechnik, musikalischer Prosa und »schwebender« Tonalität, die alle getrennt nicht zu verstehen sind.

Wagner ist der Höhepunkt der tonalen Sprache, zumal ihrer semantischen Potentiale.[17] Seine Musiksprache ist weder nicht-reduktionistisch bzw. nichtpartialisierend (wie Bruckners) noch semantisch negativ (wie Mahlers). Sie ist – innerhalb von Musikimmanenz – ›positiv‹: Wenn man linguistische Begriffe in einem solchen Zusammenhang verwenden darf: Bezeichnetes und Bezeichnendes konvergieren.[18] Was nicht selten den Unmut angeblicher Affirmativität erweckt hat, ist nichts anderes als Ausdruck dieses organizistischen Ideals.

Doch Wagners Einsatz der Tonalität ist nicht ihre Präsentation als System. Im Gegensatz zum ›Hegelianer‹ Beethoven ist das Ganze *nicht* aus dem Einzelnen produziert, das Ganze bleibt vielmehr als ein a-zentrischer Verfügungshorizont verborgen. Tonalität, obgleich lückenlos eingesetzt, erscheint als eine dezentrierte, nicht-hierarchische Totalität, in die Wagner von kontingenten, also ganz unterschiedlichen Punkten aus – im Rheingold einem einzelnen Ton, im Tristan einem individuellen Akkord etwa – eindringt, um sie dennoch ganz zu entfalten. Gegenüber Beethoven waltet dabei übrigens eine Dialektik. Denn so sehr dieser Tonalität als Einheit produziert, sein Werk ist eher Phänomenologie denn Systematisches – idealiter ändern sich die Kategorien von Werk zu Werk, die Beethoven neu schafft. Wagner hingegen ist, betrachtet man seine Kompositionstechnik vom Einzelnen her, sehr wohl systematisch, ohne Tonalität als System zu setzen oder zu reproduzieren. Wagner ist der Beginn der musikalischen Dekonstruktion, während Beethoven alle Destruktion – die Durchführungsarbeit – als Selbstbestätigung auffaßt. Wagner andererseits ist die historische und wenn man so will: ›systema-

17 Richard Strauß etwa, den man gerne als den Fortsetzer des Musikdramas ansieht, hatte einen nochmaligen ›Fortschritt‹ nicht vermocht: Das Banale bei ihm ist kitschig, nicht Darstellung des Trugs oder der Verblendung. Eigentlich konnte er nur in einem Punkt Wagner etwas hinzusetzen: in den Horrorszenen des Todes Klytämnestras oder von Salomes Nekrophilie. – Die semantische Ambivalenz der tonalen Sprache wird von Mahler zur Paradoxalität gesteigert und von Berg weiter intensiviert, während Schönberg, als ein letztlich unliterarischer Komponist, der Semantik Brahms treu bleibt. Es ist wohl Berg, der Wagner zu beerben nur die Größe hatte, und nur er eigentlich wußte der Semantik der tonalen Sprache noch etwas abzugewinnen.

18 Dies zeigt sich vor allem an scheinbar negativen Stellen, solchen, die Falsches *als* Falsches darstellen, etwa im Begrüßungstusch Hagens in der Giebichungenszene oder das Blutsbrüderschafttrinken.

tische‹ Klimax der Tonalität und deren immanente Selbstkritik. Die Subversion bzw. das Dekonstruieren findet aber, anders als späterhin in Mahler und Berg, innerhalb des in sich geschlossenen Systems statt, das die Tonalität, unter funktionstheoretischer Perspektive, ist. Trotz aller Formoffenheit und rhizomatischer Dezentrierung bleibt die tonale Systematik – semantisch wie technisch – unangetastet.

Die »Kunst des Übergangs«, die durchaus radikale (Zeit-)Brüche, nämlich aus dramaturgischen Gründen, kennt, ist die Regel des Wagnerschen Homogenitätsideals, zeigt sich nicht nur gleichsam als immerwährender Aggregatzustand im Tristan, sondern auch im Sinne einer Transformation der Gesamtdiskursivität etwa am Ende des ersten Götterdämmerungsakts, wo, mit einzigartiger Wirkung, für einen kurzen Augenblick die ganze Wärme der Liebe von Brünnhilde und Siegfried rückerinnert wird. Doch solche Organizität setzt Vermittlung im wachesten Sinne voraus. Vermittlung aber ist immer die *einzelner* Parameter (etwa Linienführung, Orchesterbehandlung), niemals die des in Anspruch genommenen Systems als ganzes. Tonalität ist somit für Wagner eine zwar endliche, aber unbegrenzte Totalität. Ihre Endlichkeit garantiert, daß Wagner über sie als ganze verfügen kann, ihre Unbegrenztheit, daß sie nicht systematisch eingesetzt ist und daher auch nicht, wie Wagner mit ihr umgeht, sozusagen positivistisch systematisiert werden kann. So kann Wagner, ein systematischer Musikdenker par excellence, sich an die Phänomene sui generis gleichsam verschwenden.

III. Kategorien

1. Form

Man machte es sich zu leicht, Lorenz' Versuch einer Lüftung des »Geheimnisses um Wagners Form«[19] eines für Vielschichtigkeiten und Problemstellungen blinden Schematismus zu zeihen. Lorenz' große Abhandlungen aus den 1920er Jahren sind ein Meilenstein der Forschung zu Wagners Musik und bis heute uneingeholt. (Wer spottet – und das sind nicht wenige in der Zunft –, sollte, auf dem Stand der gegenwärtigen Sprache und Erkenntnis und mit einer wissenschaftstheoretischen Sensibilität von heute, rekonzeptualisieren, was Lorenz ermittelt hat, und ergänzen, was diesem entgangen ist.) Diese Schriften stellen den Beginn einer Kartographierung des reifen Wagnerschen Werks dar, nicht allein für die Form, sondern auch für ausgewählte, prominente Detailfragen (halbverminderter Septakkord im Parsifal,

---

19 Alfred Lorenz, *Das Geheimnis der Form bei Richard Wagner*, Bd. 1: *Der musikalische Aufbau des Bühnenfestspiels »Der Ring des Nibelungen«*; Bd. 2: *Der musikalische Aufbau von Richard Wagners »Tristan und Isolde«*; Bd. 3: *Der musikalische Aufbau von Richard Wagners »Die Meistersinger von Nürnberg«*; Bd. 4: *Der musikalische Aufbau von Richard Wagners »Parsifal«*, alle Tutzing 1966².

Themenexposition im Ring etc.). Obwohl sich Lorenz' Primat der Tonart als des identifizierenden Parameters für Formabschnitte an Wagners Definition der »dichterisch-musikalischen Periode« anschließt, diskutiert Lorenz auch rhythmische und »melodische« Elemente der Formbildung. Und obwohl seine Kartographierung stark zum Architektonischen – anstelle des Diskursiven, Dynamischen und vor allem Mehrschichtigen – neigt, wäre es verkürzt, seine Formdiagramme auf bloße Schemata zu reduzieren. Unterschieden wird zwischen einfachen, »potenzierten« (also das Formmuster intern wiederholenden), »ineinandergefügten« (also verschiedene Muster kombinierenden), »nacheinander gestellten« (also additiven) und »übergeordneten« (d. h. mittels Parameterdivergenz ambiguösen) Formen. Die eingesetzten Muster sind dabei kombinatorisch vollständig: a–a (Strophenform), a–b–a (Bogenform), a–b–a–c–a (Rondo- bzw. Refrainform), a–a–b (»Barform«; mit den Modifikationen a–a–b–a [»Reprisenbarform«] und a–b–b [»Gegenbarform«]). Trotz Lorenz' Präferenz der Barform kann eine Reduktion der Formenwelt Wagners auf diesen einen Typus mitnichten, wie in einem Vorurteil gegen Lorenz, behauptet werden. Da der Begriff der Barform historisch belastet ist, sollte er, technischer, durch das *Prinzip der doppelten Setzung* ersetzt werden. Wagner übernimmt den Syntaxtypus des ›Satzes‹ (à la Erwin Ratz[20]), einen Beethovenschen, und generalisiert ihn hinsichtlich der Größenordnung und der morphologischen Innenfüllung. Doppelte Setzung (also a–a'–Öffnung statt a–Fortentwicklung) entspricht dem Wagnerschen Wunsch nach Deutlichkeit, ermöglicht eine (erste) Steigerung des zum zweiten Mal Gesetzten (Transposition, morphologische Verdichtung etc.), erzeugt eine Variationskette über drei Stadien und verzögert die eigentliche Diskursivierung.[21] In der »Barform« treffen sich somit die dynamische Konzeption der diskursiven Verzeitlichung eines Exponierten (›Durchführung‹) und die eher abrundende des ›Abgesangs‹ im Sinne der ursprünglichen Liedform.

Aber gerade angesichts der hohen Frequenz der doppelten Setzung als eines dynamisch-flexiblen Prinzips müßte dort angeschlossen werden, wo Lorenz forschungspragmatisch aufhörte. Es ginge um eine minutiöse Darstellung der Mehrebenenkonstruktion, als welche die Wagnersche Faktur im Wechselzusammenhang der Parameter (Harmonik, Motivik, Instrumentation etc.) mit ihren jeweiligen Oberflächen- oder subkutanen Syntaxen mitsamt allen Ambiguitäten zu dechiffrieren wäre. So hilfreich Lorenz' ›erste‹ architektonische Vermessung der übergroßen Zeitdimensionen auch ist, sie wäre zu erweitern um genau diese mikroskopierende Analyse von Verklammerungen, Überlappungen, Brüchen und Unvereinbarkeiten. Gerade das

---

20 Vgl. Erwin Ratz, *Einführung in die musikalische Formenlehre*, Wien 1973, v. a. S. 17 ff.; Clemens Kühn, *Formenlehre*, Kassel 1987, S. 59 ff.
21 Nicht alles bei Wagner ist übrigens einfach Sequenz, so sehr die Geschlossenheits-Offenheits-Ambivalenz der Leitmotive derlei auch begünstigen mag.

organizistische Ideal, das souverän genug ist, das Gegenteil des Organischen zu integrieren, setzt eine *mehr*dimensionale Vermittlung der Form voraus.

Die immer wieder gestellte Frage nach der Einheit der Form und somit der Zeit von Wagners Bühnenwerken war falsch gestellt. Die schiere Länge von mehreren Stunden mußte bei einer Formkonzeption, die im Gegensatz zur Nummernoper, deren bloß additives Prinzip eine solche Frage erst gar nicht aufwirft, von symphonischer Formgeschlossenheit zu sein beansprucht, zu einem Widerspruch zwischen ›Wesen und Erscheinung‹ führen. So sehr auch die Werkstruktur formal geschlossen komponiert sein mag, die schiere Ausdehnung des überreich vielschichtigen Geschehens verhindert selbst bei lebenslänglichen Kennern die Möglichkeit einer Simultanvergegenwärtigung. Weil die musikalische Zeit bei Wagner ins phänomenologisch Viele sich zu zerstreuen scheint, ist ihre Synthesis in Wahrnehmung und Gedächtnis genauso unterminiert wie umgekehrt ein Kompositionssystem ersten Ranges bemüht werden muß, um Gesamtform als durchgängig geformte (und nicht bloß sich zufällig ergebende) zu garantieren. Ungeachtet der Zeitausprägung ›vor Ort‹, die Zeit nicht nur im mythischen Ring gerinnt virtuell zur Allgegenwart der All-Zeit, die das epische Geschehen auszeichnet. Wagner ist der Erfinder der musikalischen Epizität, eines epischen Komponierens, das, außer von Mahler, nicht so recht aufgegriffen worden ist.[22] In diesem Lichte liest sich auch die Kontroverse neu, ob nun die Wagnersche Musik dynamisch – nämlich dramatisch und zielgerichtet-expressiv – oder eben doch statisch sei – weil sich nichts à la Beethoven ›entwickle‹ bzw. die Formteile einander ausbalancierten. Auch diese Alternative ist Schein. Statisches und Dynamisches bilden ein Kontinuum von Graden, wozwischen Wagner je nach Erfordernis auswählen bzw. den gewählten Grad verschieben kann. Gerade in der gleichzeitigen Verfügung über Statik und Dynamik zeigt sich Wagner als Komponist der Dekonstruktion, da beide Prinzipien nicht als synthesisfähige (bzw. -bedürftige) Antagonismen aufgefaßt werden müssen.

Die musikalische Prosa folgt der rhythmisch flexiblen textlichen Identität von metrischer Hebung und Sinnakzent ohne das Mechanische quadratischer Periodik (der Stabreim stellt sicher, daß bedeutungstragende Silben betont und zugleich in alliterierende Verwandtschaftsverhältnisse treten), lebt von der Anpassungsfähigkeit der kadenziell neutralen Leitmotive sowie der wandlungsfähigen Harmonik und entspricht damit dem ›nachmetaphysischen‹ Zeitbegriff der Wagnerschen Musik. Die musikalische Prosa ist tendenziell asymmetrisch, gleichsam »informell« (Adorno), bevorzugt die Parataxe (bei gleichzeitiger subkutaner Vermittlung anderer Parameter) und fördert daher eine kombinationsfreudigere Variationstechnik.

---

22 Dies mag daran liegen, daß eine ausdifferenzierte Sprachformation vorhanden sein muß; und eben diese ist mit der Tonalität verschwunden – daher tendieren heutigentags die ›Erzähler‹ zum Geschwätz.

Auch hinsichtlich von Offenheit und Geschlossenheit ist der Formbegriff der Wagnerschen Musik dekonstruktiv. Binnenformen und die Syntax sind immanent erklärbar, und doch erfolgt die Plazierung des morphologischen Materials – je nach Bewertung – assoziativ oder individuierend, als Setzung der ›Phantasie‹ (aber im Gegensatz zur ›klassischen‹ Form mit einer übergroßen Zahl von Materialien). Dabei ist die strukturelle Vermittlung ein größeres Erfordernis als etwa die »dichterisch motivierte« Plazierung ein Problem. Hierfür ist Wagner die Tonalität als System sicher. So ist ›die‹ Form bei Wagner insgesamt horizont-offen und doch in jedem Moment verbindlich. »Gegenwart und Reflexion treten auseinander.«[23]

2. Harmonik

Das grundlegende Werk zu Wagners Harmonik, Ernst Kurths »Romantische Harmonik«[24] (aus der gleichen Zeit wie Lorenz' Schriften), ist nicht einfach ein Buch über die Tristanharmonik, sondern die vielleicht beste Harmonielehre (der Tonalität), die jemals verfaßt wurde, und eine, zwar als solche sich nicht darbietende, aber gleichwohl rekonstruierbare Systematik: eine Kombination aus detailgenauer Phänomenologie (ausgiebige Beispiele werden stets in ihrer Konkretion und deren künstlerisch-musikalischem Erscheinen dargestellt), einer Theorie der Tonalität (vor allem mit der Leitdifferenz von Alteration und Nebentoneinstellung) und Theoremen zu ihrer Semantik, letzteres mit dem Schopenhauerianismus, wonach energetische Spannungsverhältnisse im Akkord und zwischen Akkorden psychischen Zuständen bzw. prozessualen Tendenzen entsprechen und deswegen bedeutungsvoll sind.[25] Die Kurthsche Theorie ist eine harmonische Funktionstheorie, die die technischen und kombinatorischen Optionen hinlänglich erfaßt. Mit der kategorialen Unterscheidung zwischen Alterationen, die Töne innerhalb des terztürmigen Akkordaufbaus nach oben bzw. nach unten chromatisch (also stufenidentisch) *verändern*, und Nebentoneinstellungen, die als Generalisierung des Vorhalts solche Töne bald von oben, bald von unten, bald ganz-, bald halbtönig zunächst *ersetzen*, um im Regelfall aufgelöst zu werden, wird die Funktionstheorie Riemannscher Provenienz soweit ergänzt, daß alle harmonischen Phänomene bei Wagner erklärbar werden, und sei es als Subversion des Funktionalen. Die Häufung von Alterationen und Nebentoneinstellungen bildet die Grundlage der beiden zentralen Entwicklungstendenzen der »romantischen« Harmonik. Zu einer *Ex*pressivierung führt die Erhöhung des Spannungsmoments, das in der Strebewirkung von Alterationen, die

---

23 Theodor W. Adorno, *Versuch über Wagner*, in: *Die musikalischen Monographien* (= Gesammelte Schriften, Bd. 13), Frankfurt a. M. 1971, S. 108.

24 Kurth, *Romantische Harmonik und ihre Krise in Wagners »Tristan«* (Anm. 15).

25 Daß diese ›unbewußt‹, also vorsprachlich sind, ergäbe einen Anknüpfungspunkt für eine (nicht nur lacanistische) psychoanalytische Theorie der Musik.

stimmführungstechnisch zu nachfolgenden Akkorden drängen, oder von auflösungsbedürftigen Nebentoneinstellungen liegt, die innerhalb einer Harmonie ihre Spannung abbauen. Zu einer *Im*pressivierung kommt es, wenn sich solche Akkordmodifikationen klanglich verselbständigen (entweder vermöge zeitlicher Dehnung oder kraft Vernachlässigung der Sukzession). Beide Tendenzen sind keine Gegensätze, sondern eng beieinanderliegende Optionen, deren eine latent in der anderen mitklingt. So ist der Tristanakkord am Anfang des Vorspiels expressiv, an der Peripetie der Venusbergmusik eine Mischung, vor Kundrys Kuß impressiv. Es wäre dabei naiv, von der weiteren historisch-stilistischen Dichotomisierung in Ex- und Impressionismus aus zu schließen, daß in Wagners Werk Expression der Darstellung von Psychischem, Impression der von Natur vorbehalten wäre. So sehr ersteres sicherlich in der Überzahl der Fälle zutreffen dürfte, ist Impressivität bei Wagner zunächst eine *wahrnehmungstechnische*, nicht primär semantische Größe: die Autonomie der akkordlichen Individualität vor syntaktischen Erfordernissen des harmonischen Kontextes, also vor der ›Entwertung‹ durch Fortschreitung. Die Tendenz nach stärkerer Expression führt zu Subjektivierung und Psychologisierung durch die Erhöhung der akkordlichen Energiepotentiale mittels Alterationen und Nebentoneinstellungen, die nach stärkerer Impression zu a-subjektiver Präsentation auratischer Eindrücke durch die Verabsolutierung der Akkordfarben und ihrer Verbindungen.

Tonalität wird dabei, trotz aller Häufung »absoluter Klangfortschreitungen«, niemals überschritten, denn bei diesen wirken stets subkutane Kräfte mit (Stimmführung, Akkordähnlichkeit, elliptische Kontrastwirkungen etc.), die sie mittels tonaler Beschreibungsmodelle diskutierbar machen. Tonalität wird als Gesamtsystem ›verwendet‹. Daß dies aber nicht systematisch geschieht, liegt am hohen Grad von Individualität, mit der Wagner die einzelnen Stellen versieht. Sie sind ausdifferenzierte Konfigurationen von technischen Momenten der Tonalität. Man studiere die Stufen der Transformation des Motivs des Rheintöchtergesangs bis hin zum Frohnmotiv der Götterdämmerung oder beachte, daß der Ultimaakkord des Tarnhelmmotivs den dominantischen Leitton ausspart. Die hohe Individualität von Wagners Akkorden und Akkordverbindungen – also ihre gesuchte Selektion aus dem Möglichen – erhöht nicht nur Expressivität bzw. Impressivität (und damit die ganze Eindringlichkeit und Verbindlichkeit der Erscheinung), sondern auch die Suggestion von repräsentationaler Bedeutung. Für eine solche Ausdifferenzierung der harmonischen ›Sprache‹ bemüht Wagner nicht nur alle technischen Optionen (Diatonik, Chromatik, Enharmonik, Terzharmonik, Scheinkonsonanzen, die verschiedenen Kadenztypen, alle Arten der Modulatorik etc.), sondern auch, soweit möglich, das diastematische Material in parametrischer Zuspitzung. Harmonisches Material bei Wagner sind nicht nur die

Akkorde, sondern auch die übrigen Parameter. So kann eine einzelne Tonqualität (meist in konstantem Register) – man denke an das Kontra-Fis sowohl im Ring wie am Ende des zweiten Parsifalakts –, der Tonraum bzw. das Register (etwa Lohengrinvorspiel), auch ein einzelnes Intervall als kompositorisches Mittel eingesetzt werden. Dabei ist wichtiger als eine semiotische Symbolizität (etwa die fallende kleine Septime als ›Liebe‹, die fallende None als ›Antipathie‹, Tritonus als ›Unheil‹ etc.), daß das Intervall bedeutungsgeladener als außerhalb des Wagnerschen Kosmos zu sein scheint; so reicht in der Nornenszene die auftaktige, aufwärtsgerichtete Bewegung der sogenannten Schwertquarte aus, um die Ahnung an Siegfried zu erwecken. Zur Ausdifferenzierung der harmonischen Sprache Wagners zählt auch und vordringlich das System von Tonarten, die untereinander nicht nur technisch verschiedene Verwandtschaftsgrade und -verhältnisse ausbilden, sondern (über die enge Anbindung an die Semantik der Szene und eine situativ konsequente Beibehaltung) eine Semantik entwickeln.[26] Die vier Hauptonarten des Tristan[27] entsprechen voneinander getrennten Bedeutungsfeldern: a-moll dem Sehnen, c-moll dem Tod als Ereignis, As-Dur der Todessehnsucht und H-Dur der (Liebes)Ekstase. So wie die harmonischen Phänomene in Wagners Musik bald expressiv, bald impressiv gesteigert werden und in beiden Fällen einen höheren Grad an Intensität erreichen, führt die damit einhergehende sinnliche Konzentration auf das Tonhöhenmäßige dazu, daß alle diastematischen Parameter (Ton, Akkord, Tonart, Register, Intervall etc. sowie deren Kombinatorik) gleichermaßen zu technischen wie semantischen Instrumenten aufgewertet werden. Es wäre falsch, wollte man das sinnliche Moment der Wagnerschen Musik nur über (Klang)Farbe erklären.

3. Morphologie

Eine Musiktheorie, die nur die Disziplinen Harmonik, Kontrapunktik und Instrumentation kennt, versäumt das musikalisch Konkrete, das Motiv und Thema zu nennen historisch einseitig und umfangslogisch beschränkt wäre. Spätestens die ausdifferenzierende Generalisierung von Thema und Motiv bei Wagner erzwingt die Einführung des Begriffs *Morphologie*, womit alle diastematisch-rhythmischen Entitäten, sofern sie einen wie immer ausgeprägten Gestaltcharakter aufweisen, umfaßt werden. Das prominenteste morphologische Material bei Wagner ist zweifelsohne das Leitmotiv, erschöpft sich aber nicht darin.[28]

---

26 Vgl. die fleißige, aber streckenweise umständliche Studie: Hans Blümer, *Über den Tonarten-Charakter bei Richard Wagner*, Diss. München 1958.
27 Vgl. Alfred Lorenz, *Das Geheimnis der Form bei Richard Wagner*, Bd. 2: *Der musikalische Aufbau von Richard Wagners »Tristan und Isolde«* (Anm. 19), S. 179.
28 Zum Gestaltcharakter der Leitmotive vgl. die Arbeiten von Christian von Ehrenfels zu Wagner in: *Ästhetik* (= Philosophische Schriften, Bd. 2), München/Wien 1986, v. a. *Die musikalische Architektonik* und *Ästhetik des Kunstwerks Richard Wagners*.

Um die Morphologie erfassen zu können, muß in die Musiktheorie ein weiterer Begriff eingeführt werden, der sich historisch vor allem bei den komplexen Partituraufbauten der Wagnerschen écriture aufdrängt, der der *Tektonik*. Tektonik ist die Schnittstelle zwischen Morphologie (bzw. deren Anordnung im Tonsatz) und Orchestration (deren Verteilung auf die Klangkörper); sie gleicht ein wenig der Syntax in der Vertikalen, also der Hypotaxe als Gegenbegriff zur Parataxe, und ist nicht einfach bloß Kontrapunktik, da bei Wagner die beteiligten Momente auch nicht-kontrapunktisch sein können (Instrumentation, Akkordflächen, Rhythmik etc.) und der Begriff der Kontrapunktik einseitig das Moment von Polyphonie im Sinne gleichwertiger Stimmen betont. Die ›Nebel‹-Stelle nach Freias Entführung ist analytisch nur als Tektonik zu fassen, als eine Schichtung der Diskurshierarchie aus mehreren Ebenen. Die tektonische Multifunktionalität des morphologischen Materials zeigt sich beispielsweise am Logemotiv, das im Rheingold als Allegorie Verschlagenheit und Lüge motivisch, in der Walküre als die des Feuers texturell, im Gesamtring aber auch immer wieder figurativ (als Allgegenwart des schillernden Halbgotts und Elementargeists Loge) auftritt. Es erfüllt dabei unterschiedliche tektonische Funktionen, die mit bloßer Kontrapunktik nicht zu beschreiben wären.

Der Begriff der Tektonik macht sensibel für all das, was nicht Leitmotiv ist bzw. was, sofern es morphologisch dem Leitmotiv entspricht, nicht die Funktion motivischer Präsenz erfüllt. Struktur und Funktion können bei Wagner auseinandertreten. Das Schmiedemotiv kann sowohl Leitmotiv (also Symbol des Schmiedens, der Arbeit schlechthin sowie von Nibelheim) sein, als auch unter die Schwelle des primären Oberflächenmaterials abrutschen und texturell Unruhe ausdrücken oder (meist zentraltonartig) Begleitfiguration sein. Wagners Morphologie differenziert, ähnlich wie die Harmonik, die vormals sekundären Parameter aus. So wäre eine Studie allein über Wagners Texturen zu schreiben, Textur wörtlich als Gewebe von ineinander verflochtenen Stimmbündeln verstanden, die einem resultierenden Gesamteffekt dienen; man denke an den Feuerzauber, den Beginn des dritten Siegfriedakts oder an den Beginn des Rheingold. An solchen Stellen wird deutlich, daß Tektonik aus einer Kreuzung aus vor-individueller Textur und individuellerer Motivik besteht. Auch in der Rhythmik bedient sich Wagner aller Optionen, die sich aus der mensuralen Hierarchie ergeben, mit der Konsequenz, diese zu überschreiten; so arbeitet Wagner im Fieberwahn Tristans mit Summationstakten (5/4 bzw. mit unregelmäßigem Wechsel von Dreier- und Vierertakt, was einem wackeligen Siebenertakt gleichkommt) und an der Waldvogelstelle[29] mit mehrdimensionalen Proportionen, so daß eine Phrase mit der Länge von

---

29 Vgl. Siegfried, II. Akt, T 1205.

vier Vierteln innerhalb von drei Vierteln zu singen ist.[30] Auch der Rhythmik – in allen Dimensionen – wäre eine monographische Studie zu widmen.

Leitmotiv ist in Wagners Musik der Begriff für jedwedes motivisch-thematisches Material, das, mit ausgeprägtem Gestaltcharakter, im Hinblick auf Personen, Ereignisse, Requisiten, Situationen, auf Szenisches ebenso wie auf Psychisches deutlich abgegrenzt in Form und Tektonik plazierbar ist. Seine Morphologie ist derart unorthodox, daß sowohl ein einzelnes Motiv als auch ein Thema mit mehreren Motiven, auch ein Gestus bzw. eine Erscheinungsweise eines partiellen Parameters wie Rhythmik oder Harmonik das Leitmotiv definieren kann. Die Undifferenziertheit, mit der die Wagnerexegese alles Gestalthafte schlechthin Leitmotiv nennt, erschwert eine Typologisierung der Phänomene bzw. eine Klassifizierung ihrer Funktionen und Potentiale; gleichzeitig indes spiegelt sich in ihr der Umstand, daß das Wesen des Leitmotivs – der Zeichencharakter – allen seinen divergierenden Manifestationen inhäriert. Primär ein Orchestermotiv (und weniger die diastematische Struktur einer Wort-Vers-Melodie, wie Wagner nach der Komposition von Tristan und dem Ring bis zum zweiten Siegfriedakt im Aufsatz »Zukunftsmusik« entgegen seinen früheren Ausführungen in der Schrift »Oper und Drama« betont) gehört das Leitmotiv der Tradition des stile rappresentativo an, in der die tonale Gestensprache ihre Topoi seit der Renaissance über die Stufen der Rhetorik, barocker Affektenlehre und des Reichtums von Melodiebildungen in der Klassik und der Frühromantik ausbildete. Diesen Topoi ist ihre semantische Sinnfälligkeit, die die Beziehung zum Gehalt wenigstens begünstigt, wesentlich, was bei wortvertonender Musik fast einer trivialen Forderung gleichkommt.

Das Leitmotiv, für Janáček ein »Motiv, das einem Ding oder einer Idee wie mit Blut angeklebt ist«, ist eine musikalische Gestalt von rational analysierbaren Parametern, in deren Konfiguration die Kategorien der Tonalität als eines Systems wiederkehren. Durch syntaktische Freiheit von den klassischen Themenbildungen unterschieden, sind Leitmotive primär Orchestermotive, auch wenn sie mitunter den sprachlichen Rhythmus nachzeichnen (etwa Rheintöchtergesang [»Rheingold, Rheingold«], Entsagungs-, Fluch-, Siegfried-, Liebeserlösungs-, Jugendmachtmotiv) und erst später durch Fragmentierung verselbständigt werden können. Damit bilden sie einen instrumentalen stile rappresentativo aus, dessen Haupteigentümlichkeit die rhythmische Prosa ist, die die metrische Unterscheidung von leicht und schwer und die syntaktische von Phrasenbau und Periodik nur noch als Sonderfall kennt. Im Gestaltaufbau ist das Leitmotiv einerseits geschlossen, da selbstgenügsam und keiner Fortführung bedürftig, zugleich aber auch offen, da es nicht

---

30 Da Wagner die heutige Notation (eine schlichte 4:3-Klammer) nicht zur Verfügung stand, mußte er eine umständliche verbale Fußnote anstrengen.

notwendig kadenziert. In dieser sonderbaren unabgrenzbaren Abgeschlossenheit liegt der strukturelle Grund für alle kompositionstechnische Polemik, die sich zumal durch Adorno entzündete: nämlich die Frage nach der linearen Fortsetzbarkeit der Leitmotive zu einer prozessualen Diskursivität. Das Leitmotiv tendiert zur Unmittelbarkeit seiner Setzung und Selbstgenügsamkeit, ja Selbstbezüglichkeit seines Auftretens (etwa das Rheingoldmotiv, gespielt von der Baßtrompete in der Verwandlungsmusik zur dritten Rheingoldszene), ist im Umfang extrem wandlungsfähig und nicht an eine syntaktische Ordnung gebunden. Daher begünstigt es die Tektonik und tendiert zu einer musikalischen Prosa mit flexibler, ›informeller‹ morphologischer Innenfüllung. Aber eben deswegen eignet sich die Leitmotivik gleichermaßen zur Prozessualisierung wie zur Diskursivierung (man denke an das Tagesmotiv und seine langgezogene ›Durchführung‹ im zweiten Tristanakt), womit sie sich qualitativ vom noch traditionellen Gebrauch im Sinne vokabelhafter, in das ariose oder gestische Geschehen bloß interpolierter und dieses eben nicht symphonisch durchdringender Reminiszenzen (etwa Lohengrin) unterscheidet.

Das Leitmotiv ist, neben Harmonik und Orchestration, das musikimmanente Pendant zur Semantik (Poetik, Symbolik, Allegorik, Semiotik). Es hat die Funktion, die drei Zeitmodi (Erinnerung, Gegenwart, »Ahnung«) zu vergegenwärtigen, semantisiert die musikalische Sprache, was De-, Re- und Umsemantisierung[31] beinhaltet, macht für den Rezipienten hörbar, was einem Akteur nicht bewußt oder bekannt ist[32] (mitunter auch sein muß), bildet ein rhizomatisch verzweigtes Netzwerk unterschiedlicher Prioritäts- und Präsenzgrade aus – man kann zentrale, periphere und okkassionelle Leitmotive unterscheiden – und differenziert in seiner Repräsentationalität verschiedene Typen aus. Im virtuell gestischen Charakter der Leitmotive[33] zeigt sich eine Mimesis sowohl an den Körper mit dessen Bewegungsmustern als auch an psychische Prozesse in der Zeit gemäß Spannungs- und Entspannungsverläufen und an Gegenstände bzw. Aktionen in der Welt; ergänzt wird dieses Repertoire durch die Mimesis an Natureindrücke und Analoga zu Abstrakta. So leidet die Diskussion um die Leitmotivik Wagners (Adorno[34], Dahlhaus[35]) an einer mangelnden Differenzierung in der Typologie. Mitnichten sind alle Motive *allegorisch*, also semiotisch starr (etwa Nothung-, Wurmmotiv), die *symbolischen*, mit größerem Konnotationsfeld verse-

31 Vgl. die Logeerzählung aus der zweiten Rheingoldszene, wo das Walhallmotiv tänzelnd verzerrt erscheint.
32 Auf Tristans Frage »Wo sind wir?« antwortet das Orchester mit dem Todesmotiv.
33 Wagner spricht von »musikalischer Gebärde« (vgl. *Oper und Drama* [Anm. 12], S. 174; vgl. Carl Dahlhaus, *Die Bedeutung des Gestischen in Wagners Musikdramen*, München 1979).
34 Vgl. Adorno, *Versuch über Wagner* (Anm. 23), S. 41 ff., wo von »allegorischen Bildchen« die Rede ist (hier S. 56).
35 Vgl. die freilich falsche These, die Motive und Themen ergänzten sich weder zu Perioden, noch ließen sie eine entwickelnde Variation zu (Carl Dahlhaus, *Art. Melodie*, in: MGG 9 [erste Ausgabe], Sp. 52; in der zweiten Ausgabe [1997] wurde dieser Passus unverändert übernommen).

henen sind gleichberechtigt (z. B. das Schicksalsmotiv aus dem Ring). Es wäre ebenfalls eine Verkürzung, alle Motive als außermusikalisch referentiell zu klassifizieren, denn das Gewicht der Motivgruppe, die sich durch musik-immanenten Ausdruck (gleichsam traditionellen Typus) auszeichnet, ist nicht zu unterschätzen. Dabei sind *expressive*, etwa das Sehnsuchtsmotiv aus dem Tristan, und *impressive* (Waldwebenmotiv) zu unterscheiden. Wagners morphologisches Universum arbeitet mit verschiedenen Graden von Musik-immanenz und Repräsentationalität. Eine zuverlässige Zusammenstellung aller Wagnerschen Leitmotive mitsamt den Divergenzen der Benennung liegt bislang nicht vor[36]; vor ihr wären vor allem synoptische Vergleichs-schemata hinsichtlich Struktur, Funktion und Gehalt zu erwarten.

4. Orchestration

Der übliche musiktheoretische Terminus Instrumentation greift bei Wagner nicht. Seine Kunst zu ›instrumentieren‹ muß vielmehr Orchestration ge-nannt werden. Nicht, daß Wagner einen abstrakten Tonsatz nur noch für Instrumente zu setzen hätte, auch wenn das Particell eher die strukturelle Substanz denn eine letzte Anweisung zur Versinnlichung enthält. Obzwar Wagner durchaus Einzelstimmen einzusetzen schätzt – das Orchester als universeller Verfügungsraum ist der konzeptuelle Angelpunkt der mise-en-musique.[37] Orchestration bedeutet nicht nur die Wahl der beteiligten Instru-mente, sondern auch und vordringlich ihre Kombinatorik, ihre farbliche und auch lineare Mischung, die Kreuzung, Durchkreuzung der polyphonen Inter-aktion zu virtuellen Linien, ja jene Eroberung des Klangraums und dessen Erfüllung mit ›Textur‹, die Orchestration zu einem eigenständigen und nicht bloß nachgeschalteten Analyseparameter macht. Werden etwa im Ring die acht Hörner kanonisch geführt, dann nicht um der Polyphonie, sondern um eines innerlich verlebendigten harmonischen Kontinuums willen. Trotz Wagners genialem Sensorium für die Einzelfarbe (etwa die Solobratsche, das Englischhorn, die Baßklarinette im Tristan), bewährt sich seine Kunst in der Verschmelzung; daher die durchgängige Mehrfachbesetzung aller Bläser. Bei aller polyphonen Genauigkeit – Wagners Ausdifferenzierung im Sinne einer zunehmenden solistischen Divisi-Führung (etwa die Violoncelli der Sieg-mund-Sieglinde-Begegnung) bei gleichzeitiger Kontrolle über den Gesamt-

---

36 Man muß sich begnügen mit dem, was, teilweise widersprüchlich, vorliegt: Richard Wagner, *Das Buch der Motive und Themen aus sämtlichen Opern und Musikdramen Richard Wagner's*, hg. v. Lothar Windsperger, 2 Bde., o. O., o. J. [Edition Schott Nr. 300/301]; Robert Donington, *Richard Wagners »Ring des Nibelungen«* *und seine Symbole* (Anm. 10), S. 231-269; Hans von Wolzogen, *Thematischer Leitfaden durch die Musik zu Richard Wagner's Festspiel »Der Ring des Nibelungen«*, Leipzig 1876; ders., *Thematischer Leitfaden durch die Musik zu Richard Wagner's »Tristan und Isolde«*, Leipzig 1886[3]; ders., *Thematischer Leitfaden durch die Musik des Parsifal*, Leipzig 1882; vgl. überdies die Nomenklatur in Alfred Lorenz, *Das Geheimnis der Form bei Richard Wagner* (Anm. 19) sowie die Leitmotiv-Übersichten in den Klavierauszügen vor allem der Edition Breitkopf.

37 Vgl. für ein methodisches Primat der Einzelstimme: Egon Voss, *Studien zur Instrumentation Richard Wag-ners*, Regensburg 1970 (= Studien zur Musikgeschichte des 19. Jahrhunderts, Bd. 24).

klang zielt auf den *einen* Ereignisraum, den der Bayreuther Orchestergraben garantieren sollte. Das Orchester gleicht einem Kompendium musikalischer Farben und ihrer semantischen Implikationen.

Neben den spieltechnischen Spezifikationen (Dämpfer, Tremolo, Stopfung etc.) besticht vor allem die tektonische Abmessung der Partitur in Klangfelder unterschiedlicher diskursiver Funktionen (etwa Orgelpunkt, Liegestimmen, harmonischer Hintergrund etc.). Das Orchester ist nicht nur der Harmonik wahlverwandt, wenn es um die semantischen Präzisierungen zu tun ist, sondern auch der Ort einer hierarchischen Topologie, die die musikalische Diskursivität nach Ordnungsgesichtspunkten aufteilt. Und es spricht für Wagners Flexibilisierung der Kompositionstechnik, daß ohne alle dialektische Energetik die Dimensionen umzuschlagen vermögen, so überreich polyphonisierte Faktur in Flächigkeit (Brangänes Wachtgesang), so Klang in Textur (Schluß des Rheingold) bzw. Rhythmus (Amboßszene). Wagners imposante Al-fresco-Klanggemälde, so der Feuerzauber, der Walkürenritt, die Gewitterszenen, bedürften einer eigenen monographischen Untersuchung, die den Eigenwert der Wagnerschen mise-en-orchestre herauszustreichen die Aufgabe hätte.

5. Semantik

Daß, trotz aller unmittelbaren musikalischen Sinnfälligkeit, nichts bei Wagner verstanden werden kann, ohne Bedeutung zu implizieren, hat sich bislang als das schwierigste Hindernis für überzeugende Analysen erwiesen, die zwischen kalter Deskription und überhastetem Interpretieren pendeln. Deutungen des Gehalts, die mehr sein wollen als die Verdopplung des Textes, bedürfen einer noch souveräneren Beherrschung der kompositionstechnischen Mittel als bei sogenannter absoluter Musik. Denn nur wer sensibel ist für die Differenz von Struktur und Gehalt, für die mitunter geheimnisvolle und nicht-auflösbare Verschweißung beider Dimensionen, wird adäquat über Wagner verhandeln können. Die ›Namen‹ für die Leitmotive etwa, unentbehrlich für die Orientierung, sind nicht selten platt, peinlich oder hilflos – und dennoch nicht nur falsch. Liest man sie gleichsam gegen den Strich gebürstet (wie alles bei Wagner mit problematischer Eindeutigkeit Feilgebotene), dann öffnen sich jene semantischen Tiefenschichten, die die Wagnersche Sprache ›gnostisch‹, also erkenntnisfördernd machen.

Spricht Wagner in »Oper und Drama« vom »unendlichen Sprachvermögen des Orchesters«[38], so ist nicht nur der Farbenreichtum, sondern das Gesamte jener »absoluten« Instrumentalmusik gemeint, die durch Wort und Szene komplettiert werden muß. Jenes Sprachvermögen ist das organizistische Amalgam der Kategorien der tonalen Grammatik, also Leitmotivik und

---

38 Wagner, *Oper und Drama* (Anm. 12), S. 173.

deren Orchestration, Harmonik und die prosaähnliche Formung, unmittelbare Tableaus und ihre diskursive Prozessualisierung. Wagner unterscheidet dabei drei Ebenen. Die *erste* entspricht der musikimmanenten Sprachhaftigkeit der »absoluten« Musik, die bis dato (also Beethoven) entwickelt wurde und im übrigen der ›Erlösung‹ durch das Musikdrama harrt, das jene Zweck-Mittel-Relation, jenes Verhältnis von Instrumentarium und Funktion wiederherstellt, das für Wagner zum Wesen der Musik gehört, wenn er programmatisch erklärt, daß »der Irrtum in der Oper (darin bestand), daß ein Mittel des Ausdrucks (die Musik) zum Zwecke, der Zweck des Ausdrucks (das Drama) aber zum Mittel gemacht war.«[39] Die *zweite* Ebene berührt das Verhältnis zur Begrifflichkeit, die als Intention aller Musik verschwiegen innewohnen soll. Das für den Verstand und die Wortsprache »Unaussprechliche«, also dessen vor- und außersprachliche, mimetisch-konnotative Bedeutungsschicht wird durch die »Wortversmelodie« (in späteren Schriften hat Wagner das orchestral Autonome stärker betont als die Gesangslinie) ins Musikalische gewandt. Die *dritte* Ebene ist wiederum das für diese »Worttonsprache« Unaussprechliche, dasjenige, was die Tonsprache direkt ans »Gefühl« richtet, die »musikalische Gebärde«, also das Leitmotiv, die Leitmotivik. Dialektisch betrachtet ist die dritte Ebene die erste auf höherer Stufe, nach dem Durchgang durch das Außermusikalische, dessen Gehalt die Musik in sich aufnahm.

Wagner gehört, wie Monteverdi, zu jenen Komponisten, die die dünne Schicht struktureller Freiheit im Komponieren zur Inklusion des Heteronomen nutzen. Damit vollzieht sich ein Semantisierungsschub innerhalb des historisch bislang Möglichen. Wagner verfolgt dabei zwei Strategien. Zum einen re-evoziert er das gesamte gestisch-morphologische Potential der tonalen, ja der okzidentalen Musikentwicklung insgesamt. Man denke an die pathopoietische steigende kleine Sexte, die die Renaissancemusik als Ausnahmeintervall genauso kannte wie der Beginn des Tristan als expressives, man denke an die verheißungsvolle steigende große Sexte, mit der Tamino das Bildnis besingt und das Brünnhildemotiv versehen ist. Nicht übertrieben ist, daß Wagner, in seinem harmonisch und orchestral individuierenden Personalstil, gleichsam die Selbstmanifestation der semantischen Optionen der tonalen Musik qua Sprache darstellt und daher den Widerspruch zwischen der Immanenz und der Externalität in der Musik, die sich selber entäußert, wenn nicht aufhebt, so doch auf wunderbare Weise beschwichtigt. Eine Studie über die historische Einordnung des Wagnerschen Vokabelschatzes, d.h. über dessen ›Konventionalität‹ bzw. über deren Respezifikation steht noch aus.

---

39 Wagner, *Oper und Drama*, in: Sämtliche Schriften und Dichtungen, Bd. 3, Leipzig o.J. (Volksausgabe), S. 231.

Die zweite Strategie, die Individuation, baut darauf auf. Neben der Orchestration, also Einfärbung der Linien, ist deren harmonische Kontextualisierung das vordingliche Kompositionsmittel. Die fallende Tristanseptime wird zu Beginn des Vorspiels mit einem D-Dur-Quintsextakkord, in der Reprise jedoch mit einem f-moll-sixte-ajoutée-Akkord harmonisiert. Die Veränderung ist unmittelbar zu ›spüren‹, d. h. nicht nur zu hören (nämlich als Variante), sondern als Bedeutung zu verstehen: Die erste Stelle ist in ihrer Doppeldominantik vorwärtsgerichtet, erwartend, fast begehrend, die zweite melancholisch, nahezu resignativ – es sind zwei Töne (*fis* und *a*), die alteriert sind. Die »romantische« Harmonik hat, kombinatorisch, eine Überzahl von Modifikationsoptionen: Alterationen, Nebentoneinstellungen, deren Richtung (oben/unten), deren Häufung (einfach, mehrfach, Disalteration), deren Schärfungsgrad (diatonisch/chromatisch bei Nebentoneinstellungen), deren zeitliche Präsenz, deren rhythmische Prägnanz, deren motivische Signifikanz und – sind die Töne entsprechend gewählt – deren instrumentale Fixierung. Alle derartigen Besonderungen wirken nicht nur auratisch bzw. expressiv, sondern gleichen, gerade weil sie eine Differenzmenge bilden (man vergleiche die unterschiedlichen Harmonisierungen des Gralsmotivs), einem Kontingent von ›(Be)Zeichungen‹. Die Tonalität als Grammatik wird soweit ausdifferenziert, daß die Extreme zu Selbstheiten, also Intensitäten anschwellen.

Das enge Konvergenzverhältnis zwischen Strukturellem und Semantischem wäre für jedes Leitmotiv einzeln aufzuzeigen. Das Hundingmotiv etwa entspricht in seiner Bedrohlichkeit, Klotzigkeit, Klobigkeit, im Steinernen des unbeseelten und gefühllosen ›Das bin ich‹ restlos der Gestalt von Sieglindes angedungenem Ehemann. Diesem Eindruck arbeiten die Instrumentation – Tuben –, das Register – Tiefe – und die Akkorddichte – enge Lage – zu. Bedeutsamer ist indes der Motivaufbau: zunächst der Tonikamollakkord in neutraler Quintlage, sogleich stoisch repetiert, wenngleich eher metrisch als rhythmisch. Diese Repetition erscheint sodann gleich zweifach: als zweiteiliger Auftakt (Zweiunddreißigstel und Triolen) sowie, darin, als mehrfache Diminution der Anfangsakkorde (in Form zweier Zweiunddreißigstel), die, jetzt rhythmisch, jene stoische Hartnäckigkeit verstärken. Die Triolen führen auftaktig zur unvermittelten und harmonisch folgenlosen Doppeldominante, was eine plumpe Akzentquintparallele verursacht. Harmonische Reizlosigkeit (die Archaik der Akkordstellung in enger Lage und die funktionale Beziehungslosigkeit), die melodische Armut und die rhythmische Insistenz geben dem Motiv jene Wirkung, die von Hunding auf der Bühne ausgeht.

Hierfür den Begriff des Semiotischen zu bemühen, wäre übertrieben. Zeichen sind die musikalischen Vokabeln, selbst wenn sie allegorisch sind, nicht. Eher sind sie – begrifflos – deiktischen Wesens. Ohnehin halten sich das »Symbolische« (Lacan), die intentional repräsentationalen Elemente, und das »Imaginäre«, die Klangdessins und ›symphonischen‹ Führungen die Waage; deren Verhältnis zueinander wäre eine umfängliche Studie wert, eine über Semantisierung und ›Immanentisierung‹ bei Wagner; sie wäre ein Prolegomenon zu einer jedweden Theorie tonaler Semantik. Denn trotz Realistik (Gewitter am Anfang der Walküre) und Onomatopoetik (Brünnhildes Erwachen, die Szene mit Hagen und Alberich) und obzwar die Dominanz des Semantischen mehr an der Einzelgestalt als an deren Temporalisation interessiert zu sein scheint, hat das Musikimmanente technisch insofern das Primat, als Wagner alles zugespitzt Gesthafte variativ und syntaktisch formt, als *fehlte* genau dieses Semantische. Anders wäre auch der Siegeszug seiner *Musik* nicht verständlich. Die Repräsentationalität ist somit als ein Aus-sich-Heraustreten eines Inneren, als Externalisierung des mimetischen bzw. (via Tradition) poetisch-»dichterischen« Gehalts zu begreifen. Daß ein Leitmotiv immer mehr ist als das Musikimmanente an ihm, ist *die* Herausforderung an alle Musikästhetik; daß dieses Sichvorwagen der Musik ins Außen bei keinem Komponisten derart konsequenzenreich gelang, sagt etwas über die Verlaufsgeschichte tonaler Musik aus.

Thomas Mann hat Wagner zu Recht einen »Charakterisierer par excellence« genannt.[40] Damit meinte er etwas Grundlegenderes als bloß die glückende Konvergenz von Struktur und Gehalt. Er hatte Wagners Faszinosum im Auge, gleichsam von Szene zu Szene (und natürlich auch von Werk zu Werk) die Welt unter einer ganz unterschiedlichen Perspektive zu sehen, ohne daß es irgend etwas gäbe, das nicht nach Wagner klänge. Man denke an die Nornenszene, eine Musik der Abwesenheit des Menschen, man denke aber auch an die zweite Szene dieses Vorspiels, eine Welt höchster Liebes- und Lebensglut, an Hagens Mannenchöre; die Liste ergäbe ein Kompendium durch die Musik Wagners. Solche Charakterisierungskunst ist einmalig und vielleicht nur durch einen Komponisten und nur durch ein einziges Werk jemals eingeholt worden, durch den Wozzeck.

Der Ausdruck hingegen, sofern damit nicht Charakterisierung bzw. Bedeutung gemeint ist, sondern die Überzeugungskraft und das Affizieren, welche von der Musik ausgehen, entspricht eher dem, was Proust im Sinn hatte, als er die Kraft zur Darstellung eines Inneren *als* eines Inneren feierte.[41] Die erotische, d. h. unwiderstehliche Wirkung von Wagners Musik verdankt sich der universalen Versinnlichung bei gleichzeitiger Semantisierung und, technisch, der Aufwertung des Diastematischen, der Bereicherung eines jeden Tons mit Energie (ähnlich der Pianistik Glenn Goulds, der es mit genau umgekehrten Mitteln erreicht).

---

40 Vgl. Thomas Mann, *Leiden und Größe Richard Wagners*, in: Gesammelte Werke, Bd. IX (= Reden und Aufsätze 1), Frankfurt a. M. 1990.

41 Vgl. Marcel Proust, *Auf der Suche nach der verlorenen Zeit*, Frankfurt a. M. 1979, S. 2961 f.

IV. Verfahren

1. Variation

Boulez, einer der wenigen zeitgenössischen Komponisten, die sich zu Wagner äußerten, hat unter dem Schibboleth der »neuerforschten Zeit« im besonderen sich zur Variationstechnik geäußert, die »beträchtlich über das erweitert (sei), was ... selbst bei Beethoven vorgefunden« wurde.[42] Als ein Vertreter des parametrischen Denkens spricht er von der ausschlaggebenden zeitlichen Biegsamkeit der Motive, also von ihrer Unabhängigkeit von Tempo und formaler Hierarchie, und betont die konzeptuelle Verschiebbarkeit der die Motive konstituierenden Parameter.[43] Dies bedeutet, daß sowohl das Motiv in sich als auch in der Kommunikation mit anderen parametrischer Amplifikation, Reduktion, Substitution, Verselbständigung, Durchmischung, Kreuzung, Austausch, Aufweichung der Identitäts-Grenzen, Verknüpfung etc. unterworfen werden kann – monomorph oder polymorph, und dies alles auf den verschiedenen Ebenen der Hierarchie musikalischer Funktionen (Harmonik, Gestik, Melodik, Nebenstimmen, Rhythmik, Farbigkeit, Figuration etc.). Gerade weil Wagner im Sinne technischer Rationalität die Subkomponenten des tonalen Materials messerscharf zu trennen versteht, vermag er dessen Disposition ungeahnt zu flexibilisieren. Die musikalischen Parameter der Tonalität bilden eine polydimensionale Matrix, innerhalb deren Wagner je nach Intention bzw. Erfordernis (Ausdruck, Semantik, Formung etc.), d. h. nach *ortsgebundenen* Kriterien, Verknüpfungen und Verschiebungen vornehmen kann. All dies geschieht mit technischem Kalkül, ohne das Material überzubeanspruchen. Daß tonale Sprache derart beweglich sein (und damit ihre ›Eloquenz‹ allererst unter Beweis stellen) kann, verdankt sich einem Komponisten, der wohl abgestritten hätte, daß man seine Musik auch ohne das Wissen um Text und Handlung schätzen könnte.

Hinsichtlich der entwickelnden Variation steht Wagner, ohne Brahms ins Abseits drängen zu wollen, sehr wohl zwischen Beethoven und Schönberg. Einerseits gewinnt Wagner neues morphologisches Material aus Varianten bereits eingeführten Materials – so ist das Siegfriedheldenthema aus dem Hornmotiv durch Umrhythmisierung entwickelt, so ist das meiste lineare Material des Tristan aus dem chromatischen Viertonmotiv zu Beginn abgeleitet –, andererseits wird die Genese eines Motivs aus einem anderen durch sukzessive Verwandlung hörbar gemacht, etwa in der Mutation des Ringmotivs ins Walhallmotiv während des Übergangs zur zweiten Rheingoldszene. Die beiden primären Bedeutungen der entwickelnden Variation – Ableitung neuer Gestalten durch parametrische Substitution *und* prozessuale Transfor-

---

42 Pierre Boulez, *Die neuerforschte Zeit*, in: Dietrich Mack (Hg.), *Richard Wagner. Das Betroffensein der Nachwelt. Beiträge zur Wirkungsgeschichte*, Darmstadt 1984, hier S. 305.
43 Vgl. die Beschreibungsgrößen des Hundingmotivs S. 178.

mation in ein Eigenständiges aus einem vormals Ähnlichen – sind demnach bei Wagner im gleichen Maße ausgeprägt. Somit steht er in der Tradition strukturellen Komponierens, auch wenn die Abwesenheit eines jeden Hangs zum Akademischen und Schulfallmäßigen rezeptionsgeschichtlich dieser Erkenntnis im Wege stand.

2. Dekonstruktion

Einer der Generaleinwände des »Versuch über Wagner« gilt dem Umstand, daß das Musikdrama »auf die rein musikalische Logik der innerzeitlichen Konstruktion verzichtet«[44], deren Fehlen aber nicht einem Mangel an kompositorischer Strenge, sondern der schieren Überlänge der Werke zuzurechen ist. Musiktheaterwerke – auch der Wozzeck mit seiner wahrlich innermusikalischen Formlogik – können keine musikalisch-logische Zeitkonstruktion ausbilden. Das Versäumnis liegt nicht an Wagner, sondern im Wesen des Musiktheaters. Wagner war sich dessen bewußt und hat, umgekehrt, aus der Schwäche die Stärken gezogen: die formale Öffnung, die Erweiterung der Verfügungshorizonte, die Dissoziation der parametrischen Elemente, die Inklusion des Musikfremden, kurz eine musique informelle, als welche Adorno in späteren Arbeiten die Wagnersche Musik auch erkannte. Boulez spricht hellsichtig davon, daß »das Werk als eine offene Zeitstruktur zu denken ist, die sich nur vorübergehend und widerstrebend verfestigt«[45], innerhalb eines »Zellgewebes«, also einer mehr oder weniger abstrakten Strukturschicht, in die hinein das morphologische Material – wie immer in sich beschaffen, also ob dicht oder einlinig, ob prägnant oder eher fließend, ob fixiert oder dynamisch – nach *lokalen* Kriterien plaziert wird. Das Einzelne emanzipiert sich mosaikartig gegen das Formtotal, das über die virtuelle Anwesenheit des in sich verweisenden Leitmotivnetzes (in dem alles mit allem vermittelt scheint) und über die orchestrale Omnipräsenz zwanglos – Kritiker würden sagen: äußerlich – dennoch zusammengehalten wird. Ecos »Opera aperta« beginnt musikalisch genau hier.

Die Momente einer musikalischen Dekonstruktion, wie sie sich im Wagnerschen Werk historisch ankündigt und je nach Deutungsschärfe auch vollzieht, seien an dieser Stelle wenigstens mit einigen Kategorien angedeutet. Die Begriffspaare Statik/Dynamik, Augenblicklichkeit/Prozeß, rezitativisch/symphonisch, motivisch/texturell, Einzelfarbe/Mischklang etc. (innerhalb dieser Kontinua verschiebt Wagner ohne Schemata) sowie die Möglichkeit, daß partielle parametrische Charakteristika in die Strukturschicht abwandern – dies deutet darauf hin, daß die Wagnersche Musik mit verschiedenen Graden von *An- und Abwesenheit* höchst subtil (nämlich durch die ver-

---

44 Adorno, *Versuch über Wagner* (Anm. 23), S. 108.
45 Boulez, *Die neuerforschte Zeit* (Anm. 42) S. 309.

schiedenen musikästhetischen und kompositionstechnischen Grundbegriffe
hindurch) arbeitet. Auch *Identität und Verschiedenheit* sind gegeneinander
verschoben. Während es scheint, als gewähre die organizistische Kunst des
Übergangs eine Natur zweiten Grades, eine Synthesis der Zeit, so zeigen sich
im gleichen Maße die Momente des Auseinanderstrebens, die Differenzen,
die bei geschultem Ohr in den Vordergrund drängen, jene Brüche, die sich
nicht vermitteln lassen, die Sprengung jener Totalität, als welche die Ideologiekritik Wagner zu bestimmen vermeinte. Seine Musik eignet sich durchaus
einem ›pluralen‹ Hören. Wagner steigert des weiteren das Potential von *Ambiguität*, wie vor allem der dialektikfreie Umschlag der Dimensionen, aber
auch die historisch beginnende Subversion der grammatischen Regeln der
tonalen Sprache (etwa die Vertauschung von Konsonanz und Dissonanz in
der Blumenmädchenszene, von harmonischer Funktion und Akkordaufbau
in Brangänes Wachtgesang[46]) zeigt. Wollte man Adornos Utopie des *Infor-
mellen* aufgreifen, dann wäre die These zu wagen, daß Wagner ›atonaler‹ als
der Serialismus sei, der Integralität über Gebühr bemühte, und darin vielleicht in Bachs tektonisch orientierter Polyphonie (z. B. manchen Orgelwer-
ken) einen Vorläufer habe. Wagners musikalische Öffnung zum nicht mehr
formalästhetisch Duldbaren reicht nicht zuletzt bis zur Inklusion von Nicht-
Musik (man denke an die ›falsche‹, als Siegfried versucht, es den Vögeln
gleich zu tun). All dies vermag Wagner, weil er substantiell sich der Tonalität
im ganzen sicher sein konnte. Das 19. Jahrhundert, das Jahrhundert der
›bürgerlichen Gefühlskultur‹, fällt mit deren Höhepunkt und Krise zusammen.

*

Wagner repräsentiert im viergliedrigen Modernisierungsprozeß (neben Beethoven, Atonalität und Serialismus) die zweite Etappe und zugleich die pro-
duktivste Periode der Tonalität, deren letzte Optionen er ausbaut, wie er
gleichermaßen das Gesamtsystem zur Destruktion freigibt. Wagner ist der
Abschluß der tonalen Musik, soweit diese integer ist, und zugleich der
Beginn einer gänzlich freien Musik, die immer noch auf sich warten läßt.
»Ein bedeutendes Werk – entweder gründet es die Gattung oder hebt sie auf
und in den vollkommenen vereinigt sich beides.«[47]

---

46 Vgl. meinen Beitrag *Tristan und Isolde: Zwischen Psychologisierung und musikalischer Logik.*
47 Walter Benjamin, *Ursprung des deutschen Trauerspiels*, in: Gesammelte Schriften, Bd I. 1, hg. v. Rolf Tiede-
    mann u. Hermann Schweppenhäuser, Frankfurt a. M. 1980, S. 225.

III

Wagners plurale Moderne

Eine Konstruktion von Unvereinbarkeiten

RICHARD KLEIN

> Ich würde aber auch einen Philosophen verstehn,
> der erklärte: »Wagner *resümiert* die Modernität. Es
> hilft nichts, man muß erst Wagnerianer sein ...«
> (Friedrich Nietzsche)

Die Feststellung, das Werk Richard Wagners gehöre der Moderne an, klingt zunächst selbstverständlich, ja trivial, sofern mit ihr nur die Tatsache gemeint ist, daß dieses Werk eine gewaltige entwicklungsgeschichtliche Spur in der modernen Musik, auch in der modernen Literatur und Poesie hinterlassen hat. Allein, solche Rede offenbart eine etwas zu begrenzte Sichtweise dessen, was Modernität ist: Keine Gestalt der Moderne erschöpft sich in dem, was spätere Gestalten aus ihr für wie immer bedeutungsvolle Konsequenzen gezogen haben, oder auch darin, wie sie selbst frühere Gestalten überboten und überwunden hat oder zu überbieten und zu überwinden suchte. Im vorliegenden Fall steht sogar zu vermuten, daß das Moderne sich aus Formen und Kategorien zusammensetzt, die einer Hermeneutik der linearen Zeit wesentlich entgegenstehen. Allerdings ist auch die neuerdings häufiger zu hörende These, Modernität sei in sich plural verfaßt, ebensowenig vor Trivialisierung geschützt: Man kann in ihr nämlich ohne weiteres ein naives Lob der Allerweltsweisheit heraushören, daß jedes Ding seine verschiedenen Aspekte habe und daß im Sinne der friedlichen Koexistenz des Bunten und Vielfältigen alle Aspekte gleiches Recht – und gleichen interpretatorischen Wert – besäßen. Angesichts der, sagen wir: Ambivalenz von Wagners Werk wäre ein abstrakter Liberalismus aber ersichtlich inadäquat. Pluralität in dem hier verstandenen Sinne meint keine neutrale Verschiedenheit fensterloser Monaden, sondern eine spannungsgeladene Verschränkung divergierender, auseinanderstrebender Paradigmen.

Es geht also nicht um blasse Geistesgeschichte. Daß das Gesamtkunstwerk regelmäßig und aus Sicht der unterschiedlichsten ästhetischen Theoriepositionen heraus wie *der* Stein *des* Anstoßes erscheint, ist die folgerichtige Konsequenz seiner weit ausgreifenden Konflikthaftigkeit: Es bringt, könnte man sagen, die Extreme der Modernität zur Darstellung. Genauer: Es mißt sie aus und läßt sie dann, aller holistischen Programmatik zum Trotz, aufeinanderprallen und sich aneinander reiben. Wagner steht für eine rückhaltlose Bejahung der Modernität im Sinne von Fortschritt, Rationalisierung und Überbietungsdynamik, aber *Der Ring des Nibelungen* ist eine fundamentalistische Attacke auf eben diese Modernität und ihre Ausdifferenzierungs- und Selbstunterscheidungslogik. Wagner praktiziert mit äußerster Konsequenz eine musikalische Formgestaltung, die keine vorgegebenen Verbindlichkeiten mehr akzeptiert, sondern restlos der inneren Erfahrung des Komponisten anheimgegeben ist; sie soll indes dazu dienen, das überlebensgroße sakrale Eine, den Mythos als sinnstiftende Ordnung der Welt wieder allgemein erfahrbar zu machen. Wagner bemüht sich mit Verve darum, vermittels der Dialektik von Fortschritt und Regression sein musikalisches Drama als im höheren Sinne notwendig zu rechtfertigen und dessen innere Organisation als revolutionäre Versöhnung aller historisch aufgelaufenen ästhetischen und sozialen Widersprüche zu begründen; dies aber nur, damit dieses Drama um so radikaler dem Gesetz des Historismus, d.h. der Logik fortschreitender zeitlicher Selbstrelativierung welcher Gegenwart auch immer, entzogen bleiben kann. Schließlich bindet das im Namen mythischer Ganzheit erfolgende Nein Wagners gegen moderne Individualisierungs- und Arbeitsteilungsdynamik den Mythenkonstrukteur genau und erst recht an das, was er verwirft: Seine Gegenmoderne wird real erst und nur kraft einer avantgardistisch gesteigerten Modernisierung künstlerischer Technik.

Im folgenden gehe ich einigen dieser Aspekte näher nach. Im ersten Teil (I.) zeige ich, daß Wagner in einem herausragenden Maße als Repräsentant jenes modernen Fortschritts- und Entwicklungsdenkens zu gelten hat, dessen ›Tod‹ inzwischen von fast allen Seiten, zu Recht oder zu Unrecht, verkündet wird. Im zweiten Teil (II.) geht es um das Verhältnis dieses Denkens zum Mythos als dem Versuch, gegen die klassische Geschichts- und Evolutionsphilosophie Gegenwärtigkeit und Präsenz zur Geltung zu bringen. Mythos wird dabei nicht gegen Modernität und Historie ausgespielt, sondern als ein selber modernes, d.h. in sich gebrochenes Phänomen verstanden: als eine zugleich welthafte *und* illusionäre Dezentrierung subjektiver Innerlichkeit, wie sie durch Wagners Transformation des musikalischen Satzes in einen Klangraum kompositorisch darstellbar geworden ist. Im nächsten Teil (III.) gehe ich der von Adorno inspirierten Frage nach, in welchem Sinne das Musikdrama ein »Nachbild der großen metaphysischen Systeme« der Philosophie repräsentieren *und* von seiner Technik und Ideologie her mit dem »Ursprung der Kulturindustrie« verschränkt sein kann. Dabei zeigt sich, daß diese Frage angemessen nur auf der Basis einer phänomenologischen und medienästhetischen Korrektur des Adornoschen Ansatzes formuliert werden kann. Ein Schlußabschnitt (IV.) versucht, in Korrektur dieser Korrektur wiederum geschichtsphilosophische Motive aufzunehmen und die geradezu metaphysische Herausforderung zu skizzieren, die der Komplex Gesamtkunstwerk für das gegenwärtige Verständnis von Moderne und moderner Kunst offenbar darstellt.[1]

I.

Man muß es kaum eigens betonen: Wagners Ästhetik ist in besonderer Weise auf Beethoven bezogen und an Beethoven orientiert.[2] Wichtiger als die allseits bekannten Spekulationen über die geschichtsphilosophische Funktion des Chorfinales der IX. Symphonie[3], das als »kunstweltgeschichtliche Aufgabe«[4] der Instrumentalmusik deren autonome Selbstpreisgabe ans musikalische Drama vorführen soll, sind Stellen wie die aus der Schrift »Zukunftsmusik«, wo Wagner sich kritisch mit Mozarts Formauffassung auseinandersetzt, um ihr gegenüber das motivtechnische Paradigma Beethovens als historischen Fortschritt in Szene zu setzen.

Wagner läßt zunächst keinen Zweifel daran, daß sein musikalisches Drama ein »integrales« sein muß. Gemeint ist, daß es von einem radikalen ästhetischen »Nominalismus«[5] erfüllt ist *und* dem Imperativ einer lückenlosen Durchorganisation seiner materialen Elemente zu genügen hat. Einerseits vollzieht es einen Bruch mit überlieferten Struktur- und Materialprinzipien, der im Namen unbegrenzter Zukunft überkommene Möglichkeiten

---

1 Das Problem meines Beitrages liegt darin, daß er nicht zureichend an musikalischen Phänomenen ausgewiesen wird, obwohl er sich implizit ständig auf solche bezieht. Darin liegt weder bloßer Zufall noch – böse – Absicht. Es geht um begriffliche Arbeit am Problem der Pluralität des Modernen, wie es sich von Wagners Musikdrama her zeigt. Man kann sagen, daß sich dieser Anspruch ohne Rekurs auf die Ebene der Komposition strenggenommen nicht einlösen läßt. Allein, die Differenz zwischen kritischer kategorialer Reflexion und phänomenorientierter musikalischer Analyse erwies sich mir beim Schreiben selbst als so tiefgreifend, daß es nicht sinnvoll erschien, sie bloß additiv oder/und rhetorisch zu überbrücken. Ich hoffe immerhin, sie demnächst genauer entfalten zu können.

2 Vgl. Klaus Kropfinger, *Wagner und Beethoven. Untersuchungen zur Beethoven-Rezeption Richard Wagners*, Regensburg 1975.

3 Richard Wagner, *Das Kunstwerk der Zukunft*, in: ders., Dichtungen und Schriften, hg. v. Dieter Borchmeyer, Frankfurt a. M. 1983, Bd. 6, S. 68 ff. Im Brief an Franz Liszt vom 7. 6. 1855 heißt es: »Für die neunte Symphonie (als Kunst*werk*) ist der letzte Satz mit den Chören entschieden der schwächste Teil, er ist bloß kunst*geschichtlich* wichtig«. (Franz Liszt – Richard Wagner, *Briefwechsel*, hg. u. eingel. v. Hanjo Kesting, Frankfurt a. M. 1988, S. 425 f., Herv. v. R. K.) Die Stelle ist interessant, weil sie zeigt, daß Wagner ästhetische Bewertung und geschichtsphilosophische Sinndeutung sehr wohl voneinander zu unterscheiden weiß.

4 Wagner, *Das Kunstwerk der Zukunft* (Anm. 3), S. 72.

5 »Wagner ist der erste Fall von konsequentem musikalischem Nominalismus, wenn der philosophische Ausdruck gestattet ist: sein Werk das erste, in dem grundsätzlich die Vormacht des einzelnen Werkes, im einzelnen Werk die der konkret durchgebildeten Gestalt gegenüber jedem wie immer auch gearteten Schema, jeder wie immer von außen vorgeordneten Form ganz sich durchsetzt. Er zuerst zog die Folgerungen aus jenem Widerspruch zwischen überlieferten Formen, ja der überlieferten Formensprache der Musik insgesamt, und den konkret sich stellenden künstlerischen Aufgaben. ... Daher hat ... Wagners Kritik der Oper theoretisch und künstlerisch äußerstes Gewicht. Sie ist nicht zu bagatellisieren durch die simple Behauptung, er wäre eben auch ein Opernkomponist wie die anderen Opernkomponisten gewesen, der sich für propagandistischen Hausgebrauch Hilfstheorien ausgedacht hätte. Sein Verdikt, die Oper sei kindisch, Musik solle endlich mündig werden, läßt nicht sich widerrufen. ... Selbst Antiwagnerianer, die ... auf die Nummernoper zurückgreifen, registrieren oder erkennen in der Ironie, mit welcher sie Nummern und abgezirkelte Einzelstücke wieder verwenden, daß das Verdikt, das Wagner als Theoretiker und Künstler über solche Kategorien verhängte, in Kraft bleibt.« (Theodor W. Adorno, *Wagners Aktualität*, in: *Musikalische Schriften I-III* [= Gesammelte Schriften, Bd. 16], Frankfurt a. M. 1997, S. 548 f.)

eines in sich gegründeten Ausgleichs von Geschichte und Gegenwart hinter sich läßt. Andererseits erhebt es explizit – und stärker als je zuvor Kunst – den Anspruch, in jedem seiner Teile und Momente auf das Ganze der eigenen Form hin durchsichtig, mit ihm konkret vermittelt und von ihm her rational gerechtfertigt zu sein. Diesem Plädoyer für konstruktiven Geist stellt Wagner eine Musik entgegen, die »noch nicht aus dem Charakter des bloßen Geräusches heraustritt«[6], sondern von naturwüchsigem materialem Beiwerk und Leerlauf beherrscht wird. Die für uns entscheidende Passage sei wie folgt ungekürzt zitiert: »Noch bei den Vorgängern Beethovens sehen wir diese bedenklichen Leeren zwischen den melodischen Hauptmotiven selbst in symphonischen Sätzen sich ausbreiten: wenn *Haydn* namentlich zwar schon diesen Zwischensätzen eine meist sehr interessante Bedeutung zu geben vermochte, so war *Mozart*, der sich hierin bei weitem mehr der italienischen Auffassung der melodischen Form näherte, oft, ja fast für gewöhnlich, in diejenige banale Phrasenbildung zurückgefallen, die uns seine symphonischen Sätze häufig im Lichte der sogenannten Tafelmusik zeigt, nämlich einer Musik, welche zwischen dem Vortrage anziehender Melodien auch anziehendes Geräusch für die Konversation bietet: mir ist es wenigstens bei den so stabil wiederkehrenden und lärmend sich breitmachenden Halbschlüssen der Mozartschen Symphonie, als hörte ich das Geräusch des Servierens und Deservierens einer fürstlichen Tafel in Musik gesetzt. Das ganz eigentümliche und hochgeniale Verfahren Beethovens ging hiergegen nun eben dahin, diese fatalen Zwischensätze gänzlich verschwinden zu lassen, und dafür den Verbindungen der Hauptmelodien selbst den vollen Charakter der Melodie [lies: der Vermittlung durch motivisch-thematische *Arbeit*] zu geben.«[7]

Auf einer ersten Ebene kritisiert Wagner Mozarts Umgang mit Idiomatik, mit motivisch ungebundenen Spielfiguren, als »bedenkliche Leere«, d. h. als fehlende rationale Begründung des musikalischen Formverlaufes. Was bei Beethoven erreicht ist – die Integration von »Hauptmotiv« und motivischer Entwicklung, die Erweiterung thematischer Differenzierungs- und Abspaltungsprozesse auf Zwischensätze und Überleitungsfelder – ist bei Mozart, so Wagners kühne Behauptung, noch nicht erreicht, sondern in individualisierte Hauptsätze und konventionell schematisierte Nebensätze aufgeteilt. Auf einer zweiten Ebene denkt Wagner »die Auseinandersetzung des Komponisten mit dem Material« der Tendenz nach bereits als Auseinandersetzung »mit der Gesellschaft, gerade soweit diese ins Werk eingewandert ist.«[8]

---

6 Richard Wagner, *Zukunftsmusik*, in: Dichtungen und Schriften, hg. v. Dieter Borchmeyer, Frankfurt a. M. 1983, Bd. 8, S. 89.
7 A. a. O.
8 Theodor W. Adorno, *Philosophie der neuen Musik* (= Gesammelte Schriften, Bd. 12), Frankfurt a. M. 1997, S. 40.

Mozarts Melodiebehandlung erscheint ihm vor dem Hintergrund einer vor-bürgerlichen Sozietät, in der Musik als mehr oder weniger dekorative Klang-kulisse feudaler Konversationsüblichkeiten fungiert, mithin (noch) nicht als ein autonomer, durch Freiheit konstituierter Bereich anerkannt ist. Die Ab-wesenheit einer integralen, das ganze Werk durchdringenden motivisch-thematischen Rationalität wird wie selbstverständlich als Unterwerfung des ästhetischen Ichs unter eine von außen vorgegebene, also irrationale und illegitime Autorität gedeutet. Wagner nimmt also die Position des emanzi-pierten Vernunftsubjekts ein, das die Naturwüchsigkeit traditionaler Überlie-ferung durch kritische Reflexion bricht und an die Stelle einer heteronom suggerierten und suggerierenden Ordnungstotale Formganzheit als indivi-duell erzeugten und rational legitimierten Arbeitsprozeß treten läßt.

Diese Überlegungen sind insofern bemerkenswert, als sie den idealisti-schen Geschichts- und Fortschrittsbegriff auf die materiale und mediale Im-manenz des Kunstwerks, d. h. des Gesamtkunstwerks, zu übertragen suchen. Natürlich stammt die Einsicht, daß der geschichtliche Gehalt von Kunstwer-ken nur im »inneren Fortgang ihres Inhalts und ihrer Ausdrucksmittel«[9] erscheint, von Hegel und nicht von Wagner. Hegel zufolge ist aber »die Kunst nach der Seite ihrer höchsten Bestimmung für uns ein Vergangenes«[10], d. h. ein Phänomen, das an ihm selbst keine Wahrheit mehr zur Sprache bringen kann, die das Ganze der Wirklichkeit erkennend und repräsentierend beträfe. Überdies ist Hegel im emphatischen Sinn ein *Nach*-Denker: Der Zustand, den es für ihn auf den Begriff zu bringen gilt, muß in seiner geschichtlichen Gestalt bereits ›fertig vorliegen‹, um der Philosophie das kategoriale Gefüge liefern zu können, das diese dann zu explizieren und mit seinen wider-sprüchlichen Bestimmungen zu versöhnen hat. Demgegenüber befindet sich Wagner im Gefolge der linken *Vor*-Denker, die die idealistische Versöh-nungsdialektik des absoluten Geistes zugunsten einer vergleichsweise har-ten Antithetik von emanzipatorischer Subjektivität und falscher Gesellschaft abzubauen tendieren. Wie bei Feuerbach, Ruge, Stirner und dem frühen Marx verwandelt sich auch bei Wagner die Vorstellung des Geistes, der sich in der Zeit entfaltet, in Richtung eines pointiert auf unbestimmte Zukunft ausgreifenden Fortschritts, welcher den Glauben der klassischen Aufklä-rung, die Vollendung historischer Entwicklung liege grundsätzlich in der Gegenwart, d. h. in der eigenen Zeit, ersatzlos ablöst. Mit diesem Zukunfts-pathos und der Wendung gegen das Bestehende verbindet sich bei den linken Hegelianern ein ausgeprägtes Interesse an individuellen Phänomenen, die noch nicht von Tendenzen des Allgemeinen gleichgeschaltet sind.[11] Wagners

---

9 G. W. F. Hegel, *Vorlesungen über die Ästhetik I* (= Theorie Werkausgabe, Bd. 13), Frankfurt a. M. 1979, S. 26.
10 A. a. O., S. 25.
11 »In der Erkenntnis der Unhaltbarkeit des Bestehenden haben sie sich vom ›Allgemeinen‹ und der Vergangenheit abgewandt, um die Zukunft zu antizipieren, das ›Bestimmte‹ und ›Einzelne‹ zu urgieren

Originalität liegt darin, daß er die Fortschrittsdialektik des Linkshegelianismus mit Figuren der romantischen Kunstmetaphysik verbindet und beide zu konkreten materialen Problemen (gesamt-)künstlerischer Technik und Formbildung in Beziehung setzt. Er deutet de facto Hegels vergangenheitsorientierten Kunstbegriff (den er vermutlich nur vom Hörensagen her kannte) ins Progressiv-Utopische um und gibt zugleich der ideell gehaltenen Ästhetik der Romantiker eine dezidiert praxisbezogene Wendung. Diese eigentümliche Verklammerung von handfester Praxisnähe und revolutionärer Geschichtsphilosophie, künstlerischer Detailbesessenheit und ideologischem Überfliegertum, pragmatischem Theaterkalkül und idealistischer »Neuer Mythologie« macht Wagners Schriften unter Gesichtspunkten der Ästhetik nach wie vor lesenswert und lehrreich und hebt sie über die verkappte Religion und rationalisierte Paranoia, die sie auch sind, weit hinaus.[12]

Nun wird man freilich die Vorstellung, der Sinn der Geschichte liege in einem finalen Zustand, dessen Verwirklichung noch aussteht, heute als eine etwas gealterte Form von Moderne bezeichnen dürfen. Allein, dies berührt nicht den Kern unserer Sache, die Prägung des Wagnerschen Denkens durch Fortschritt und Individualisierung. Diese Prägung ist konstitutiv. Sie stellt keine ideologische Beigabe von außen ans Künstlerische dar, sondern bestimmt die ästhetische, kompositorische und dramaturgische Sphäre in der Substanz mit. Dabei ist aber weniger der überschwengliche Utopismus des Revolutionärs entscheidend als die vergleichsweise schlichte Tatsache, daß Wagner inmitten des spekulativen Wildwuchses seiner Theorieschriften ein Bewußtsein von der Dynamik des Geschichtlichen und Evolutionären entwickelt, das es zuvor in der Musikhistorie nicht gegeben hat und dessen Folgen bis hin zu Adorno reichen. Die Modernität seiner Ästhetik hängt nicht an ihrer metaphysischen Emphase, sondern an dem Negationspotential, das diese freisetzt. Wagner denkt nicht ›fortschrittlich‹, weil er den Traum vom ganzen Menschen träumt, sondern weil er von diesem Traum her dazu gedrängt wird oder sich gedrängt fühlt, komplexe entwicklungsgeschichtliche Konstruktionen vorzunehmen und das Verhältnis gegenwärtiger und zukünftiger zu vergangenen Kunstwerken nach Maßgabe der reflexiven Überbietung je erreichten ästhetischen und sozialen Problembewußtseins

---

und das Bestehende zu negieren.« (Karl Löwith, *Von Hegel zu Nietzsche. Der revolutionäre Bruch im Denken des 19. Jahrhunderts*, Hamburg 1978[7], S. 79)

12 Gregor-Dellin verkennt diesen Zusammenhang, wenn er schreibt, *Oper und Drama* sei von allen Schriften Wagners »die gefährlichste, weil in ihr die Zukunftsvision bis auf die künstlerische Technik durchschlägt.« (Martin Gregor-Dellin, *Richard Wagner. Sein Leben – Sein Werk – Sein Jahrhundert*, München/Zürich 1980, S. 333) Okkupiert durch seine – wie immer berechtigte – Suche nach Spuren einer »verkappten Religion« bei Wagner entgeht ihm, daß mit diesem »Durchschlag« des Linkshegelianismus auf die Ebene von Formbildung und Komposition eine wesentliche Denkform der ästhetischen Moderne hervortritt. Es ist kein Zufall, daß Adorno Wagner gerade an diesem Punkt konzessionslos ernstgenommen hat. Vgl. Richard Klein, *Solidarität mit Metaphysik. Ein Versuch über die musikphilosophische Problematik der Wagner-Kritik Theodor W. Adornos*, Würzburg 1991, S. 120 ff.

zu beschreiben. Es ist der gleichsam naturwüchsige Hegelianismus, der seine Schriften interessant macht. Das Gesamtkunstwerk ist weder ein bloß kontingentes Novum in der Geschichte noch eine monumentalische Wiederkehr von Tradition. Es ist vielmehr *sowohl* die notwendige Konsequenz einer Entwicklung, deren gewachsene Problemstellungen und Problemlösungen es in sich aufhebt und kritisch überbietet, *als auch* ein zukunftseröffnender Spielraum, der das Vergangene jener Entwicklung, soweit es sich nicht selbst inhaltlich ad acta gelegt hat, als gegenwärtige Zeit, mithin als mehr denn ein bloß Historisches oder ein reines Produkt von Entwicklung, zu erkennen gibt. Gewiß ist dieses ›mehr als bloß historische‹ Recht des Musikdramas weit weniger fraglos, als es Wagner selbst seinerzeit erschienen ist, erscheinen mußte. Dennoch darf man seine spekulative Herleitung des Ganzen nicht mit purem Irrationalismus gleichsetzen. Wagner hat sein Projekt primär nach Maßgabe dessen zu rechtfertigen gesucht, was es an blinden Stellen, an ungelösten und unerfüllten Problemen traditioneller Kunst aufdeckt und reflektiert. Und dies ist nicht nur nicht nichts, sondern es war damals in musicis sogar auf brisante und aufregende Weise neu. Die Stelle aus der »Zukunftsmusik« zeigt überdies, wie sehr in dieser Ästhetik interne und externe, ästhetische und entwicklungshistorische Kriterien unabhängig von expliziten Spekulationen über Revolution, Utopie usw. ineinandergreifen. Die politische Bedeutung der Theorie des Musikdramas liegt denn auch nicht so sehr dort, wo Wagner den Gestus des linksradikalen Anarchisten kultiviert und die große Menschheitsrevolution beschwört, sondern eher da, wo aus seinen Überlegungen zu konkreten Problemen des künstlerischen Materials der Geist der modernen Negativität, des reinen Prozesses, der ständigen Veränderung aller Strukturen und Systeme hervorbricht. Und das, so scheint mir, betrifft eine basale Schicht seines Denkens, die vom Wechsel explizit politischer Anschauungen nicht wirklich betroffen wird.[13] *Diese* Modernität präsentiert sich in den Zürcher Schriften wie in den ›nachrevolutionären‹ Texten, und dort in der »Zukunftsmusik« ebenso wie in den Arbeiten von 1879.[14] Sie ist keine periphere Episode und schon gar keine Mimikry an den Zeitgeist, die den eigenen Mythos evolutionistisch mißdeutete.[15] Vielmehr bildet sie und bildet sich mit ihr eine Dimension heraus, ohne die Wagners Ästhetik ebensowenig denkbar wäre wie die gesamte Wirkungsgeschichte seines Werkes. *Il faut être absolument modern* – Dieser Satz aus Rimbauds *Une saison en enfer* trifft auf kaum eine ästhetische und gewiß auf

---

13 Vgl. Udo Bermbach, *Der Wahn des Gesamtkunstwerks. Richard Wagners politisch-ästhetische Utopie*, Frankfurt a. M. 1994.

14 Dies gilt insbesondere für den Text *Über die Anwendung der Musik auf das Drama*, in: Dichtungen und Schriften, hg. v. Dieter Borchmeyer, Frankfurt a. M. 1983, Bd. 9, S. 324-342.

15 Vgl. Petra-Hildegard Wilberg, *Richard Wagners mythische Welt. Versuche wider den Historismus*, Freiburg 1996, S. 254 f., S. 262. Zu den Problemen von Wilbergs Mythosverständnis vgl. Richard Klein, *Der linke und der rechte Wagner. Revolution – Mythos – Modernität*, in: Musik & Ästhetik 7 (1998), S. 100-105.

keine musikalische Position des 19. Jahrhunderts so sehr zu wie auf Wagner und sein Fanal vom »Tod der Oper«[16] und der Symphonie. Wer das leugnet, weiß nicht, wovon er redet.

II.

Freilich macht Rimbauds Formel auch deutlich, daß es um mehr geht als um Fortschrittsenthusiasmus, um bloße Anpassung an das Gesetz eines ohnehin ablaufenden Realprozesses. Wenn es sinnvoll ist zu sagen, das Gesamtkunstwerk sei »absolut modern«, dann liegt die Pointe solcher Rede in der Festellung, es sei *als* modernes *abgelöst* von dem, was Moderne sonst ist.[17] Abgelöst meint hier: Das Gesamtkunstwerk orientiert sich nicht an Jahreszahl und Zeitgeist, sondern es bezieht Stellung gegen das Bestehende, d. h. gegen dessen Erstarrungstendenzen *und* die losgelassene Veränderungsdynamik. Seine Modernität ist, in Wagners Worten, »*revolutionär*, weil sie nur im Gegensatze zur gültigen Allgemeinheit existiert«[18], und zwar, wie hinzuzufügen wäre, im Gegensatze zur zeitlosen Zukünftigkeit der »Mode« *und* zur Entwirklichung der Gegenwart durch exzessive Historisierung.

Um welche Form von Modernität handelt es sich aber im einzelnen und worin bestehen ihr revolutionärer Gehalt und ihre Pluralität? An den Schwierigkeiten, diese Frage zu beantworten, zeigt sich, wie wenig eindeutig der Begriff der Moderne ist.

Erst einmal läge die Festellung nahe, daß die Theorie des Musikdramas unverkennbar auch verfallstheoretische, ›gegenmoderne‹ Züge trägt. Sie ist nicht nur auf der Suche nach der verlorenen Zeit, sondern auch und sogar auf der Suche nach dem verlorenen Paradies. Sie geht von einem »ursprüngliche(n) und schöpferische(n) Bund der Gebärden-, Ton- und Wortsprache«[19] aus, der sich geschichtlich aufgelöst habe, aber nunmehr wiederzugewinnen sei, ja wiedergewonnen werden müsse. Allein, dieses verfallstheoretische Element erhält seine originäre Bedeutung erst im Lichte einer explizit geschichtlichen Utopie, deren Erfüllung noch aussteht. Der Ursprung muß zum Ziel werden, weil sich nur von ihm her die Möglichkeit einer »wahre(n) Kunst«[20], die über die bestehende Welt hinausgreift, denken läßt. Die Logik des Zerfalls bleibt an die Dynamik des Fortschritts gebunden: Wagner konstruiert die gesamte bisherige Geschichte der Künste als Geschichte ihrer fortschreitenden Selbstentfremdung, die zugleich in notwendiger Progres-

---

16 Richard Wagner, *Oper und Drama*, in: Dichtungen und Schriften, hg. v. Dieter Borchmeyer, Frankfurt a. M. 1983, Bd. 7, S. 17.

17 Vgl. Günter Figal, *Absolut modern. Zu Adornos Verständnis von Freiheit und Kunst*, in: Richard Klein/Claus-Steffen Mahnkopf (Hg.), *Mit den Ohren denken. Adornos Philosophie der Musik*, Frankfurt a. M. 1998, S. 21-35.

18 Richard Wagner, *Die Kunst und die Revolution*, in: Dichtungen und Schriften, hg. v. Dieter Borchmeyer, Frankfurt a. M. 1983, Bd. 5, S. 295.

19 Wagner, *Oper und Drama* (Anm. 16), S. 223.

20 Wagner, *Die Kunst und die Revolution* (Anm. 18), S. 300.

sion die Bedingungen ihrer utopischen Wieder- oder Neuvereinigung produziert.[21] Diese Verklammerung von Fortschritts- und Verfallsdenken bleibt in bezug auf Wagners Verständnis von Modernität grundsätzlich festzuhalten, wenngleich sie, wie wir noch sehen werden, nicht der entscheidende Punkt ist.

Sodann läßt sich sagen, die Dramaturgie des *Ring*-Dramas bringt Modernität explizit als Tragödie zur Darstellung. Sie zeigt diese als Verkehrung von prozessualer Fortschrittsdynamik in einen zirkularen Verblendungszusammenhang, der jede Regung von Widerstand, Veränderung und Freiheit zunichte macht. Philosophiegeschichtlich wird das Werk so zu einer Demonstration der Krise moderner Subjektivität, ja zu deren antimoderner Verwerfung: Im Drama Wotans, des traurigen Gottes, enthüllt sich das Prinzip der Subjektivität als Mechanismus eines unhintergehbaren zerstörerischen Willens, der die Welt immerzu und überall auf sich zurück- und in sich einbeziehen muß und also nur das erkennen und in seine Vorstellung aufnehmen kann, was er selber immer schon ist und sein will. Was bei Hegel emphatisch als *Freiheit* gedeutet wird, »die absolute Negativität von allem Besonderen ..., die alles Außereinander, alle Prozesse der Natur und deren Kreislauf des Entstehens, Vergehens und Wiedererstehens, alle Beschränktheit des geistigen Daseins verzehrt und ... zu der reinen unendlichen Identität mit sich aufgelöst hat«[22], wird in Wagners *Ring* als *Verstrickung* des Geistes oder Gottes in sich selbst erfahren, als unabwendbares Ausgeliefertsein von Leben an eine Macht, die sich jeglicher rationalen Kontrolle entzieht und deswegen in nichts Geringerem als im Weltenbrand kulminiert. Diese Lesart ist weit verbreitet. Sie hat neben der *Ring*-Dichtung in Wagners theoretischen Texten ein gewisses fundamentum in re, aber ihr Verständnis der Modernität ist nicht zureichend. Sie bleibt dem Konzept der progressiven Überbietungsmoderne *ex negativo* verhaftet[23], weil sie den Mythos zu umstandslos als ein

---

21 Die geschichtliche Absonderung der Künste ist nach Wagner *kein* Verhängnis, dem die Wahrheit des Ursprungs bis hin zur katastrophischen Kulmination abhanden gekommen wäre, sondern ein »notwendiger Irrtum« (Wagner, *Das Künstlertum der Zukunft*, in: Dichtungen und Schriften, hg. v. Dieter Borchmeyer, Frankfurt a. M. 1983, Bd. 5, S. 249), der zur Utopie der eigenen Auflösung oder Aufhebung geschichtlich beigetragen hat und beiträgt. So ist es z. B. der Mangel der »absoluten« Musik an rationaler Legitimation und Transparenz, der nach Wagner für ihren zunehmenden Reichtum an expressiven Möglichkeiten verantwortlich zeichnet. Vgl. bes. *Oper und Drama* (Anm. 16), S. 72; *Das Kunstwerk der Zukunft* (Anm. 3), S. 134. Die *Autonomie* der einzelnen Künste ist für Wagner nicht nur Abfall vom eigentlichen Sein, sondern auch Bedingung des zukünftigen Gesamtkunstwerks, weil sie Ausdrucksformen und Erlebnisgehalte zur Sprache bringt, die ohne den Zerfall des seligen Ursprungsbundes von Gebärde, Ton und Wort niemals Gegenstand menschlicher Erfahrung hätten werden können. Es ist also falsch, zumindest ungenau, wenn Stefan Kunze, stellvertretend für viele andere, behauptet, Wagners Konzept sei verbunden mit einer »Verfallstheorie«, die aus einem *vollkommenen* Ursprung einen *steten* Niedergang entwickelt.« (*Der Kunstbegriff Richard Wagners. Voraussetzungen und Folgerungen*, Regensburg 1983, S. 137; Herv. v. R. K.)

22 G. W. F. Hegel, *Vorlesungen über die Ästhetik II* (= Theorie Werkausgabe, Bd. 14), Frankfurt a. M. 1979, S. 129 f.

23 »War bei Hegel Geschichte im Bewußtsein der Freiheit, dann ist ... der Ring eine Phänomenologie des Geistes als Schicksal.« (Adorno, *Wagners Aktualität* [Anm. 5], S. 558)

Mißlingen subjektiver Geschichte bzw. als deren Zurücknahme in einen stationären Schicksalsraum auffaßt. In den nichtlinearen Strukturen dieses Werkes sieht sie gleichsam eine Fahrt in die Unterwelt verkörpert, in der es per se keinen Fortschritt gibt. Derart kommt die spezifische Ambivalenz und Doppeldeutigkeit musikdramatischer Zeitgestaltung auch nicht annähernd zu ihrem Recht, sie wird von der Dichotomie von Zyklizität und Linearität schlicht überlagert. Natürlich ist die Idee der Götterdämmerung von der klassischen Utopie einer Befreiung aus den naturwüchsigen Verhältnissen bisheriger Geschichte zur wirklichen Freiheit nicht zu trennen. »Der Mythos«, sagt Carl Dahlhaus, »wurde ... von Wagner weniger restauriert als destruiert, oder genauer: er wurde restauriert, um destruiert zu werden.«[24] Ist diese Position als Norm des Ganzen aber einmal unterstellt, reduziert sich der *Ring* zwangsläufig auf die bloße Verkehrung des revolutionären Projekts zum permanenten Katastrophenszenario und verbleibt somit gerade im Bann der großen Geschichtsphilosophie. Man kritisiert ihn, weil er das Rätsel der Welt falsch oder reduktionistisch auflöse, anstatt daß man fragt, ob die Auflösung oder Auflösbarkeit *dieses* Rätsels überhaupt das Maß der Kritik abgeben kann.

In bezug auf die ideologische Totale des *Ring* mag diese Position gewichtige Gründe für sich reklamieren, mit ihr sind aber weder schon phänomenologisch brauchbare Aussagen über die Musik getroffen, noch läßt sich die dramaturgische Architektonik allein unter Gesichtspunkten der Ideologie entschlüsseln. Vor allem aber geht Wagners Darstellung des Mythos nicht in einer geschichtsphilosophischen Funktionalisierung auf, die noch dazu einseitig an Inhalten der Dichtung orientiert ist.[25] *Der Mythos ist mehr als eine Utopie bzw. eine Antizipation der noch ausstehenden, noch nicht realisierten Zukunft freier politischer Allgemeinheit.* Er erschöpft sich nicht darin (selbst wenn manche Formulierungen Wagners dies nahelegen[26]), die Erscheinung der ganzen Wahrheit am Ende der Geschichte symbolisch bloß vorwegzunehmen oder mit vorzubereiten. Er steht vielmehr für ein Verhältnis zur Wirklichkeit, das sich mit den Mitteln des rein historischen Denkens *nicht* verständlich machen läßt, weil es von seinen Grundlagen her durch den Widerstand gegen zeitliche Entwicklungsvorstellungen, insbesondere gegen die fortschreitende Temporalisierung menschlicher Lebens- und Erlebensbereiche in der Moderne definiert ist. Gegen die Dynamik einer historischen

---

24 Carl Dahlhaus, *Richard Wagners Musikdramen*, Velber 1971, S. III.

25 Insofern stimme ich Wilbergs Relativierung Wagnerscher Geschichtsphilosophie zugunsten ›strukturalistischer‹ Tendenzen durchaus zu. Vgl. Wilberg, *Richard Wagners mythische Welt* (Anm. 15), S. 51.

26 »Den *Oidipusmythos* brauchen wir auch heute nur seinem innersten Wesen nach getreu zu deuten, so gewinnen wir an ihm ein verständliches Bild der ganzen Geschichte der Menschheit vom Anfange der Gesellschaft bis zum notwendigen Untergange des Staates. Die Notwendigkeit dieses Unterganges ist im Mythos vorausempfunden; an der wirklichen Geschichte ist es, ihn auszuführen.« (Wagner, *Oper und Drama* [Anm. 16], S. 189)

Selbstrelativierung, die schließlich die eigene Lebensgegenwart so behandelt, als ob sie schon vorbei wäre, reklamiert der Mythos eine Präsenz oder Augenblicklichkeit, die den Horizont der historischen Folge kontrapunktiert, die mehr ist als Material für Ursache und Wirkung oder Durchgangsstufe für Entwicklung und Prozeß, ja die gleichsam *das Andere der Zeit* bildet – das freilich nicht zeitlos, vom Strom des Werdens und Vergehens unberührt ist, sondern in seiner Gegenwärtigkeit und als diese nur zeitlich, d. h. geschichtlich erfahren werden kann. Der Mythos leugnet weder die Vergänglichkeit noch die Geschichte, aber er stellt die Relativität zeitlichen Werdens und Vergehens heraus: Die Zeit kann für ihn nur vergehen relativ zu einer Gegenwart, die dauert, die bleibt. Diese Gegenwart bildet eine Gegenkraft zu jeglichem temporalen Nihilismus. Sie wird erlebt als das Da-Sein einer Welt, in der alles vorkommen muß, was für uns wirklich, d. h. geschichtlich real sein will oder soll. Der Mythos macht das Denken darauf aufmerksam, daß ihm etwas entgeht, wenn es immer nur die Sukzession des Vergänglichen im Blick hat und allein das Entschwinden dessen wahrnimmt, was eben erst aufgetaucht ist, oder wenn es sich fixiert auf das Fortschreiten des einen zum anderen, des Alten zum Neuen. Der Mythos zeigt, daß es eine Permanenz des Anderen gibt, *in dem* das temporale Auftauchen, Entschwinden und Fortschreiten statthat. Diese Permanenz verkehrt kein Negatives in ein Positives, sie ist nicht ›affirmativ‹, sie tröstet nicht über das Entschwinden hinweg, sie bietet keine Geborgenheit vor dem Abgrund der Zukunft, sie ist nur einfach *da*; da allerdings nicht im Sinne der Kontinuität eines subjektiven Geistes oder »Bewußtseins überhaupt«, sondern da als unvordenkliche Faktizität der Welt, als das »Dunkel des gelebten Augenblicks«, als der Raum, von dem her sich Geschichte zeitigt und entwickelt.

Natürlich hat das Wagner so nicht gesagt, er hätte es so auch gar nicht sagen können. Aber er hat mit seinen ›dilettantisch‹ begrenzten Mitteln immerhin einen Versuch in diese Richtung hin unternommen, der grundsätzlich ernster zu nehmen wäre, als dies üblicherweise geschieht. Einmal denkt Wagner, wie gezeigt, in entwicklungshistorischen, überbietungsdynamischen Kategorien. Diese stoßen sich immerzu von einem Nicht-Mehr ab und greifen auf ein Noch-Nicht vor, ohne je zu einer Präsenz oder Gegenwärtigkeit zu gelangen, die sich *nicht* wiederum sofort in temporale Verweisungsbezüge nach ›vorwärts‹ und ›rückwärts‹ aufspaltete. Zugleich zeigt er sich zutiefst betroffen von der Vorstellung einer Gegenwärtigkeit, die den Schemata der Entwicklung von Geschichte vorausgeht bzw. ihnen als inkommensurabel entgleitet. Und er versucht, dieser Gegenwärtigkeit als Gegenkraft zur Dynamik des *linearen* Verschwindens nicht zuletzt deswegen Rechnung zu tragen, weil sein eigenes Denken, sein eigener Kunstbegriff von jener Dynamik zentral infiziert ist.

Die Beziehung beider Momente, von Präsenz und zeitlicher Entwicklung, läßt sich nicht auf einen geschichtsphilosophischen Sachverhalt im emphatischen Sinne des Wortes reduzieren. Interessanterweise kann man gerade das von Adorno lernen. Über eine signifikante Passage aus »Oper und Drama«, die immerhin vorgibt, im Namen des genialen Künstlerindividuums den Antagonismus zwischen gegenwärtiger Sachlage und Utopie und damit die Abhängigkeit sozialrevolutionärer Kunst vom schlechten Bestehenden überwinden zu können[27], sagt Adorno, »ihre Konsequenz liefe nicht auf das Gesamtkunstwerk hinaus, sondern auf dessen kritisches Verbot.«[28] Er meint nicht, Wagner hätte um der Wahrheit willen auf die praktische Verwirklichung seines Projekts verzichten sollen, sondern lediglich, dessen Praxis widerspreche dem ursprünglichen Ansatz der Theorie. Tatsächlich bringen die Zürcher Schriften die Spannung zwischen aktuellem Zustand und utopischer Zukunft durchweg so zur Auflösung, daß die Möglichkeit der empirischen Realisation des Musikdramas an eine revolutionär veränderte Gesellschaft gebunden bleibt.[29] Nimmt man diesen Anspruch beim Wort, liegt angesichts des Ausbleibens besagter Veränderung die Folgerung des »kritischen Verbots« auf der Hand: Das individualistisch realisierte Musikdrama erscheint als das Produkt der Inkonsequenz des Verfrühten, als illusionäre oder ideologische Überbrückung des Abgrunds zwischen Gegenwart und Utopie, theologisch gesprochen: als Tanz um das goldene Kalb.

Aber Präsenz ist nicht nur Fetischismus und Gegenwärtigkeit mehr als eine quietistische Illusion oder ein bloßer Effekt des Willens zur Macht. Wagners Entwurf eines utopischen Noch-Nicht geht in den Versuch über, das geschichtsphilosophisch unmögliche Ziel kraft eigener Machtvollkommenheit gleichwohl als Verkörperung von Jetztzeit, von Augenblicklichkeit zu inszenieren.[30] Das Kunstwerk der Zukunft wird zum Kunstwerk der Gegen-

---

27 »Nicht *Zweien* kann gegenwärtig der Gedanke zur gemeinschaftlichen Ermöglichung des vollendeten Dramas kommen, weil Zweie im Austausche dieses Gedankens der Öffentlichkeit gegenüber die Unmöglichkeit der Verwirklichung mit notwendiger Aufrichtigkeit sich eingestehen müßten, und dieses Geständnis ihr Unternehmen daher im Keime ersticken würde. Nur der *Einsame* vermag in seinem Drange die Bitterkeit dieses Geständnisses in sich zu einem berauschenden Genusse umzuwandeln, der ihn mit trunkenem Mute zu dem Unternehmen treibt, das Unmögliche zu ermöglichen; denn er *allein* ist von *zwei* künstlerischen Gewalten gedrängt, denen er nicht widerstehen kann, und von denen er sich willig zum Selbstopfer treiben läßt.« (*Oper und Drama* [Anm.16], S.348 f.) Diesen Gedankengang erläutert Wagner dann in einer Fußnote, die ihn im Grunde aufhebt. Vgl. Anm.29.

28 Theodor W. Adorno, *Versuch über Wagner*, in: *Die musikalischen Monographien* (= Gesammelte Schriften, Bd.13), Frankfurt a.M. 1997, S.106.

29 Vgl. Wagner, *Das Kunstwerk der Zukunft* (Anm.3), S.29, bes. aber *Oper und Drama* (Anm.16), S.349 (Anm.16): »Niemand kann es gegenwärtiger sein als mir, daß die Verwirklichung des von mir gemeinten Dramas von Bedingungen abhängt, die nicht in dem Willen, ja selbst nicht in der Fähigkeit des Einzelnen, sei diese auch unendlicher größer als die meinige, sondern nur in einem gemeinsamen Zustande und in einem durch ihn ermöglichten gemeinschaftlichen Zusammenwirken liegen, von denen jetzt gerade nur das volle Gegenteil vorhanden ist.« Vgl. Anm.27.

30 Ein wichtiger Aspekt dieses Jetztzeitimpulses betrifft den Versuch, die Einmaligkeit seines Werkes als eines je ursprünglichen Ereignisses vor institutionalisierter Reproduktionslogik, d.h. vor dem mechanischen Wiederholungszwang des Repertoiretheaters zu schützen. In der Zürcher Zeit geht das bis hin zu Vorstellungen, die an heutige Formen der performance art, auch an gewisse Rituale von Rockkonzerten (Gitarrenzertrümmerung etc.) gemahnen. In einem Brief an Theodor Uhlig vom 20. 9. 1850 schreibt

wart. Dabei gerät die revolutionäre Geduld, die zunächst auf die Verwirklichung der politischen Freiheit am Ende der (Vor)-Geschichte setzte, in den
Sog einer artistischen Obsession, welche auf vollständiger Erfüllung des
Ganzen in actu besteht. Zu fragen bleibt, *wie* diese Obsession eine Präsenz zu
inszenieren vermag, die mehr ist als das Produkt einer Phantasmagorie,
mehr als ein paradis artificiel.

Wenn man aufmerksam genug liest, kann man jener Obsession bereits in
den theoretischen Schriften gewahr werden. Dort ist sie zwar weitgehend
geschichtsphilosophisch verkappt, gebunden an Phantasmen des heilen Ursprungs, der die utopische Zukunft beflügeln soll. Zwischen den Zeilen aber
bricht sich eine Zeitauffassung Bahn, die sich nach Maßgabe noch ausste-
hender Verwirklichung des Wahren nicht mehr sinnvoll interpretieren läßt,
dafür aber auf die Totalisierung der Klangdimension vorgreift, die Wagner
dann kompositionstechnisch vollzieht. Hat man sich einmal klargemacht,
daß Wagner als Komponist eine Wendung gegen die überkommenen diskursiven und tektonischen Formschemata im Namen des ›Unvordenklichen‹
akustischer Räumlichkeit vollzieht, die das Aposteriori der klanglichen Darstellung zum Apriori der musikalischen Form avancieren läßt[31], kann man
davon Abstand nehmen, die Suche nach dem Ursprung ausschließlich als
Symptom falschen Bewußtseins wahrzunehmen.

Ob es Spekulationen über die Entstehung der Sprache sind oder erotische
Bilder, Metaphern zum Raum in der Musik oder Gesten feuerbachianischer
Unmittelbarkeitseuphorie, polemische Statements zur vorgeblich entsagen-
den Abstraktheit der Literatur oder Ostentationen der lustvollen Gegenwärtigkeit theatralischer Darstellung, immer ist Wagner auf der Suche nach einer
emphatischen Präsenz, die subjektiven Absichten, Intentionen und Willens-
akten, zumal zeitlichen Projekten entzogen ist. Man sollte sich von der
durchweg ›positiven‹ Rhetorik des Autors nicht dazu verführen lassen, das
reflexive Potential seiner Gedanken zu unterschätzen. Wagners Überlegungen zur Genese der Sprache z. B. erschöpfen sich keineswegs in der Beschwörung einer archaischen Einheit von Ton, Wort und Gebärde. Insofern sie
Sprache als Verschränkung von Bedeutung und Materialität, Semantik und
Klang, Sinn und Körper thematisieren, leisten sie vielmehr, und sei es noch

---

Wagner, man solle »auf einer schönen wiese bei der stadt von Bret und balken ein rohes Theater nach
meinem Plane herstellen ... drei Aufführungen des Siegfried in einer woche ... nach der dritten wird das
theater eingerissen und meine partitur verbrannt. Den leuten, denen die sache gefallen hat, sage ich dann:
›nun macht's auch so!‹« (Sämtliche Briefe, hg. v. Gertrud Strobel u. Werner Wolf, Leipzig 1975, Bd. 3,
S. 425 f.) Zum Bezug von Geschichte und Gegenwart im Kunstwerk vgl. Richard Wagner, *Eine Mitteilung
an meine Freunde*, in: Dichtungen und Schriften, hg. v. Dieter Borchmeyer, Frankfurt a. M. 1983, Bd. 6, bes.
S. 203-215, ein Text, der nicht zufällig Nietzsches *Zweite Unzeitgemäße Betrachtung* inspiriert hat; ferner
Das Publikum in Zeit und Raum, a. a. O., Bd. 10, S. 104-116. Zum Komplex Reproduktionstechnik äußert
sich Wagner bemerkenswert reflektiert in: *Über die »Goethestiftung«*. *Brief an Franz Liszt*, a. a. O., Bd. 6,
S. 326-341.

31 Vgl. dazu meinen Beitrag *Der Kampf mit dem Höllenfürst, oder: Die vielen Gesichter des »Versuch über
Wagner«*, in: Klein/Mahnkopf (Hg.), *Mit den Ohren denken* (Anm. 17), S. 186 ff.

so verkürzt, eine Anamnesis des Sinn- und Bedeutungsfremden von Sprache und entwerfen eine Semantik, die sozusagen ihren eigenen Abgrund, ihre Herkunft aus der Kontingenz der Welt miterscheinen läßt. Wenngleich Wagner noch wie selbstverständlich mit Topoi einer humanistischen Anthropozentrik operiert (z. B. Herz als Mitte des Gefühls und Gefühl als Mitte des In-der-Welt-Seins[32]), so machen doch insbesondere seine metaphorischen Beschreibungen von Weite, Tiefe und Offenheit der Musik, zumal des Orchesters deutlich, daß er die Präsenz von Klanglichkeit generell nicht mehr vom *Primat* der menschlichen Lautgeste her denken kann.[33] Bereits in den Zürcher Schriften hat die alte Hierarchie – *erst* der human artikulierte Klang, *dann* das empirische Geräusch, Vorrang des Insichseins der Stimme als Ausdrucksform der menschlichen Seele vor dem Außersichsein des Lautlichen der Natur – entscheidend an Bedeutung verloren und zumindest im Untergrund der Bilder und Metaphern (Meer, Mutterschoß, Weltatem) ihren Stellenwert an die Intuition eines Klangraumes, in dem wir leben, wie wir in der Atmosphäre leben oder wie der Fisch im Wasser, abgegeben.

Im komponierten Werk dann ist der Klangraum, genauer: der Vorrang des Klangraums vor dem musikalischen Diskurs und seiner Geschichte, diejenige (strukturale) Dimension des Mythos, die dessen geschichtsphilosophischen Bedeutungszusammenhängen überhaupt erst ihre ästhetische und theatralische Relevanz verleiht. Jede Rede vom Mythos bei Wagner, die das Ek-statische der Akustik ausspart, ist mangelhaft. Mangelhaft ist sie überdies, sofern sie die spezifische Gestalt von Affektivität und Leiblichkeit unberücksichtigt läßt, die aus der klanglichen Revolution hervorgeht. Ich meine eine Affektivität, die sich weder auf Ereignisse eines seelischen Innenraums noch

---

32 Vgl. z. B. *Das Kunstwerk der Zukunft* (Anm. 3), S. 52; *Oper und Drama* (Anm. 16), S. 122.

33 Besonders treffend kommt dies in den folgenden Versen aus Elsas Gebet zum Ausdruck: »da drang aus meinem Stöhnen / ein Laut so klagevoll, der zu gewalt'gem Tönen / weit in die Lüfte schwoll: – ich hört ihn fernhin hallen, bis kaum mein Ohr er traf; mein Aug' ist zugefallen, ich sank in süßen Schlaf!« (Richard Wagner, *Die Musikdramen*, München 1978, S. 270 f.) Die Stimme gehört so sehr dem Klangraum an, daß sie die Struktur der Selbstpräsenz, des Sich-sprechen-Hörens nicht mehr gewährleisten kann, sie verliert sich an die Welt, sie verschwimmt mit dem, was »fernhin hallt«. Bemerkenswert auch die folgende Episode aus Wagners Autobiographie: »Es begegnete mir nämlich, als ich meine Rede deutlich und volltönend begonnen, ich von der fast erschreckenden Wirkung, welche meine eigene Sprache, ihr Klang und ihr Akzent auf mich selbst machten, für einen Augenblick so stark affiziert wurde, daß ich in völliger Entrücktheit, wie ich mich *hörte*, so auch der atemlos lauschenden Menge gegenüber mich zu *sehen* glaubte und, indem ich mich mir so objektivierte, völlig in das Interesse des fesselnden Vorganges geriet, welcher sich vor mir zutragen sollte, als ob ich gar nicht derselbe wäre, der andererseits hier stehe und zu sprechen habe. ... Erst mein eigenes längeres Schweigen und die lautlose Stille um mich herum, erinnerten mich daran, daß ich hier nicht zu hören, sondern zu sprechen hätte« (Richard Wagner, *Mein Leben*, hg. v. Martin Gregor-Dellin, München 1983, S. 311 f.). Über eine Probe des Finales von Beethovens Neunter heißt es: »Ich ging hierfür mit solcher Ekstase voran, daß ich wirklich alles in einen durchaus ungewohnten Zustand versetzt zu haben glaube, und ließ nicht eher ab, als bis ich selbst, den man zuvor durch alle Stimmen hindurchgehört hatte, mich nun nicht mehr vernahm, sondern wie in dem warmen Tonmeer mich ertränkt fühlte.« (A. a. O., S. 345) Zur Verwendung der Meeresmetapher vgl. *Das Kunstwerk der Zukunft* (Anm. 3), S. 53 ff., S. 135 (!), *Oper und Drama* (Anm. 16), S. 274, S. 279. Zum diesbezüglich ebenfalls relevanten Topos des Waldes vgl. *Zukunftsmusik* (Anm. 6), S. 95, eine Stelle, die wiederum an Stolzings ersten Auftritt vor der Meistersingerzunft gemahnt. Vgl. *Die Musikdramen*, a. a. O., S. 422.

auf extern bewirkte Körpersensationen zurückführen läßt, und eine Leiblich-keit, die gewissermaßen weiter draußen ist als jedes gegenständliche Körper-ding, in der Stimmen wie Resonanzeffekte im Raum gehört werden und die Grenzen physisch konturierter Personalität sich verwischen oder verloren-gehen.

Dergleichen erinnert nicht nur von ferne an Heideggers Befindlichkeit oder Stimmung. Stimmungen im Heideggerschen Sinne sind keine einzel-nen emotionalen Regungen, sie richten sich ebensowenig auf objektive Ge-genstände, wie sie von bloß privaten Empfindungen ausgehen. Vielmehr bilden sie gewissermaßen den Äther der Existenz, eine schwingende, vibrie-rende Sphäre, die jedem kognitiven Bewußtseinsgeschehen und jedem Be-zug auf ›Dinge‹ Leben verleiht, eine musikalisierte Weltoffenheit[34] des Da-seins vor aller Unterscheidung von Innen und Außen, von Denken, Wahr-nehmen und Fühlen. Der Raum dieser Offenheit – Heidegger spricht von einem »Erschließen des *ganzen* In-der-Welt-seins«[35] – ist mit dem Raum des Hörbaren zwar nicht schlechthin identisch, aber doch vielfältig verschränkt. Stimmungsgehalte lassen sich von ihrer klanglichen Darstellungsform nicht ablösen, sie sind diese, oder besser: sie sind in dieser präsent, sie haften an ihr. Die Atmosphären, die in der Musik zur Erscheinung kommen, gibt es nur in der Musik und nirgends sonst. Dieses »nirgends sonst« trennt aber die musikalische Form nicht von der Welt ab, sondern betont lediglich das Unaustauschbare ihrer medialen Bindung. Musik ist gerade nicht in dem Sinne Ausdruck von Stimmungen, daß diese ihr vorauslägen und in musika-lische Formen bloß übertragen würden.[36]

Wenn Musik aber per se Stimmungen oder Gestimmtheiten, Atmosphä-ren zur Darstellung bringt, worin liegt dann Wagners originäre Innovation? Sie liegt, könnte man sagen, in der »dionysischen« Radikalität, mit der er den akustischen Raum gegenüber der Selbstpräsenz des Subjekts aufwertet und anthropozentrische Kategorien und Kriterien über Bord wirft, also den

---

34 Vgl. Georg Picht, *Kunst und Mythos*, Stuttgart 1993⁴, S. 389: »Es ist kein Zufall, daß wir die Art und Weise, wie wir uns befinden, durch den musikalischen Begriff der ›Stimmung‹ bezeichnen. Wir befinden uns im Klangraum der Natur, als ob wir selbst Instrumente wären.« Dazu meinen Beitrag *Vom Sehen zum Hören. Konstruktion einer spekulativen Phänomenologie der Wahrnehmung*, in: Richard Klein (Hg.), *Das Ganze und der Zwischenraum. Studien zur Philosophie Georg Pichts*, Würzburg 1998, S. 147-171.

35 Martin Heidegger, *Sein und Zeit*, Tübingen 1979¹⁵, S. 137.

36 Man muß zugeben, daß Wagner besonders in *Oper und Drama* den Eindruck erweckt, als sei genau dies der Fall, als bräuchte Musik den Bezug auf einen Gegenstand außerhalb ihrer selbst, um irgend sinn- und bedeutungsfähig zu sein. Nimmt man entsprechende Stellen buchstäblich, sind sie in der Tat unhaltbar, und man versteht spontan Hanslicks Gegenposition. Die Sache stellt sich allerdings anders dar, wenn man sich das Problem klarmacht, dem Wagner sich in der praktischen Kompositionsarbeit gegenüber-sieht: Auf der einen Seite interpretiert er Polyphonie, Orchestersatz, Akkordformen, motivische Korre-spondenzen primär unter dem Aspekt ihrer klangsinnlichen Entäußerung. Mit dieser »Umwertung aller Werte« im internen Beziehungsgefüge der Parameter ensteht aber zugleich die Gefahr, Musik an die Bedeutungsferne zersplitternder klanglicher Faktizität preiszugeben. Wagner reagiert darauf, indem er den bedeutungsfernen Klang an den Sinn eines dramatischen Textes zurückzubinden sucht. Ich bin den damit zusammenhängenden Fragen nachgegangen in *Der Kampf mit dem Höllenfürst* (Anm. 31), S. 194-205.

Schein, Menschen seien etwas Festes und Gefügtes, sozusagen (Körper-) Dinge, die es gibt, außer Kraft setzt. Seine Obsession gilt dem Klangraum offenkundig weniger als erdhaftem Fluidum humaner Kommunikation denn als »Macht des Entsetzens« im präzisen Sinne des Wortes, nämlich dem, was »uns … aus der sichtbaren Welt, in der wir festen Boden unter den Füßen haben, in eine unsichtbare Sphäre entrückt, die kein Fundament, keinen ›Sitz‹ hat, sondern grundlos ist«[37] und in ihrer schwingenden Phänomenalität uns gleichermaßen als fernes atmosphärisches Kraftfeld umgibt wie schlagartig und ohne Abstand auf uns, unkontrollierbar, eindringt. Es ist, als ob in diesem Werk ein Schutzkreis durchbrochen würde, der das Klangmedium zuvor im Namen des ordnenden apollinischen Blicks vor der Wahrnehmung seiner eigenen Bodenlosigkeit abgeschirmt hätte. Wagner macht als Orchestrator und Klangdramaturg ohne alle Umstände Ernst damit, daß das, was ich höre, im Gegensatz zu dem, was ich sehe, aus allen Richtungen auf und über mich zukommt und daß ich diesen von überall her eindringenden klanglichen Ereignissen, Effekten und Reizen mehr oder minder schutzlos preisgegeben bin. Wenn die These wahr ist, daß der »Diskurs der Musik … als einziger in der Lage (ist), die ursprüngliche Begegnung des Subjekts mit dem Signifikanten zu dramatisieren«[38], weil er die generelle Bindung des Subjekts an mediale Zeichensysteme spezifisch als ›Hörigkeit‹, d.h. als Distanzverlust wahrnehmen läßt, dann formt Wagner diesen Distanzverlust, diese Hörigkeit eigens zum Thema und zur zentralen Kategorie des musikalischen Satzes aus.[39] Das vor allem anderen macht den Wahrheitsgehalt jenes im Anschluß an Baudelaire von Wagnerinterpreten meist überbeanspruchten Rauschgiftvergleichs aus.[40]

Von der Klangdimension her läßt sich auch, wenn Georg Picht recht hat[41], die zunächst absonderliche Frage, was dem Musikdrama an substantieller Götterrede über die Götterdämmerung hinaus geblieben sei, sinnvoll beantworten.[42] In seiner Phänomenologie des Hörens und des Hörbaren will Picht

---

37 Picht, *Kunst und Mythos* (Anm. 34), S. 450 f.

38 Sebastian Leikert, *Das Imaginäre und das Symbolische im Diskurs der Musik. Lacan und die andere Sprachlichkeit*, in: Musik & Ästhetik 6 (1998), S. 55 f.

39 Zu Wagners Verabschiedung des musikalischen Satzes als des Inbegriffs der Tonhöhenrelationen und -kategorien eines Werkes vgl. z. B. Jürgen Maehder, *Orchestrationstechnik und Klangfarbendramaturgie in Wagners »Tristan«-Partitur*, in: Wolfgang Storch (Hg.), *Ein deutscher Traum*, Bochum 1990, S. 181-202, und meinen Beitrag *Farbe versus Faktur. Kritische Anmerkungen zu einer These Adornos über die Kompositionstechnik Richard Wagners*, in: Archiv für Musikwissenschaft 48 (1991), S. 87-109.

40 Dazu Erwin Koppen, *Dekadenter Wagnerismus. Studien zur europäischen Literatur des Fin de siècle*, Berlin/ New York 1973, S. 328 ff.

41 Vgl. Picht, *Kunst und Mythos* (Anm. 34), S. 435-484.

42 Damit ist das Problem der unterschiedlichen Perspektiven des Mythos im *Ring* berührt, auf das ich im Text nicht näher eingehen kann. Kurz dies: Mythos meint bei Wagner weder nur den Vorgriff auf utopische Freiheit noch das Raunen vom heiligen Quell noch eine bloß zirkulär geschlossene Version der Dialektik der Aufklärung. All diese geschichts- oder ursprungsphilosophischen Deutungsschemata sind auf eine strukturale Basis angewiesen, die sie ästhetisch überhaupt erst erwachen läßt: auf den orchestralen Klangraum in seiner Gegenwärtigkeit. Dabei ist die mythische Macht des Akustischen nicht gegen die Metaphysik der Menschheitsgeschichte auszuspielen, die ›ewigen‹ Götter des Weltatems sind keine Kon-

zeigen, was weder Seele noch subjektive Innerlichkeit, sondern eben Mythos ist. Was am Hörbaren aber Mythos ist, verweist auf die Vorgeschichte des abendländischen Denkens, die Dichtung und Literatur vor Platon. Insbesondere bei Homer erscheint als eine Sphäre göttlicher Mächte und Gewalten[43], was später in der Philosophie Seele des Menschen heißt und was nach Picht primär auf Affektverinnerlichung und Klangraumvergessenheit beruht. Diese Mächte ergreifen den Menschen in einer Weise, die seine Existenz »ent-setzt«, sie aus den gewohnten und bekannten Maßen »ek-statisch« herausreißt. Sie sind weder Affektionen der Sinne noch Funktionen der Psyche – das erste nicht, weil kein Gegenstand vorliegt, von dem die Sinne affiziert werden könnten; und nicht das zweite, weil sie kollektiver Natur sind, d. h. mehr umfassen als die Summe aller daran beteiligten subjektiven Empfindungen. Es handelt sich um »Widerfahrnisse«, d. h. um Phänomene, die sowohl im Raum aufsteigen und ihn atmosphärisch erfüllen wie in der ›Brust‹ des Menschen plötzlich gegenwärtig sein können, dann nämlich, wenn dieser von ihnen ergriffen wird oder in sie hineingerät – und sie ihn spürbar verändern. Ihre Dynamik führt zu Erfahrungen von überwältigender Passivität, welche indes nicht als Verlust von Freiheit, sondern als Offenheit für die Welt, als ausgezeichneter Bezug zu begegnenden Phänomenen und phänomenalen Konstellationen zu begreifen sind.

Nun wäre es naiv unhistorisch gedacht, wollte man die Moderne des Musikdramas auf Homers Epik zurückführen oder geradewegs als Erneuerung der attischen Tragödie feiern. Mein Interesse am Mythos gilt aber nicht dem Ersten und Ursprünglichen, sondern dem Zweiten und Verdrängten, genauer: den verdrängten Weltbezügen und Weltgehalten kultureller Affektdynamik. Daß moderne Kunst gerade in der Reflexion auf ihre Medien und Materialien dazu beigetragen hat, solche Bezüge und Gehalte auch über die Grenzen des eigenen Subsystems hinaus zu revitalisieren, dürfte nur um den Preis eines banalen Rationalismus zu bezweifeln sein. Wie auch immer aber

---

kurrenten des untergehenden Walhalls, die Präsenz des Mythos hebt die Erfahrung seines historischen Verlustes nicht auf. Wagners Tetralogie sollte überhaupt Anlaß sein, die Komplexität dessen, was wir Mythos nennen, ins Bewußtsein zu heben und Alternativen wie Entzauberung versus Wiederverzauberung, Entmythologisierung versus Remythologisierung, Monomythie versus Polymythie – Denkfiguren, die allemal zur Denkfaulheit verleiten – eine Absage zu erteilen. Mythos erschöpft sich weder in »Terror« noch in »Spiel« noch in Wahrnehmungsintensität. Er ist mehr als die kultische Wiederholung des Einen, die uns dem »Numinosen« überantwortet (Hübner), mehr auch als ein Medium historischer Narration, das die Bedeutsamkeit der Welt sozusagen auf spielerischen Umwegen zu ermitteln sucht (Blumenberg, Marquard), mehr schließlich als eine Form unmittelbarer Wahrnehmung, die einen konkreten Raum des In-der-Welt-Seins zum ›Gegenstand der Erkenntnis‹ hat (Picht). Keines dieser drei Momente ist der Mythos schlechterdings für sich und rein. Er impliziert vielmehr Verbindungen und Übergänge zwischen diesen Momenten. Und der *Ring* demonstriert die Notwendigkeit solcher Übergänge und der aus ihnen resultierenden Brechungen. Er ist die Darstellung des Ganzen *und* dessen Demontage oder Pluralisierung. Vgl. dazu die Ausführungen in Abschnitt IV.

43 Der Gedanke findet sich bereits bei Bruno Snell, *Die Entdeckung des Geistes. Studien zur Entstehung des europäischen Denkens*, Göttingen 1986⁵, S. 36, und bei Hermann Fränkel, *Dichtung und Philosophie des frühen Griechentums*, München 1976³, S. 68, S. 550.

dieser Prozeß im einzelnen zu verstehen ist, man wird soviel sagen dürfen, daß die moderne Kunst mythische Weltgehalte nicht in der Gestalt einer äußerlichen Staffage von Fabeln entdeckt, sondern sie durch Analyse ästhetischer Formen und Strukturen als deren immanente Substanz heraufbeschwört. Und bei Wagner ereignet sich ohne Frage so etwas wie ein musikalisch-akustischer Einbruch verdrängter mythischer Erfahrungsformen, ja seine klangsinnliche Entäußerung des musikalischen Materials macht die Qualitäten ek-statischer Gestimmtheit im Medium der Musik wohl überhaupt erst darstellungsfähig. Dies geschieht gewiß mit viel Programm, Ideologie und einiger Gewalttätigkeit, aber letztlich doch so, daß sich die Notwendigkeit zur Darstellung im Mythos zwingend aus dem Grunde dessen ergibt, was hier Musik wird. Denn sowohl in ihrem grundlegenden Vollzug wie in der künstlerischen Reflexion darauf verabschiedet sich Wagners Kunst von Darstellungsformen des Seelischen und Körperlichen, die gewissermaßen humanistisch, d. h. an der Autonomie des Einzelnen orientiert, das auswendige Theater der Weltdinge als Bedeutungsfolge einer inneren Historizität wiederkehren lassen. In das Musikdrama bricht eine Auswendigkeit des Emotionalen ein, die keine rationale Affektenlehre, kein innerer Sinn und keine subjektive Geschichtsfähigkeit mehr integrieren kann. Ohne eine Erfahrung dieses fundamentalen Phänomens blieben die zahllosen wirkungsgeschichtlichen Exaltationen um Rausch, Opium und physiologische Erregung völlig unverständlich. Erst kommt der Klang und dann das, was mit ihm temporal, relational und semantisch geschieht.

Aber der Einbruch der »Macht des Entsetzens« in den musikalischen Diskurs ist keine Preisgabe ans reine Fließen, kein Verschwinden alles Festen in einer endlosen Folge sich ablösender Augenblicke, sondern die Darstellung solchen Verschwindens und solcher Auflösung im Medium der Präsenz. Andernfalls wäre die Rede vom Mythos oder vom Mythischen im Musikdrama eine reine Leerformel. Die Götter vollziehen nicht sozusagen Vergängnis pur, sie sind vielmehr die Mächte, welche Vergängnis zur Gegenwart bringen, d. h. als Vergängnis überhaupt erst erfahren lassen. Dionysos bleibt auch und gerade dann auf Apollo angewiesen, wenn tendenziell alle Gestalten oder gestaltbildenden Effekte in den Sog einer unwiderstehlichen Bewegung hineingerissen werden.[44] Apollo ist gleichsam die andere Seite des Dionysos, der Gegenwartsraum, der die »Macht des Entsetzens« erst darstellbar macht und die Verzeitlichung im Musikdrama, die einem unentwegt gleichsam den Boden unter den Füßen wegzieht, nicht nur kontrapunktiert, sondern in ihrer Radikalität zugleich auch ermöglicht.[45]

Es wäre überaus töricht, wollte man nun behaupten, Wagner habe bei all

---

44 Vgl. Joan Stambaugh, *Untersuchungen zum Problem der Zeit bei Nietzsche*, Den Haag 1959.
45 Wagner bringt diesen Zusammenhang sehr schön zum Ausdruck, wenn er vom Orchester schreibt, es sei nicht nur als der »Bewältiger der Fluten«, sondern auch »als die bewältigte Flut ... selbst zu betrachten.«

dem ganz normale, sozusagen handelsübliche Wahrnehmungswerte im Sinn. Nicht erst seit dem *Parsifal* ist sein Werk von Tendenzen einer Resakralisierung des Künstlerischen geprägt. Und Wagnerianer führen sich trotz allem nicht vollkommen zufällig im Theater wie in einer Kirche auf. Selbst die konservative Mythostheorie[46] trifft einen neuralgischen Punkt, wenn sie sagt, man könne den Wagnerschen Mythos nicht chronologisierend in seine Zeit zurückstellen und zur Gänze den Schranken einer bestimmten gesellschaftlichen Situation anpassen. Indes macht es ebensowenig Sinn, Wagners resakralisierende Tendenz von ihrem historischen Kontext zu isolieren und als unmittelbare Wiederkehr archetypischer Ursprungsmächte auszugeben. Zwar habe ich oben gesagt, daß man die affektive Eigenart des Hörbaren, des Klangraums, im Kern ihres Weltgehalts trifft, wenn man sich an die griechischen Götter erinnert, an ihre Präsenz im Leben und an die Ergriffenheit der Menschen durch diese Götter. Aber es gibt andererseits keinen Weltgehalt ohne geschichtlichen Index und soziokulturelle Signatur. Das Verdrängte ist nicht das Ursprüngliche, es bleibt mit der verdrängenden Instanz liiert und zeigt sich deshalb in gebrochenen und entstellten Formen und nur in solchen. Es ist illusorisch zu glauben, man könne dank des phänomenologischen Rechts antiker Götterrede und kraft einer emphatischen Absage an ohnehin plumpe Anthropomorphismen die Modernität als solche ignorieren und das Soziale und das Politische, die systemische Ausdifferenzierung und den Fetischcharakter der Ware wie sekundäre Einkleidungen einer primär vorhandenen Wirklichkeit hinter oder unter sich lassen. Das Moderne des Kultischen im Musikdrama wird allein schon daran deutlich, daß dieses sich als eine isolierte Sphäre von Außeralltäglichem auch nicht annähernd durchhalten läßt. Und man braucht keineswegs das Café Lohengrin, um *das* zu sehen. Wie modern Wagner mit »seinem«[47] Mythos ist und verfährt, wird der nächste Abschnitt zu zeigen haben.

III.

Eine Analyse der Modernität von Wagners Musikdrama hat sich zu bewähren angesichts dessen, daß dieses Werk in den Bereich hinüberspielt, der bei Adorno Kulturindustrie heißt.[48] Als Topos ist diese Verbindung so geläufig wie als Problem ungeklärt. Geläufig ist sie als Element sozusagen linksklassi-

---

46 Hierzu den Beitrag von Wolfram Ette.

(*Oper und Drama* [Anm. 16], S. 299) Auf das Orchester wird übrigens sowohl die Metapher des Meeres als auch die des Schiffes appliziert. Vgl. a. a. O., S. 289, S. 294 f., S. 274, S. 278.

47 »... mein Mythos ...« (Richard Wagner, *Eine Mitteilung an meine Freunde* [Anm. 30], S. 324) Dazu Herbert Schnädelbach, »*Ring*« *und Mythos*, in: Udo Bermbach (Hg.), *In den Trümmern der eignen Welt. Richard Wagners »Der Ring des Nibelungen«*, Berlin/Hamburg 1989, S. 145-161. Schnädelbachs scharfsinnige Überlegungen zum »Kunst-Mythos« bei Wagner entgehen nicht ganz der Gefahr, ein ›linkes‹ Pendant zur ›rechten‹ Dichotomie von echtem und falschem, gewachsenem und gemachtem Mythos zu konstruieren.

48 Ich verzichte im folgenden auf eine explizite Erläuterung des Begriffs. Seine Bedeutung muß sich aus der Gedankenentwicklung im Text selber ergeben. Nur zwei Hinweise: Zum einen betont Adorno, daß Kunst

scher Ansätze, denen es primär um eine ideologiekritische Demontage des mythologischen Anspruchs, um dessen Zurückführung auf historisch-soziale Tatbestände, Techniken und Bewußtseinsformen geht. Geläufig ist sie sodann als Fanfarenstoß bestimmter medienästhetischer Ansätze[49], die mit viel Sinn für Body, Sound und Sex begabt Wagners Werk euphorisch als erstes Massenmedium im präzisen Sinne des Wortes zu vereinnahmen suchen.[50]

An diesem Punkt empfiehlt es sich nicht etwa deshalb, auf Adorno zurückzugreifen, weil seine Statements zu Tausch- und Gebrauchswert im »Versuch über Wagner« bereits den Ansprüchen genügten, die an eine reflektierte materialistische Ästhetik zu stellen wären, sondern weil bestimmte Formulierungen dieses Buches Einsichten zutage fördern, die bislang nicht aufgearbeitet, geschweige denn eingeholt sind.

An einer Stelle spricht Adorno vom geschichtlichen Ort des Musikdramas als von einem »Übergang der Oper an die autonome Souveränität des Artisten«, der seinerseits »sich (verschränkt) mit dem *Ursprung der Kulturindustrie.*«[51] Kurz vorher heißt es zum selben Gegenstand: »Die Konzeption der in sich geschlossenen und sich selbst entrollenden Totalität, der in sinnlicher Anschauung anwesenden Idee ist ein *Spätling der großen metaphysischen Systeme,* deren Impuls, philosophisch seit dem Wagner vertrauten Feuerbach gebrochen, in die ästhetische Gestalt sich rettete.«[52] Die Beziehung beider Momente wird als »Konflikt des romantischen und des positivistischen Elements«[53] bezeichnet.

Die Rede vom Musikdrama als Ursprung der Kulturindustrie meint zu-

---

im emphatischen Prinzip von Autonomie *noch nie* ganz aufging, sondern stets auch auf Wünsche und Bedürfnisse reagierte, in Wirkungs- und Funktionszusammenhänge eingespannt war. Vgl. Theodor W. Adorno, *Einleitung in die Musiksoziologie. Zwölf theoretische Vorlesungen* (Gesammelte Schriften, Bd.14), Frankfurt a. M. 1997, S. 220. Zum anderen liegt seinem Begriff von Kulturindustrie wesentlich die Einsicht zugrunde, daß die kapitalistische Gesellschaft »sich nicht blank aus ihrem eigenen Prinzip zu entfalten (vermag), sondern ... sich mit Vorkapitalistischem, Archaischem amalgamieren (muß); verwirklichte sie ohne heterogene ›nichtkapitalistische‹ Beimischungen ihr eigenes Prinzip, so höbe sie sich auf.« (A. a. O., S. 221) In Adornos Kulturindustrietheorie liegt eine »Dialektik des Ungleichzeitigen« (Theodor W. Adorno, *Soziologische Schriften I* [= Gesammelte Schriften, Bd. 8], Frankfurt a. M. 1997, S. 136) verborgen, die sich in Auseinandersetzung mit Bloch, Benjamin *und* Marquard, Lübbe usw. mit Gewinn näher entfalten und präzisieren ließe. Vgl. Anm. 94.

49 Vgl. Friedrich A. Kittler, *Wagners Medientechnologie,* in: Diskursanalysen 1 (1987), S. 94-107; Norbert Bolz, *Nietzsche und Wagner,* in: ders., *Theorie der neuen Medien,* München 1990, S. 9-65. Dazu meine Kritik in: *Der Kampf mit dem Höllenfürst* (Anm. 31), S. 199 ff.

50 Daneben gibt es Wagnerforscher, die sich diesem ganzen Komplex gegenüber verweigern – aus welchen Gründen auch immer. Neuestes Beispiel: Sven Friedrich, *Das auratische Kunstwerk. Zur Ästhetik von Richard Wagners Musiktheater-Utopie,* Tübingen 1996. Der Autor gibt die Diskussion zwischen Benjamin und Adorno um Aura und Reproduktionstechnik als Ausgangspunkt seiner Arbeit an, läßt überdies durchblicken, daß er die Frage nach dem »Totalitären« bei Wagner Bedeutung beimißt, bringt es dann aber fertig, keinen einzigen Satz über den Zusammenhang von musikdramatischer Aura und kulturindustrieller Technifizierung zu verlieren. Vgl. bereits Carl Dahlhaus, *Neuromantik,* in: *Zwischen Romantik und Moderne. Vier Studien zur Musikgeschichte des späteren 19. Jahrhunderts,* München 1974, S. 5-21.

51 Adorno, *Versuch über Wagner* (Anm. 28), S.102; Herv. v. R. K.

52 A. a. O., S. 101 f. (Herv. v. R. K.). Auf S. 142 erscheint der *Ring* sogar »als das *leuchtende* Nachbild der großen Systeme« (Herv. v. R. K.).

53 A. a. O., S. 101. Vgl. S. 43.

nächst: Massenkultur ist der großen Kunst nicht bloß von außen angetan, sondern geht wesentlich aus ihr selber hervor. Es handelt sich um keine schwächliche Anpassung an vorgegebene Marktbedürfnisse, sondern um einen konzessionslosen Avantgardismus im Umgang mit musikalischen Formen und Materialien, der in einem bis dato unvorstellbaren Ausmaß physische Reize, Sensationen, wenn man will: Triebgefühle kompositionstechnisch verfügbar macht und derart sich einem *imaginierten* Publikum empfiehlt. Adorno weiß, daß Wagners Bestreben als Künstler wie als Theoretiker darauf gerichtet ist, sein Werk aus dem verhängnisvollen Zirkel kapitalistischer Marktdynamik herauszulösen. Dies widerlegt die Kulturindustriethese indes so wenig, daß es ihr vielmehr erst zu einer Pointe verhilft, die da lautet: *Weil* Wagner seinen avantgardistischen Weg geht, *weil* er die fundamentale Dissonanz des Ästhetischen in seinem Verhältnis zur Gesellschaft reflektiert, *weil* er keinen Illusionen über die prekäre Lage des Künstlers in der modernen Welt nachhängt, seine Kritik dieser Lage sogar in verschiedenen literarischen Formen artikuliert[54], berührt es den Kern der Sache, wenn er Werke zur Welt bringt, die auf erweiterter Stufenleiter wiederum in kulturindustrielle Mechanismen hineinführen oder jedenfalls mit solchen Mechanismen sich verschränken.

Die Sache ist aber noch etwas komplizierter. Denn der Widerspruch besteht nicht nur zwischen Theorie und Werk, sondern bereits in der Theorie selbst. In den Zürcher Schriften zeigt sich Wagner *sowohl* als ein emphatischer Kritiker von Zeitvertreib, sozialer Langeweile, Prostitution und der »Lüge der Versöhnung«[55] *wie* als begnadeter PR-Agent des eigenen Unternehmens. Auf der einen Seite scheint, von ganz großen Namen abgesehen, die Musik seiner Zeit en bloc den gesellschaftlichen Schemata einer standardisierten und technisch manipulierten Sinnlichkeit unterworfen zu sein. Wagner operiert dabei mit Topoi und Termini, die in der Art, wie sie ästhetische Konflikte zu normativen Effekten der herrschenden Zerstreuungs-, Entlastungs- und Erregungskultur in Beziehung setzen, eine gewisse Ähnlichkeit mit später entwickelten kritischen Theorien dieses Bereiches besitzen.[56] Auf der anderen Seite drängt er selbst mehrfach mit geradezu werbesprachlichem Gestus in Richtung einer Entlastungsästhetik vor, die mit dem

---

54 Einmal im hoffmannesken Pariser Feuilleton von 1841 *Der Künstler und die Öffentlichkeit* (vgl. Gesammelte Schriften und Dichtungen, Leipzig 1988, Bd. 1), dann in den revolutionären Schriften der frühen Zürcher Jahre (*Die Kunst und die Revolution, Das Kunstwerk der Zukunft, Oper und Drama, Eine Mitteilung an meine Freunde* [vgl. Anm. 18, 3, 16, 30]), schließlich in der monarchistisch getönten Artikelserie *Deutsche Kunst und Deutsche Politik* von 1867/68. Vgl. Dichtungen und Schriften, hg. v. Dieter Borchmeyer, Frankfurt a. M. 1983, Bd. 8, S. 247-351.

55 Vgl. Wagner, *Die Kunst und die Revolution* (Anm. 18), S. 282.

56 Zu untersuchen wäre überhaupt, welchen sachlichen Einfluß die Diskussion um Wagner, vermittelt über den späten Nietzsche, auf die kritischen Theorien der Massenkultur gehabt hat. Der Hinweis sei immerhin erlaubt, daß in den diversen Zeitungskommentaren zu Machart, Wirkung und Ideologie von James Camerons Film *Titanic* nahezu alle Formeln und Klischees jener Diskussion präsent waren.

mythologischen Ernst seines Programms eigentümlich kontrastiert.[57] Überdies dürften seine Polemiken gegen Rossini, Berlioz und Meyerbeer sich kaum in einer emanzipatorischen Kritik sozusagen marktinfizierter Kompositionsformen erschöpfen, sondern ebenso oder noch mehr den eigenen ästhetischen Kernkonflikt projektiv ausagieren. Dies könnte erklären, warum in der Auseinandersetzung gerade mit diesen Komponisten, aber auch in den generellen Attacken gegen die Oper[58], so gut wie alle polemischen Figuren bereits versammelt sind, die später von Hanslick bis Adorno gegen Wagner selbst gewendet wurden.[59] Wie auch immer, Wagners unverwechselbare Mixtur aus Kulturkritik und Propaganda, enthüllendem und verhüllendem Den-

---

57 So betont er, sein Publikum müsse »ohne alle Kunstverstandesantrengung *genießen*« (*Oper und Drama* [Anm. 16], S. 363) können. Der harmonische Klang solle »eine abstrakte und ablenkende Tätigkeit des künstlerischen Musikverstandes eben unerforderlich machen, und den musikalischen Gefühlsinhalt der Melodie als einen unwillkürlich kenntlichen, ohne alle zerstreuende Mühe zu erfassenden, dem Gefühle leicht und schnell begreiflich zuführen.« (A. a. O., S. 291 f.) Das Gesamtkunstwerk müsse nicht nur vom »gelehrten Sondermusiker«, sondern ebenso »vom Laien« (S. 291) verstanden werden. Seine Aufgabe sei, den »Abstand zwischen sogenannter Bildung und Unbildung« (*Das Kunstwerk der Zukunft* [Anm. 3], S. 126) zu überbrücken. Nietzsche hat diesen Aspekt später mit dem Topos der »wechselnde(n) Optik«, welche »bald in Hinsicht auf die gröbsten Bedürfnisse, bald in Hinsicht auf die raffiniertesten« (Dieter Borchmeyer/Jörg Salaquarda [Hg.], *Nietzsche und Wagner. Stationen einer epochalen Begegnung*, Bd. II, Frankfurt a. M./Leipzig 1994, S. 1015) ausgerichtet sei, gegen Wagner selbst zu wenden gesucht. Er meint damit primär, daß das Musikdrama den Gegensatz von hoher und populärer Kultur *scheinbar* relativiert. Vgl. den bemerkenswerten, in der Ausgabe von Borchmeyer/Salaquarda indes nicht enthaltenen Text *Die Kunst in der Zeit der Arbeit*, in: *Menschliches, Allzumenschliches. Ein Buch für freie Geister. Zweiter Band. Zweite Abteilung: Der Wanderer und sein Schatten, Aph. 170.* Gegenwärtig, heißt es dort, versprächen »auch die Künstler der großen Kunst ... Erholung und Zerstreuung, auch sie wenden sich an den Ermüdeten, auch sie bitten ihn um die Abendstunden seines Arbeitstages, – ganz wie die unterhaltenden Künstler, welche zufrieden sind, gegen den schweren Ernst der Stirnen, das Versunkene der Augen einen Sieg errungen zu haben. Welches ist nun der Kunstgriff ihrer größeren Genossen? Diese haben in ihren Büchsen die gewaltsamsten Erregungsmittel, bei denen selbst der Halbtote noch zusammenschrecken muß; sie haben Betäubungen, Berauschungen, Erschütterungen, Tränenkrämpfe: mit diesen überwältigen sie den Ermüdeten und bringen ihn in eine übernächtige Überlebendigkeit, in ein Außer-sich-sein des Entzückens und des Schreckens.« (Werke in drei Bänden, hg. v. Karl Schlechta, Bd. I, München 1969, S. 941 f.)

58 Noch Adornos Polemik gegen die gewaltsame Mediensynthese des Gesamtkunstwerks liest sich streckenweise wie eine bloß sprachlich professionalisierte Form dessen, was Wagner in vergleichsweise blumigen Worten gegen die entsprechenden Verhältnisse in der traditionellen Oper vorzubringen wußte. Vgl. Wagner, *Das Kunstwerk der Zukunft* (Anm. 3), S. 93 f., S. 104: »Die Oper, als scheinbare Vereinigung aller drei verwandten Kunstarten, ist der Sammelpunkt der eigensüchtigsten Bestrebungen dieser Schwestern geworden. Unleugbar spricht die Tonkunst in ihr das suprematische Recht der Gesetzgebung an ... In dem Grade, als Tanz- und Dichtkunst ihr aber nur *dienen* sollen, regt sich jedoch ... ein beständiges Reaktionsgelüst gegen die herrschsüchtige Schwester auf«, das zur »Schwächung ihrer eigentümlichen Produktionskraft« führt. Vgl. Adorno, *Versuch über Wagner* (Anm. 28), z. B. S. 107: »Die Medien aber, denen der Wagnersche Zauber Gewalt antut, rächen sich an ihm, indem sie der Vereinigung spotten und die Divergenzen hervorkehren, die das Werk fruchtbar zu machen versäumte.« Vgl. a. a. O., S. 97 f., S. 99.

59 Zur Atomisierung des Hörens vgl. *Oper und Drama* (Anm. 16), S. 43, S. 68, S. 81, S. 93, S. 365 f.; zum Zerfall zeitlicher Zusammenhänge zugunsten eines »Kaleidoskop(s)« von Einzeleffekten a. a. O., S. 81; zur Ersetzung formaler Organisation durch rauschhafte Überwältigung des Publikums S. 44 f.; zu Kunst als technisch fingierter Ersatzwelt S. 41; zur Verschleierung von Technik zugunsten des Scheins eines Organischen S. 78. Bereits in seinem Brief an Hanslick vom 1. 1. 1847 hält Wagner Meyerbeer vor allem eine »Verleugnung der Innerlichkeit« (Richard Wagner, *Briefe*, hg. v. Hanjo Kesting, München/Zürich 1983, S. 140) vor. Bei Meyerbeer, heißt es dann später, überschlage sich die Tendenz zur »Wirkung ohne Ursache« (*Oper und Drama*, S. 98) derart, daß jede auf Imagination und selbsttätiger Phantasie gründende Beteiligung des Publikums zugunsten einer mechanisch erzeugten Aktualität rein räumlicher Wirkungen verschwinde. Vergegenwärtigt man sich Wagners Sucht nach theatralischer Erscheinungspräsenz und seine dazu komplementäre Polemik gegen den konstitutiven Abwesenheitsbezug literarischer Erzählung, so liegt die Frage nahe, ob er an Meyerbeer nicht genau das angreift und verwirft, was er selber ins-

ken, rationaler Reflexion und ekstatischem Reflexionsabbruch, hat sein Werk – noch vor aller konkreten Auseinandersetzung mit kompositorischen Details – mit dem Diskurs der Kulturindustrie sachlich in Verbindung bringen müssen. Adorno hat diese Verbindung nicht etwa erfunden, sondern ihr nur, mit Blick auf Nietzsche und den Meister selbst, zu einer besonders prägnanten Artikulation verholfen.

Es besteht also ein interner Zusammenhang zwischen der Modernität des Musikdramas und der Sphäre der Kulturindustrie. Aber er hat mehr als eine Pointe, erschöpft sich nicht in der Figur eines musikalisch-materialen Avantgardismus, der in Mimikry an ein utopisches Publikum umschlägt. Um den eigentlichen Punkt zu treffen, muß man sich die Formel vom »Spätling der großen metaphysischen Systeme« näher ansehen. Sie zielt im Kern auf den romantischen Aufstand gegen moderne Partikularisierung, wie er seit dem »Ältesten Systemprogramm des deutschen Idealismus« unter dem Namen der »Neuen Mythologie« virulent ist.[60] Das Ästhetische avanciert hier zum Paradigma einer holistischen Überbietung realer Zerrissenheit, Spaltung und Abstraktion. Indem es den Erfahrungen, die die Verbundenheit von Selbst und Sein gegen alle Entfremdung offenbar machen, zur Sprache verhilft und Sinnentwürfen, denen jeder soziale Ort abhanden gekommen ist, einen expressiven Raum eröffnet, vertritt es gleichsam die eine universale Welt gegen die vielen ausdifferenzierten Systeme. Die Neue Mythologie widerspricht der durchgängigen Reduktion von Kunst auf einen in sich funktionsfähigen Teilbereich der bürgerlichen Kultur. Sie besteht insbesondere darauf, daß die Moderne nicht nur in diesem oder jenem Moment, sondern *als Ganzes* im Medium sinnlicher Anschauung der Erkenntnis zugänglich sein muß und auch zugänglich sein kann. Neue Mythologie ist der Aufstand des Schönen bzw. der Reflexion des Schönen gegen die dissoziierenden Mächte des »Verstandesstaates« und der arbeitsteilig organisierten Industriegesellschaft.

Es gibt das Gesamtkunstwerk also nicht nur als bestimmtes, einzelnes Artefakt, sondern auch als ästhetisches philosophisches System. Was bedeutet es nun, wenn Adorno vom Artefakt als einem »Spätling« des Systems spricht? Jedenfalls nicht, es sei unmittelbar die Erfüllung eines im System angelegten Programms. Vielmehr muß man in ihm wesentlich auch das Moment des *Rückzugs* von der kunstsystematischen Deutung der Gesamtwirklichkeit zugunsten einer multimedialen Praxis in Anschlag bringen. Der

---

geheim – und besser, d. h. raffinierter als alle anderen – machen und durchsetzen will. Vgl. *Oper und Drama*, bes. S. 119 f., S. 129; *Das Kunstwerk der Zukunft* (Anm. 3), S. 75 f., S. 78 f.

60 Vgl. Manfred Frank, *Der kommende Gott. Vorlesungen über die Neue Mythologie. I. Teil*, Frankfurt a. M. 1982; Cornelia Klinger, *Flucht – Trost – Revolte. Die Moderne und ihre ästhetischen Gegenwelten*, München 1995. Zum folgenden auch Odo Marquard, *Gesamtkunstwerk und Identitätssystem. Überlegungen im Anschluß an Hegels Schelling-Kritik*, in: ders., *Aesthetica und Anaesthetica. Philosophische Überlegungen*, Paderborn (u. a.) 1989, S. 100-112.

Ring stellt so etwas dar wie die Ersatzlösung jener Deutung und zugleich eine sinnenpraktische »Kompensation« (Marquard) ihrer Unlösbarkeit: Wenn schon die Welt im ganzen sich nicht ästhetisch anschauen läßt, soll wenigstens die Totalisierung der Künste zum Gesamtkunstwerk dem isolierten Dasein von Klang, Sprache und Szene ein Ende bereiten und dergestalt gegen die Risse des Realen der Sehnsucht des Menschen nach ganzheitlichem Leben zur Sprache verhelfen. Allein, das separierte Gesamtartefakt beinhaltet eine charakteristische Einschränkung des überschwenglichen Anspruchs romantischer Identität. Seine Mediensynthese hat zur Voraussetzung nicht nur den Zerfall allgemeiner ästhetischer Formen, »sondern mehr noch das Zergehen der Metaphysik. Im Gesamtkunstwerk will diese nicht sowohl sich ausdrücken als hergestellt werden. Die vollendete Profanität möchte aus sich selbst heraus eine Sakralsphäre erzeugen: darin erhebt der Parsifal lediglich die Tendenz des gesamten Ansatzes zum Selbstbewußtsein.«[61] Pointiert gesagt: Im Zenit des utopischen Nein der Romantik zur arbeitsteiligen Verfaßtheit der Moderne deutet sich bereits ihr Absturz in die Traumfabrik des Bestehenden an. Aber erst in Wagners gezielt technischem, strategischem Zugriff auf die Sache schlägt das kulturindustrielle *Moment* voll durch: Die Romantik seines Werkes ist schon eine industrielle Fiktion von dieser, die Aura des Mythos ein Produkt des »stählernen Gehäuses« (Max Weber), der Zauber des Klanglichen avanciertester Effekt einer Entzauberung, die sich selbst im Resultat bloß unkenntlich macht.[62] Das heißt aber: Die *Auflösung* des romantischen Idealismus ist die Conditio sine qua non der Überführung des Gesamtkunstwerks vom emphatischen Utopos in ein praktikables Unternehmen. Daß Schelling am Schluß seiner »Philosophie der Kunst« Wagner zu antizipieren scheint, sollte uns davor bewahren, Kontinuität und Überlieferung just dort zu unterstellen, wo Riß und Entfremdung größer werden. Man muß vielmehr dagegenhalten: Die reale Vereinigung der »concurrierenden Künste«[63] im Medium des musikalischen Theaters dementiert den

---

61 Adorno, *Versuch über Wagner* (Anm. 28), S. 102.

62 Den versenkten Orchestergraben in Bayreuth nennt Wagner sowohl den »technischen Herd« wie – und dies in Anführungszeichen – den »»mystischen Abgrund«« (*Das Bühnenfestspielhaus in Bayreuth*, in: Dichtungen und Schriften, hg. v. Dieter Borchmeyer, Frankfurt a. M. 1983, Bd. 10, S. 37). In anderer Weise wird dieses Ineinander von romantischer Gefühlsverklärung und strategisch-kalkulativem Denken deutlich, wenn Wagner über sich sagt: »Bei mir müssen Ton und Wort spontan und gleichzeitig aus dem Herzen und dem Kopfe dringen und klingen. ... Das ist der Grund, warum ich mir mein Geschäft ohne Kompagnon besorge.« Es handelt sich hierbei um ein Zitat aus dem Wagner-Jahrbuch 1886, S. 77, das mir bislang zugänglich ist nur durch: Guido Adler, *Richard Wagner. Vorlesungen gehalten an der Universität zu Wien*, Leipzig 1904, S. 59.

63 »Ich bemerke nur noch, daß die vollkommenste Zusammensetzung aller Künste, die Vereinigung von Poesie und Musik durch Gesang, von Poesie und Malerei durch Tanz, selbst wieder synthesiert die componirteste Theatererscheinung ist, dergleichen das Drama des Alterthums war, wovon uns nur eine Karikatur, die O p e r, geblieben ist, die in höherem und edlerem Styl von Seiten der Poesie sowohl als der übrigen concurrirenden Künste uns am ehesten zur Aufführung des alten mit Musik und Gesang verbundenen Dramas zurückführen könnte.« (F. W. J. Schelling, *Philosophie der Kunst*, Darmstadt 1976, S. 380/736) Marquard macht überzeugend geltend, daß diese Äußerung Schellings als Konsequenz des *Scheiterns* des ästhetischen Identitätssystems, wie es im *System des transzendentalen Idealismus* entwickelt

Wahrheitsanspruch der idealistischen Ästhetik, sofern sie an die Stelle des sinnlichen Scheinens der Idee selbst die theatralische Aufbereitung des Sinnlichen zur Idee treten läßt. Gerade indem die einstmals qua Anschauung anwesende Idee sich in die ästhetische Gestalt »rettet«, wie Adorno sagt, besiegelt sie ihr Ende als Idee, als spekulativer Gedanke. In *dieser* Hinsicht behält Hegels meist mißverstandene Lehre vom »Ende der Kunst« gegen Schelling wie gegen Wagner recht: In der abstrakten Wirklichkeit der Moderne kann auch kein Gesamtkunstwerk mehr das Gesamte in anschaulicher, schöner Individualität – für alle – repräsentieren.

Nicht minder prägnant ist Wagners Differenz zur frühromantischen Poetik[64]: Deren Idee einer »progressiven Universalpoesie« ist kein Programm, dessen empirische Erfüllung bald oder dermaleinst anstünde, sondern eines, das um seine empirische Unerfüllbarkeit weiß und diese reflektiert. Es bringt sich zur Sprache im vollen Bewußtsein des Abgrundes zwischen der Unendlichkeit des Utopischen und dem Anspruch auf Faktizität. Die Kontamination der verschiedenen Kunstgattungen wird Thema weniger im Hinblick auf einen zu verwirklichenden Zustand denn als Fluchtpunkt eines spekulativen Diskurses, dessen Sehnsucht nach Einheit sich gegen die Realität der monadischen Künste wendet und zugleich doch darum weiß, daß sie in keinem wie immer gearteten gegenständlichen Werk Erfüllung finden kann. Daher ist die ihr gemäße Ausdrucksform das Fragment. Für die Frühromantik bleibt das Bewußtsein einer uneinholbaren Differenz von Utopie und Gegenwart charakteristisch, die allenfalls im Medium der Ironie überbrückt werden kann. Im Verhältnis dazu denkt Wagner, von seiner revolutionären Geschichtsphilosophie einmal abgesehen, eminent praktisch, fast technokratisch. Als Artefakt, z. T. schon als ästhetisches Projekt, enthält sein Musikdrama eine vergleichsweise handfeste, auch handfest sexualisierte Gegenstrategie zur Literatur der unbefriedigten Seele. *Ein* Wahlspruch von ihm könnte geradezu lauten: »Die blaue Blume, das machen wir, das nehmen wir in Produktion.«[65]

---

worden war, gelesen werden muß. Vgl. *Gesamtkunstwerk und Identitätssystem* (Anm. 60). Daß die unvermittelte Gegenüberstellung der Minderwertigkeit der *empirischen* und der Dignität einer *utopischen* Oper keine Privatmeinung Schellings darstellt, sondern zu Beginn des 19. Jahrhunderts weit verbreitet war, wird von Wagner selbst bestätigt, in: *Zukunftsmusik* (Anm. 6), S. 51, S. 63 f.

64 Vgl. Peter Rummenhöller, *Romantik und Gesamtkunstwerk*, in: Walter Salmen (Hg.), *Beiträge zur Geschichte der Musikanschauung im 19. Jahrhundert*, Regensburg 1965, S. 161-167 (= Studien zur Musikgeschichte der Musikgeschichte des 19. Jahrhunderts, Bd. 1); Helmut G. Meier, *Orte neuer Mythen. Von der Universalpoesie zum Gesamtkunstwerk*, in: Hans Poser (Hg.), *Philosophie und Mythos: ein Kolloquium*, Berlin 1979, S. 154-173; Detlef Kremer, *Ästhetische Konzepte der »Mythopoetik« um 1800*, in: Hans Günther (Hg.), *Gesamtkunstwerk: zwischen Synästhesie und Mythos*, Bielefeld 1994, S. 11-27.

65 Reinhard Baumgart bringt dies so auf den Punkt: »Da sitze ich also mitten in diesem ›Lohengrin‹-Vorspiel, in dieser sanft in den Saal stäubenden Aura aus Tönen, so flirrend, so silbrig, daß ich wieder einmal nicht weiß: redet so eine Süßspeise oder eine Sehnsucht? Lispelt da noch Romantik oder schon das bloße, hauchdünn gewordene Bedürfnis nach ihr?« (Reinhard Baumgart, *Kampf mit dem eigenen Schatten. Zu Wagner nach Bayreuth – ein Rückblick*, in: Klaus Umbach [Hg.], *Richard Wagner. Ein deutsches Ärgernis*, Reinbek bei Hamburg 1982, S. 53-73, hier S. 58)

Ausgangspunkt meiner Überlegungen im II. Teil war eine relative Nähe von Wagners Komponieren zu Heideggers Philosophieren. Die These lautete: *Ähnlich* wie Heidegger gegen die Seinsverkennungen des neuzeitlichen Theoriesubjekts die Unverborgenheit eines ursprünglichen Geschehens von »Welt« zu denken sucht – auf das der Mensch immer schon bezogen ist, bevor er sich von sich aus auf es beziehen kann – leistet Wagner eine Kritik der musikalischen Tradition im Namen eines Klangraumes, der dem kompositorischen Diskurs und seiner Geschichte vorausgeht und dementsprechend weniger ein objektivierendes *Hin*hören auf einzelne und bestimmte Lautereignisse fordert als ein mimetisches Horchen, ein *Vor-* und *Nach*hören auf die im Rücken des Bewußtseins sich ereignende Öffnung und Verschließung der akustischen Totale selbst. Diese revolutionäre Explikation der Macht des Akustischen habe ich sodann zum Anlaß genommen, um mit Hilfe Georg Pichts über das phänomenologische Recht der antiken Götterrede nachzudenken und den Bezug von Moderne und Mythos in puncto Wagners Musikdrama wenigstens andeutungsweise zu erhellen.

Diese Überlegungen bedürfen nunmehr gewisser Ergänzungen. Für Heidegger selbst ist Wagner natürlich ein Exponent der »Metaphysik der Subjektivität«. In seinen Nietzsche-Vorlesungen wirft er dem Gesamtkunstwerk eine »ästhetische Grundstellung zur Kunst im Ganzen« vor. Heidegger meint damit, daß das Gesamtkunstwerk sich im Namen des Affekts gerade aus der Welt *herausnimmt* und Kunst *absolut* »aus dem bloßen Gefühlszustand« und der »zunehmende(n) Barbarisierung des Gefühlszustandes selbst zum bloßen Brodeln und Wallen des sich selbst überlassenen Gefühls« ableitet. Er resümiert: »›Das Erlebnis‹ als solches wird entscheidend. Das Werk ist nur noch Erlebniserreger.«[66] Daß Wagners Klangfarbendramaturgie auch Manifestation von Weltbezügen sein könnte, wird nicht in Betracht gezogen. Um so nachhaltiger reagiert der Metaphysikkritiker auf die emotionale Genese musikdramatischer Klangraumpräsenz, auf die Nähe dieser ›Welt‹ zum Wunsch, zum Begehren. Wenngleich unter ›konservativem‹ Vorzeichen (»Barbarisierung«), nimmt er die erotische Aufladung des »Seins« in der Musik wahr, während ihm das Lichtungsgeschehen des musikalischen Raumes entgleitet.

Der Hinweis auf die erotische Aufladung des Ganzen bleibt wichtig, und er gilt nicht erst für den *Tristan*. Bereits Wagners Zürcher Schriften sind voll von sexuellen Metaphern. Immer wieder beschreiben sie den Bezug von Musik und Sprache, Musik und Dichtung, nach Maßgabe einer gegenseitigen Erfüllung von Triebwünschen und der emphatischen Absage an bloße Phantasie und sehnsüchtige Innerlichkeit.[67] In diesem Werk sind Götter, sofern sie sich

---

66 Vgl. Martin Heidegger, *Nietzsche. Erster Band*, Pfullingen 1961, S.105, S.103.
67 Vgl. bes. *Oper und Drama* (Anm.16), S.112 ff., S.230 f. (Musikdrama als Resultat eines Inzestes, als Antigone), S.289; *Das Kunstwerk der Zukunft* (Anm.3), S.54, S.86, S.135.

denn tönend präsentieren, erotisierende Mächte. Anders aber als Heidegger meint, artikuliert der Klangraum ein Begehren, das die Kategorie des Subjekts – und damit jedes »bloße Brodeln« von Gefühlsinnerlichkeit – sprengt, es vielmehr zur Welt, zur Natur hin entgrenzt. Wagners Nähe zur Seinsphilosophie ist durch ein schopenhauerianisches Prisma gebrochen: Die sich lichtende Welt gibt sich als Sphäre eines Verlangens zu erkennen, in das die Intentionalität des Individuums je schon eingebettet ist.[68]

Solches Ineinander von Lichten und Verlangen macht die Aura des Musikdramas aus. Diese aber ist *auch* Resultat von Steuerung, von komplexer Technifizierung. Es bleibt daher zu zeigen, daß die Spannung zwischen technologischem Kalkül (auf der Ebene der Produktion) und mimetischauratischer Welterschließung (auf der Ebene des Klangereignisses) konstitutiv zu Wagner gehört, daß sich die beiden Pole unbeschadet ihrer medialen Getrenntheit *nicht* gegenseitig konterkarieren.

Zunächst dies: Die Zürcher Schriften belegen ohne Unterlaß, daß die Tendenz zur erotischen Erschließung der subjektfernen Welt bei Wagner mit einem gesteigerten semantischen und technischen Kontrollbedürfnis einhergeht. Einerseits redet da der Rationalist par excellence, für den nichts beunruhigender ist als die Vorstellung, es könne etwas geben, das zufällig, unbegriffen oder einfach nur da sei, das seinem diskursiven Begründungswillen und seinem technischen Verfügungsapparat je schon entglitte. Daher die vielbemerkte, in der Tat beängstigende Redseligkeit des Autors.[69] Sie ist weniger als Eigenart der empirischen Person interessant denn in bezug auf die nur scheinbar völlig entgegengesetzte Obsession seiner Ästhetik von den Müttern und dem Gang zu ihnen. Gerade weil Wagner als Komponist, als Musiker auf etwas aus ist, was in einem unüberbietbaren Sinne nicht machbar, nicht produzierbar, nicht herstellbar ist, weil er in den nächtlichen Schacht der Klänge hinabsteigt wie Wotan zu Erda, muß er sich in jedem Moment der rationalen Basis des eigenen Unternehmens versichern. Beide Momente lassen sich nicht auseinanderdividieren. Sieht man nur das eine oder das andere – den endlosen Diskurs oder das glückvoll Ozeanische, die kalkulierende Technik oder die Mimesis an den Lebensgrund, die paranoide Produktion von Sinn oder das ekstatische Apriori des Klangraums –, verfehlt man den Kern des Problems. So radikal wie kein Komponist vor ihm greift Wagner

---

68 Der junge Nietzsche hat dies auf immer noch einzigartige Weise beschrieben: »Von Wagner, dem *Musiker*, wäre im allgemeinen zu sagen, daß er allem in der Natur, was bis jetzt nicht *reden* wollte, eine Sprache gegeben hat; er glaubt nicht daran, daß es etwas Stummes geben müsse. Er taucht auch in Morgenröte, Wald, Nebel, Kluft, Bergeshöhe, Nachtschauer, Mondesglanz hinein und merkt ihnen ein heimliches Begehren ab: sie wollen auch tönen. Wenn der Philosoph sagt, es sei *ein* Wille, der in der belebten und unbelebten Natur nach Dasein dürstet, so fügt der Musiker hinzu: und dieser Wille will, auf allen Stufen, ein tönendes Dasein.« (Friedrich Nietzsche, *Unzeitgemäße Betrachtungen. Viertes Stück: Richard Wagner in Bayreuth*, in: Werke in drei Bänden, hg. v. Karl Schlechta, Bd. I, München 1969, S. 418)

69 Vgl. Wagner, *Oper und Drama* (Anm. 16), S. 16: »Es liegt mir daran, nicht nur anzuregen, sondern mich auch *vollkommen verständlich* zu machen« (Herv. v. R. K.).

nach dem, was im Rücken unseres Bewußtseins und unserer Handlungsintentionen liegt: nach dem Akustischen als Atmosphäre, dem »Weltatem«, dem nichtdinglichen Körper, dem primären sexuellen Wunsch. Aber diese Preisgabe der Monade an die Mächte der Welt stachelt das Bedürfnis nach in sich gegründeter Sicherheit erst recht an. Wagner will vor dem Einbruch der Kontingenz, des grundlosen Seins geschützt sein, *weil* es das ist, was ihn ästhetisch und künstlerisch am meisten reizt und bedrängt. Er beschwört es als unverfügbare Natur und insistiert doch selber auf einem uneingeschränkten Verfügungsrecht. Zudem soll diese Verfügung überhaupt nicht in Erscheinung treten, sondern unsichtbar bleiben wie die Herrschaft Alberichs kraft des Tarnhelms. Alles, was gemacht und gearbeitet ist, hat ohne Spur im Resultat unterzugehen und einer Aura des Unwillkürlichen, der Erlösung von allem Tätigsein Platz zu machen.[70] Nibelheim liegt in Bayreuth.

Hat Adorno also recht, wenn er sagt: »Das Formgesetz Richard Wagners ist die Verdeckung der Produktion durch die Erscheinung des Produkts«?[71]

Unbestreitbar ist: Mit dieser These wird der zentrale Widerspruch zwischen Programm und Praxis des Gesamtkunstwerkes, nämlich die Unvereinbarkeit einerseits von Moderne als systemischer Ausdifferenzierung und Arbeitsteilung und andererseits Holismus als Prinzip von Gesellschaft und Kultur, zum Thema gemacht. Wagners Option für das unentfremdete, ganzheitliche Leben kann sich nur kraft gesteigerter Rationalisierung und Arbeitsteiligkeit in die ästhetische Tat umsetzen.

Sehen wir genauer zu: Theoretisch visiert Wagner – in den Passagen, die sich an der attischen Tragödie orientieren – eine »Identität von Produzent und Konsument«[72] an. Er entwirft das Musikdrama als einen Prozeß, der die kollektive Selbstreflexion aller Beteiligten, des Künstlers wie der Interpreten

---

70 Im Text von *Oper und Drama* (Anm. 16) schlägt sich diese Spannung nieder in einer Reihe einzigartiger kanzleiprosaischer Superlativkonstrukte. Vgl. z. B. S. 203, wo es heißt, im musikalischen Drama werde »die Absicht durch ihre *vollständigste Verwirklichung* zur *vollsten Unmerklichkeit* aufgehoben ... Nur dadurch erreicht er [der Dichter] seine Absicht, daß die Erscheinungen des Lebens nach ihrer *vollsten Unwillkür* vor unseren Augen versinnlicht« (zweite Herv. v. R. K.). S. 204: »Von dem dargestellten dramatischen Kunstwerke darf nichts mehr dem kombinierenden Verstande übrigbleiben: jede Erscheinung muß in ihm zu dem Abschlusse kommen, der unser Gefühl über sie beruhigt.« S. 290: »volle Bestimmtheit des Ausdruckes heißt ... *vollständigste Mitteilung all seiner notwendigen Momente an die Sinne.*« Der Dichter strebt »nach deutlichster Verständlichkeit « (S. 297) und »*vollständiger Unwillkürlichkeit*« (S. 316) des Ausdrucks. Dem Brief Wagners an Liszt vom 20. 11. 1851 (Franz Liszt – Richard Wagner, *Briefwechsel* [Anm. 3], S. 193 f.) läßt sich entnehmen, daß Sinnlichkeit für Wagner keine Bestimmung der Einzelheit ist, sondern der Totalität des Werkes. Vgl. *Das Kunstwerk der Zukunft* (Anm. 3), S. 135: »Das Orchester ist ... der Boden unendlichen, allgemeinsamen Gefühls, aus dem das individuelle Gefühl des einzelnen Darstellers zur höchsten Fülle herauszuwachsen vermag: es löst den starren, unbeweglichen Boden der wirklichen Szene gewissermaßen in eine flüssigweich nachgiebige, eindruckempfängliche, ätherische Fläche auf, deren unangemessener Grund das Meer des Gefühls selber ist. So gleicht das Orchester der *Erde*, die dem *Antäos*, sobald er sie mit seinen Füßen berührte, neue unsterbliche Lebenskraft gab.«

71 Adorno, *Versuch über Wagner* (Anm. 28), S. 82. Ich verzichte hier darauf, die politökonomischen Prämissen dieses Theorems eigens zu rekonstruieren. Dazu Wolfram Ette, *Warenkunst. Prolegomena zu einer marxistischen Theorie der Musik*, in: Klein/Mahnkopf, *Mit den Ohren denken* (Anm. 17), S. 415-442.

72 Bermbach, *Der Wahn des Gesamtkunstwerks* (Anm. 13), S. 181.

wie der Zuschauer und Zuhörer, miteinschließt. Allein, was die Theorie als versöhnende Synthesis präsentiert, wird im Werk geradezu methodisch *getrennt*. Produktion und Reproduktion, Reproduktion und Rezeption sind gleichsam voneinander abgedichtet und allein auf der Basis solcher Abdichtung aufeinander bezogen. Das Komponieren gleicht, etwas überspitzt gesagt, der Arbeit im Maschinenraum des Luxusliners und das Hören dem Promenieren auf dem Deck der ersten Klasse. Entsprechend ist die Schrift, die Partitur, mehr oder minder instrumentell auf den Klang, das klangliche Endresultat bezogen. Sie dient weniger der Repräsentation einer geistigen Bedeutung des Werkes als dem Funktionszusammenhang des Aufführungsgeschehens. Ihre Aufgabe ist nicht die Darstellung von Sinnzusammenhängen über den Augenblick hinaus, sondern das präzise Timing akustischer Ereignisse und Effekte jetzt und hier.[73] Allerdings setzt diese Verkehrung bereits in der Theorie selbst ein: Die Intensität, mit der »Oper und Drama« über den Ort des Publikums im Werk räsonniert, dient insgeheim bereits dem Primat der Rezeption vor der Produktion, des Klangs vor der Schrift, wenn man will: der Wirkung vor der Ursache, keinem wie immer gearteten Kommunikationsaustausch zwischen diesen Faktoren.[74]

Unbeschadet dessen weist Adornos Formel von der *Verdeckung* der Produktion durch das Produkt problematische Implikationen auf.

Erstens setzt sie voraus, man könne den Schein der Phantasmagorie, der doch jedes reflexive Maß verweigert, wiederum reflexiv brechen, ohne im schlechten Sinne transzendent, d.h. von außen zu kritisieren.[75] Wagners strategische Eliminierung der Reflexion-in-sich zugunsten illusionärer Präsenz soll Adorno zufolge *immanent* – als Akt einer spezifischen Reflexion, deren Spezifik Reflexion auslöscht – erkennbar sein. Was im *Versuch* aber de facto statthat, ist ein unvermitteltes Nebeneinander von ideologiekritischer und ästhetischer Analyse. Natürlich macht Adorno einen gewaltigen Schritt über die handelsübliche Ideologiekritik hinaus, wenn er Kulturindustrie aus einer Überführung romantischer Kunstmetaphysik in avantgardistische musiktheatralische Praxis mit hervorgehen läßt. Nur, solcher Dialektik der Sache

---

73 Vgl. Klein, *Solidarität mit Metaphysik?* (Anm. 12), S. 249 f.

74 Formulierungen wie »Gefühlswerdung des Verstandes« (*Oper und Drama* [Anm. 16], S. 203) oder »Verwirklichung des Gedankens in der Sinnlichkeit« (S. 319) sind in erster Linie rezeptionsorientiert zu lesen. Zum Versuch, das Publikum in seinen Affekten, Stimmungen, Erwartungshaltungen und Reizempfänglichkeiten ›abzuholen‹, vgl. S. 323 f., S. 326, S. 330, S. 332, S. 339. Zum Komplex Rezeption/Produktion insgesamt vgl. Michael Klingner, *Der Ursprung des Gesamtkunstwerks aus der Unmöglichkeit ›absoluter Kunst‹*, in: Harald Szeemann (Hg.), *Der Hang zum Gesamtkunstwerk. Europäische Utopien seit 1800*, Aarau/Frankfurt a. M. 1983, S. 52-69.

75 In diesem Beharren auf *immanenter* Kritik sieht Adorno die Differenz zu Nietzsche. Dessen Kritik an Wagner bleibt für ihn bei weltanschaulichen bzw. kulturpolitischen Deklarationen stehen und versäumt es, ästhetische und kompositorische Probleme konkret zu diskutieren, was eine Vermittlung des Ideologischen am Phänomen erst sinnvoll erscheinen ließe. Vgl. bes. *Kriterien der neuen Musik*, in: *Musikalische Schriften I-III* (= Gesammelte Schriften, Bd. 16), Frankfurt a. M. 1997, S. 191 f.

entspricht nicht ebenso eine Dialektik der Methode.[76] Auf der Ebene der Gegenstandsdiagnose wird das Ineinander von hoher und niederer Kunst, von Autonomie und Wirkungszusammenhang unmißverständlich herausgearbeitet. Zugleich scheinen die Kategorien der Kritik aber so gewählt oder akzentuiert, daß sie die Konsequenzen ihrer eigenen Diagnose gar nicht selber ziehen können. Adorno registriert sehr genau, daß Wagners Musik »ins Werk als Element von dessen ›Wirkung‹ das Publikum einbegreift.«[77] Aber er geht der Frage nicht nach, welche Konsequenzen es für das Verständnis von Form überhaupt hat, wenn künstlerische Arbeit den Status eines Mittels zum Zweck sinnlicher Wahrnehmung erhält. Daß sich im Musikdrama eine Umwertung vom Primat der Produktion zum Vorrang der Rezeption – und zwar kraft einer Trennung von Produktion und Rezeption – ereignet, wird als gesellschaftlicher Sachverhalt präzise dechiffriert, als ästhetischer Vorgang aber unanalysiert gelassen. Dabei vollzieht das Werk mit der Aura des ewigen Mythos gerade hier eine radikale Mimesis an Kontingenz: an die Augenblicklichkeit aufflammender und verlöschender Gefühle einer anonymen Hörermenge. Solche Mimesis hat die Funktion, den formalen und inhaltlichen Verbindlichkeitsverlust zu kompensieren, der den Künsten infolge ihrer medialen Synthesis zum Gesamtkunstwerk zwangsläufig widerfahren mußte: Mythos als Geburt der Form aus dem Geiste des Zufalls. Anders ließe sich, so steht zu vermuten, nicht einsichtig machen, warum die klangliche Entäußerung bei Wagner alle Parameter des musikalischen Satzes ergreift.

Zweitens hat Adornos Lesart der Warenanalyse als Ideologiekritik einen objektivistischen Zug, der mit seinen produktionsästhetischen Präferenzen korreliert. Jene Züge des Musikdramas, die in Arbeit, Technik und Mache nicht aufgehen, kommen nur unzureichend in den Blick. Die Eigenständigkeit des Phänomens gegenüber dem Produziertsein, der erscheinenden Gestalt gegenüber dem kompositorischen Prozeß, des unwiederholbaren Ereignisses gegenüber der gegenständlichen Konstruktion der Form, bleibt als Thema und Problem abgeschattet.

Die Frage liegt nahe, ob nicht überhaupt zwischen der *Verdeckung* der Produktion durch das Produkt und der *Trennung* von Produktion und Produkt zu unterscheiden wäre. Der Sinn dieser Unterscheidung wird erkennbar im Blick auf die Konsequenzen der Frage für den Werkbegriff. Sagt man Verdeckung[78], tritt der Werkbegriff zunächst ex negativo als die innere Ein-

---

76 Es liegt auf der Hand, daß ich den Grundproblemen des Verständnisses von (negativer) Dialektik nicht nachgehen kann.

77 Adorno, *Versuch über Wagner* (Anm. 28), S. 28. Vgl. S. 33: »Die Wagnerschen Gesten sind immer schon Übertragungen von Verhaltensweisen des imaginierten Publikums, von Volksgemurmel, Beifall, Triumph der Selbstbestätigung, Wogen der Begeisterung, auf die Bühne.« Zu der daraus resultierenden Vermischung wie Verwirrung von dramatischer Intensität und theatralischer Extensität vgl. S. 58.

78 Verdeckung im *Versuch über Wagner* ist – ex negativo – dem idealistischen Konstrukt einer Wiedervereini-

heit seiner Momente in den Blick, als integraler Zusammenschluß von Produktion und Phänomen, von kompositorischem Prozeß und erscheinender Gestalt, von Partitur, Aufführung und Wahrnehmung. Bei näherem Hinsehen zeigt sich dieses Integral aber latent hierarchisch strukturiert: Die Einheit, die es unter oder zwischen seinen Momenten herstellt, steht insgeheim im Zeichen eines Primats der Produktion. Sagt man hingegen Trennung und versteht dies nicht bewußtseinsphilosophisch, wird ein solcher Primat ausgeschlossen. Der Akzent liegt dann auf dem Recht des Einzelnen gegenüber dem Ganzen nicht bloß auf der Ebene der Formimmanenz, sondern darüber hinaus auf der Eigenheit der medialen Repräsentationsformen gegenüber der finalen Objekthaftigkeit des Werkes, seiner je spezifischen Zeichensysteme gegenüber dem Horizont der einen geschichtlichen Entwicklung. Adornos Werkbegriff aber verharrt an dieser Stelle im Banne der Immanenz von Bewußtseinsphilosophie und Schrift. Seinen eigenen großartigen Instrumentationsanalysen zum Trotz bleibt er dem Klangereignis in actu auf eigentümliche Weise abhold. Probleme der Rezeption reduzieren sich für ihn auf Probleme der Produktion, d. h. der lesbaren Reflexion-in-sich des Werkes und ihrer geschichtsphilosophischen Verweisungen.[79]

Bei allem Recht der aufdeckenden Kritik falscher Unmittelbarkeit einschließlich gerade auch ihrer Belegbarkeit in Wagners Schriften ist eine solche Denkfigur doch nur bedingt tauglich bei einem Werk, das den produktiven und den rezeptiven Bereich um des rezeptiven willen voneinander trennt. Der entscheidende Punkt dürfte dabei sein, daß diese Trennung, so ideologische Implikationen sie auch haben mag, letztlich weniger Ausdruck falschen *Bewußtseins*[80] und also vorzugsweise *kognitiv* relevant ist als Indiz einer *strukturellen* Diversion des Werkes in seine Darstellungsmedien, die das Prinzip des Bewußtseins wie die Orientierung an der Schrift als Maß ästhetischer Darstellung hinter sich läßt. Erst wenn man über diesen zentralen medienästhetischen Sachverhalt nicht mehr unter Berufung auf die Immanenz des Werkes hinwegräsonniert, wird die Formel vom »Konflikt des romantischen und des positivistischen Elements« so differenzierungsfähig,

---

gung des Gespaltenen, einer Aufhebung des Verdinglichten, Bewußtseinsfernen ungleich näher, als dem materialistischen Kritiker lieb sein kann. Diese Nähe macht die Kritik anfällig dafür, strukturelle Divergenzen und Trennungen zu überspringen oder zu bagatellisieren, um ›das Ganze‹ nicht aus dem kritischen Auge zu verlieren, um Utopie nicht an Empirie zu verraten usw.

79 Vgl. Albrecht Wellmer, *Wahrheit, Schein, Versöhnung. Adornos ästhetische Rettung der Modernität*, in: ders., *Zur Dialektik von Moderne und Postmoderne. Vernunftkritik nach Adorno*, Frankfurt a. M. 1985, S. 23 f.

80 Damit meine ich nicht, Wagner sei ›ideologiefrei‹, sondern, daß die althergebrachten Analysen des notwendig falschen Bewußtseins an seiner Ideologie, was immer diese sei, abprallen. Die Leichtigkeit, mit der jeder gebildete Esel hier von Lug, Trug, Verblendung, Täuschung, Demagogie usw. spricht, sollte mißtrauisch stimmen und die Vermutung plausibel machen, daß im Musikdrama nicht nur der musikalische Diskurs ins Ideologische kippt, sondern die Ideologiekritik selbst in die Krise gerät. Adorno hat viel über die geschichtliche Veränderung der Ideologien nachgedacht, aber, wenn ich recht sehe, nicht eigentlich seine kritische Methode dieser veränderten Lage angepaßt.

daß sie gegen die Medienästhetik selber gewendet werden kann. Und nur wenn jene Denkmotive, für die hier die Namen Picht und Heidegger stehen, systematisch aufgenommen werden, tritt zutage, daß auch bei Adorno ein Begriff von Kunst angelegt ist, der sich in der kritischen Reflexion des falschen Lebens im monadischen Werk nicht erschöpft.

Gegenüber dem soziologischen Ableitungsrationalismus vertritt die medienästhetische Affirmation des Endprodukts ein Anliegen, an dessen Berechtigung nicht gezweifelt werden kann: Sie verweist auf den Rang einer klanglichen Präsenz, die sich in diachrone Verlaufs- und Entwicklungsmuster nicht auflösen läßt, weil sie sich schriftlicher, notativer Repräsentation verweigert. Kittler bringt ein Moment zur Geltung, das schon bei Nietzsche eine Rolle spielt, in der Kritischen Theorie hingegen wiederum ausgeblendet wird: die Frontstellung des musikdramatischen Orchesters gegenüber Literatur, Schrift und Buchstabenordnung.[81] Allein, dieser an sich kreative Diskurs führt ins Ungangbare, wo er das Ende jeden Sinns im medialen Rausch, die Auslöschung aller Schrift im ekstatischen Sound verkündet und dabei die komplexe Bedeutungskonzeption des *Ring* auf »das Rahmenwerk einer großsprecherischen Philosophie«[82] herunterbringt, das von der abstrakten Sinnlichkeit des Klanges gleichsam ohne Rest vertilgt werde. Wagners Werk ist, meine ich, zu beunruhigend und zu spannungsgeladen, als daß sich seine Klangfarbenmagie, an deren obsessiver Kraft niemand zweifelt, umstandslos in den Dienst einer konsumistischen Geschichtsleugnung, eines selbstzufriedenen Ästhetizismus stellen ließe. Allen Vergessensdrogen auf der Bühne zum Trotz ist die Rezeption der *Ring*-Tetralogie nicht ohne weiteres mit der Teilnahme an einer Technoparty kommensurabel.

Die Faszination des Musikdramas gründet gerade im *unauflösbaren Ineinander* von Traumfabrik und absolutem Wissen, Rausch und Weltgeschichtsphilosophie, erotischer Suggestion und mythischem Todernst. Der Topos vom »Konflikt des romantischen und des positivistischen Elements«, von Idealismus und Kulturindustrie, spielt darauf an. Er verweist einmal auf die weitgespannte historische Konstellation des Musikdramas, auf seine Mixtur aus revolutionärem Weltveränderungsentwurf, pessimistischem Rückzug in Kontemplation, expressiver Ausdifferenzierung der Individualität und artistischer Vorwegnahme industrieller Massenkultur; auf seine Ineinanderschichtung von utopischem Zukunftsprojekt, mythischer Tragödie, ekstatischer Seinspräsenz und illusionistischem Apparat. Er signalisiert überdies, daß der phänomenale Weltgehalt des Musikdramas und die phantasmagorische Potenz seiner Technologie bei aller methodischen Trennung in der Sache miteinander verklammert bleiben, daß also das mimetische Erschließen des

---

81 Vgl. z. B. Nietzsche, *Richard Wagner in Bayreuth* (Anm. 68), S. 410.
82 Kittler, *Weltatem* (Anm. 49), S. 97.

Nichtmachbaren, Nichtherstellbaren seiner Gegenwärtigkeit und deren rationalistische, konstruktivistische Faktur die sprichwörtlichen zwei Seiten der einen Medaille darstellen. Die Formel trifft sodann eine entscheidende Spannung der Musik selbst: das Auseinander- und Wiederzusammentreten von sinnlicher Gegenwart und semantischem Netz, d. h. eines auratischen Klanggrundes, der reflexive Gehalte und Intentionen tendenziell auslöscht, und einer strukturalistischen Motivik, die Szene und Dialog in ein System von Verweisungen und Bedeutungszuschreibungen einbindet. Man kann noch einen Schritt weitergehen und sagen: In dieser Perspektive sind Mythos und Traumfabrik, Götter und Kulturindustrie keine Gegensätze mehr, die sich unbedingt ausschließen. Wagners mythische Sehnsucht nach Einheit, Ganzheit und Sinn kann nicht schlechterdings ›verlogen‹ sein, bloß weil sie inszeniert und arrangiert ist. Und die Annahme, im Musikdrama vollziehe sich ein Einbruch verdrängter archaischer Erfahrungsformen, wird durch den Avantgardismus des wirkungstechnologischen Instrumentariums, das diesen Einbruch präsentiert, nicht widerlegt, sondern allein auf die Modernität in solcher Wiederkehr des Verdrängten verwiesen: Als moderne ist die erfüllte Präsenz, die sich dem historistischen Denken widersetzt, etwas signifikant anderes als der Tanz um das goldene Kalb, der sie zum ahistorischen Kultus überhöht.

In Adornos prägnantem Statement ist zudem ein Verständnis des Gesamtkunstwerks angelegt, das über die Perspektive des zunehmenden Sinn- und Subjektzerfalls in der hochkapitalistischen Gesellschaft hinausgeht.[83] Die Negativität von Kunst wird bei Adorno sonst vorrangig entwicklungsgeschichtlich gedacht: Wagners Technik der Verdeckung der Produktion ist ihm Ausdruck jenes Zerfalls *und* Selbstaufklärung des musikalischen Materials *für spätere Zeit*. Aber Adorno weiß sehr wohl, daß Modernität als Negation substantiellen Sinnes auch das Potential einer ästhetischen Verarbeitung der, wie Heidegger sagt, »Erde«[84] entwickelt. Insofern wird die sinnfremde Rückseite sinnhaft erschlossener Welt nicht mehr nur negiert, sondern durch Repräsentation im Werk auch erschlossen und sprachlich zugänglich gemacht. Gesteht man dies zu, läßt sich der Wagnersche Klangraum weder mehr umstandslos auf Phantasmagorie und blinde – zweite – Natur verrechnen noch seine Affektivität mit demagogischer Bewußtseinsfeindschaft oder seine Körperlichkeit mit manipulativer Distanztilgung gleichsetzen. Es wäre vielmehr zu unterscheiden zwischen dem diachronen oder entwicklungshistorischen Zerfall traditioneller Subjektivität einerseits und der synchronen Präsenz subjekt- und sinnfremder Weltbezüge und Erfahrungsschichten im

---

83 Ich greife hier außer auf Picht und Heidegger auf Überlegungen Albrecht Wellmers zurück. Vgl. Wellmer, *Wahrheit, Schein, Versöhnung* (Anm. 79), S. 29.

84 Vgl. Martin Heidegger, *Der Ursprung des Kunstwerkes*, in: ders., *Holzwege*, Frankfurt a. M. 1980⁶, S. 32 ff.

Kunstwerk andererseits.[85] Dies setzt freilich voraus, daß das Dogma der Produktionsästhetik vom Werk als finalem Objekt zugunsten dessen medialer Ausdifferenzierung relativiert wird. Wagners Werk enthält eine eindrucksvolle Aufforderung, mit solcher Relativierung ernst zu machen.

IV.

Es bleibt zu zeigen, daß die Rede vom Gesamtkunstwerk als dem »Konflikt des romantischen und des positivistischen Elements« auf ihre Weise Stellung bezieht sowohl zur »Neuen Mythologie« wie zum »Ende der Kunst«.

Hegel sagt, die Kunst ist »nach der Seite ihrer höchsten Bestimmung für uns ein Vergangenes«[86], weil sich unter dem modernen Apriori eines *Realprimats* der Reflexionsbildung – marxistisch: der Wertbildung – eine Erkenntnis des Ganzen mit der Forderung nach sinnlicher Präsenz und lebendiger Wahrnehmung nicht mehr in Einklang bringen läßt. Darin liegt zwar »für uns« und auch für Hegel selbst ein Verlust. Gleichwohl gilt ihm jeder Versuch, Kunst aus solcher Partikularität oder Partialität zu befreien, indem man gegen die Prosa der Verhältnisse auf Anschauung, Liebe, Farben, Natur oder den schönen Staat setzt, als subjektivistische Donquichotterie. In dieser Sicht erscheint Wagners Zugriff auf die Totale, seine Utopie sinnlicher Vergegenwärtigung und seine Aufladung der Oper mit mythischer, politischer und religiöser Semantik vor allem als Ausdruck der strukturellen und spekulativen *Schwäche* von Kunst: Totalität als Attitüde ist das Deckbild der Individualisierung, wenn nicht der Isolierung. Aus der Entfaltung dieses Gedankens besteht ein wesentlicher Teil von Adornos Polemik. Deren Leitmotiv lautet: Wagners Mythos ist kein Gedicht des Volkes, sondern eine artistisch produzierte und positivistisch auskonstruierte Fiktion von Ganzheit. Der ästhetische Generalstreik gegen die Realabstraktion bekennt sich im Augenblick seines Übergangs in künstlerische Praxis just als Ursprung der Kulturindustrie ein, statt sich als eine die Prosa der Verhältnisse überbietende Anschauung des schönen Wahren metaphysisch zu vollenden.

Keine Frage, diese Analyse ist einleuchtend – und doch unbefriedigend, insoweit sie sich auf einen Realismus zurückzieht, der eine Spur zu selbstverständlich ist. Mit kultivierter Nüchternheit wird hier, zumindest gilt dies für den ›rechten‹ Anschluß an Hegel, ein ganz bestimmtes Tabu festgeschrieben, das da heißt: Modernität ist dynamische Ausdifferenzierung eigenlogischer Systeme, und dynamische Ausdifferenzierung eigenlogischer Systeme ist nur um den Preis fundamentalistischer Systemvermischung, letztlich:

---

85 »Nichtidentität ist beides, der geschichtliche Zerfall der Einheit des Subjekts und das Hervortreten dessen, was nicht selbst Subjekt ist.« (Theodor W. Adorno, *Versuch, das Endspiel zu verstehen*, in: *Noten zur Literatur* [= Gesammelte Schriften, Bd. 11], Frankfurt a. M. 1997, S. 294)

86 Vgl. Anm. 10. Ich lasse im folgenden den theologischen Aspekt des Problems unberücksichtigt.

eines totalitären Ganzen korrigierbar. Als Maß aller Dinge erscheint hier die Liberalität der *gegeneinander* verschiedenen Monaden. Fragen nach Einheit, Ganzheit, letztem Sinn und erlösender Heimat gelten a priori als antimodern oder reaktionär – aber nicht, weil es sich um Relikte der Vergangenheit handelte, die durch den Modernisierungsprozeß obsolet oder eingelöst wären, sondern weil ihnen in diesem Prozeß überhaupt kein über die private Existenz hinausführender Ort mehr zukommt[87], es sei denn in der Gegenwelt der Kunst. Strenggenommen aber auch dort nicht mehr, da die Dynamik der Ausdifferenzierung von Medien, Materialien und Zeichensystemen das metaphysische Sinnpotential des Ästhetischen zunehmend aushöhlt bzw. ausgehöhlt hat.

Nun wird Wagners Modernität aber auf inakzeptable Weise verkürzt, wenn man ihren fundamentalistischen Zug ausklammert, beschweigt oder mit Pathos stigmatisiert. Kein Wagnerkritiker hat heute mehr Schwierigkeiten damit, diese Modernität anzuerkennen in bezug auf den evolutionären Konsequenzenreichtum des musikalischen Materials, die ›psychoanalytischen‹ oder ›sozialistischen‹ Motive oder den strukturellen Umgang mit Negativität, Krise und Zerfall. Sobald es aber um die Idee des Gesamtkunstwerks geht, übt man sich in unvermittelter Fortschrittseuphorie[88], betulicher Liberalität oder postmoderner Sinnskepsis.

Für Odo Marquard z. B. ist das Gesamtkunstwerk nicht deshalb unerträglich, weil »es zu unwirklich ist; es wird nämlich – ganz im Gegenteil – dort unerträglich, wo es zu wirklich wird; wo das identitätssystematische Programm des Gesamtkunstwerks, Kunst und Wirklichkeit identisch setzt – konvertibel macht – und dadurch beiden seine Identitäten aufzwingt«.[89] Weniger gegen Phantasmagorie, Mythos und Gegenmoderne selbst richtet sich Marquards Verdikt als gegen den Realitätsbezug der Phantasmagorie, das Geschichtspotential im Mythos, die Modernität in der Gegenmoderne. Plausibel ist diese Kritik dort, wo sie die Totalisierung des Ästhetischen als »Ermächtigung der Illusion«[90] aus der Enttäuschung emanzipatorischer Naherwartung herleitet: Das Ich, das in solcher Enttäuschung seine endliche Ohnmacht erfährt, reagiert auf sie mit der Idee des Gesamtkunstwerks als der illusionären Überbietung von Endlichkeit, einer Vermischung verschie-

---

87 »Sie erscheinen als antimodern, nicht weil sie sich gegen die Moderne richten, sondern weil die Moderne sich gegen sie richtet.« (Klinger, *Flucht – Trost – Revolte* [Anm. 60], S. 205)

88 Ein Beispiel von 1933: »Das zu denken, ist *schlechtes* neunzehntes Jahrhundert« (Thomas Mann, *Leiden und Größe Richard Wagners*, in: *Wagner und unsere Zeit. Aufsätze Betrachtungen Briefe*, hg. v. Erika Mann, Frankfurt a. M. 1983, S. 73). Eines von 1998: »nicht die fortschrittlichste, sondern die romantischste (Idee) in seinem ästhetischen Denken« (Günter Seubold, *Applaus, damit es weitergeht! Versuch über Stockhausen. Zum 70. Geburtstag*, in: Musik & Ästhetik 7 [1998], S. 77).

89 Marquard, *Gesamtkunstwerk und Identitätssystem* (Anm. 60), S. III. Dies ist an Ort und Stelle zwar gegen Schelling gesagt und nicht gegen Wagner. Aus dem Zusammenhang ergibt sich indes, daß Marquard es auch als gegen Wagner gesagt verstanden wissen will.

90 A. a. O., S. 105, S. 112.

denartigster Teilsysteme und Wertsphären, die in der »Tilgung der Grenze zwischen ästhetischem Gebilde und Realität«[91] kulminiert. Aber eine solche Realismusoption macht Sinn nur, wenn sie auch den Realitätsgehalt dessen, was sie als illusionär verwirft, zur Kenntnis nimmt: nämlich das Gesamtkunstwerk als Affront gegen die funktionale Ausdifferenzierung der Kultur, als Zäsur gegen die Verbürgerlichung der Kunst zum neutralen Reservat, als Protest gegen die Reduktion von Subjektivität auf private Existenz. Dieser Protest, so steht zu vermuten, ist kaum bloß ein romantisches Hirngespinst, sondern nicht weniger Hinweis auf einen blinden Fleck in der Konzeptualisierung der Moderne. Allein, daß die *Modernität* der »Zerstörung des Biedermeiers«[92] in der neumythologischen Totalisierung von Illusion *keine* Illusion darstellt, irritiert Marquard so sehr, daß er das Gesamtkunstwerk insgesamt auf »Gegenneuzeit«[93], d. h. auf Totalitarismus herunterdefiniert. Dabei hätte er gegen eine »Ersatzverzauberung des Ästhetischen«, die »die moderne Entzauberung der Welt ... *kompensiert*«[94] und deren Schäden und Verluste wie auch immer ausgleicht, nicht das mindeste einzuwenden. Als modern gilt ihm dabei freilich nur die Funktion, nicht die Form von Kunst. Sein Problem sind die vielfältigen Bezüge *zwischen* »Entzauberung« und »Ersatzverzauberung«, die der von ihm favorisierten instrumentellen Reduktion des Ästhetischen entgegenwirken. Anstatt den Antagonismus von funktionaler und forminterner Modernität theoretisch zu reflektieren, verfährt Marquard, als gelte es zuvörderst, eine originär moderne Modernitätskritik in der Kunst gar nicht erst zuzulassen.

Daß man von dieser Position aus mit Wagner nicht zurechtkommen kann, liegt auf der Hand. Gleichwohl sind Marquards Überlegungen noch dort instruktiv, wo sie scheitern. Wider Willen bestätigt der Autor nämlich, daß das Gesamtkunstwerk gleichermaßen zur Idee des klassischen Liberalismus wie zur Logik der funktionalen Ausdifferenzierung quersteht, daß seine ästhetische Ek-stasis sich ebensowenig in das Subsystem des musée imaginaire einschließen wie zur privaten Meinungsäußerung degradieren oder auf Pink Floyd reduzieren läßt. Marquard reagiert primär auf das ›Gefährliche‹ des ganzen Komplexes, d. h. auf das, was manche Ästhetiker in den Dunstkreis der ›Deutschen Ideologie‹ abschieben, weil es ihre puristischen Vorstel-

---

91 A. a. O., S. 100.
92 Adorno, *Versuch über Wagner* (Anm. 28), S. 96.
93 Marquard, *Gesamtkunstwerk und Identitätssystem* (Anm. 60), S. 103.
94 Odo Marquard, *Über die Unvermeidlichkeit der Geisteswissenschaften*, in: ders., *Apologie des Zufälligen. Philosophische Studien*, Stuttgart 1986, S. 105, Herv. v. R. K. Vgl. ders., *Kunst als Kompensation ihres Endes*, in: ders., *Aesthetica und Anaesthetica* (Anm. 60), S. 113-121; ders., *Krise der Erwartung – Stunde der Erfahrung. Zur ästhetischen Kompensation des modernen Erfahrungsverlustes*, in: ders., *Skepsis und Zustimmung. Philosophische Studien*, Stuttgart 1994, S. 70-92. Es gibt gute Gründe für die Annahme, daß die Kompensationstheorie von Ritter, Marquard, Lübbe usw. die beste Kulturindustrietheorie wider Willen darstellt. Vgl. Anm. 48.

lungen von ästhetischer Modernität durcheinanderbringt[95]: auf die Totalität im Nominalismus, die Politik in der ästhetischen Präsenz, das Revolutionäre im Kulturindustriellen und das Sakrale im Avantgardistischen. Denn bei aller Heterogenität ist der *Ring* kein Bruchstück, bei allem Entwurfscharakter kein Provisorium, bei aller Offenheit keine Hypothese. Er sucht vielmehr, ohne Umstände zu machen, den Geschichtsprozeß als ganzen einzufangen, er macht es gleichsam nicht unter dem Absoluten. Und noch als phantasmagorisches Theater ist seine Mythologie ein Bollwerk gegen Subsystemfixierung und l'art pour l'art.

Nun könnte man Marquards Verwerfung der ästhetischen Totale für ein schlichtes Mißverständnis halten und sagen, schon Wagner selbst habe nie wirklich daran geglaubt, der Weg aus politischen und ökonomischen Krisen läge einzig darin, die künstlerische Konstruktion eines übergeordneten Ganzen unmittelbar in die gesellschaftliche Tat umzusetzen. Außerdem: Sind wir nicht durch Derrida, Barthes, Kristeva, auch Adorno darin geschult, dem ästhetischen Diskurs *keine* eigenständige Positivität mehr anzudichten, sondern ihn als Medium einer unhintergehbaren Negativität zu begreifen, die in anderen diskursiven Formationen sozusagen wühlt, indem sie fortlaufend deren Setzungen relativiert, verschiebt, suspendiert?[96] Ist es nicht auf widersinnige Weise altmodisch zu unterstellen, das Gesamtkunstwerk sei insgeheim von dem Anspruch bewegt, sich ›die Realität‹ zu unterwerfen? Gehört es nicht zum allgemeinen Wissens- und Erfahrungsstand heute, daß die dynamische Negativität des Ästhetischen in der Moderne positive Zuschreibungen oder gar ›Forderungen‹ der Kunst an Wirklichkeit unmöglich macht? »Dem Ästhetischen«, heißt es in einem früheren Beitrag zum Thema, »ist gerade *keine* einklagbare ›Setzung‹ zu eigen!«[97]

An der Stichhaltigkeit dieser Erkenntnis ist hier nicht zu zweifeln. Trotzdem könnte es sein, daß der Gesamtanspruch des Gesamtkunstwerkes auch deshalb als illiberal diskriminiert bzw. zugunsten der Analyse von Zerfallsphänomenen und Auflösungsprozessen verdrängt wird, weil er insgeheim die Aufmerksamkeit auf das Tabu richtet, mit dem im ›nachmetaphysischen Zeitalter‹ die Fragen nach Ganzheit, Einheit und Sinn grundsätzlich belegt sind. Die zunächst sehr bedeutsame und fruchtbare Perspektive auf Kunst als Diskurs des Subversiven schlechthin, der das Nichtverstehen im Verstehen,

---

95 Vgl. z. B. Karl Heinz Bohrer, *Die Modernität der Romantik*, in: Merkur (1988), S. 183: »Schellings Natur- und Kunstphilosophie hatte keine Bedeutung für die Motive und Kategorien einer romantischen Moderne. Insofern gehört dieser Komplex nicht in unsere Thematik, sondern in den weiteren Bereich der Geschichte der ›Deutschen Ideologie‹.«

96 Vgl. bes. Christoph Menke, *Die Souveränität der Kunst. Ästhetische Erfahrung nach Adorno und Derrida*, Frankfurt a. M. 1991; ders., *Umrisse einer Ästhetik der Negativität*, in: Franz Köppe (Hg.), *Perspektiven der Kunstphilosophie. Texte und Diskussionen*, Frankfurt a. M. 1991, S. 191-217.

97 Genia Schulz/Hans-Thies Lehmann, *Protoplasma des Gesamtkunstwerks. Heiner Müller und die Tradition der Moderne*, in: Gabriele Förg (Hg.), *Unsere Wagner: Joseph Beuys. Heiner Müller. Karlheinz Stockhausen. Hans Jürgen Syberberg*, Frankfurt a. M. 1984, S. 75.

den Widersinn im Sinn, die Differenz in der Einheit, das Chaos in der Ordnung usw. erscheinen und erfahren lasse, präsentiert sich inzwischen nur allzu häufig in Gestalt eines weltanschaulichen Positivs, daß der Verdacht, ihre Entzweiungsseligkeit diene auch der *Abwehr* von Problemen, kaum ganz unbillig sein dürfte. Ist es wirklich ausgemacht, daß man in der Kunst *nur* die große, unversöhnliche Feindin des »Terror(s) eines … letzten und umfassenden Sinns«[98] zu sehen hat? Steht sie einem solchen »Terror« nicht näher, als postmodern angenommen wird, insoweit sie nämlich die *Sehnsucht*, den *Wunsch* nach umfassender Sinnhaftigkeit oder Sinngeborgenheit zum Ausdruck bringt und vielleicht auch wachhält oder anstachelt? Ist nicht inmitten der ästhetischen Moderne immer auch ein ›antimodernes‹ Begehren nach holistischen Daseinshorizonten am Werk? Kann man der ›Präsenzmetaphysik‹ im Namen der Subversion des Sinnes und des Eigensinns der Phänomene so ohne weiteres entkommen?[99] Müßte nicht umgekehrt der Begriff der Moderne so differenziert werden, daß er solche ›Romantik‹[100] explizit zuläßt, miteinschließt? Das Gesamtkunstwerk ist wie ein Vergrößerungsglas, das durch die Drastik seiner Projektionen dazu nötigt, solchen in actu gewaltsam abgeblendeten Fragen wiederum Raum zu geben und über ihre konstitutive Relevanz für Kunst *modern*, d. h. durch Ausdifferenzierung und Subversion hindurch, nachzudenken.[101] Dies erklärt im übrigen, warum der ganze Komplex so ›umstritten‹ ist, sobald er nur auf der Bühne des Diskurses erscheint. Das Problem, das er aufwirft, läßt sich nicht dadurch lösen, daß man behauptet, es sei als ästhetisches irrelevant oder gar inexistent.

Zurück zu Wagner! In der Tat impliziert das Musikdrama eine negative, kritische, abweichende Beziehung zu anderen Diskursen: erstens in seinem kompositorischen Umgang mit Zeitlichkeit, Klang, Semantik, zweitens in

---

98 Albrecht Wellmer, *Adorno, die Moderne und das Erhabene*, in: ders., *Endspiele: Die unversöhnliche Moderne. Essays und Vorträge*, Frankfurt a. M. 1993, S. 203. Bei Martin Seel heißt es sogar: »Eine … sich befreiende Menschheit hätte das *totalitäre Bedürfnis* nach durchgehend kontingenzaufhebender Sinnstiftung *nicht.*« (Martin Seel, *Die Kunst der Entzweiung. Zum Begriff der ästhetischen Rationalität*, Frankfurt a. M. 1985, S. 331; erste Herv. v. R. K.) Wie kann ein Bedürfnis totalitär sein?

99 Hier scheint mir denn auch das Recht von George Steiners fragwürdigem theologischem Extremismus zu liegen. Vgl. George Steiner, *Von realer Gegenwart. Hat unser Sprechen Inhalt?*, München 1990.

100 Zu dem hier vorausgesetzten Verständnis von Romantik vgl. Klinger, *Flucht – Trost – Revolte* (Anm. 60).

101 Zugegeben, dies ist erst einmal nur eine etwas unterkomplexe Absichtserklärung, die das Kritisierte noch nicht auf dessen originärem Reflexionsniveau abholt. Man könnte gegen sie sofort einwenden, daß gerade auch ›letzte Fragen‹ in der Kunst nur als ästhetisch reflektierte und reflektierende gegenwärtig seien, und daß die Frage, was *das* heißt, sich nicht wiederum durch Rekurs auf die ›letzten Fragen‹ selbst erklären lasse. Andererseits gilt: Die Kunst allein erklärt nicht die Kunst. Die Analyse ästhetischer Formen und Strukturen mag noch so unverzichtbar sein, sie ersetzt nicht die Reflexion dessen, daß Kunst wesentlich auch eine Auseinandersetzung mit den *Grenzen* unseres Daseins darstellt, daß sie gegen diese Grenzen andenkt, und daß dieses ihr Gegen-die-Grenzen-des-Daseins-Andenken eine Form von Metaphysik ist. Wie sollte man es denn sonst nennen? Noch und gerade in seinen fragwürdigsten Seiten ruft das Gesamtkunstwerk diese elementare Einsicht in Erinnerung, die sich aus der Ästhetik wohl nur um den Preis einer drastischen Verflachung des Problembewußtseins ausscheiden ließe. Ich muß mich hier auf rein thetische Stellungnahmen beschränken, die Diskussion muß an anderer Stelle geführt werden.

seiner epischen, nichtlinearen Dramaturgie, drittens in divergierenden Einstellungen zum Mythos (Geschichtsphilosophie, Kult, Weltwahrnehmung).[102] Zugleich bezieht es sich aber auch positiv auf ein Wissen und tritt explizit an die Stelle eines anderen: Es erhebt den Anspruch, die Situation der Politik von einem Blickwinkel aus zu interpretieren, der ein Jenseits der Geschichte darstellt und die Sphäre des sozialen Handelns insofern geradezu ersetzt, als er ein Licht auf ihre destruktiven Vollzugsformen wirft, das sich in ihr selbst nicht wahrnehmen läßt, weil eben dies den Standpunkt der Totalität voraussetzt.[103] Beide Positionen, Dekonstruktion und Holismus, lassen sich nicht konsistent miteinander vermitteln – und gehören doch zusammen. Auch wenn der letzteren ein Moment von ideologischem Furor, von Zwangsbeglückung zu eigen ist[104], bilden beide doch sozusagen eine stabile liaison dangereuse, die sich nicht ohne massiven Erkenntnisverzicht aufteilen oder aufspalten ließe – etwa in eine aktuelle Postmoderne, welche den Schlußverkauf des Sinnes betreibt, und eine überholte Vormoderne, der es um direkte Resemantisierung geht.

Vielleicht liegt die Modernität des *Ring* gerade darin: Indem er mit dem Pathos des Ganzen aufs Ganze geht, führt er uns seine Grenzen, seine Lücken, seine Deformationen, seine Brüche und seine Spaltungen vor. In dieser Vieldeutigkeit, diesem spezifischen Ineinander von totalisierenden und dissoziativen, holistischen und dekonstruktiven Tendenzen konkretisiert sich Wagners Impuls der Subversion, die Kraft der Verweigerung einer semantischen Lichtquelle welcher Couleur auch immer gegen das eigene idealistische Programm. Das sagt sich nicht leicht bei einem, der schier nichts dem Zufall überlassen wollte und am liebsten alle Sinnbildung kontrolliert und auch oder gerade das, »was von selbst sich fügt«, selber gesetzt hätte. Aber es berührt die vielleicht tiefste Eigenart seiner Kunst: eins das Ganze ergreifen *und* es demontieren, es bis in die kleinsten Details integral beherrschen *und* sich an seine Vielfaltsflut verlieren, die gesamte Weltgeschichte ab origine als Tragödie, als permanenten Verblendungszusammenhang erklären und doch im sinnlich-erotischen Hic et Nunc aufgehen.

Es ist primär die Musik, die den Versuch einer begrifflichen Vereindeutigung unterläuft. Diese Feststellung ist weniger banal, als sie zunächst klingen könnte. Die Musik ist subversiv nicht, weil sie eben Musik wäre und ein vorgegebenes Drama versinnlichte, sprachliche Figuren und szenische Vorgänge unmittelbar mit einer Aura des Unaussprechlichen umhüllte. Vielmehr relativiert und suspendiert sie das Semantische, ›Philosophische‹ des

---

102 Vgl. Anm. 42 und Anm. 108.
103 Vgl. Udo Bermbach, *Wagner und Lukács. Über die Ästhetisierung der Politik und die Politisierung der Ästhetik,* in: Politische Vierteljahresschrift 1990, H. 3, S. 436-456.
104 Hierzu die Ausführungen Nike Wagners zu Antisemitismus, Kunst, Sexualität und Religion im *Parsifal.* Vgl. Nike Wagner, *Wagner Theater,* Frankfurt a. M. 1998, S. 190-234.

Ring, indem sie sich quasi zwischen die Medien schiebt und – aufbauend auf einer elementaren funktionalen Gegenseitigkeit von Klang, Sprache und Gestus – gleichsam eine zweite Autonomie gewinnt, die mit wachsender Differenzierung und zunehmender Ausdrücklichkeit ein dynamisches Spiel von Bedeutungssetzung und Bedeutungsauflösung inszeniert, das zu guter Letzt die medialen Geschwister überlagert, ja mit einer Permanenz von Semantisierungen und Entsemantisierungen regelrecht überwuchert. Im Spannungsfeld solcher Prozesse muß jede auch nur irgendwie zielgerichtete Ideologieplanung ins Leere laufen. Daraus zu folgern, die Musik sei alles und die Ideologie nichts oder das ›ganz Andere‹, wäre indes voreilig – ob man damit nun, wie Boulez, die komplexe Kompositionstechnik vor der eindimensionalen Politik zu retten sucht[105], oder, wie Kittler, einfachhin genüßlich deklarieren will: »The medium is the message«.[106] Für den *Ring* ist, mehr als für jedes andere Werk Wagners, im kleinen wie im großen der *Konflikt* zwischen Bedeutung und Bedeutungsauflösung, zwischen klanglicher Konstruktion und ideologischem Bezug konstitutiv. Auf der einen Seite der geradezu zwanghafte Zugriff auf den Sinn nicht nur eines Ganzen, sondern *des* Ganzen überhaupt, und der Versuch, die ästhetischen Medien im Hinblick auf diesen Sinn zu funktionalisieren, bis sozusagen von ihnen nichts mehr übrig bleibt. Auf der anderen Seite, oder vielmehr zugleich: die (leitmotivische, syntaktische, klangfarbendramaturgische) Nähe zum »Nichts«, d. h. zur Sinnleere, zum Absturz jeglicher Bedeutung, die Obsession gleichsam durch das Dunkel, das allem vorausgeht, durch die Nacht, die alles in sich hineinzieht. Das Wort Götterdämmerung erschöpft sich nicht im inhaltlichen Signal für das Schicksal Walhalls, es hat wesentlich die Bedeutung eines Versinkens der Bedeutung im Bedeutungs*fremden*. Und dergestalt kontrapunktiert es den großen Inhalt, das dramatische Geschehen, den ideologischen Prozeß des *Ring* ungleich nachhaltiger, als man sich das bislang eingestanden hat. Inmitten eines Systems rational konstruierter, ja ausgeklügelter Ereignisse, Beziehungen und Begründungen herrscht die Aura des Nichtigen, Sinnfremden, das redselige Gestikulieren der Motive hat ein bodenlos Stummes zu seinem Untergrund. Dadurch werden die dramatischen Inhalte aber nicht etwa gleichgültig oder beliebig. Im Gegenteil, die permanente Nähe zur Subversion des Sinnes braucht den Sinnentwurf, sie zitiert die ›große Philosophie‹ regelrecht herbei. Ich meine: Weil Ideologie und Semantik des Dramas an die klangsinnliche Transformation des musikalischen Materials funktional gebunden sind, erschöpfen sie sich doch nicht

---

105 Boulez spricht von einer »zweifache(n) Linie, der Ideologie und Musik folgen« (Pierre Boulez, *Die neuererforschte Zeit*, in: Dietrich Mack [Hg.], *Richard Wagner. Das Betroffensein der Nachwelt. Beiträge zur Wirkungsgeschichte*, Darmstadt 1984, S. 293-318, hier S. 315).
106 Vgl. Anm. 49.

unmittelbar in einer »Hosenrolle«[107] für die stoffliche Bindung des akustischen Rohmaterials, sie behalten vielmehr gegenüber der Musik eine relative Selbständigkeit. Eine Apotheose des klanglichen Geschehens auf Kosten der Bedeutungsrelationen ist kaum weniger unangemessen wie der Versuch, den ideologischen Sinn des Ganzen gegen dessen Subversion durch die Musik festzuhalten. Die Zwischenräume sind die Wahrheit.

So gesehen wird sich auch das Problem der Gegenwärtigkeit des Mythos erst adäquat artikulieren lassen, wenn man auf Formeln wie »die Abdankung des Mythos unter dem Schein der Mythologie«[108] oder »der Mythos vom Untergang des Mythos«[109] verzichtet und die verzweigten Felder zwischen diesen Extremen zu erschließen beginnt. Die Differenzen, die sich dann auftun, zeigen, auch wenn Odo Marquard das vermutlich nicht sagen oder zugeben würde, so etwas wie Wagners Art der mythischen Gewaltenteilung. Sie sorgt dafür, daß das Musikdrama weder eine aufoktroyierte Schau des Ganzen in die Tat umsetzt, noch eigens als Bruchstück und bloßen Anlauf sich einbekennt. Am Anfang ist dieses Werk von dem Anspruch okkupiert, eine umfassende Welterklärung zu liefern. Aber im Prozeß seiner Ausdifferenzierung dementiert es ihn und zeigt – nicht nur am Fall Wotan – die zwingende Logik seines Scheiterns auf. Sein ideologischer Gesamtgestus hat einen totalitären Zug, in seiner ästhetischen Grundsubstanz ist das Musikdrama aber insofern nicht totalitär, als es ein Denken des Konflikts und des Zwischenraums herausfordert und ausprägt – sofern man sich auf seine komplexen Strukturen und Verhältnisse ohne Vorbehalt einläßt.

---

107 Werner Notter, *Die Ästhetik der Kritischen Theorie*, Frankfurt a. M. 1986, S. 101.
108 Manfred Frank, »*Weltgeschichte aus der Sage*«. *Wagners Widerruf der ›Neuen Mythologie‹*, in: Bayreuther Festspiele 1994, S. 29. In bezug auf die reine Handlungsebene ist die These ohne weiteres plausibel: Die Tragödie Wotans läßt sich fraglos als Ausdruck einer überwältigenden Erschöpfung oder Verbrauchtheit mythischer Ressourcen und Energien verstehen. Aber daraus folgt doch nur, daß die Deutungspotentiale des Mythos sich mit den Sinnerwartungen der klassischen Geschichtsphilosophie nicht mehr in Übereinstimmung bringen lassen. Wagners Mythos erschöpft sich indes keineswegs in Geschichtsphilosophie. Vgl. Anm. 42.
109 Kurt Hübner, *Die Wahrheit des Mythos*, München 1985, S. 386.

Vom Ursprung weg und in den Ursprung hinein

Zum Mythos bei Wagner und Thomas Mann

WOLFRAM ETTE

Der Versuch, über den mythologischen Gehalt des Wagnerschen Werks Klarheit zu gewinnen, sieht sich vorab der Schwierigkeit ausgesetzt, zwischen verschiedenen Fronten operieren zu müssen. Diese werden zum einen von den Apologeten und den Kritikern von Wagners Mythos gehalten: Seine Darstellung auf den folgenden Seiten möchte beiden entgegentreten. Nicht aber im Namen einer wissenschaftlichen Objektivität, die von Regungen wie Verehrung und Ablehnung sich frei dünkt, sondern um einer alternativen Interpretation der bei Wagner verhandelten Sache willen. Kritik und Apologie, für die in gröbster Vereinfachung die Namen Theodor W. Adornos und Kurt Hübners einstehen[1], kommen nämlich in der inhaltlichen Bestimmung dessen, was ihnen als Mythos bei Wagner gilt, weitgehend überein. Mythos bedeutet für beide: Wiederholung, Wiederholung des Selben in der Zeit. Der Unterschied ums Ganze liegt in der Bewertung dieser Bestimmung. Für Adorno stellt sich Wiederholung als Verhängnis dar, als Immanenzzusammenhang des Schicksals, dem nicht zu entkommen ist. Hübner und die ihm folgenden Wagner-Exegeten bestätigen sie hingegen als Sinnstruktur, die der entzauberten, von Wissenschaft und Fortschrittsglauben beherrschten Welt verloren ist; gleichzeitig beanspruchen sie aber, in der Theorie ihren Advent zu feiern, dessen wichtigster Gewährsmann Wagner samt seinem Kunstwerk der Zukunft bildet.

Demgegenüber haben die folgenden Überlegungen das Ziel, Potentiale des Mythos zu bergen, die von Kritik und Apologie im bezeichneten Sinne nicht wahrgenommen werden. Sie sind insgesamt um den Begriff der Geschichte versammelt. Als Ausgangshypothese ließe sich bezeichnen, daß Mythos und Mythologie Geschichte nicht ausschließen, sondern darstellen und in spezifischer Weise auf sie reflektieren. Sie tun dies in Form von Geschichten – als Ursprungserzählungen; Geschichten vom Ursprung. Der Begriff aber ist doppelsinnig, er kann in zwei Richtungen ausgelegt werden:

---

[1] Theodor W. Adorno, *Versuch über Wagner*, in: *Die musikalischen Monographien* (= Gesammelte Schriften, Bd. 13), Frankfurt a. M. 1971, S. 7-148. – Kurt Hübner, *Wirklichkeit und Unwirklichkeit des Mythos in Richard Wagners Werk*, in: Protokolldienst der Evangelischen Akademie Bad Boll 13 (1984), S. 1-14; ders., *Die Wahrheit des Mythos*, München 1985, bes. S. 386 ff.; ders., *Die moderne Mythosforschung – eine noch nicht erkannte Revolution*, in: *Wege des Mythos in der Moderne. Richard Wagner, Der »Ring des Nibelungen«*, Eine Münchner Ringvorlesung, hg. v. Dieter Borchmeyer, München 1987, S. 238-259; ders., *Lebensgeschichte und Welterlösung. Zum Problem moderner Wagner-Inszenierungen*, in: Richard Wagner Blätter 3-4 (1988), S. 75-90.

als In-den-Ursprung-Hineinerzählen und als Vom-Ursprung-Wegerzählen. In dieser Doppelbewegung formuliert der Mythos das Problem der Geschichte.

Mit dieser These befinde ich mich in Gesellschaft, freilich nicht in der der Wagnerforscher. Seit der Veröffentlichung der Arbeitsergebnisse der Forschungsgruppe ›Poetik und Hermeneutik‹, die 1971 unter dem Titel *Terror und Spiel. Probleme einer Mythenrezeption* erschien, konzentrierte sich die philosophische Mythostheorie zum großen Teil auf den erzähltheoretischen Ansatz, der den Mythos als spezifische Weise, Prozesse zu artikulieren, gegen das quasi kultische Wiederholungsmodell geltend macht.[2] Freilich erhebt auch *Die Wahrheit des Mythos* den Anspruch, als philosophische Mythostheorie zu gelten. Es verzichtet aber auf jede eingehende Auseinandersetzung mit dem erzähltheoretischen Konkurrenzunternehmen und knüpft vielmehr unmittelbar an die Auseinandersetzungen der Ethnologen, Theologen und Philosophen um den Begriff des Mythos an, von denen das ausgehenden neunzehnte und die erste Hälfte des zwanzigsten Jahrhunderts maßgeblich bestimmt war.[3] Eine besondere und, wie wir sehen werden, von Ambivalenzen und Mißverständnissen geprägte Rolle spielt bei der Hübnerschen Aneignung der Tradition der Theologe und Religionsphänomenologe Rudolf Otto.[4] Es ist Ziel dieses Aufsatzes, am Fall Wagner die Vermittelbarkeit beider Seiten, die einander kaum zur Kenntnis nehmen, aufzuzeigen. Eine vorläufige Begründung kann dieses Unternehmen bereits durch den Rekurs auf die Ausgangshypothese erfahren: Prägt sich die mythologische Erzählung als Verlaufsform jener geschichtlichen Doppelbewegung aus, so erhellt, daß die divergierenden Tendenzen der modernen Mythostheorie jeweils eine der beiden Bewegungen isoliert darstellen. Auch Schicksal und Wiederholung gerinnen im Mythos zur Form der Erzählung; die sei's kritische, sei's verherrlichende Beschränkung auf diese, repräsentiert allein das In-den-Ursprung-Hineinerzählen. Umgekehrt hat Erzählung bei Blumenberg und Marquard allein den Sinn des Vom-Ursprung-Wegerzählens: Das transzendentale Apriori der Erzählung – daß Zeit vergeht – wird dabei ohne weiteres auf ihren spezifischen Gehalt übertragen.

Die kritische Vermittlung der verhärteten Positionen läßt sich schwerlich

---

2 Manfred Fuhrmann (Hg.), *Terror und Spiel. Probleme einer Mythenrezeption* (= Poetik und Hermeneutik IV), München 1971. Vgl. hierin besonders: Hans Blumenberg, *Wirklichkeitsbegriff und Wirkungspotential des Mythos*, S. 11-66; Odo Marquard, *Zur Funktion der Mythologiephilosophie bei Schelling*, S. 257-264. Dazu ferner: Hans Blumenberg, *Arbeit am Mythos*, Frankfurt a. M. 1978; Odo Marquard, *Lob des Polytheismus*, in: *Abschied vom Prinzipiellen*, Stuttgart 1981, S. 91-116.

3 Ich nenne stellvertretend für viele andere: Johann Jakob Bachofen, *Das Mutterrecht. Eine Untersuchung über die Gynaikokratie der alten Welt nach ihrer religiösen und rechtlichen Natur* (1861), Frankfurt a. M. 1975; James Georg Frazer, *The Golden Bough*, dt.: *Der goldene Zweig. Das Geheimnis von Glauben und Sitten der Völker* (1928), Reinbek 1989; Mircea Eliade, *Kosmos und Geschichte. Der Mythos der ewigen Wiederkehr*, Frankfurt a. M. 1984; ders., *Das Heilige und das Profane. Vom Wesen des Religiösen*, Hamburg 1957.

4 Rudolf Otto, *Das Heilige. Über das Irrationale in der Idee des Göttlichen und sein Verhältnis zum Rationalen* (1917), München 1936[23].

im spekulativen Begriffsregister zum Austrag bringen: Sie kann sich allein an den besonderen Inhalten der mythologischen Erzählungen ausweisen. Eine Interpretation des *Rings*, an dem sich das mythologische Element des Wagnerschen Werks gleichsam überproportional vergrößert studieren läßt, stellt daher das Endziel dieser Untersuchung dar. Sie erheischt ein Dreifaches: die wenigstens partielle Lösung aus der mésalliance mit Hübners Mythostheorie; die gleichfalls partielle Revision des Werks in der Perspektive des im engeren Sinn erzähltheoretischen Ansatzes, der es bislang versäumte, sich mit Wagner zu befassen; und schließlich die Modifikation von Adornos Kritik. Dies letztere muß als besonderer, und wichtiger, Punkt gelten, weil Adornos Darlegung der mythischen Weltanschauung ihrem Inhalt nach zwar weitgehend mit dem von Hübner exponierten Mythosbegriff koinzidiert, jedoch auf ganz anderem philosophischen Voraussetzungen beruht, dank deren sich seine Kritik von dem erzähltheoretischen Ansatz insgesamt – auch dem von mir vorläufig vorgeschlagenen – unterscheidet. Dieser Unterschied läßt sich hier nur vergleichsweise allgemein benennen: Während Adornos Denken insgesamt um die Frage nach der Denkmöglichkeit von Transzendenz, letztlich um die nach der ›Solidarität mit Metaphysik‹[5] kreist, hält sich die Erzähltheorie im Zusammenhang einer Immanenz, deren Konstitutionsraum die Erzählung bilden soll. Der Sinn des Begriffs erzählerischer Immanenz – ob er jeglichen Transzendenzbezug ausschließt – ist freilich noch unklar.

Vorbereitet wird die Durchführung der These am *Ring des Nibelungen* durch einen Exkurs über Thomas Manns Mythosbegriff. Für die Einbeziehung Manns lassen sich zwei Gründe namhaft machen. Der erste ist polemischer Natur. Wiederholt wird Mann von Hübners Anhängern als Gewährsmann angeführt[6]; zu zeigen wird sein, daß diese Beschlagnahmung den Sinn des Mannschen Mythosbegriffs gründlich verfehlt. Der zweite Grund läßt sich durch die Angabe eben dieses Sinns namhaft machen. Wie kein anderer hat Mann den Mythos als erzählerische Doppelbewegung entfaltet. Seine Verlautbarungen zu Wagner bieten darüber freilich geringeren Aufschluß als das eigentlich mythologische Unternehmen, das Mann zwischen 1926 und 1939 selbst betrieb: die Tetralogie *Joseph und seine Brüder*, von Borchmeyer mit einigem Recht als »epische ... Parallelaktion zu Wagners musikdramatischer Tetralogie«[7] bezeichnet. Die Theorie hinkt dem Mannschen Entwurf

---

5   Vgl. Richard Klein, *Solidarität mit Metaphysik? Ein Versuch über die musikphilosophische Problematik der Wagner-Kritik Theodor W. Adornos*, Würzburg, 1991; zur Rolle der Metaphysik bei Adorno vgl. auch Michael Theunissen, *Negativität bei Adorno*, in: Ludwig von Friedeburg/Jürgen Habermas (Hg.), *Adorno-Konferenz 1983*, Frankfurt a. M. 1983, S. 41-65.
6   Zum Beispiel: Petra-Hildegard Drescher, *Richard Wagners Frage nach dem Mythos*, in: Richard Wagner Blätter 1-2 (1984), S. 16; Dieter Borchmeyer, *Wagners Mythos vom Anfang und Ende der Welt*, in: Udo Bermbach/Dieter Borchmeyer (Hg.), *Richard Wagner: »Der Ring des Nibelungen«. Ansichten des Mythos*, Stuttgart, Weimar 1995, S. 7 ff.
7   A. a. O., S. 25.

weitgehend hinterher; am nächsten kommen ihm, soweit ich sehe, die Überlegungen Klaus Heinrichs zum Mythos.[8] Aber auch sie bleiben meines
Erachtens an einer entscheidenden Stelle hinter dem von Mann Erarbeiteten
zurück.

Das Programm ist umfassend: Seine Durchführung hat im vorgegebenen
Rahmen sich rigide zu beschränken. Gegenstand des ersten Abschnits wird
die kritische Darstellung der mythostheoretisch etablierten Wagnerforschung sein. Im Zentrum steht hier nicht die unmittelbare Konfrontation der
Theorie mit ihrem Widerpart innerhalb der philosophischen Mythostheorie.
Diese kann hier über Ansätze hinaus nicht referiert werden; wo die Kritik, die
eher auf die Entfaltung immanenter Widersprüche und Ungereimtheiten
drängt, sich auf sie verwiesen sieht, hat sie sich mit vereinzelten Nachweisen
zu begnügen. Auszuweisen hat sie sich schließlich nicht durch einen inner-
theoretischen Disput, sondern an Wagners Werk.[9]

I
Urgeblök

> »Meine Herrschaften, – heilig! Heilig in jederlei
> Sinn, im christlichen wie im heidnischen! Ein
> Urphänomen! Ein Phänomen von erstem – von
> oberstem – Nein, nein, das ist – –«
>
> (Mynheer Peeperkorn)

Etwas verspätet stellten Hübners Überlegungen zum Mythos dem Widerstand, der sich seit 1976 gegen Chéreaus Inszenierung des *Rings* formierte,
die theoretische Armatur. Angelastet wurde dem ›Jahrhundertring‹ die Verfälschung des Wagnerschen Werks, zu dessen Rettung man sich aufgerufen
fühlte.[10] Das aber meinte dann: Verfälschung des mythischen Gehalts durch

---

8 Klaus Heinrich, *Die Funktion der Genealogie im Mythos*, in: *Vernunft und Mythos. Ausgewählte Texte*, Frankfurt a. M. 1985, S. 11-26; ders., *tertium datur. Eine religionsphilosophische Einführung in die Logik* (= Dahlemer Vorlesungen 1), Basel/Frankfurt a. M. 1981; ders., *anthropomorphe. Zum Begriff des Anthropo-morphismus in der Religionsphilosophie* (= Dahlemer Vorlesungen 2), Basel/Frankfurt a. M. 1986; ders., *arbeiten mit ödipus. Begriff der Verdrängung in der Religionswissenschaft* (= Dahlemer Vorlesungen 3), Basel/Frankfurt a. M. 1993. Kaum irgendwo beruft sich Heinrich auf Thomas Mann, seine Reflexionen nehmen vielmehr von Paul Tillichs Verkörperungsdenken und dessen mythomorpher Geschichtsphilo-sophie ihren Ausgang.

9 Schon aus Gründen der Kompetenz wird hier dessen Textgestalt im Vordergrund stehen. Zur musikali-schen Verlaufsform des *Rings*, namentlich zur Verwendung der Leitmotive hat Carl Dahlhaus einleuchten-den Überlegungen angestellt, die sich hinsichtlich der erzählerischen Doppelbewegung – entgegen dem, was der Titel seiner Studie zu versprechen scheint – mit der von mir vorgeschlagenen Interpretation weitgehend decken. Vgl. Carl Dahlhaus, *Musik als strukturale Analyse des Mythos. Claude Lévi-Strauss und »Der Ring des Nibelungen«*, in: *Wege des Mythos in der Moderne* (Anm.1), S. 64-74.

10 Es sei hier nur insgesamt auf die »Richard Wagner Blätter«, das Organ des 1976 wiederbelebten »Aktions-kreises für das Werk Richard Wagners« verwiesen. Was zunächst als ein Broullion einfältiger Bekenntnis-se und unverschämter Pamphlete in Erscheinung trat, geriet in den folgenden Jahren, nachdem sich die Wogen geglättet hatten und die Kanonisierung des Chéreauschen *Rings* unaufhaltsam fortschritt, zuneh-mend unter Begründungszwang. Es sind dann im wesentlichen die in Anmerkung 1 verzeichneten Schriften Hübners, die diesem Bedürfnis Genüge taten.

seine schrankenlose Applikation auf die Moderne. Reflexhaft entzündete sich die Abwehr an den Göttern im Frack und dem bürgerlichen Alltagsmobiliar, die Shaws einseitig modernisierender Lesart des *Rings* nachträglich recht zu geben schienen. Tatsächlich jedoch ist die bekannte Bemerkung Wagners, die von den Anhängern einer kapitalismuskritischen Deutung des *Rings* als Hauptbelegstück, von der Gegenseite mit etwas schlechtem Gewissen angeführt wird, zweideutig genug. Bei der Besichtigung der Londoner Hafenanlagen äußerte Wagner: »Der Traum Alberichs ist hier erfüllt, Nibelheim, Weltherrschaft, Tätigkeit, Arbeit, überall der Druck des Dampfes und Nebel.«[11] Die Periode hebt an mit der mythologischen Figur, gewinnt schwache gesellschaftliche Konkretion und senkt sich ins Naturbegriffliche zurück. Unstet schwankt Wagners Beobachtung zwischen den archaischen Bildern und dem gegenwärtigen Eindruck.[12] Solche Unbestimmheit ist das Wesen der mythologischen Identifikation; ihr Vagieren ist nichts anderes als das von der Teleologie des Hegelschen spekulativen Satzes Verdrängte. Eingefaltet in eine einfache Identitätsbehauptung tritt die mythologische Doppelbewegung zutage.[13] Nicht Zeitlosigkeit, sondern historische Unschärfe und relative Zeitungebundenheit sind das Medium des Mythos, in dem das Urereignis und seine Applikation je und je zusammentreten. Wenn Hübner mit Blick auf Chéreau das »Neben- und Durcheinander historisch scheinbar unverträglicher Elemente« moniert[14], muß er sich fragen lassen, ob hier nicht gerade die spezifische Zeitungebundenheit des Mythos mit den Mitteln der Historie ins Werk gesetzt wird.

Aus Chéreaus Inszenierung wie aus dem Wirbel, den sie ausgelöst hat, läßt sich einiges über den Mythos und sein ihm wesentlich zugehöriges Nachleben lernen. Blumenberg definiert: »Mythen sind Geschichten von hochgradiger Beständigkeit ihres narrativen Kerns und ebenso ausgeprägter marginaler Variationsfähigkeit. Diese beiden Eigenschaften machen Mythen traditionsgängig«.[15] Und später heißt es: »Das Mythologem ist ein ritualisierter Textbestand. Sein konsolidierter Kern widersetzt sich der Abwandlung und provoziert sie auf der spätesten Stufe des Umgangs mit ihm, nachdem periphere Variation und Modifikation den Reiz gesteigert haben, den Kernbestand unter dem Druck der veränderten Rezeptionslage auf seine Haltbarkeit

---

11 Cosima Wagner, *Die Tagebücher*, Bd. 1, München 1976, S. 1052.
12 In diesen Zusammenhang gehört auch Wieland Wagners Satz: »Walhall ist Wallstreet« (zit. nach: Dieter Borchmeyer, »*Faust*« und der »*Ring des Nibelungen*«. *Der Mythos der 19. Jahrhunderts in zwiefacher Gestalt*, in: *Wege des Mythos in der Moderne* [Anm. 1], S. 137). Der eindeutige, in die Moderne weisende Richtungssinn des Satzes wird von der Alliteration unterfangen, die in Wagners theoretischen Schriften als ursprungsmythisches Gegenmodell zum resultativ verfahrenden Endreim konzipiert ist. Vgl. hierzu Richard Wagner, *Oper und Drama*, Stuttgart 1994², S. 234 u. 258.
13 Vgl. Klaus Heinrichs Analyse des Satzes der Identität, in: *Versuch über die Schwierigkeit nein zu sagen*, Basel/Frankfurt a. M. 1985, S. 59 ff.
14 Hübner, *Lebensgeschichte und Welterlösung* (Anm. 1), S. 75.
15 Blumenberg, *Arbeit am Mythos* (Anm. 2), S. 40.

zu erproben und das gehärtete Grundmuster freizulegen. Je höher dieses strapaziert wird, desto prägnanter muß durchscheinen, worauf sich die Überbietungen und Zugriffe beziehen.«[16] Demgegenüber beharren Hübner und seine Anhänger auf der Konstruktion eines zeitlosen Urereignisses, einer numinosen ἀρχή, die sich durch die Geschichte identisch reproduziert. Zeitlosigkeit und Wiederholung sind die Modi, durch die der Mythos Geschichte sinnhaft umklammert. Alles hängt freilich daran, wie der Begriff der Wiederholung genau zu verstehen wäre: Daß die konservative ›Mythos-Forschung‹ ihn in theoretisch konsistenter und identifizierbarer Form bisher nicht zu geben vermochte, schwächt ihre Position von Grund auf. Man darf vermuten, daß im Hintergrund ein kultisches Modell steht: Hübner erwähnt dem griechischen Jahreszeitenmythos, »das sich stets identisch wiederholende Ereignis des periodischen Aufenthaltes der Proserpina im Hades (Winter) und auf der Erde (Sommer).«[17] Er betont, daß die αρχαί »nicht … einfach nachgeahmt werden, sondern … daß in der Tat dasselbe Urereignis wieder geholt wird.«[18] Auch Borchmeyer hebt die »Dieselbigkeit von Urbild und Reinkarnation«[19] hervor. Gegen die These ist zweierlei einzuwenden. Blumenberg hat darauf hingewiesen, daß zwischen einer ekstatischen und einer normalisierenden Funktion der Wiederholung zu unterscheiden sei.[20] Kulte haben den Einbruch des Heiligen ins Profane zum Gegenstand; zugleich stellen sie dessen kontrollierte Wiederholbarkeit dar, die inmitten einer unverläßlichen Umwelt Zuverlässigkeit garantiert. Ihnen eignet ein unmittelbares und ein gesetztes Moment, sie sind Manifestation und Inszenierung. Sie dokumentieren nicht allein unverbrüchliche Einheit mit dem Naturlauf, sondern ein kontrafaktisches Versprechen. Als Behauptung einer identischen Ausgießung des heiligen Ursprungs in der Zeit sind sie bereits seine reflektierte Konstruktion, die die Behauptung dementiert. Als System, das den Umgang mit der Gottheit regelt, nehmen sie bereits eine Distanzierungsfunktion wahr. Der zweite Einwand bezweifelt die Übertragbarkeit des kultischen Modells. Wenn man sich auf die Tradition der griechischen Antike beschränkt, wie dies auch Hübner tut, lassen sich Naturmythen und Geschichtsmythen unterscheiden. Für jene trifft die Zyklik des kultischen Modells allenfalls zu, auf diese kann sie nur höchst bedingungsweise Anwendung finden. Bereits Hesiods *Theogonie* entwickelt einen Geschichtsmythos, der die Möglichkeiten geschichtlichen Fortschritts im Wissen um seine Bedrohung dartut. Erst recht ist die griechische Tragödie, auf die sich Wagner als Vorbild des Musikdramas beruft, ohne diesen Impuls schlechter-

16 A. a. O., S. 165 f.
17 Hübner, *Wirklichkeit und Unwirklichkeit des Mythos in Richard Wagners Werk* (Anm. 1), S. 11.
18 A. a. O.
19 Borchmeyer, *Wagners Mythos vom Anfang und Ende der Welt* (Anm. 6), S. 10.
20 Blumenberg, *Arbeit am Mythos* (Anm. 2), S. 187.

dings nicht zu verstehen. Wie der rigide Widerholungsbegriff sich auf den *Ring*, sei es als historisch-überhistorisches Ereignis, sei es auf seine dramatische Handlung und musikalische Gestalt, sich applizieren lassen soll, bleibt vollends unklar.

Die mangelnde Reflexion auf die dem Wiederholungsbegriff innewohnenden Schwierigkeiten und auf die weiten Interpretationsmöglichkeiten, die er bietet – wir werden dieses Motiv bei Thomas Mann genauer verfolgen –, erklärt das unkontrollierte Schwanken der Konservativen in einzelnen Formulierungen. Bei Drescher wird der Wiederholungsbegriff weichgezeichnet: Ein Mythos, heißt es, sei »etwas sehr Allgemeines, das erst über seine geschichtliche Manifestation zugänglich wird«.[21] In Anlehnung an die Hübnersche These, daß ›Mythos‹ nicht allein ein verflossenes Zeitalter bezeichne, in dem das Leben der Menschen von seinen »numinosen Beziehungen«[22] bestimmt war, sondern auch noch die Geschicke der götterverlassenen Welt lenkt, läßt Borchmeyer verlauten: »Das Bayreuther Festspielhaus wird so gleichsam zur mythischen ›Wiederholung‹ des Dionysostheaters«.[23] Eben. Die sprachlichen Kautelen stellen das Paradigma identischer Wiederholung, in Borchmeyers eigener Formulierung die ›Dieselbigkeit von Urbild und Abbild‹ von Beginn an unter Verdacht.

Freilich bleiben Wagners eigene Auskünfte kaum weniger unbestimmt. »Der Mythos«, gibt er in *Oper und Drama* zu verstehen, »ist jederzeit wahr und sein Inhalt, bei dichtester Gedrängtheit, für alle Zeiten unerschöpflich.«[24] Die nicht zeitlose, sondern allzeitliche Wahrheit des Mythos hängt offenbar mit der Unerschöpflichkeit seines Inhalts zusammen. Diese läßt sich rationaler fassen als durch den bloß verdoppelnden Rekurs auf den klassischen Symbolbegriff, der es als endliche Darstellung eines Unendlichen definiert.[25] Unerschöpflichkeit meint Überdeterminiertheit, diese aber äußert sich als Unschärfe des Sinns.[26] Sie, die im Falle der antiken Mythen auch durch die Überlagerung von Varianten entstanden sein mag – bei Wagner heißt das dann Verdichtung –, bedingt die Traditionsfestigkeit von Mythen.[27]

---

21 Drescher, *Richard Wagners Frage nach dem Mythos* (Anm. 6), S. 8.

22 Hübner, *Lebensgeschichte und Welterlösung* (Anm. 1), S. 79.

23 Dieter Borchmeyer, *Vom Nutzen und Nachteil der Historie für das Musikdrama – Wagners Weg von der geschichtlichen zur mythischen Oper*, in: Programmheft der Bayreuter Festspiele 1992: »Der fliegende Holländer«, S. 25.

24 Wagner, *Oper und Drama* (Anm. 12), S. 199.

25 Vgl. Borchmeyer, »*Faust*« und »*Der Ring des Nibelungen*« (Anm. 12), S. 145; Drescher, *Richard Wagners Frage nach dem Mythos* (Anm. 6), S. 11.

26 Der Begriff der Überdeterminiertheit mythologischer Stoffe stammt von Heinrich. Er führt aus, »daß die Rationalität mythologischen Stoffs die ›Überdeterminiertheit‹ – ich wähle diesen von Freud sehr früh schon … geprägten Begriff – ist; und daß die rationalisierende Zurichtung des Stoffs bereits darin besteht, daß einzelne Determinanten aus ihm herausgezogen werden und zur allein geltenden Determinationsformen erklärt werden« (Heinrich, *arbeiten mit ödipus* [Anm. 8], S. 185).

27 Mit sympathischer Offenheit weist Herbert Schnädelbach auf diesen Sachverhalt hin, wenn er bekennt, daß ihm nach jahrelanger Beschäftigung mit dem *Ring des Nibelungen* auf die Frage seiner Tochter: »Was

Anders als Wagner scheint Hübner regelrecht an die Götter zu glauben.[28] Mühsam wird die mangelnde Distanz zur Sache durch den hermeneutisch naiven Hinweis abgefangen, daß der Wissenschaftler sich bei der Betrachtung der mythischen Weltanschauung aller modernen Vorurteile zu entschlagen habe. Daß sich Hübner von solcher Einfühlung die Wiederbelebung jener Weltanschauung verspricht[29], macht jedoch deutlich, woher der Wind weht. Ihre adventistische Gärung verdanken seine Texte einer diffusen Evokation einer Wiederkehr der Götter, die »aus unserem Leben entschwunden sind«.[30] So wie die Wende vom Mythos zum Logos des wissenschaftlichen Zeitalters selber mythisch, als »göttlich verhängtes Ereignis«[31] stilisiert wird, ahndet der *Wahrheit des Mythos* die Rückkehr des Ursprungs, die sie wissenschaftlich vorbereiten möchte. Von dieser Geschichtsphilosophie wird Hübners zweite Grundannahme, derzufolge die mythische und die wissenschaftliche Weltanschauung zwei diskrete, konkurrenzlos nebeneinander bestehende ›Ontologien‹ ausgebildet haben[32], zum Teil massiv überformt. Man kann sich des Eindrucks schwer erwehren, daß Hübner mit der Neutralisierung des Gegensatzes zwischen Mythos und Wissenschaft – bezeichnenderweise werden die Auseinandersetzungen, die um den Logos historisch, in Antike und Renaissance, ausgetragen wurden, in Hübners Hauptwerk nicht erwähnt – ein strategisches Ziel verfolgt: Der Mythos soll zunächst außer Konkurrenz plaziert und dann in seine Rechte als letzthin fundierender Weltbezug und entscheidende geschichtsphilosophische Triebkraft eingesetzt werden. Die vom frühromantischen Gedanken der Neuen Mythologie inspirierte Versöhnung von Mythos und Wissenschaft ist letztinstanzlich dann doch auf die Wiederkehr der mythischen Welterfahrung gegründet. Wendungen wie die, daß dem modernen Menschen »das Numinose fremd geworden ist«[33], indizieren in ihrer an Walter F. Otto erinnernden sentimen-

---

will eigentlich dieser Wotan?« nichts Rechtes eingefallen sei. (Herbert Schnädelbach, »*Ring*« und Mythos, in: Udo Bermbach [Hg.], *In den Trümmern der eigenen Welt. Richard Wagners »Der Ring des Nibelungen«,* Hamburg 1989, S. 145)

28 Zu Wagner vgl. *Oper und Drama* (Anm. 12), S. 161. In der Schrift *Das Kunstwerk der Zukunft* nennt Wagner die Mythen »große unwillkürliche Irrtümer des Volkes« (Richard Wagner, *Dichtungen und Schriften,* Jubiläumsausgabe in zehn Bänden, hg. v. Dieter Borchmeyer, Bd. 6, Frankfurt a. M. 1983, S. 13).

29 Vgl. Hübner, *Die moderne Mythosforschung – eine noch nicht erkannte Revolution* (Anm. 1), S. 243.

30 A. a. O., S. 253.

31 Hübner, *Lebensgeschichte und Welterlösung* (Anm. 1), S. 83.

32 Vgl. Hübner, *Die Wahrheit des Mythos* (Anm. 1), S. 287 ff.; ders., *Die moderne Mythosforschung – eine noch nicht erkannte Revolution* (Anm. 1), S. 250 f. Hübner hebt darauf ab, daß der Unterschied zwischen mythischer und wissenschaftlicher Erfahrung ausschließlich inhaltlicher Natur sei. Ontologie heißt für ihn soviel wie die Ganzheit eines Gegenstandsbereichs. Vgl. auch Petra-Hildegard Wilberg-Drescher, *Von der Wahrheit des Mythos. Perspektiven neuerer Wissenschaftsforschung,* in: Richard Wagner Blätter 1-2 (1988), S. 23. Manfred Frank wendet sich gegen die Trennung der Gegenstandsbereiche: »Es gibt a priori keinen Zug einer Handlung oder eines Akteurs, der im Mythos, aber nicht auch in der gewöhnlichen Rede auftreten könnte« (»*Weltgeschichte aus der Sage«. Wagners Widerruf der »Neuen Mythologie«,* in: Bayreuther Festspiele 1994, S. 16).

33 Hübner, *Die moderne Mythosforschung – eine noch nicht erkannte Revolution* (Anm. 1), S. 255.

talen Altertumsfrömmigkeit[34] die Parteinahme. Und wenn Hübner um Objektivität bemüht schreibt, daß, »wenn eine Wiederkehr mythischer Erfahrungen ... in einer die Allgemeinheit bestimmenden Form [sich] wieder einstellt, und zwar in geschichtlich gewandelter Gestalt ..., so ist das mythisch gesehen ein Geschick, wissenschaftlich ein Zufall«[35], so spürt man darunter sogleich die Tendenz, der Deutung solchen Geschehens, die auf Sinn optiert, den Vorzug zu geben; sie würde, wenn es den einträte, ohnehin über ihren Widerpart triumphieren.

Für den verklemmten Chiliasmus Hübners muß schließlich *Der Ring des Nibelungen* herhalten. Wagners zweideutige Rede vom Mythos als »Anfang und Ende der Geschichte«[36] – steht der Mythos außerhalb der Geschichte, umfaßt er sie, oder bildet er ihr konstituierendes Wesen, ihr A und O? – wird als geschichtsphilosophische Formel aufgegriffen, die der *Ring* geschichtsmythologisch ins Werk gesetzt habe. Erzählt werde vom Untergang des goldenen Zeitalters durch Macht und Besitzgier und von seiner Wiederherstellung in einer universellen ἀποκατάστασις: »im alles verzehrenden Feuer der Götterdämmerung klingt ... eine unsägliche Verheißung auf«, »die Verheißung einer kommenden Welt, eines mythischen goldenen Zeitalters, wo der Einklang von Mensch, Natur und Göttern wiederhergestellt ist.«[37] Fraglich ist, ob der Weltenbrand überhaupt als mythologische Figur gelten darf; wenigstens die griechische Tradition erweist sich bei näherem Zusehen als erstaunlich resistent gegenüber der Idee eines absoluten Anfangs und eines absoluten Endes, die in einem gleichfalls absolut gesetzten kosmischen Zyklus ineinandergreifen. Bei Heraklit, wo die Vorstellung des Weltenbrandes sich erstmals angedeutet findet, rückt sie in die Nähe eines theologischen Dogmas, das die alles andere als selbstverständliche Überschreibung der anschaulichen Zyklik von Naturprozesse auf den Weltlauf fordert. Nicht

---

34 Hübner zitiert bestätigend ein Gedicht Walter F. Ottos, in dem dieser dem »Verlust des Mythischen in der heutigen Zeit« (Hübner, *Die Wahrheit des Mythos* [Anm. 1], S. 78) tremolierend nachsinnt. Das schlecht kopierte Hölderlinsche Pathos schießt bedenkenlos über die Grenze des Lächerlichen hinaus; stillschweigend erwartet man den Moment, an dem es mit dem faschistischen Pomp übereinkommt, der es beim Wort nahm und denen, die lachten, das Fürchten lehrte. Ich zitiere den Anfang dieser symptomatischen Kuriosität: »Nun ist er lange entschwunden, / Er, in dessen Licht / Ein großes Sein einst sich erfüllte. / Die Säulen sind zerbrochen, / Der Festgesang verstummt, / Und mit den Opferfeuern / Das selige Lächeln der Natur erloschen. / ... / Und die Gebirge, die der Gott verlassen, / Blicken mit wilden Urweltaugen / Sprachlos auf uns Einsame herab.« (Walter F. Otto, *Die Wirklichkeit der Götter*, Reinbek 1963, S. 64, zitiert in: Hübner, *Die Wahrheit des Mythos* [Anm. 1], S. 78) So dröhnt das dann weiter. – Eine ähnliche Rolle wie Otto spielt Ulrich von Wilamowitz-Moellendorff, in dessen Gestalt die trockene Rationalität des Philologen und ein schwärmend-altertümelnder Irrationalismus eine Verbindung eingegangen sind, die für die deutsche Altphilologie der ersten Jahrzehnte des 20. Jahrhunderts sehr charakteristisch ist. Es ist kein Zufall, daß kaum eine andere universitäre Disziplin dem Nationalsozialismus so wenig Widerstand entgegensetzte wie die deutsche Gräzistik.
35 A. a. O., S. 410.
36 Wagner, *Oper und Drama* (Anm. 12), S. 230.
37 Hübner, *Die moderne Mythosforschung – eine noch nicht erkannte Revolution* (Anm. 1), S. 82; ders., *Die Wahrheit des Mythos* (Anm. 1), S. 389. Von einer Apokatastasis, deren Begriff freilich vollkommen aus seinem spezifisch patristischen Kontext gelöst wurde, spricht Borchmeyer (»*Faust*« und »*Der Ring des Nibelungen*« [Anm. 13], S. 155).

minder problematisch erscheint, ob die von Hübner Wagner zugeschriebene Intention, »zwar an der Aufklärung in ihren befreienden Zielen festzuhalten, sie gleichwohl aber im Mythos aufzuheben«[38], vom Schluß der *Götterdämmerung* erfüllt werden kann. Es wird immerhin schwer sich entscheiden lassen, ob die Menschen, die im allgemeinen Untergang »in höchster Ergriffenheit«[39] zurückbleiben, Subjekte des absoluten Wissens sind oder glücklich renaturierte Primitive. Darüber, daß in der Gesamtanlage des *Rings* starke zyklische Momente wirksam sind, kann kein Zweifel walten – Wagner selbst verwies« auf die »Konzeption der skandinavischen Mythologie: eine ... neue ... Entstehung der Welt nach der Götterdämmerung«.[40] Angesichts dessen verschlägt es wenig, ob man, wie Hübner, für eine regelrechte Rückkehr in den Ursprung[41], oder, wie Borchmeyer, dafür hält, »daß die Welt als eine bessere wieder beginnen wird«[42], weil der von Borchmeyer vorgeschlagene Kompromiß zwischen Zyklik und Fortschritt – er spricht von einer spiralförmigen Bewegung – eine goodwill-Konstruktion bleibt, logisch unvereinbar mit dem Gedanken der »Ekpyrosis«, des »›Ausbrennen[s]‹ der Welt«, als welche er das Ende der *Götterdämmerung* deutet. Ob die zyklische Großform aber ausreicht, den mythologischen Gehalt des *Rings* zu bestimmen, darf man bezweifeln. Der verengte Blick auf Anfang und Ende des Musikdramas kürzt die Binnenhandlung heraus. Ihr aber lassen sich, wie ich meine, bedeutsame Elemente des Mythos bei Wagner entnehmen.

Der verengte Blick ist Reflex einer Unentschiedenheit, die die Verwendung des Mythosbegriffs von Beginn an belastet. Hübners Formel für den *Ring des Nibelungen* lautet: »Mythos vom Untergang des Mythos«.[43] Bei Borchmeyer schließt sich der Kreis: Der Mythos »stellt ... die ›geschichtliche‹ Entfernung der Menschheit vom Mythos, sowie die Rückkehr zum Mythos ... dar.«[44] Im ersten Sinn ist mit ›Mythos‹ eine Geschichte gemeint, eine Geschichte, die im Fall des *Rings* mit *der* Geschichte koinzidiert. Im zweiten Sinn bezieht sich der Begriff auf das von Hübner beschworene Goldene Zeitalter, einen geschichtslosen Naturstand der Menschheit. Hübners Versuch, Mythos und Mythologie begrifflich strikt zu trennen[45], hält seiner Formel nicht stand. Doppelsinnig wandern im Mythosbegriff selbst die Vorstellungen von Natur und Geschichte ineinander. Es bezeichnet sicherlich die Distanz der Ge-

---

38 Hübner, *Die moderne Mythosforschung – eine noch nicht erkannte Revolution* (Anm. 1), S. 89.
39 Richard Wagner, *Der Ring des Nibelungen*, Text mit Notentafeln der Leitmotive, Mainz 1997, S. 348.
40 Cosima Wagner, *Die Tagebücher* (Anm. 11), Bd. 1, S. 756.
41 Vgl. Anm. 38. Unter anderen Voraussetzungen ist auch Frank (»*Weltgeschichte aus der Sage*« [Anm. 33], S. 32) dieser Meinung.
42 Borchmeyer, »*Faust*« und »*Der Ring des Nibelungen*« (Anm. 12), S. 156.
43 Hübner, *Die Wahrheit des Mythos* (Anm. 1), S. 386.
44 Borchmeyer, »*Faust*« und »*Der Ring des Nibelungen*« (Anm. 12), S. 142. Die Stelle bezieht sich auf Wagners Interpretation des Ödipus-Mythos, der aber aus dieser Perspektive selbst als »Pendant der Götterdämmerung« (a. a. O.) aufgefaßt wird.
45 Hübner, *Die moderne Mythosforschung – eine noch nicht erkannte Revolution* (Anm. 1), S. 255.

schichtsphilosophie zum Mythos, daß sie diesen Doppelsinn analytisch aufspreizt. Dahinter kann die Theorie des Mythos nicht zurück. So hat sie zu zeigen, wie Mythos als Natur und Mythos als Geschichte vermittelt sind.[46] Für den erzähltheoretischen Ansatz liegt dieser Zusammenhang auf der Hand. Als Geschichte bildet der Mythos das unhinterschreitbare Apriori, vermittels dessen die Spannung von Mythos und Geschichte überhaupt thematisch werden kann. Marquard schreibt, freilich mit skeptischem Unterton: »die Geschichte des Prozesses der Entmythologisierung ist ... selber ein Mythos; und daß so der Tod des Mythos selber zum Mythos wird, beweist ein wenig des Mythos relative Unsterblichkeit.«[47] Blumenberg geht so weit, Entmythologisierung als schlechthin *das* mythologische Programm zu behaupten: Mythen begreifen ihr naturhaftes Widerlager in sich; sie setzen einen natürlichen Ursprung, um von ihm sich abstoßen zu können und ihr Distanzierungsvermögen sinnfällig zu entfalten. Ihr genuines Anliegen lautet: »Den Mythos zu Ende bringen«.[48] Mythos ist – Götterdämmerung; was eine zyklische Rückbindung prinzipiell ermöglicht, aber nicht zwingend verlangt. Derlei fällt nicht mehr in seine Zuständigkeit. Er setzt sich als Mitte eines Geschehens – »Nach dem Absolutismus der Wirklichkeit« heißt das erste Kapitel der *Arbeit am Mythos*[49] –, nicht als Anfang und Ende, sondern im fixierenden Blick auf diese. Er bewegt sich zwischen dem Zu-Ende-Bringen und dem Nicht-zu-Ende-bringen-Können, der Notwendigkeit und der Schwierigkeit, das eigene Bezugssystem aufzukündigen.[50] Der Mythos visiert den Prozeß der Säkularisierung: daß er ebensowenig ein Ende findet, wie er vielleicht noch nicht begonnen hat.

Demgegenüber ist bei Hübner der Mythos im ersten Sinn die Geschichte der Entäußerung und Selbstwerdung des Mythos im zweiten Sinn. Subjekt dieser Vermittlungsbewegung ist die Natur, deren zyklisches Moment zur Weltgeschichte vergrößert wird. Zweifel an der Legitimität dieser Übertragung wurden bereits geäußert; Naturprozesse und Handlungszusammenhänge sind zunächst als Unterschiedene evident und das Interesse, die ungemütliche Vorstellung einer unberechenbar fortschreitenden Geschichte

---

46 Franks Behauptung, daß der *Ring* die »Abdankung des Mythos unter dem Schein der Mythologie« in Szene setze (Frank, »*Weltgeschichte aus der Sage*« [Anm. 32], S. 29), bescheidet sich damit, die in Hübners Formel immerhin problematisch verklammerten Begriffe erkenntnistheoretisch auseinanderzudividieren.

47 Marquard, *Lob des Polytheismus* (Anm. 2), S. 93.

48 Blumenberg, *Arbeit am Mythos* (Anm. 2), S. 291: »Den Mythos zu Ende bringen, das soll einmal die Arbeit des Logos gewesen sein. Diesem Selbstbewußtsein der Philosophie – oder besser: der Historiker der Philosophie – widerspricht, daß sich die Arbeit an der Endigung des Mythos immer wieder selbst als Metapher des Mythos vollzieht« (a. a. O., S. 681).

49 Der Ausdruck ist das skeptische Äquivalent zum Hübner-Borchmeyerschen Phantasma eines »Zustand(s) göttlich beseelter Natur und Liebe« (Borchmeyer, »*Faust*« und »*Der Ring des Nibelungen*«[Anm. 12], S. 142).

50 Eine paradoxe Formulierung aus der Nornenszene gibt über diesen Aspekt des Mythos bündig Auskunft: »der ewigen Götter Ende / dämmert ewig da auf« (Wagner, *Der Ring des Nibelungen* [Anm. 39], S. 267). So käme es nie zum Ende.

durch ein anschaulich wirkendes Zuverlässigkeitsmodell zu verscheuchen, liegt auf der Hand. Dazu drängt sich ein zweiter Einwand auf. Nimmt man den Monismus der im und durch den Ursprung geleisteten Vermittlung beim Wort, so ist zu fragen, wie und warum Natur überhaupt aus sich heraustritt und sich selbst entäußert. Frank, der sich in diesem Punkt von Hübner und seinen Leuten grundsätzlich unterscheidet, gibt die eine von zwei möglichen Antworten: Natur selbst muß in sich unterschieden, ja verderbt sein – der Mythos der Geschichte entfaltet lediglich das in ihr Angelegte.[51] Wenn das so ist – und es lassen sich dafür Belege namhaft machen –, ist die These vom gottseligen Naturstand nicht zu halten. Dementsprechend fällt die Antwort der Gegenseite aus: Durch Alberich kommt das »radikal Böse« in die Welt.[52] Damit aber bricht die Monismusthese in sich zusammen. Es gibt die Natur und es gibt die Moral. Die Moral aber ist die der Wissenschaftler, die von ihrer Genealogie nichts gehört haben. Zug um Zug entfalten die großen kosmogonischen Mythen aus anschaulichen Gegensätzen wie Oben und Unten, Licht und Dunkel auch eine ethische Polarität, die freilich nirgends schlackenlos in Erscheinung tritt. Das mythologische Personal läßt sich Gut und Böse nicht eindeutig zuordnen; für den *Ring* gilt das in vielleicht noch höherem Grade als für die mythologischen Systeme des Altertums wie die *Theogonie*. Der Aberwitz, daß unmittelbar nach Entstehung der Welt, wo noch »alles in allem gegenwärtig« ist[53], Gut und Böse bereits definiert wären, ist ein verdecktes Theologumenon. Daß der Ursprung das Ganze ist und das Gute, ist keine Behauptung des Mythos, sondern einer dogmatischen Theologie, der die Existenz des Bösen zum Welträtsel wird. Vor den beiden möglichen Konsequenzen, welche das theologische Problem unausweichlich nach sich zieht, schreckt Hübners Mythostheorie zurück. Unbestimmt schwankt sie zwischen der Behauptung des Goldenen Zeitalters und der Deutung der *Ring*-Handlung als numinoses Verhängnis. Damit aber wird die Instanz zur Geschichtswerdung und ihrer Verderbnis ermächtigt, die Hübner von solchen Implikationen freizuhalten sich bemüht.

Die Aporie hat sich auch in Hübners Auseinandersetzung mit Rudolf Otto niedergeschlagen. Otto ist eine der großen ambivalenten Gestalten des beginnenden 20. Jahrhunderts; sein Buch *Das Heilige* entfaltete eine ungeheure Wirkung durch alle akademischen und außerakademischen Disziplinen. Von ihm übernimmt Hübner den Begriff des Numinosen, der die Grundlage seiner ›numinosen Deutung des Mythos‹ bildet. In der Übernahme aber wird er vergegenständlichend und ursprungsmythisch verzerrt. Vergegenständlichend verfährt Hübner, indem er das Irrationale, das Otto zufolge ein apriorisches Moment von Welterfahrung bildet, zum Ansichseienden stilisiert, das

---

51 Frank, »*Weltgeschichte aus der Sage*« (Anm. 32), S. 24.
52 Borchmeyer, *Wagners Mythos vom Anfang und Ende der Welt* (Anm. 6), S. 8.
53 Hübner, *Die Wahrheit des Mythos* (Anm. 1), S. 112.

in seiner *Ring*-Deutung als Subjekt der Weltgeschichte auftritt. Otto, an dem der Einfluß des Neukantianismus sich deutlich ablesen läßt, hütet sich vor solcher Vergegenständlichung. Phänomenologisch notiert er religiösen Erfahrungen gemeinsame Eigenschaften, die zueinander in Beziehung gesetzt werden. Hübner vollzieht dann die eidetische Reduktion auf das Wesen, zu der Ottos Text bisweilen verlockt, gegen die er sich aber, soweit ich sehe, weitgehend sperrt. Die ursprungsmythische Umwendung wiederum erhellt der Tatbestand, daß Otto das Erste nicht für das Beste gilt. Die archaischen Dokumente religiöser Erfahrung sind für ihn von symptomatischem Interesse: Aus ihnen läßt sich das irrationale Moment der Religion lediglich mit gesteigerter Präsenz ersehen. Der Geist, das rationale Moment, das im Lauf der Geschichte immer deutlicher hervortritt, ist nicht der Widersacher der Seele. Die Geschichte der Religionen, die Otto als religiöse Entfaltung des religiösen Apriori begreift, strebt vielmehr nach Versöhnung, einer Balance des Rationalen und Irrationalen. Die Versittlichung des Numinosen stellt nicht seine Verdeckung, sondern auch seine Humanisierung – und Bereicherung – dar.[54] Geschichte ist auch der Raum einer wachsenden und veränderten Erfahrbarkeit des Numinosen.[55] Von solcher Dialektik ist Hübners Theorie nicht angekränkelt. Seine Aneignung des Numinosen, die sich auf den Begriff selbst und auf die faszinierende und problematische Phänomenanalyse Ottos beschränkt, macht dessen systematische Intention rückgängig. Das reine Numinose selbst, das bei Otto nicht vorkommt – weder ›rein‹, noch als Substanz – tritt als raunende Statthalterin positiver Religion auf: auch dies eine kaum zulässige Theologisierung des Mythos. Neben der Tendenz zur Identifikation von Mythos und Natur erscheint die zur Identifikation von Mythos und Religion.

Beide klammern das Problem des Anthropomorphismus aus. Die menschenförmige Gestalt aller Handelnden, wie die Geschichte, die sie herstellen, bleiben bei Hübner Schein, »ein Reflex numinoser Mächte und Vorgänge«.[56] Indem »alles Vergängliche« – und was wäre mehr von Vergänglichkeit gezeichnet als das dramatische Personal des *Rings*? – als »Gleichnis der ewigen Urbilder«[57] erkannt wird, spaziert die durch die Hauptpforte herausgeworfene allegorische Deutung des Mythos[58] durch die Hintertür wieder

---

54 »Die immer klarere immer machtvollere Rationalisierung und Vermittlung des Numinosen ist selber der wesentlichste Teil dessen, was wir als ›Heilsgeschichte‹ bezeichnen und als immer wachsende Selbstoffenbarung des Göttlichen würdigen. Zugleich aber wird klar, daß die ›Ethisierung der Gottesidee‹ keineswegs eine Verdrängung, ein Ersatz des Numinosen durch etwas anderes ist ... sondern eine *Erfüllung* desselben mit einem neuen Gehalte, das heißt daß sie sich vollzieht *am* Numinosen.« (Otto, *Das Heilige* [Anm. 4], S. 135 f.)

55 Vgl. a. a. O., S. 204.

56 Hübner, *Lebensgeschichte und Welterlösung* (Anm. 1), S. 83.

57 A. a. O.

58 Vgl. Hübner, *Die Wahrheit des Mythos* (Anm. 1), S. 48 ff. Alle von Hübner angeführten Deutungen des Mythos – bis auf die numinose – werden von ihm im Grunde als allegorisch rubriziert, da sie den Mythos

herein. Demgegenüber ist daran festzuhalten, daß ausnahmslos alle Figuren des *Rings* ein Zwischenbereich besetzen, in dem Natur und Geschichte sich kreuzen und in einem permanenten Prozeß ineinander überführt werden, ohne daß ihr Verhältnis jemals zur Formel sich stabilisierte. Für diese instabile, zweideutig bleibende Vermittlung steht die Menschenform der Götter und Heroen ein, in der sich über- und gegenweltliche Momente[59] damit verbinden, daß sie »als handelnd und erleidend in Zeit und Raum vorgestellt werden«.[60] Signum mythologischer Gestalten ist nicht absolute, sondern durch ihre Pluralität erzwungene relative Übermacht[61], und die Neuzeit berief sich auf den Mythos auch als auf ein Befreiungsunternehmen, das nicht den Sprung aus der Endlichkeit verheißt, sondern den Konflikten und Zweideutigkeiten endlichen Daseins die Treue hält.[62] Für diese – realistische, kritische, entlastende – Identifikation ist der Anthropomorphismus die Bedingung. In ihrer Menschenform beziehen sich die mythologischen Gestalten ebenso auf die Macht der Natur wie auf menschliche Ohnmacht und ihre Möglichkeiten zur Ermächtigung; auf Anfang und Ende des Mythos selbst. Ἀνθρωπομορφή heißt die Figur, in die die Doppelbewegung der mythologischen Erzählung je und je eingezeichnet ist – ihrem Akzent nach unterschieden in jeder einzelnen Gestalt und in jeder einzelnen Gestalt sich wandelnd. Sie bewegen sich auf einer Skala, die die Reinheit des Naturgrundes und die reine, entzauberte Menschenwelt als Grenzwerte hat, ohne sie jemals zu erreichen. Heraus fällt niemand, auch Erda nicht, die Hübner vor der allgemeinen Korruption bewahren möchte – Verkörperung in Menschengestalt aber bedeutet ebenso Geschichtswerdung, ›Korruption‹, wie sie darüber hinausweist – und der er das Überleben nach dem Weltuntergang zusichert.[63] Ein solches Fortbestehen kann nicht ausgeschlossen werden, nur erteilt der Mythos darüber keine bündige Auskunft, ebensowenig wie über die Zukunft der Menschen, die dem Spektakel der Götterdämmerung verzaubert beiwohnen: schneidend klingt der übermäßige Akkord auf Hagens letzte Worte, die die letzten Worte der ganzen Tetralogie sind, durch die besänftigenden Motive, die ihn zudecken und zu Ende geleiten.

---

darin aufgehen lassen sollen, etwas anderes zu bedeuten, als er selber ist. Einfühlung ins Selbstsein des Mythos bezeichnet den gegenüber Hübners Programm.

59 Heinrich, *anthropomorphe* (Anm. 8), S. 289: »einerseits waren sie [die Götter des Mythos] die kommandierende Oberwelt (oder Überwelt), nach dem Bilde der eigenen Oberschicht geformt, andererseits waren sie eine Gegenwelt, in der die Bedürfnisse sich befriedigen ließen, das Leben ... leicht zu führen und ohne Ende zu führen war.«

60 Paul Tillich, Artikel *Mythus und Mythologie*, in: *Die Religion in Geschichte und Gegenwart*, Zweite Auflage, Tübingen 1930, Bd. IV, Spalte 363.

61 Das hat die frühe romantische Theorie des Mythos deutlich gesehen. Vgl. Karl Philipp Moritz, *Die Götterlehre der Griechen und Römer oder mythologischen Dichtungen der Alten* (1791), Leipzig 1878, S. 9: Die mythologieproduzierende Phantasie »scheut den Begriff einer metaphysischen Unendlichkeit und Unumschränktheit am allermeisten ... Keines dieser höhern Wesen, welches die Phantasie sich vorstellt, ist von Ewigkeit, keines von unumschränkter Macht.«

62 Vgl. Heinrich, *anthropomorphe* (Anm. 8), S. 297 ff.

63 Hübner, *Die Wahrheit des Mythos* (Anm. 1), S. 389.

II
Vorspiel in den oberen Rängen

> »Wenn ich aber eine Überzeugung, eine religio
> mein eigen nenne, so ist es die, daß es nie eine Stufe
> gegeben hat, auf der der Mensch noch nicht Geist,
> sondern nur Natur war ... die Idee zu visieren, – das
> ist eine Schwäche von ihm.«   (Thomas Mann)

In dem Augenblick, in dem der Vergleich zwischen den mythologischen Unternehmungen Wagners und Manns über eine rhapsodische Beschwörung einzelner, vorgeblich gemeinsamer Motive hinausstrebt, sieht er sich erst einmal mit den Unterschieden konfrontiert, die den Vordergrund massiv ausfüllen. Es ist bekannt, daß Wagners Werk, den wiederkehrenden Dementis zum Trotz, Manns zentrale künstlerische Erfahrung bildete, an der er sich sein Leben lang abarbeitete. Sich in Wagners Spuren zu wissen, bedeutete freilich Nachfolge ebenso, wie es eine provozierende Herausforderung darstellte: *Joseph und seine Brüder* ist Korrektur und Überbietung des Wagnerschen Mythos in eins.[64] Zuallernächst springt die Differenz der Gesamtanlage ins Auge. Der *Ring* ist in wesentlichen Zügen als Verfallsgeschichte entworfen, dagegen strahlt wie kein anderes seiner Werke die Mannsche Epopöe einen unbeirrbaren Zivilisationsoptimismus aus. Dem kosmischen ›then to the elements‹ stehen die soziale Utopie und das rührende Familienbild gegenüber, mit dem die »schöne Geschichte und Gotteserfindung«[65] ihre Leser entläßt. Joseph ist, wie Heftrich erkannt hat, regelrecht als Anti-Siegfried konzipiert. Seine äußere Erscheinung ist dem arischen Typus, als welcher die Siegfriedsgestalt sich durchsetzte, überlegt entgegengesetzt. Der Ring, den ihm der Pharao gewährt, verleiht nicht gerade »masslose Macht«[66], aber doch beträchtlichen Einfluß, den er zum Wohl der Völker nutzt. An einem der Wendepunkte des Romans, am Ende der Mut-em-Enet-Episode, bewegt ihn das Antlitz des Vaters, in dem persönliche und weit überpersönliche Züge ineinanderspielen, zum Liebesverzicht, aus dem im *Ring* das weltgeschichtliche Unheil entspringt; Siegfrieds und Brünnhildes Vereinigung vollzieht sich nach der Entmachtung des ›Vaters‹ Wotan, in der furchtsam-lustvollen Anrufung der Mutter. – Nicht wenige solcher Einzelzüge ließen sich dem vergleichenden Bild hinzufügen. Sie lassen sich so zu-

---

64 »Mit der Josephs-Tetralogie, so der nicht nur heimliche Ehrgeiz des Autors, sollte den beiden deutschen Weltgedichten des neunzehnten Jahrhunderts im zwanzigsten ein drittes an die Seite gestellt werden. Es galt, Wagner aus dem Geist Goethes zu beerben.« (Eckhard Heftrich, *Geträumte Taten. »Joseph und seine Brüder*«, in: ders., *Über Thomas Mann*, Bd. III, Frankfurt a. M. 1993, S. VIII)

65 Thomas Mann, *Joseph und seine Brüder* (Gesammelte Werke in dreizehn Bänden, Bd. IV u. V [Taschenbuchausgabe]), Frankfurt a. M. 1990, S. 1818. Da die beiden Bände, auf die die Tetralogie in den Gesammelten Werken verteilt ist, durchlaufend paginiert wurden, wird ohne Nennung des Bandes, lediglich durch Angabe der Seitenzahl, zitiert.

66 Wagner, *Der Ring des Nibelungen* (Anm. 39), S. 20.

sammenfassen, daß dem *Ring* als der Tragödie von Ursprungsverfallenheit und Ursprungslosigkeit, die sich, in Gestalt Wotans und Siegfrieds, als zuinnerst dasselbe erweisen und im Untergang wechselseitig aufheben, der Roman als das Epos der fortschreitenden Reflexion des Ursprungs entgegengestellt wird, die ihn aneignend zu verwandeln vermögend ist.[67] Jaakob und Joseph markieren Stationen dieses metamorphotischen Prozesses, sie unterscheiden sich graduell, nicht als dialektischer Gegensatz.[68]

Aber Überbietung geht fehl, wo sie nicht auf ein Gemeinsames sich berufen kann. Ihre Spannung gegeneinander verdanken die auf der Handlungsebene so divergent ausgestalteten Konzeptionen Manns und Wagners dem nicht identischen, aber doch benachbarten Grund, auf dem sie sich erheben. Für das der Wagner-Literatur geläufigste Motiv des ›Einst‹ kann dies freilich nur bedingungsweise gelten. Im fünften Abschnitt des *Vorspiels* heißt es: »Was uns beschäftigt, ist nicht die bezifferbare Zeit. Es ist vielmehr ihre Aufhebung im Geheimnis der Vertauschung von Überlieferung und Prophezeiung, welche dem Worte ›Einst‹ seinen Doppelsinn von Vergangenheit und Zukunft und damit seine Ladung potentieller Gegenwart verleiht.«[69] Auf den ersten Blick scheint Mann hier der Wiederkehr des Selben das Wort zu reden. Er findet sich wenige Zeilen später bestätigt. »Jede Weihnacht wieder wird das welterrettende Wiegenkind zur Erde geboren«, gibt der Erzähler zu verstehen. Wir werden in Kürze sehen, welches Recht jener erste Blick im Rahmen einer Interpretation beanspruchen darf, die sich mit ihm nicht zufrieden geben kann. Sie wird inspiriert durch den anscheinenden Widerspruch der Stelle zur Gesamtkonzeption des Romans, der gerade auf die Genese bezifferbarer, geschichtlicher Zeit hinaus will. Sauer hat, soweit ich sehe, als einziger auf diesen Widerspruch hingewiesen. Er vertritt die Geschichtlichkeit des *Joseph* »nicht allein gegen die vom Selbstinterpreten Thomas Mann vertretene Meinung, sondern auch entgegen der des Romanerzählers selbst, der in IV, 32 [an der zitierten Stelle] die Zeit, von der er sprechen möchte, als eine definiert, wie sie mehr dem Zeitbegriff des Mythischen entspricht. ... Der Autor, der zu Beginn ... einen solchen Zeitbegriff anvisiert, kommt dann aber im Fortgang seines Erzählens nicht umhin,

---

67 Paul Ludwig Sauer, *Gottesvernunft. Mensch und Geschichte im Blick auf Thomas Manns »Joseph und seine Brüder«*, Frankfurt a. M. 1996, S. 74: Der Mythos bei Mann ist »nicht das große ›Andere‹ der Geschichte, sondern die Geschichte eines Aneignungs- und Verwandlungsgeschehens«.

68 Den Begriff der Metamorphose entlehnte Mann sicherlich bei Goethe (vgl. Heftrich, *Geträumte Taten* [Anm. 64], S. 168). In *Lotte in Weimar* heißt es: »Wisse, Metamorphose ist deines Freundes [sc. Goethes] Liebstes und Innerstes« (Mann, Gesammelte Werke [Anm. 65], Bd. II, S. 763 f.). Nicht geringer ist freilich der wie immer vermittelte Einfluß Ovids zu veranschlagen. Die *Metamorphosen* sind kein Korrolar zusammengesuchter mythologischer Verwandlungsgeschichten, diese figurieren vielmehr und begleiten spannungsvoll das eine große metamorphotische Geschehen, als welches Ovid die Geschichte von ihren chaotischen Anfängen bis zum augusteischen Zeitalter deutet. Eine Darstellung, die das Verhältnis des Josephsromans zu den *Metamorphosen* theoretisch fundiert klärte, steht, soweit ich sehe, noch aus.

69 Mann, *Joseph und seine Brüder* (Anm. 65), S. 32. Borchmeyer hat dieses Textstück seinem in Anm. 6 genannten Aufsatz als Motto vorangestellt.

einen dem entgegengesetzten zu verwenden ... Dadurch befähigt er seine Tetralogie, ein Geschichtswerk zu werden.«[70] Aber der Widerspruch läßt sich – von zwei Seiten – auflösen. Zunächst nämlich sind an der zitierten Stelle die Zeiten, Gegenwart, Vergangenheit und Zukunft längst nicht so bruchlos ineinander gefügt wie die Behauptung ewiger Wiederkehr es suggeriert. Darauf weist zuerst die Rede von der ›potentiellen‹ Gegenwart. Nicht blind und zwanghaft determinieren die mythischen Muster die Wirklichkeit; sie enthalten diese vielmehr als Möglichkeit ihrer Vergegenwärtigung. Vergegenwärtigung aber meint nicht identische Reproduktion; der Begriff schillert nicht weniger als die Stelle, die ihn zuerst einführt. Etwas früher heißt es: »Das Erlebnis bestand weniger darin, daß etwas Vergangenes sich wiederholte, als darin, daß es gegenwärtig wurde.«[71] Wiederholung scheint zunächst das schwächere Konzept zu vertreten; auch hier sieht es so aus, als steuerte die Periode auf die Wiederkehr des Selben zu. Aber sie ist auch in der Gegenrichtung lesbar: Die Umstellung der reflexiven auf die passivische Satzkonstruktion indiziert eine Subjektverschiebung, die sich hier noch im stillen vollzieht, zugleich aber die geschichtsphilosophische Großform des Romans andeutend vorwegnimmt. Der Begriff der Vergegenwärtigung selber schwankt, wie der der Wiederholung, zwischen dem reflexiven und dem transitiven Sinn des Verbs; der Roman als Ganzes zeichnet, wenn man so will, die Geschichte seiner fortschreitenden semantischen Umwertung nach. An später Stelle wird dann gesagt: »Denn Wiederkehr ist Abwandlung«[72], und es ließe sich die verschlungene, von Intermittenzen und Rückschlägen unterbrochene Umschichtung des Schemas mythologischer Identifikation durch die gesamte Tetralogie hindurch verfolgen.[73]

Aber die Passage aus dem Vorspiel, von der wir ausgingen, erweist noch an einer zweiten Stelle ihre Doppelbödigkeit. Nicht einfach werden Zukunft und Vergangenheit gleichgesetzt, sondern in Rede steht die »Vertauschung von Überlieferung und Prophezeiung«: nicht allein eine Form der Entzeitlichung, sondern des Wechselprozesses von Mythos und Geschichte. Denn die Anbindung dessen, was geschehen wird, ans überlieferte Muster, ist der

---

70 Sauer, *Gottesvernunft* (Anm. 67), S. 290.
71 Mann, *Joseph und seine Brüder* (Anm. 65), S. 30.
72 A. a. O., S. 833 f. – Es ist die Formel der ›dialektischen Anthropologie‹, die Sauer dem Josephsroman zugrunde legt. Sie »besteht in der Spannung zwischen dem ›Muster‹ oder ›Schema‹ und der Freiheit zu deren Abwandlung« (*Gottesvernunft* [Anm. 67], S. 169; im Original kursiv). Vgl. auch Irene Kann, *Schuld und Zeit: literarische Handlung in theologischer Sicht. Thomas Mann – Robert Musil – Peter Handke*, Paderborn 1992, S. 48 ff.
73 Käthe Hamburger unterscheidet zwischen unbewußter Identifikation und bewußter Imitation im Mythos (*Thomas Manns biblisches Werk. Die Josephs-Romane. Die Moses-Erzählung »Das Gesetz«*, München 1991, S. 34). Die für sich genommenen Begriffe ermangeln aber einer realen Entsprechung; sie bezeichnen die virtuellen Endpunkte eines Kontinuums von Verhaltensweisen, die stets, in unterschiedlicher Gewichtung und Schichtung, auf beide Momente bezogen bleiben. Zu diesem Komplex vgl. auch Manfred Dierks, *Studien zu Mythos und Psychologie bei Thomas Mann. An seinem Nachlaß orientierte Untersuchungen zum »Tod in Venedig«, zum »Zauberberg« und zur »Joseph«-Tetralogie*, Bonn 1972, S. 103 ff. Zum Motiv der Abwandlung in relativ frühen Stadien des Romans vgl. Sauer, *Gottesvernunft* (Anm. 67), S. 173-175.

Erfüllung des Vergangenen mit prophetischem Geist komplementär. Das Vergangene wird mit dem inneren Impuls auf das begabt, was nicht und anders ist. Im nächsten Abschnitt schreibt Mann: Durch Abrahams Bruch mit der Tradition »gewann in Josephs Heimat das Vergangene ... einen Einschlag des Zukünftigen und der Prophetie: Ein Gericht schwebte über dem himmelan getürmten Trotzmal von Nimrods Königsvermessenheit ... So lehrte der alte Eliezer es den Sohn Jaakobs und wahrte so den Doppelsinn des ›Einst‹, seine Mischung aus Mär und Verkündigung.«[74] Die Stelle transformiert die mythische Formel, indem sie ihren latenten Sinn zutage fördert –: in solcher Umdeutung kündigt sich in nuce die Teleologie des Romans an.

Der von Sauer bemerkte Widerspruch löst sich also zum einen in der kalkulierten Zweideutigkeit unserer Stelle auf. Daß in ihr das von Borchmeyer einzig hervorgehobene Zeitverständnis dominiert, findet aber zum anderen seine Erklärung in der Stellung, die das Vorspiel innerhalb der Tetralogie einnimmt. Es umschreibt das gesamte Unternehmen, und es bildet den Beginn der Erzählung, es ist das *Ganze* und der *Anfang*. Als das Ganze versammelt es alle Elemente des Prozesses, den der Roman entfaltet, als Anfang enthält es sie in unfertiger, ja defizienter Gestalt. Diese Doppelstruktur ist in unzählige Formulierungen des Vorspiels eingewandert. Wenn es am Ende heißt: »Fest der Erzählung, du bist des Lebensgeheimnisses Feierkleid, denn du stellst Zeitlosigkeit her für des Volkes Sinne und beschwörst den Mythus, daß er sich abspiele in genauer Gegenwart!«[75], so verhilft die Wendung von der ›genauen‹ Gegenwart einem Impuls zum Ausdruck, der den Sinn der Erzählung als kultischem Vollzug[76] zugleich bestätigt und bricht. Das Attribut hängt in der Luft; unentschieden bleibt, ob es als Ergebnis mythischer Vorherbestimmung oder als Bezeichnung der individuellen, genau-historischen Umstände dient, die die Gegenwart erst zur Gegenwart machen.

Das Vorspiel begnügt sich nicht mit solchen Andeutungen, die sich durch seine Doppelfunktion im Roman erhellen lassen. Diese bildet als Gestalt des Ursprungs vielmehr seinen eigentlichen Gegenstand, über den es sich erzählend und räsonierend verbreitet. Die Suche nach dem Ursprung, als die es sich präsentiert, hat zum Ziel, zu dem Punkt vorzudringen, von dem aus das Menschheitsgedicht seinen Anfang legitimerweise nehmen kann. Da es aber der Mensch selbst ist, dessen Geschichte in Rede steht, muß der Anfang zugleich das Ganze in sich enthalten. Ein geschichtliches und ein geschichtslos-übergeschichtliches Moment treten im Ursprung zusammen; er ist dadurch qualifiziert, daß diese Momente in ihm in Spannung stehen und sich

---

74 Mann, *Joseph und seine Brüder* (Anm. 65), S. 33 f.
75 A. a. O., S. 54.
76 Darauf möchte Dierks (*Studien zu Mythos und Psychologie* [Anm. 73], S. 115 f.) die Erzählung vor allem vereidigen.

zugleich der wechselseitigen Vermittlung fähig erweisen. Solche Forderung bedingt den äußerst komplexen Aufbau der *Höllenfahrt*, dem die folgende Analyse gewidmet ist. Sie nimmt, dies sei vorweg gesagt, in Kauf, eine ganze Reihe von Motiven, die für das Mannsche Unternehmen ausschlaggebend sind, aussparen zu müssen. Ich hoffe aber zeigen zu können, daß wir mit der Beschränkung auf die Ursprungsproblematik ein Modell erarbeiten können, das uns auch Aufschluß über den Wagnerschen Mythos verschafft.

Das Vorspiel läßt sich in drei thematische Abteilungen untergliedern. Die erste umfaßt die Abschnitte 1 bis 7, die zweite die Abschnitte 8 und 9, den Beschluß bildet der zehnte Abschnitt; sie lassen sich unter den Stichworten Ursprungssuche, Roman der Seele und Erzählung grob rubrizieren. – Die erste Abteilung unternimmt jene Fahrt in den »Brunnen der Vergangenheit«[77], deren Tiefe sie fort und fort auszuloten versucht, sie zeichnet die Bahn eines historischen, mit altorientalistischen Lesefrüchten angereicherten Fragens nach, auf der Suche nach einem ersten, einem absoluten Ursprung. Aber es erweist sich als vergeblich, der Brunnen scheint tatsächlich so unergründlich zu sein, wie es der erste Satz der Tetralogie mutmaßt. Ein erstes Geschehen, von dem die Geschichte des Menschengeschlechts ihren Ausgang genommen hätte, ist nicht auszumachen. Alle vermeintlichen Ursprungsereignisse geben bei näherem Hinsehen nur den Blick auf ältere frei. Auch der »Garten in Eden«, die letzte und äußerste Vorstellung eines historischen Anfangs, bildet »nur ein kulissenhaft scheinbares Wegesziel«[78] der Suche, die sich in geschichtlich nicht mehr zu fassender Zeitenferne verliert.

Die ins Grundlose führende Bewegung wird in zweifacher Weise aufgefangen. Zuerst führt sie auf die Hilfskonstruktion zyklischen Zeitverständnisses, auf das ›Einst‹ im ersten, offenbaren Sinne. Das zyklische Geschichtsmodell ist nämlich in gewisser Hinsicht ursprungsunbedürftig. Was in ihm vorfällt, setzt es als seinen eigenen Ursprung voraus, von dem her das Geschehen gedeutet wird. Als ursprungshaft qualifizieren sich Ereignisse – Naturkatastrophen wie die Sintflut, Zivilisationskatastrophen wie der Turmbau zu Babel – durch Drastik und Wiederholbarkeit, die sie dem kollektiven Gedächtnis einprägen.[79] Dieses verdichtet sie zu den überhistorischen, in der Sprache des Mythos: vorgeschichtlichen Geschehnissen, die je und je vergegenwärtigt werden. Von der rollenden Sphäre, einem später eingeführten Bild mythischen Denkens, das in wesentlichen Zügen mit der im fünften

---

77 Mann, *Joseph und seine Brüder* (Anm. 65), S. 9.
78 A. a. O., S. 38.
79 »Wenn das Ereignis wichtig genug war oder sich oft genug wiederholt hat oder beides«, heißt es in charakteristischer Unbestimmtheit bei Freud (*Der Mann Moses und die monotheistische Religion*, in: Studienausgabe, Bd. IX, Frankfurt a. M. 1974, S. 548). Es ist hier nicht der Ort, auf die frappierenden Gemeinsamkeiten zwischen Mann und Freud einzugehen. Sie übersteigen bei weitem das, was aus den beiden Freud-Essays Manns sich ersehen läßt. Wieweit sie sich seiner Auseinandersetzung mit Freud verdanken oder, wenn man so will, aus einer ideengeschichtlichen Konvergenz resultieren, vermag ich nicht zu entscheiden.

Abschnitt des Vorspiels entwickelten Vorstellung koinzidiert, wird bedeutet: »einen Anfang gibt es nicht in der rollenden Sphäre«.[80] Darin ist das Modell begründet, das aus der Not der Ursprungslosigkeit eine Weltanschauung macht. Daß Mann sie nicht als urerste Wahrheit der Gattungsgeschichte anpreist, sondern sie in ihrem Gewordensein verständlich macht, bezeichnet ein Moment immanenter Kritik der konservativen Mythostheorie, der sie sich namens der Berufung auf Mann hätte stellen müssen.

Sodann aber läuft die vergebliche Suche nach den allerersten Anfängen in eine theologische Ursprungsfabel aus, den Roman der Seele. Die Fahrt in die Vergangenheit verliert sich auf der einen Seite in »den Tagen des Set«[81], das heißt im Dämmer der Vorgeschichte. Auf der anderen jedoch erfährt sie an ihrem Ende eine metaphysische Wendung. In ihr werden vorgeschichtlicher und übergeschichtlicher Ursprung voneinander geschieden. Mythisches und theologisches Ursprungsdenken treten auseinander; der Roman als ganzes entwickelt die Möglichkeiten ihrer Vermittlung. Dierks hat gezeigt, daß die Wendung bereits im fünften Abschnitt des Vorspiels vorbereitet wird; dort nämlich, wo der Erzähler die Dacqué entlehnte These aufstellt, »daß ... der Mensch in seiner Eigenschaft als Tier das älteste aller Säugetiere sei und schon in Zeiten späterer Lebensfrühe, vor aller Großhirnentfaltung, in verschiedenen zoologischen Modetrachten, amphibischen und reptilischen, auf Erden sein Wesen getrieben habe«[82] –, daß also das Gattungswesen des Menschen seinem naturgeschichtlichen Auftreten voraufgegangen sei.[83] Dierks' Interpretation des Vorspiels ist mit einem ausgeprägten Blick für dessen »physisch-metaphysische Doppelperspektive«[84] begabt. Zugleich aber bleibt er hinter der Komplexität der Mannschen Intention zurück, wenn er die Überzeitlichkeit, in der der Verlauf des Romans der Seele gesetzt ist, allein im Sinn Schopenhauerscher Metaphysik versteht. Der überzeitliche Charakter des Gottes- und Weltgeschehens kommt mit der Zeitlosigkeit, die bei Schopenhauer im Reich des Willens waltet – »Es herrscht das *nunc stans*«[85] –, nicht überein. Überzeitlichkeit bedeutet gegenüber Zeitlosigkeit ein inneres Verhältnis zu Zeit und Geschichte; die Art und Weise, in der diese sich absolut ausdrücken, nicht ihre Tilgung. Daß der Roman der Seele das paradox anmutende Ziel verfolgt, ›das Absolute und die Geschichte‹ innerlich zu vermitteln[86], läßt sich meines Erachtens durch zwei Argumente

---

80 Mann, *Joseph und seine Brüder* (Anm. 67), S. 190; vgl. S. 422.
81 Vgl. a. a. O., S. 20 f.
82 A. a. O., S. 28.
83 Dierks, *Studien zu Mythos und Psychologie* (Anm. 73), S. 84: »aus der Sukzession ihrer Verkörperungen [wird] die überzeitliche Idee des Menschen herausgehoben«.
84 A. a. O., S. 83.
85 A. a. O., S. 85.
86 *Das Absolute und die Geschichte* – so lautet der Titel von Habermas' 1954 vorgelegter Dissertation, in der er dem Problem der Vereinbarkeit dieser beiden Pole in Schellings Denken nachgeht. Besonderes Gewicht legt er dabei auf die erst 1946 erschienenen *Weltalter*-Fragmente, in denen, so die These der Dissertation,

belegen. Erstens wird die metaphysische Wendung nicht eigentlich als solche benannt, sondern als zeitlicher Übergang dargestellt. »Nicht hier, nicht am Anfange von Zeit und Raum wurde die Frucht vom Baume der Lust und des Todes gebrochen und gekostet. Das liegt vorher. Der Brunnen der Zeiten erweist sich als ausgelotet, bevor das End- und Anfangsziel erreicht wird, das wir erstreben; die Geschichte des Menschen ist älter als die materielle Welt, die seines Willens Werk ist, älter als das Leben, das auf seinem Willen steht.«[87] Dieses ›älter‹ ist ein anderes als das, worauf die ›Dünenkulissen‹ und ›Vorlagerungen der Vergangenheit‹ bei der historischen Ursprungssuche wieder und wieder hinweisen. Auch wenn es heißt »Das liegt vorher«, wird der Blick auf ein Geschehen frei, dessen Verhältnis zur historisch faßbaren Menschengeschichte sich mit den Angaben ›vorher – nachher‹ nicht bestimmen läßt. Denn es umfaßt das Ganze göttlichen und menschlichen Geschicks. Es ist eine heilsgeschichtliche Skizze, die Vergangenheit, Gegenwart und Zukunft in sich schließt. Zweitens aber entwickelt sie den Zusammenhang der Zeiten als geschichtliches Verhältnis.[88] Die Begriffe von Wiederholung und Vergegenwärtigung, gleichviel welchen Sinnes, finden auf die Beziehung der im Roman der Seele Dargestellten zum irdischen Geschehen keinerlei Anwendung. Durch den historisch motivierten Überstieg über Geschichte wird Geschichte allererst freigesetzt, als das Unendliche, das seiner Verwirklichung in der Zeit bedarf. An späterer Stelle im Roman ist vom »Leidenszug« Gottes die Rede, der in seiner heilsgeschichtlichen Unfertigkeit beschlossen liegt[89]; im zweiten Vorspiel spricht der Erzähler von »Gottes Neugier nach sich selbst«[90], die ihn zur Erschaffung des Menschen und später zu seiner »Verleiblichung … in einem … Wahlvolk«[91] bestimmte. Die beiden Abteilungen des Vorspiels stehen in genauer Entsprechung: Die historische Ursprungssuche setzt den überzeitlichen Aspekt des Ursprungs frei; dieser aber entläßt im Roman der Seele aus sich virtuell

---

Schelling einer konsistenten Form der Vermittlung am nächsten gekommen sei. Auch wenn ich an späterer Stelle noch auf Schelling zu sprechen kommen werde, verbietet es sich, diesem Verweis in einzelnen nachzugehen; bemerkt sei hier nur, daß Schellings Weltalter-Projekt und das Mannsche Unternehmen sich bisweilen in erstaunlicher Nähe zueinander bewegen.

87 Mann, *Joseph und seine Brüder* (Anm. 65), S. 38 f.
88 Eine detaillierte Interpretation des Romans der Seele kann hier nicht gegeben werden. Es sei soviel gesagt, daß in dem verschlungenen Widerspiel von Gott, Seele, Materie und Geist dieser das eigentlich geschichtstragende Prinzip, nämlich das »Prinzip … der Zukunft« (a.a.O., S. 48), der »Anstoßnahme, des Widerspruchs und der Wanderschaft« (a.a.O., S. 49) darstellt. Mann bekannte von dieser Stelle brieflich: »das Vorspiel spielt eine bestimmte Weltanschauung eigentlich nur an einer Stelle aus. Es ist …, wo von der naturverflochtenen Seele und dem außerweltlichen Geist, dem Prinzip der Vergangenheit und dem der Zukunft, die Rede ist.« (Thomas Mann, *Briefe 1948-1955 und Nachlese*, Frankfurt a.M. 1965, S. 214)
89 Mann, *Joseph und seine Brüder* (Anm. 65), S. 434.
90 A.a.O., S. 1279. – Vgl. Friedrich Wilhelm Joseph Schelling, *Philosophische Untersuchungen über das Wesen der menschlichen Freiheit und die damit zusammenhängenden Gegenstände*, Frankfurt a.M. 1984, S. 95: »Ohne den Begriff eines menschlich leidenden Gottes, der allen Mysterien und geistigen Religionen der Vorzeit gemein ist, bleibt die ganze Geschichte unbegreiflich«.
91 Mann, *Joseph und seine Brüder* (Anm. 65), S. 1284.

Geschichte. Diese »Geschichte hinter der Geschichte«[92] tritt in die im *Joseph* geschilderte Realgeschichte als Abwandlung der mythischen Schemata ein. Die mythischen Ursprünge, deren Genese die erste Abteilung des Vorspiels dartat, und der theologisch-heilsgeschichtliche Ursprung alles Geschehens in Raum und Zeit stehen einander nicht abstrakt, als die unvereinbaren Grundprinzipien von Zyklik und Geschichte gegenüber, sondern sind in der Weise miteinander vermittelt, daß der überzeitliche Geschichtsprozeß der Schemata um ihrer Abwandlung willen bedarf. Er ist es, der gewissermaßen die drehende Sphäre anstößt und in die rollende verwandelt, von der Mann spricht; er setzt den Doppelsinn der oben interpretierten Stellen gattungsgeschichtlich frei. Er ist zu seiner Darstellung auf das Schema angewiesen; auch, damit einmal gesagt werden kann: »Das gab's nicht bis heute, wird's aber von nun an immer wieder geben.«[93]

Die metaphysische Wendung des Vorspiels ist selber der Reflex einer Neugründung, eines historischen Ereignisses von gattungsgeschichtlicher Tragweite. Bereits auf den ersten Seiten wird erwähnt, später dann genauer ausgeführt, ›wie Abraham Gott entdeckte‹. Der Durchbruch in die Regionen, in die der Roman der Seele versetzt ist, ist in die historische Ursprungssuche als Möglichkeit eingelagert. Aber er vollzieht sich nicht allein auf der Ebene der erzählenden Darstellung, sondern hat als kontingentes Faktum wirklich stattgefunden.[94] Der doppelte, ›physisch-metaphysische‹ Anfang ist also tatsächlich in sich doppelt vermittelt. Die geschichtliche Bewegung übersteigt sich selbst auf das übergeschichtliche Moment, das in sich Geschichte zum Austrag bringt; die Fahrt in die Vergangenheit ist es, durch die auch das Prinzip der Zukunft zur Erscheinung kommt. – Von dieser Doppelbewegung ist die Erzählung das Nachbild, wie sie sie, *als* Nachbild der ›sich selbst erzählenden Geschichte‹[95], allererst ausbildet. Die letzten Absätze der *Höllenfahrt* handeln von der Erzählung. Sie ist die Form, die die im Vorspiel angeschlagenen Motive vereint und zueinander in Beziehung setzt. »Fest der Erzählung, du bist des Lebensgeheimnisses Feierkleid, denn du stellst Zeitlosigkeit her für des Volkes Sinne und beschwörst den Mythus, daß er sich abspiele, daß er sich abspiele in genauer Gegenwart! Todesfest, Höllenfahrt, bist du wahrlich ein Fest und eine Lustbarkeit der Fleischesseele, welche nicht umsonst dem Vergangenen anhängt, den Gräbern und dem frommen

---

92 Hamburger, *Thomas Mann biblisches Werk* (Anm 73), S. 130.
93 Mann, *Joseph und seine Brüder* (Anm. 65), S. 1468. In der Literatur werden die Neugründungen bisweilen plan antimythologisch interpretiert, nicht als Grenzwerte der kontinuierlichen Vermittlung von Mythos und theologisch fundierter Geschichte. Vgl. Gerhard von Rad, *Biblische Josephs-Erzählung und Josephs-Romane*, in: Neue Rundschau 76 (1965), S. 554; Dierks, *Studien zu Mythos und Psychologie* (Anm. 73), S. 102. Anders Sauer, *Gottesvernunft* (Anm. 68), S. 180.
94 Vgl. den Schluß jenes späteren Kapitels, *Wie Abraham Gott entdeckte*: »Gott aber hatte seine Fingerspitzen geküßt und zum heimlichen Ärger der Engel gerufen: ›Es ist unglaublich, wie weitgehend dieser Erdenkloß mich erkennt!‹« (Mann, *Joseph und seine Brüder* [Anm. 65], S. 435)
95 Vgl. a. a. O., S. 1002 u. 1255.

Es war. Aber auch der Geist sei mit dir und gehe ein in dich, damit du gesegnet seiest mit Segen oben vom Himmel herab und mit Segen von der Tiefe, die unten liegt!«[96] Der erste, bereits zitierte Satz stellt den mythischen Rahmen der Konstruktion. Aufgerufen wird das Schema der kultischen Vergegenwärtigung, die in den Mythologien der Völker im Gedanken der Wiedergeburt einen entsprechenden Ausdruck gefunden hat.[97] Der zweite Satz nimmt dieses Motiv scheinbar auf, setzt es aber nicht unverwandelt fort: Zum einen hat er durch eine unscheinbare syntaktische Umstellung – »bist du« statt ›du bist‹ – die Form eines Fragesatzes, ohne daß er durchs Fragezeichen als solcher ausgewiesen wäre, hängt also zwischen Frage und Proposition in der Schwebe. Zum anderen wird die mythische Vergegenwärtigung, die in dem in der vorigen Anmerkung aufgeführten Zitat Vergangenheit und Zukunft beinhaltet, hier als primär vergangenheitsbezogen gedeutet. An die freie Stelle setzt sich der Geist, der im dritten Satz aufgerufen wird: das Prinzip einer offenen Zukunft, welches mit der mythisch beschworenen nicht identisch ist, die sie durch Anverwandlung zu verwandeln aber befähigt sein soll.

So stellt sich der Mythos bei Mann als Inbegriff einer sinnstrukturierten Geschichtsbewegung dar, worin Rückbindung und Emanzipation je und je sich vermitteln lassen – jene Doppelbewegung, die ich eingangs als vorläufige Definition des Mythos vorschlug. Sie ist aber in der Doppelstruktur des Ursprungs selbst gegründet.[98] Gleichgültig, an welcher Stelle das dualistische Prinzip ansetzt – ob in der Spannung zwischen dem mythischen und dem theologischen Moment oder ob als Zweiheit des ›Oberen‹, Geistigen und des ›Unteren‹, Naturhaft-Mythischem in dem Gott, der das Ganze ist[99], bis hin zu der Formulierung, »daß Gott noch über Gott ist, ewig noch über sich selbst«[100] –, es ist bereits im Ursprung angesiedelt und breitet sich über alle Geschichten und Begebnisse der Erzählung aus. Geschichtsfähig ist der Ursprung allein durch sein doppeltes Wesen; von ihm sich loszusagen, bedeutet zugleich, diesem Wesen gerecht zu werden.

---

96 A. a. O., S. 54.

97 Die eingangs interpretierte Stelle über den Doppelsinn des Einst wird mit dem Satz fortgesetzt: »Hier hat die Idee der Wiederverkörperung ihre Wurzeln« (a. a. O., S. 32). Vgl. auch S. 53: »das Wesen des Lebens ist Gegenwart, und nur mythischer Weise stellt sein Geheimnis sich in den Zeitformen der Vergangenheit und der Zukunft dar. Dies ist gleichsam des Lebens volkstümliche Art, sich zu offenbaren, während das Geheimnis den Eingeweihten gehört. Das Volk sei belehrt, daß die Seele wandere. Dem Wissenden ist bekannt, daß die Lehre nur das Kleid des Geheimnisses ist von der Allgegenwart der Seele«. Zu diesem von Schopenhauer inspirierten Komplex vgl. Dierks, *Studien zu Mythos und Psychologie* (Anm. 73), S. 87 ff., wo eine Fülle von Material aus dem handschriftlichen Nachlaß Manns beigebracht wird.

98 Hier scheint mir ein Unterschied gegenüber Heinrichs Überlegungen zur mythologischen Denkform beschlossen zu liegen. Sehr deutlich arbeitet Heinrich in *Die Funktion der Genealogie im Mythos* (Anm. 8) jene Doppelbewegung heraus; der Ursprung selbst ist aber, wenn ich recht sehe, einfach strukturiert. Zum »gedoppelten Ursprung« vgl. Paul Tillich, *Die sozialistische Entscheidung*, in: *Gesammelte Werke*, Bd. II, Stuttgart 1962, S. 224 ff., vor allem jedoch Schellings Freiheitsschrift und *Die Weltalter*.

99 Vgl. Mann, *Joseph und seine Brüder* (Anm. 65), S. 1447; dazu Sauer, *Gottesvernunft* (Anm. 67), S. 303.

100 Mann, *Joseph und seine Brüder* (Anm. 65), S. 646.

III
Höllenfahrt

> »In der alten *Mythologie* findet man das Urfaktum
> der *Duplizität*. In allen Darstellungen des Göttli-
> chen waren zwey Elemente.«
>
> (Friedrich Schlegel)

Was können die vorstehenden Überlegungen für den *Ring des Nibelungen*
austragen? Sie dürften eher den Eindruck befestigt haben, daß es sich bei den
Tetralogien Wagners und Manns um vergleichsweise weit auseinanderlie-
gende, ja schlechthin entgegengesetzte Konstruktionen handelt. Daß sich
aus der Handlung des Josephsromans häufige Bezugnahmen auf Wagner,
kaum jedoch direkte Entsprechungen ersehen lassen, wurde zu Beginn des
zweiten Abschnitts an einigen Beispielen dargetan. Jetzt will es scheinen, als
reichte der Gegensatz ins Grundsätzlichste hinab. Von dem theologischen
Motiv, von der Vermittlung und wechselseitigen Korrektur von Mythos und
Theologie, durch die beide geschichtsfähig werden, findet sich bei Wagner
keine Spur, weder in den theoretischen Schriften, noch im *Ring*. Dem entspricht ein anderer Grundbegriff von Geschichte. Erscheint sie bei Mann als
der Ort, an dem die zivilisatorische Utopie geglückter Säkularisation *und*
heilsgeschichtlicher Vollendung – »eines Menschentums, das gesegnet wäre
mit Segen oben vom Himmel herab und mit Segen von der Tiefe, die unten
liegt«[101] – statthaben kann, da sie in Josephs Werden und Wirken ein wenig
bereits statthatte, so ruft sie der *Ring* als Scheitern und Verfall auf, auch wenn
unausgemacht bleibt, ob ihre Selbstverzehrung einen geschichtslosen Zustand oder den Beginn wahrer Geschichte einläutet. Die Selbstzerstörung
mythischer Geschichte als Lösung – vor dieser Folie erhebt sich die theolo-
gisch-metaphysische Korrektur Manns, die auf Erhalt und Verwandlung
dringt. Ähnlich scheint es sich mit der Reflexion zu verhalten, die Mann in
größtem Stile dem mythologischen Unternehmen einverleibt hat. Wagners
theoretische Schriften wimmeln dagegen von Bemerkungen des Sinnes, daß
die Erscheinung des projektierten mythischen Gesamtkunstwerks den Aus-
schluß jeglicher Reflexion gebiete; daß es sich allein an das Gefühl, nicht an
den Verstand zu richten habe; daß der Künstler, so planvoll er sein Werk auch
verfertigt habe, dessen Erscheinung von allen Schaffensspuren freizuhalten
habe, um die »vollendet täuschende ... Anschauung«[102] auszulösen, auf die
das alle Sinne vereinigende Spektakel hinauswill.[103] Die Verdeckung der
Produktion durch das Produkt, auf die zuerst Adorno hingewiesen hat[104], die

---

101 A.a.O., S.49.
102 Richard Wagner, *Das Kunstwerk der Zukunft*, in: *Dichtungen und Schriften* (Anm. 28), Bd. 6, S. 130.
103 Vgl. den dritten Teil von *Oper und Drama* (Anm. 12).
104 Adorno, *Versuch über Wagner* (Anm. 1), S. 82 ff.

kategorische, ja gewalttätige Trennung von Produktion und Rezeption, die Wagner immer wieder beschwört, sie wollen der Aura – dem Kultwert des Kunstwerks – zur industriellen Allmacht verhelfen, als ihr Verfall sich abzuzeichnen begann. Das Gesamtkunstwerk wurde damit zum Wegbereiter der Kulturindustrie.[105] Wie kein anderes steht Wagners Werk unter dieser objektiv bedingten Spannung. Denn nicht weniges in ihm drängt zur reflektierenden Selbstvergewisserung, und er steht nicht an, sie mit bisweilen entnervender Geschwätzigkeit, in manisch perorierendem Kanzleistil, dem Publikum vorzutragen – demselben Publikum, dem er das Denken bei den Aufführungen austreiben möchte. Wagner ist dabei, soweit es den Mythos betrifft, von der widersprüchlichen Intention geleitet, das, was ihm als »Mein Mythos«[106] vor Augen steht, mit seiner Vorstellung der überlieferten Mythen verschmelzen zu lassen, der seine kollektive Verbindlichkeit verdankte, unwillkürliches Produkt der Volksseele gewesen zu sein. Mann, der die Reflexion integriert, traut den mythologischen Inhalten zu, sich durch alle Erörtung als verbindlich zu behaupten. Davon abgesehen, daß der Form des Romans solche Integration geläufiger ist als dem Drama, läßt sie sich bei Mann innersystematisch begründen. Denn der Mythos, eng verstanden, ist Sinnstruktur der Immanenz. Wir hatten gesehen, wie sich im zyklischen Modell die Immanenz auslegt und zum Träger ihres Sinns zu werden vermag. Und auch die ›numinose Beziehung‹, in der Hübner zufolge das mythische Menschenwesen steht, umgeben von gottbegeisterten Sehern, heiligen Hainen und göttlichen Epiphanien, wurzelt in einer ›Theologie‹ der Präsenz. Es ist die Idee des abwesenden, fürsichseienden Gottes, durch die alle Theologie sich von jener unterscheidet; wie immer gebrochen und in die Immanenz vermittelt, ist sie per definitionem negative Theologie – »Einsicht in des Schöpfers Außerweltlichkeit . . ., also, daß er der Raum der Welt war, aber die Welt nicht sein Raum . . .« So verhält es sich auch mit dem Erzähler: »ganz ähnlich wie der Erzähler der Raum der Geschichte ist, die Geschichte aber nicht seiner, was für ihn die Möglichkeit bedeutet, sie zu erörtern«.[107] Strictu sensu stellt der *Ring* eine solche Instanz nicht zur Verfügung; befangen wächst Wotan freilich in eine Rolle erörternden Charakters hinein, die die Wesenszüge der Handlung auch als solche des Mythos reflektiert.

Wie die theoretische Reflexion hat Mann ein charakteristisches Merkmal von Wagners Produktionsprozeß seinem mythologischen Projekt einverleibt. Es ist bekannt, daß Wagner bei der Konzeption des *Rings* rückwärts verfuhr. Geplant war ursprünglich einzig ›Siegfrieds Tod‹; immer weiter dann ging

---

105 Aura und Kultwert sind tragende Begriffe in Walter Benjamins Schrift *Das Kunstwerk im Zeitalter seiner technischen Reproduzierbarkeit* (in: Gesammelte Schriften, Bd. I/2, Frankfurt a. M. 1974, S. 431 ff.). – Zu dem ganzen Komplex vgl. den Beitrag von Richard Klein in diesem Band.
106 Richard Wagner, *Eine Mitteilung an meine Freunde*, in: *Dichtungen und Schriften* (Anm. 28), Bd. 6, S. 324.
107 Mann, *Joseph und seine Brüder* (Anm. 65), S. 1286.

Wagners Drängen nach Gründen und Ursprüngen zurück, bis es sich in der Tiefe des Rheins schließlich erfüllte. Diese Suche hat Mann in sein ›Vorspiel‹, konzipiert als Analogon und Gegenstück zum Rheingoldvorspiel, integriert. Der Mythos gibt nicht allein Antworten, wie Wagner suggeriert, er schließt vielmehr ein Fragen mit ein, das sich bei bedingten Anfängen nicht beruhigen kann. Die Ursprungskräfte aber, die bei Mann in der geschichtlichen Bewegung des Fragens vermittelt werden, stehen bei Wagner vermittlungslos nebeneinander, als Konfiguration primordialer Setzungen. Ihre Gemeinsamkeit liegt darin beschlossen, daß beide keine monistische, sondern eine komplexe Antwort erteilen. Anders als Mann, der den Mythos transzendiert, um zu einem neuen Begriff von ihm zu gelangen, hält sich die Wagnersche Antwort zuletzt doch in seinem Binnenraum.

Das Rheingoldvorspiel ruft einen Bereich reinen Werdens auf, nicht etwas, das würde, mit einem Ausdruck Schellings: den Ungrund der Indifferenz.[108] Wagners einleitende Regieanweisung schreibt einen Raum vor, worin die elementarischen Bestimmungen – Licht, Dunkel, Wasser, Luft, Himmel und Erde –, soweit das bühnenpraktisch möglich ist, ineinander übergehen.[109] Die musikalische Steigerung und zunehmend reichere Instrumentierung erweckt weniger die Vorstellung von Entwicklung als die eines allmählichen Nähertretens, einer immer weitergehenden Selbstdarstellung des Unergründlichen. Es ist kein Anfang, sondern ›liegt vorher‹, durch ihn wird es als Vergangenheit gesetzt. Das Geschehen wird durch die abrupte subdominantische Wendung beim Einsatz der Rheintöchter eingeleitet. Die Indifferenz wird hier zu einer zweideutigen Einheit der Gegensätze fortbestimmt. Im Zeichen des Begehrens – Wagner bezeichnet sie einmal als »sehnsüchtige … Wesen der Tiefe«[110] – sind Liebe und Herrschaft, die gegensätzlichen Prinzipien des *Rings*, zwar bereits zu erkennen, jedoch innig miteinander verschlungen. »Warum, du Banger [gemeint ist Alberich] / bandest Du nicht / das Mädchen, das du minnst? / Treu sind wir / und ohne Trug dem Freier, der uns fängt«.[111] Mit den Rheintöchtern, nicht mit Alberichs Tat, beginnt sich die mythische Geschichte als ein zeitlicher Zusammenhang zu entfalten, worin die Doppelstruktur des Ursprungs immer deutlicher zutage tritt. Sie läßt sich zunächst in einer allgemeinen spekulativen Formel angeben, die wiederum Schelling entlehnt ist: Ursprung bezeichnet einen Komplex, der zwei Elemente, ein Erstes und ein Zweites, enthält. Erstes und Zweites verhalten sich so zueinander, daß durch das Zweite das Erste als Erstes kenntlich wird. Das

---

108 Vgl. Schelling, *Philosophische Untersuchungen über das Wesen der menschlichen Freiheit* (Anm. 91), S. 98 f.

109 Wagner, *Der Ring des Nibelungen* (Anm. 39), S. 9: »Nach der Tiefe zu lösen sich die Fluten in *einen immer feineren feuchten Nebel* auf, so dass der Raum der Manneshöhe vom Boden auf gänzlich frei von Wasser zu sein *scheint*, welches *wie in Wolkenzügen* über den nächtlichen Grund dahin fliesst« (Hervorhebungen v. W. E.).

110 Cosima Wagner, *Die Tagebücher* (Anm. 11), Bd. II, S. 1113.

111 Wagner, *Der Ring des Nibelungen* (Anm. 39), S. 17.

zeitlich Vorausgehende ist logisch das Zweite, Spätere; das zeitlich Nachfolgende die Voraussetzung des Ersten, das es *als* Vorausgehendes setzt, der Ursprung des Ursprungs.[112] Der mythologische Prozeß entwickelt sich dergestalt, daß das Spätere die Ursprungsqualitäten des Früheren heraustreibt. Paradigmatisch tritt dieses Verhältnis an Wotan und Alberich zutage. In der Folge der Darstellung bildet der Raub des Rheingolds die erste böse Tat: Dadurch daß Alberich der Liebe flucht, daß Liebe und Herrschaft also zu einander ausschließenden Prinzipien werden, tritt das Unheil in die Welt. Später jedoch erfahren wir von Wotans ursprünglicher Tat, die zum Frevel des Nachtalben in einem problematischen, Verwandtschaft bekundenden Verhältnis steht. Daß Wotan den Speer aus der Weltesche brach, als Signum vertraglicher Macht, ist in weitgehender Analogie zum Raub des Rheingolds gebildet: Aus dem integralen Naturzusammenhang wird ein Teil herausgebrochen, der – pars pro toto – Verfügung über das Ganze verspricht; in Wahrheit setzt es durch seinen Verfügungsanspruch sich ihm entgegen, das verfällt.[113] Zwar sind durch Wotans Tat Liebe und Macht noch nicht zur Unvereinbarkeit auseinandergetreten, sie erscheinen aber bereits als alternative Formen des Weltverständnisses, die nur schwer sich vereinbaren lassen: Wotan gesteht Brünnhilde: »Als junger Liebe / Lust mir verblich, / verlangte nach Macht mein Muth: / von jäher Wünsche / Wüthen gejagt, / gewann ich mir die Welt. / ... Von der Liebe doch mocht' ich nicht lassen; / in der Macht verlangt' ich nach Minne. / Den Nacht gebar, / der bange Nibelung, / Alberich brach ihren Bund«.[114] Weder Alberichs noch Wotans Aneignung der Macht sind, für sich genommen, der Ursprung des Verfalls. Wotans Tat *wird* dazu durch die Entwicklung, die vom Raub des Rheingolds freigesetzt wird. Sie ist, in dem bezeichneten Sinne, das chronologisch erste und logisch Zweite. Erst in der Nornenszene kommt die Dialektik von Erstem und Zweitem an ein Ende: Der Äonenblick der Schicksalsgöttinnen hält sich bei Alberich nicht mehr auf; alles fing tatsächlich mit Wotan an. Wagner selbst deutet die Dialektik des Ursprungs als Verhältnis von Möglichkeit und Wirklichkeit an: »Alberich und sein Ring konnten den Göttern nichts schaden,

---

112 So schreibt Schelling in einem Weltalter-Fragment, »daß die Ewigkeit von sich selbst nicht ist, daß sie nur durch die Zeit ist; daß also die Zeit der Wirklichkeit nach vor der Ewigkeit; daß in diesem Sinn, nicht wie insgemein gedacht wird, die Zeit von der Ewigkeit gesetzt, sondern umgekehrt die Ewigkeit das Kind der Zeit ist.« (Friedrich Wilhelm Joseph Schelling, *Die Weltalter*. In den Urfassungen von 1811 und 1813 hg. v. Manfred Schröter, München 1946, S. 230) Zu »Erstem« und »Zweitem« vgl. auch: ders., *Philosophie der Offenbarung*, in: Sämmtliche Werke, hg. von K. F. A. Schelling, Stuttgart 1856-1861, 2. Abtheilung, 3. Bd., S. 306 f.

113 Die Motivverknüpfung, von der die Interpretation ihren Ausgang nimmt, relativiert die These Borchmeyers: »Der Raub des Rheingolds und Wotans Schädigung der Weltesche werden weder in ein kausales noch in ein zeitliches Verhältnis gebracht, sondern spielen sich beziehungslos in zwei völlig getrennten Sphären ab. Im Text gibt es nicht den geringsten Anhaltspunkt dafür, daß der Frevel am Rheingold die Folge einer Initialschuld des höchsten Gottes sein könnte.« (*Wagners Mythos vom Anfang und Ende der Welt* [Anm. 6], S. 16)

114 Wagner, *Der Ring des Nibelungen* (Anm. 39), S. 115.

wenn diese nicht bereits für das Unheil empfänglich waren«.[115] Aber durch die Wirklichkeit wird diejenige Wirklichkeit in der Möglichkeit gesetzt, die jener vorausgeht.

Noch in einer weiteren Hinsicht erweisen sich die Taten Wotans und Alberichs als zuinnerst verwandt, so daß sich kraft des Späteren der Ursprungscharakter des Früheren herausentwickelt. Es sind die Motive von Tausch, Vertrag und Gewalt, die aus ihrer Verschlungenheit in einem Prozeß gelöst werden, der die Wahrheit über sie freisetzt. Wotans Erringung der Macht unterliegt den Gesetzen der Äquivalenz, er tauscht sein Auge gegen den Speer. Der Tausch vollzieht sich gemäß einer quasi-vertraglichen Vereinbarung – die erste Norn, spricht vom »Zoll«, der zu zahlen gewesen sei[116] –, durch die das Prinzip des Vertrags erst institutionell geschichtsmächtig wird. Das Getauschte ist seinem Wesen nach dasselbe: ein Akt der Gewalt gegen die Natur, der sie tragisch entzweit. Der Vertrag, der sich kraft solchen Austauschs als Institution etabliert, stellt ein Mittel dar, existierende Gewaltverhältnisse zum Ausgleich zu bringen und dadurch beherrschbar zu machen. Gewalt setzt sich in ihm als dem Mittel der Herrschaft fort. Im Raub des Rheingolds, der sich gleichfalls als Austausch vollzieht, bricht sie unverhüllt hervor. Die Macht, die Alberich gewinnt, ist nurmehr nackte Gewalt: nicht als Gegensatz vertraglich errungener Herrschaft, sondern als ihr dunkler Grund. Damit bringt er die Wahrheit über Wotans Gründung des Rechts hervor. »Bei Wagner enthüllt sich das Recht als Äquivalenzform des Unrechts«[117]

Bei diesem drängt es vor allem im Vertragsbruch an die Oberfläche. So unlöslich sind Recht und Unrecht miteinander verbunden, daß im Text des *Ring* des Vertragsbruchs stets *vor* dem Vertragsprinzip Erwähnung geschieht. Am prägnantesten an der Stelle »Untreue übt' ich, / band durch Verträge«.[118] Macht ist der erste Gedanke Wotans; das Recht, das das Unrecht bindet, ist um des Unrechts willens da. Inbegriff des Vertragsbruchs ist freilich die List: die vergeistigte Gewalt. Auch hier sind die Figuren Wotans und Alberichs in Analogie, mit lediglich verschobenem Akzent konzipiert. So wie Alberichs erster Gedanke, nachdem ihm Floßhilde vom Ring Mitteilung gemacht hat, der erzwungenen Lust gilt, ist Wotan »zu jeder Gewalttat bereit, sobald ihn nicht kodifizierte Verträge binden«.[119] In dem Grade freilich, in dem der durch ihn gesetzte Zusammenhang von Vertrag und Gewalt als Ursprung der geschichtsphilosophischen Tragödie zum Vorschein kommt, wandelt seine List ihren Charakter. Versprach Wotan sich von der Wiedererlangung des

115 Wagner, Brief an Röckel vom 25./26.1.1854, in: *Sämtliche Briefe*, Bd. VI, Leipzig 1986, S. 67.
116 Wagner, *Der Ring des Nibelungen* (Anm. 39), S. 266.
117 Adorno, *Versuch über Wagner* (Anm. 1), S. 112.
118 Wagner, *Der Ring des Nibelungen* (Anm. 39), S. 119; vgl. jedoch schon die Auseinandersetzung mit den Riesen (S. 28 f.).
119 Adorno, *Versuch über Wagner* (Anm. 1), S. 112.

Rings wohl anfangs noch einen realen Zuwachs an Macht, so tritt er im Gespräch mit Brünnhilde als prospektiver Retter der Götter auf: Der Ring verheißt ihm nichts mehr, zu verhindern ist einzig, daß er wieder in Alberichs Hände fällt. Schließlich gibt die List sich nachgerade selbst auf und läuft in die geschichtsphilosophische Resignationsformel aus, allein noch das Ende zu wollen. Durch diese Entwicklung wächst Wotan weit über Alberich, seinen häßlichen Bruder im Geiste, hinaus.

Es gehört zu den genialen Intuitionen Wagner, die List an sich selber scheitern zu lassen. Sie hat zum Ziel, den mythischen Zwangszusammenhang mit dessen eigenen Mitteln zu durchbrechen: dem Automatismus, der über dem Geschehen waltet, durch geplante Kontingenz zu entrinnen. Darauf, daß diese fingiert sein müsse, weist Fricka Wotan zu Recht hin; dennoch wohnt Wotans ›großem Gedanken‹ ein genuin antimythologisches Moment inne. Er erstrebt das Neue, Ursprungslose, das vom Zwangszusammenhang befreit wäre. Was aber bei Mann seine systematisch-theologische Fundierung gefunden hat[120], bleibt in Wotans Universum, dessen Erhalt das Neue ursprünglich zugedacht war, eine Leerstelle: Transzendenz als Möglichkeit. Vor diesem Hintergrund erweist sich die Resignation des Gottes, seine Schopenhauerische Wende[121], doch noch als Fortsetzung der List. Die Einsicht, daß sich Kontingenz ihrem Begriff nach nicht planen läßt – »Einen Freien kann ich nicht wollen«[122] – drängt ihn Schritt für Schritt zu der Konsequenz, auf alle Pläne, ja auf den Weltwillen selbst zu verzichten; in der Hoffnung, das erlösende Neue dadurch freisetzen zu können. Aber auch hier bleibt die Transzendenz mythischen Schicksals Möglichkeit: Nur dunkel zeichnet die Idee des abwesenden, überseienden Gottes in Wotans Apathie sich ab. Er bleibt ans Schicksal gefesselt: Nicht zuletzt dadurch erklärt sich sein wie ein Rückfall anmutender Kampf mit Siegfried, nach dem er auch die Rolle des umherschweifenden Zuschauers aufgibt.

Dennoch: auch wenn der Weltenplan, der keiner mehr sein will, den ›großen Gedanken‹ verwandelt fortsetzt, ändert das Geschehen nach den Versen »Auf geb' ich mein Werk, / Nur eines will ich noch, / das Ende – – / das Ende! –«[123] seinen Charakter. Wotans Rechnung geht auf und geht nicht auf. An keiner Stelle vermögen die Ereignisse dem Schuldzusammenhang zu entkommen; sie zeitigen aber Augenblicke, die über ihn hinausweisen, bevor sie vom fortgehenden Schicksal wieder verschlungen werden. Solche Augenblicke der Transzendenz versammeln sich um die Liebenden: Siegmund und Sieglinde, Brünnhilde und Siegfried. Von Liebe wissen die Nacht- und Licht-

---

120 Mann, *Joseph und seine Brüder* (Anm. 65), S. 432: »Es gab von Gott keine Geschichten« – ein theologischer Satz, der zur Möglichkeit geschichtlicher Neugründungen in direktem Zusammenhange steht.
121 Vgl. Frank, »*Weltgeschichte aus der Sage*« (Anm. 32), S. 23.
122 Wagner, *Der Ring des Nibelungen* (Anm. 39), S. 121.
123 A. a. O., S. 120.

götter der mythischen Welt nichts: Alberich sinnt nolens volens ohnehin nur auf Lust; Wotans Verhältnis zu Fricka gleicht einer Ehe in den letzten Zügen; ansonsten zeugt er, was ihm nützt. Sie tritt jedoch nicht so sehr als Naturmacht in Erscheinung denn als Inbegriff der Kontingenz, des schlechtweg Unvorsehbaren. Sie begründet den Lebensanspruch der Gegenwart gegen alle Vorherbestimmung. Siegmunds Aufbegehren, von Adorno einseitig als *die* antimythologische Zäsur des Dramas hervorgehoben[124], vollzieht sich im Zeichen dieses Anspruchs. Ihm folgt auch Brünnhilde, deren Widersetzlichkeit gegen Wotans Befehl einen nicht minder gravierenden Einschnitt ins Geschehen bedeutet.

Zur Liebe tritt ein zweites Moment hinzu, das übers Schicksal unbestimmt hinausweist: die Furcht der Liebenden. Auf schwer durchschaubare Weise ist sie an Erinnerung geknüpft; die ›anamnetische Transzendenz‹[125] wird durch das Bild der Mutter aufgerufen, das, gleichsam an ihrem äußersten Rand, der patriarchalen Weltordnung undeutlich entgegengesetzt ist. Doch nicht allein Siegfried drängt, beim Anblick Brünnhildes, verstörend und lockend die Erinnerung an seine Mutter sich auf. An einer der merkwürdigsten Stellen des ganzen *Rings*[126], vor Hundings und Siegmunds Gefecht, überwältigt die träumende Sieglinde eine Kindheitserinnerung: »Kehrte der Vater nur heim! / Mit dem Knaben noch weilt er im Walde. / Mutter! Mutter! / mir bangt der Muth: – / nicht freund und friedlich / scheinen die Fremden! – / Schwarze Dämpfe – / schwüles Gedünst – / feurige Lohe / leckt schon nach uns – / es brennt das Haus –«.[127] In dem dicht gesponnenen genealogischen Netz des *Rings* klafft diese Fehlstelle. Die Geschichte, die von ihrem Urbeginn wieder und wieder gewissenhaft erörtert wird, erteilt keine Auskunft über die Mutter des Geschwisterpaares. Dazu stimmt, daß die Bratschenmelodie, die Sieglindes Traumerinnerung einleitet, leitmotivisch nicht gebunden ist; sie zeigt musikalisch ein Neues, ›Unerhörtes‹ an, das sich beim Einsatz des Hundingmotivs noch eine Weile behauptet und dann verschwindet.[128]

Verändert treten diese Momente in der Schlußszene des *Siegfried* wieder

---

124 Adorno, *Versuch über Wagner* (Anm. 1), S. 142. Ebenso einseitig ist freilich die Fixierung der Konservativen auf Siegfried, den erlösenden Lichtgott (Vgl. Borchmeyer, *Wagners Mythos vom Anfang und Ende der Welt* [Anm. 6], S. 11).

125 Ich verdanke diesen Begriff Christoph Ziermann, *La transcendance du tragique. Sur la fonction de la crise tragique dans le théâtre de Jean Racine*, Mémoire de D. E. A., Paris (ungedr.) 1991, S. 117 ff.

126 Für den Hinweis auf sie habe ich Richard Klein zu danken.

127 Wagner, *Der Ring des Nibelungen* (Anm. 39), S. 134.

128 Es verlohnte, einmal die Leitmotivdichte des *Rings* unter systematischen Gesichtspunkten zu untersuchen. Denn die Leitmotive stiften Bedeutsamkeit auch als Verlautbarung des Schicksals. Die Heraushebung des Erlösungsmotivs (vgl. Hübner, *Die Wahrheit des Mythos* [Anm. 1], S. 389) trägt dabei wenig ein; als Leitmotiv verläßt es nicht den Bereich mythischer Sinnbestimmung. Die Ableitung aller Leitmotive auseinander, die Ludwig Finscher (*Mythos und musikalische Struktur*, in: *Wege des Mythos in der Moderne* [Anm. 1], S. 34 ff.) über Stock und Stein betreibt, ist von derselben Wut auf die Kontingenz beseelt, die in Wotan seinen eigenen Plänen entgegen immer wieder durchbricht. Demgegenüber wäre auf die Bedeutung leitmotivloser Passagen hinzuweisen.

zusammen. Daß in der psychologisch ausgepicht in Szene gesetzten Vereinigung Siegfrieds und Brünnhildes nicht einfach die Stimme der Natur[129], sondern als Kontingenz die Möglichkeit der Freiheit gegen den mythischen Zwang durchscheint, belegt ein Wortwechsel des Paares. Siegfried, der etwas später bekundet, das Fürchten nun ganz wieder vergessen zu haben – eine hochzweideutige Bemerkung: die Freiheit wird zur Fahrlässigkeit, durch die nicht zuletzt der Heros dem Schicksal verfällt[130] –, versucht Brünnhilde ihre Angst vor dem Verlust der Jungfräulichkeit auszureden. In einer mythologisch-psychologischen Gleichung wird sie mit der Angst vor dem Verlust göttlicher Unsterblichkeit ineinsgesetzt; deswegen ist in den Augenblick von Brünnhildes Erwachen das Freia-Motiv eingearbeitet. Der Wortwechsel lautet: »Siegfried: Sei mein! sei mein! sei mein! / Brünnhilde: O Siefried! dein – / war ich von je! / Siegfried: War'st du's von je, / so sei es jetzt! / Brünnhilde: Dein werd' ich / ewig sein! / Siegfried: Was du sein wirst, / sei es mir heut'!«[131] Hier wird, mit Mann zu reden, die wirkliche Gegenwart dem Doppelsinn des Wortes ›Einst‹ seiner ›Ladung potentieller Gegenwart‹ entgegengestellt. Eine ewige Liebe gibt es nicht: Der Ausdruck ist ein Oxymoron. Sie ist allein in actu, im Augenblick; deshalb spielt Sexualität, als Gegensatz zu allem verschwärmten Sehnen und Ewig-lieben-Können, bei Wagner eine so eminente Rolle. Als sich selbst setzende, unbedingte Realität ist sie der Inbegriff der Kontingenz, die gegen den Fluchzusammenhang aufgeboten wird.

Sie verfällt ihm ihrem eigenen Begriff zufolge. Denn, rein und streng gesetzt, ist sie nichts als der bedingungslose Augenblick, der herausfällt aus der schuldhaften Ordnung der Zeit. Seinem Wesen nach ist er folgenlos; er ist die abstrakte Negation von Kontinuität. Das eben fördert Siegfrieds Erinnerungslosigkeit zutage. Weil der antimythologische Impuls des *Rings* auf Kontingenz zielt, bleibt alle Transzendenz Möglichkeit. Der *Ring* visiert das Neue – der Josephroman weiß um dessen Flüchtigkeit und entwickelt aus dem Mythos heraus, gegen und mit ihm, den Begriff eines traditionsfähigen Neuen: der Neugründung. Eine Figur des Musikdramas kommt dieser Konzeption freilich nahe. Es ist Brünnhilde. Von dem Moment an, in dem Wotans Stern zu sinken beginnt, entwickelt sie sich zur alles überragenden Gestalt des Dramas. Sie ist es, die dem Geschehen an seinem Wendepunkt zur Konsequenz verhilft und es in die nächste Runde trägt. Ihr ist das Neue erinnernd gegenwärtig; ihr Grabgesang verhallt als Appell, darauf Geschichte neu zu begründen, wenn Wagner auch die einschlägigsten, programmati-

---

129 »Siegfried und Brünnhilde verkörpern inmitten einer korrumpierten Welt noch die Integrität des mythischen Urzustands, in dem Natur und Liebe alles – Macht und Besitz noch nichts sind.« (Borchmeyer, *Wagners Mythos vom Anfang und Ende der Welt* [Anm. 6], S. 21) Zur Kritik daran vgl. Frank, »*Weltgeschichte aus der Sage*« (Anm. 32), S. 19.

130 Vgl. Adorno, *Versuch über Wagner* (Anm. 1), S. 116.

131 Wagner, *Der Ring des Nibelungen* (Anm. 39), S. 259.

schen Verse nicht auskomponierte.[132] Zu ihrem Eingreifen im zweiten Akt der *Walküre* bewegt sie Sympathie und Mitleid mit den Liebenden; dadurch bereits wagt sie den Schritt aus der Götterwelt, der Wotan verwehrt ist. Sie beschreibt eine Bahn, die den gesamten mythologischen Kosmos durchmißt: Kind der ältesten Göttin und des obersten Gottes, besteigt die rebellische Heroine als Menschenweib den Scheiterhaufen. Sie hält am Ende Handlungsfähigkeit und Wissen in Händen; sie, die um das Geschehene weiß, ist es, die Walhall in Brand setzt: »so – werf ich den Brand / in Walhall's prangende Burg«.[133] Als Kind Erdas und Wotans trägt sie die Hoffnung auf Versöhnung der auseinandergetretenen Urmächte aus; sie einseitig der Erda-Sphäre zuzuschlagen[134], verzerrt diese Hoffnung in bloßes Regressionsbedürfnis. Ihr notwendiges Gegenstück bildet freilich Siegfried. Der Inzest, dem er sein Dasein verdankt, erscheint zum einen als das nie Dagewesene, zivilisatorisch schlechtweg Unerhörte, das von Fricka mit Entrüstung, von Wotan mit trockener Genugtuung bedacht wird. Zum anderen aber stellt er, gesteigert noch dadurch, daß es um den Inzest eines Zwillingspaars sich handelt, in sich die voraussetzungslose Selbstsetzung von Wirklichkeit dar, die Befreiung vom Schicksal momenthaft gewährt. So treffen in Siegfried und Brünnhilde, wenn man so will, der voraussetzungslose Protagonist und die schlechthin voraussetzungsreichste Person des Dramas zusammen.

So vollzieht sich die Wagnersche Kritik am Mythos nur partiell innermythologisch; nur zum Teil kann sie als weitere Lesart des ›Ungeheuren Spruchs‹ – Goethes »nemo contra deum nisi deus ipse«[135] –, den Blumenberg als Grundfigur der Bewegung interpretiert, im und durch den Mythos den Mythos zu Ende bringen wollen.[136] Die Kritik am Mythos bedarf vielmehr seines Anderen: Das, was ihn sprengt und sich doch zu ihm vermittelnd in Beziehung setzen läßt. In der Wirklichkeit scheitert die Vermittlung. Brünnhilde aber gibt sie erinnernd weiter als zivilisatorische Möglichkeit, die einmal Wirklichkeit war. Eine vergleichbare Erinnerung hat Mann im größten Maßstab ausgestaltet. Der Augenblick, der im *Ring des Nibelungen* die mythologische Erzählung stocken läßt, wird im *Joseph* selber erzählend dargestellt. Innerhalb der mythologischen Erzählung findet die von ihr getragene Dialektik von Mythos und Antimythos mit umgekehrtem Vorzeichen statt: Die Mannsche Fortschrittsgeschichte produziert die mythischen Einschlüsse, deren sie bedarf; Wagners Drama, das die Frage, ob Fortschritt sei, offen läßt, setzt die Binnenmomente frei, die es ermöglichen, sie allererst neu zu

---

132 Vgl. A. a. O., S. 346.
133 A. a. O.
134 Vgl. Hübner, *Die Wahrheit des Mythos* (Anm. 1), S. 393: »Brünnhilde … ist in Wahrheit nicht so sehr ein Wotanskind als ein Kind der Erda«.
135 Johann Wolfgang Goethe, *Dichtung und Wahrheit*, in: Werke (Hamburger Ausgabe), Bd. 10, München 1976, S. 177.
136 Vgl. Blumenberg, *Arbeit am Mythos* (Anm. 2), Vierter Teil: Gegen einen Gott nur ein Gott, S. 433 ff.

stellen. In der durch solche Momente zutage tretenden Doppelbewegung wirken – mit unterschiedlicher Prioritätsfestsetzung – Mythos und Geschichte durcheinander. Sie entfaltet dabei die Doppelstruktur des Ursprungs, der allemal in Geschichte sich übersetzt, als Möglichkeiten des Naturverhältnisses ebenso wie in den gattungsgeschichtlichen Formen, Geschichte zu begreifen.